昭通扶贫

昭通市脱贫攻坚大决战实录

大关卷

政协昭通市委员会 组编

中国文史出版社
CHINA CULTURAL AND HISTORICAL PRESS

图书在版编目（CIP）数据

昭通市脱贫攻坚大决战实录. 大关卷 / 政协昭通市委员会组编. -- 北京 : 中国文史出版社 , 2021.12

ISBN 978-7-5205-3176-4

Ⅰ. ①昭… Ⅱ. ①政… Ⅲ. ①扶贫－工作概况－大关县 Ⅳ. ① F127.743

中国版本图书馆 CIP 数据核字 (2021) 第 187188 号

责任编辑：窦忠如　秦千里　方云虎
特约编辑：窦广利　张幼平　邓文华

出版发行：中国文史出版社
社　　址：北京市海淀区西八里庄路 69 号院　邮编：100142
电　　话：010－81136606　81136602　81136603（发行部）
传　　真：010－81136655
印　　装：廊坊市海涛印刷有限公司
经　　销：全国新华书店
开　　本：787 毫米 × 1092 毫米　1/16
印　　张：26.75
字　　数：370 千字
版　　次：2021 年 12 月北京第 1 版
印　　次：2021 年 12 月第 1 次印刷
定　　价：1980.00 元（全 19 册）

《昭通市脱贫攻坚大决战实录》丛书

编　委　会

《昭通市脱贫攻坚大决战实录·大关卷》
编撰委员会

策　　　划：陈　刚　雷楚英
主　　　编：罗俊林　廖仕松　罗章旭　柳　毅　唐国伟
　　　　　　黄　静
副　主　编：王孝林　李光明　程公林　周庆永
执行主编：王孝林
执行副主编：胡　晏　任丽娇　宋廷波　金国龙　解双宝
　　　　　　欧阳书品　铁永前　蔡泽文
编　　　委：王安才　毛官高　张　兰　赵家印　朱德华
　　　　　　何春波　刘　伟　李吉芳　王朝臻
摄　　　影：岳跃强　金国龙　周元江　尹　涛
编　　　务：张　兰　马　鑫　田　琼　何红文

总 序

成联远

贫困是人类社会的顽疾，消除贫困是人类梦寐以求的理想，人类发展史就是与贫困不懈斗争的历史。

中国共产党从成立之日起，始终高度重视解决贫困问题，持续向贫困宣战。党的十八大以来，以习近平同志为核心的党中央，把脱贫攻坚摆在治国理政的突出位置，团结带领全党全国各族人民打响了人类历史上规模最大、力度最强、惠及人口最多的脱贫攻坚战。经过 8 年持续奋斗，如期完成了新时代脱贫攻坚目标任务，现行标准下近 1 亿农村贫困人口全部脱贫，贫困县全部摘帽，消除了绝对贫困和区域性整体贫困，脱贫地区处处呈现山乡巨变、山河锦绣的时代画卷！这是中国共产党团结带领全国各族人民艰苦奋斗所创造的又一个彪炳史册的人间奇迹，生动展示了中华民族摆脱贫困、走向复兴的强大力量。

昭通地处云、贵、川三省接合部的乌蒙山区腹地，是集革命老区、地震灾区、散居民族地区、生态敏感脆弱地区为一体的深度贫困地区，是全国贫困人口最多、贫困程度最深、脱贫任务最重、攻坚压力最大的地级市。全市 11 个县（市、区）中有国家级贫困县 10 个，1379 个村（社区）中有贫困村 1235 个，629 万人口中有贫困人口 185.07 万人，正可谓全国脱贫看云南、云南脱贫看昭通。

历史的洪流浩浩荡荡，精彩的答卷壮阔恢宏。近年来，特别是习近平总书记于 2015 年视察昭通以来，市委、市政府始终铭记习近平总书记的殷殷嘱托，感恩党中央的亲切关怀，始终把脱贫攻坚作为最大的政治任务，全面落实精准扶贫、精准脱贫方略，团结带领全市各族干部群众，攻坚克难、感恩奋进，发扬钉钉子精神，敢于啃硬骨头，奋力夺取了脱贫攻坚大决战全面胜利。全市现行标准下 185.07 万农村贫困人口、1235 个贫困村、10 个贫困县全部退出贫困序列，贫困群众人均收入由 2015 年的 2703 元增加到 9899 元，昭通千百年来的绝对贫困问题历史性地画上句号，全面建成小康社会取得历史性成就。昭通的奋力崛起、华丽转身，是云南乃至全国扶贫开发事业的一个缩影。

荆棘载途，玉汝于成。一切向前走，都不能忘记走过的路。在脱贫攻坚工作中，数万名扶贫干部倾力奉献、苦干实干，将最美的年华无私奉献给了脱贫事业，涌现出许多感人肺腑、可歌可泣的先进事迹。“感动南网”的彝良县牛街镇水田村第一书记吴长碧，用柔弱肩膀扛起扶贫重任；把病情报告单“藏”起来去扶贫的女干部金碧琼，一直坚守在扶贫第一线；特别是即将结婚却没有等到婚礼那一刻的“90 后”扶贫干部王秋婷、积劳成疾牺牲在扶贫一线的驻村工作队队长李永春等 25 名扶贫干部，更是用生命诠释了共产党人的初心使命；还有 216 对“父子兵”、1284 对“夫妻档”，572 名干部“轻伤不下火线”，他们用身影、心血和汗水，交出了让党和人民满意的答卷。为全面记录新时代昭通艰苦卓绝、波澜壮阔的脱贫攻坚历史进程，客观反映乌蒙大地发生的翻天覆地历史性巨变，真实记录各级干部群众在脱贫攻坚中的感人故事，经市委同意，我们组织相关县市区、部门、专家对 2015 年至 2020 年我市开展脱贫攻坚的重大事件、典型故事进行搜集整理，编写《昭通市脱贫攻坚大决战实录》，旨在通过回望昭通脱贫攻坚的壮阔历程，探索总结蕴含其中的宝贵经验和深刻启示，赓续传承伟大的脱贫攻坚精神，从历史回望中照见未来，以更坚定的信心、更昂扬的斗志，继续走好新时代的长征路，奋力谱写昭通高质量跨越发展新篇章。

以昭通脱贫攻坚的壮阔历程资鉴后世。回望昭通脱贫攻坚的壮阔历程，市委、市政府团结带领全市各族人民披荆斩棘、栉风沐雨，攻克了一个又一个贫中之贫、坚中之坚，脱贫攻坚取得了重大历史性成就。昭通脱贫攻坚任务之艰前所未有，全市基础条件薄弱、致贫原因复杂、发展滞后明显，贫困面积大、贫困人口多、贫困程度深，贫困发生率高达 34.8%，“大山大水大峡谷、天寒地冻不出种、人多地少矛盾多”是昭通最大的市情。昭通脱贫攻坚规模之大前所未有，全市 11 个县市区中有国家级贫困县 10 个，其中深度贫困县 7 个；1235 个贫困村中，有深度贫困村 691 个；农村贫困人口高达 185.07 万人，占全省贫困人口的 1/5 以上，平均每天脱贫人数达到 1000 人以上。昭通脱贫攻坚成效之巨前所未有，全市累计投资 1658 亿元，规划的 12 条高速公路全部落地建设，打通了 11 个“出滇入川进黔”大通道，通车里程达 750 公里；累计新建或改造农村住房 55.89 万户；215.4 万人饮水安全得到巩固提升，自来水普及率达 94%；累计硬化农村公路 1.86 万公里，建成公路安全生命防护工程 1.05 万公里；因地制宜规划建设集中安置区 23 个，35.47 万名搬迁群众全部搬入新居；全市生产总值 5 年连跨 5 个百亿级台阶，年均增长 8%，达 1289 亿元。脱贫地区经济社会发展大踏步赶上来，整体面貌发生历史性巨变，极大增强了人民群众的获得感、幸福感、安全感。我们通过收集广大奋战在一线同志的真实故事，以“当事人”的亲身经历，将昭通脱贫攻坚艰苦卓绝、成效卓著的壮阔历程系统完整地记载下来，形成档案性的历史资料，以资后人，以鉴后世。

探索总结昭通打赢脱贫攻坚大决战的深层逻辑。习近平总书记强调：“办好中国的事情，关键在党。”有了党的坚强领导，脱贫攻坚就有了坐镇中军帐的“帅”，亿万人民就有了众志成城的“主心骨”。面对夺取脱贫攻坚大决战全面胜利的历史重任，市委、市政府始终坚持把党的领导贯穿各项工作全过程，坚持以脱贫攻坚统领经济社会发展全局、以党的建设统领推动各项工作落实“双统领”，强化铁的纪律和硬的作风“双保障”，努力实现党的建设和脱贫攻坚“双推进”。始终坚持以人民为中心的发展思想，提出“坚持以人民为中心、以群众工作为主线，抓住精准、统筹、务实三个关键，实现思想、工作和情感三个认同”的“133”工作思路，让人民群众真正成为脱贫攻坚这棵参天大树的主干。始终坚持精准扶贫、精准脱贫方略，围绕“扶持谁”“怎么扶”“怎么退”“退出后怎么办”四个重点，着力扣好精准识别、精准施策、精准退出、巩固提升“四粒扣子”，构建了一整套行之有效的政策体系、工作体系、制度体系，用发展的办法消除贫困根源。始终深入贯彻落实“五级书记抓扶贫”“党政同责促攻坚”的要求，坚持“一把手”负总责，切实强化市县抓落实机制，着力构建各级领导干部责任上肩、挂甲上任的组织体系。始终坚持集中精锐力量投向脱贫攻坚主战场，累计选派4592名驻村工作队队员、823名驻村督导员、6.37万名各级帮扶干部充实到扶贫一线，鲜红的党旗始终在脱贫攻坚主战场上高高飘扬。这些宝贵经验、深刻启示，我们通过编撰实录的形式如实记录，推动脱贫攻坚的认识和实践实现一个新的飞跃，为以后的改革发展提供重要的历史借鉴和方法指导。

赓续传承新时代脱贫攻坚昭通精神。伟大事业孕育伟大精神，伟大精神引领伟大事业。脱贫攻坚伟大斗争，锻造形成了“上下同心、尽锐出战、精准务实、开拓创新、攻坚克难、不负人民”的脱贫攻坚精神，这是中国精神、中国价值、中国力量的充分彰显。回望昭通脱贫攻坚大决战的壮阔历程，市委、市政府团结带领全市各族人民风雨同舟、携手与共、砥砺奋斗，努力闯出了一条以脱贫攻坚统领经济社会发展全局，倒逼产业形态、基础设施、城乡建设、生态文明等各个领域创新突破的“昭通路径”，奋力跑出了争先进位、赶超跨越的“昭通速度”，锻造锤炼了为民务实、实干求真的“昭通作风”，树立展示了“文明友善、开放包容”的“昭通形象”，淬炼形成了敢打善拼、坚韧求成、再硬的骨头也要嚼碎的脱贫攻坚“昭通精神”，这是一笔昭通当代脱贫攻坚人留给后世的宝贵精神财富。我们着力做好时代的忠实记录者，发挥文史资料“存史、资政、团结、育人”功能，赓续传承、大力弘扬新时代脱贫攻坚昭通精神，激励全市600多万名各族儿女在新征程上再鼓干劲、再聚合力、再立新功。

引领我们不断从胜利走向新的更大胜利。春江浩荡暂徘徊，又踏层峰望眼开。脱贫摘帽不是终点，而是新生活、新奋斗的起点。我们如期完成新时代脱贫攻坚目标任务，为实现两个百年奋斗目标以坚定信心、强劲动力，必将激励我们不断从胜利走向新的更大胜利。站在新的历史交汇点上，推动滇东北开发提速和崛起的奋斗史诗正在书写，我们必须从决战决胜脱贫攻坚的实践中汲取智慧和力量，进一步增强“四个意识”、坚定“四个自信”、做到“两个维护”，不断提升政治判断力、政治领悟力、政治执行力，在以习近平同志为核心的党中央的坚强领导下，永远保持慎终如始、戒骄戒躁的清醒头脑，永远保持不畏艰险、锐意进取的奋斗韧劲，永远保持永不懈怠、一往无前的精神状态，真抓实干、埋头苦干，脚踏实地、久久为功，在推动昭通高质量跨越发展的新征程上奋勇前进！

（作者时任中共昭通市政协党组书记、政协昭通市委员会主席）

本卷序言（一）：奋力开创大关高质量发展新局面

陈　刚

2020 年 1 月，习近平总书记再次到云南考察。总书记在考察期间发表的重要讲话和作出的重要指示，深刻阐明了事关云南发展的一系列方向性、根本性、原则性问题，进一步为新时代云南发展指明前进方向、明确目标定位、赋予重大使命。习近平总书记此次重要讲话，同 2015 年 1 月考察云南时重要讲话和近年来对云南工作作出的一系列重要指示批示精神一脉相承、紧密联系、相互贯通，是新时代云南发展的根本遵循和行动指南，是指引大关发展的“灯塔”。

习近平总书记强调：“要正确认识和把握云南在全国发展大局中的地位和作用，努力不断取得新突破。”对于大关来讲，找准和锚定新时代发展的坐标和定位，就是要深入学习贯彻落实习近平总书记两次考察云南重要讲话和系列指示批示精神，充分认识和把握当前面临的发展形势和机遇，主动把大关的发展摆在全省全市大局大势中来科学谋划，抓住和融入国家新时代推进西部大开发形成新格局等重大战略窗口期，促进川滇黔跨省毗邻地区协同开放发展，全力为“滇东北崛起”新目标作出新的更大贡献。

大关作为全省 27 个深度贫困县之一，经济总量小、地方财政弱，仍处于历史遗留问题消化期、新旧动能转换换挡期叠加的特殊阶段，发展不平衡不充分的问题仍然突出，长期积累的深层次结构性矛盾逐渐凸显。我们必须深刻学习领会习近平总书记重要讲话精神，坚定不移贯彻创新、协调、绿色、开放、共享的新发展理念，将注意力集中到解决发展的不平衡不充分问题上来，自觉把新发展理念贯穿到大关经济社会发展全过程，知不足而奋进，望远山而力行，全力推动大关高质量发展，为全省全市区域协调发展贡献大关力量。

一、脱贫攻坚取得决定性成就，高质量发展的根基越发牢固

2015年1月，习近平总书记深入昭通考察时作出重要指示："要以更加明确的目标、更加有力的举措、更加有效的行动抓好脱贫攻坚，确保扶到点上、根上，让贫困群众真正得到实惠。"今年1月，习近平总书记考察云南时发表重要讲话强调："增进人民福祉，是我们党立党为公、执政为民的本质要求。"习近平总书记对云南边疆贫困地区和贫困群众的深深牵挂，给我们增添了"越是艰险越向前"的强大精神力量，更加坚定了我们决战脱贫攻坚、决胜全面建成小康社会、不获全胜决不收兵的信心决心。五年来，大关始终牢记习近平总书记殷切嘱托，坚持把脱贫攻坚作为最大的政治任务和第一民生工程，贯穿"把为民造福作为最重要的政绩，把人民群众满意不满意作为检验工作第一标准"的理念，落实市委"133"工作思路和"双统领""双保障""双推进"工作要求，做到坚持以党的领导为统揽、以精准方略为主线、以脱贫标准为导向、以人民满意为标尺、以统筹务实为保障"五个坚持"推动工作，全县"两不愁、三保障"突出问题基本解决，建档立卡贫困户不漏一户、不漏一人全部实现脱贫。2020年5月16日，省人民政府正式批准大关县退出贫困县序列。

全面压实脱贫攻坚责任。认真履行"党政领导负主责""五级书记抓扶贫、党政同责促攻坚"政治责任，实行"双组长"领导，建立"1+16"工作机制，落实日排查、周汇总、月研究工作制度，县委常委、县人大主任、县政协主席兼任乡镇第一书记，30名县处级领导分别挂包一个深度贫困村，分管县级领导牵头认领专项工作，全县组织82支驻村工作队、82名

驻村“第一书记”、351名驻村队员派驻82个贫困村（社区）开展驻村帮扶，101个挂包单位对口帮扶82个贫困村、3353名干部职工结对帮扶2.6万户贫困户，构建了专项扶贫、行业扶贫、社会扶贫统筹推进的大扶贫格局。聚焦“三落实”“三精准”“三保障”，层层签订“三个一”承诺，逐级立下“军令状”，开展专项巡察、驻乡督导，推动责任到人、落实到事。

全面整改清零各类问题。聚焦中央、省、市各级各部门先后反馈巡视、巡察、督查、检查、考核各类问题，成立整改专项工作组，较真碰硬挂牌督战，交任务、挂账督、跟踪问，以整改结果倒逼责任落实、政策落实、工作落实。紧扣普查标准，坚持问题导向、目标导向和效果导向，开展对贫困村、贫困户、贫困人口多角度、全覆盖大排查，查问题找差距、补短板强弱项，确保户户达标、村村提升，以问题的整改清零和群众的高度认同支撑高质量脱贫。

全面巩固提升脱贫成效。严格落实“四个不摘”要求，按照“紧扣长远发展这一根本目标、强化产业就业两个重要抓手、突出易地扶贫搬迁户和边缘户两类重点群体”的“122”脱贫巩固思路，注重长期培育和支持贫困村产业发展，巩固落实村村有亮点、组组有看点、户户有支撑“三个有”的要求，增强贫困村贫困群众自我“造血”功能。对贫困群众就业问题，按照输出有组织、精准到个人、匹配到岗位、到达有交接、全程可追溯“五位一体”高度组织化模式，引导贫困劳动力外出转移就业，依托扶贫车间、产业基地就地就近吸纳就业和公益性岗位开发，巩固“零就业家庭”动态清零成效。对易地扶贫搬迁群众稳得住问题，尤其是跨县区搬迁靖安5226户22494名群众，持续加大后续扶持力度，确保稳得住、能发展。对易致贫返贫边缘户问题，突出精准要义，建立健全防止返贫监测和帮扶机制，做到一户一策。坚持“富脑袋”与“富口袋”并重、扶贫与扶志扶智相结合，开展“自强、诚信、感恩”主题教育实践活动，不断提升群众自我发展能力和动力。

二、乡村振兴战略有序衔接，高质量发展的思路越发清晰

习近平总书记强调："要抓住实施乡村振兴战略的重大机遇，坚持农业农村优先发展，夯实农业基础地位，深化农村改革。"大关始终牢记习近平总书记殷切嘱托，按照"统筹谋划、抓住特点、突出重点、整体推进"的工作思路，着力在基础设施建设、人居环境整治提升、高原特色农业产业打造、农业农村综合改革等方面下功夫、花力气，全面推动脱贫攻坚与乡村振兴有效衔接。

全面推进基础设施建设。紧盯乡村基础设施短板，统筹整合各类资金，大力推进"五网"基础设施建设，持续改善贫困村基础条件，努力打造绿色美丽、宜业宜居乡村。实现建制村道路全部硬化，实现9个乡镇84个村（社区）通硬化路和安全生命防护工程全覆盖，所有行政村通10千伏动力电、自然村通380伏动力电，村委会、学校、卫生室通光纤网络宽带，村民小组广播电视信号覆盖率100%。

切实打好乡村振兴"三大战役"。以人居环境整治提升"人海战"为切入点，推进共建、共治、共享。坚持全面整治提升的工作思路，建立7个机制、坚持8个标准、落实9项制度、抓好10个重点，开展"五大行动"，有序实施"厕所革命""垃圾革命"，加快国家卫生县城和省级生态文明县创建设步伐，统筹推动城乡环境大改善、村庄面貌大提升、整体形象大改观。以高原特色农业产业"突围战"为主抓手，厚植乡村振兴根基。以构建现代农业产业体系为目标，加快高原特色农业产业园和农特产品物流小镇建设，打造一批茶叶、贡椒、水果、蔬菜和工业大麻标准化示范基地，认证一批"三品一标"农产品，培育一批农业产业化龙头企业，推动高原特色农业产业出特色、出亮点。以农业农村综合改革"攻坚战"为突破口，激发乡村振兴活力。持续深化农业供给侧结构性改革和农村集体产权制度改革，探索村级集体资产运营新模式，着力唤醒农村"沉睡资本"，推广入股分红新模式，鼓励引导贫困对象将已确权登记的林权、土地承包经营权入股企业、集体经济、合作社，逐步形成密切联系的利益新机制，共享产

业发展红利，确保群众持续稳定增加收入。

全面推进乡村治理体系和治理能力现代化。积极推进党委领导、政府主导、多方参与、共同治理的乡村治理体制建设，推动党务、村务、财务公开透明，激发群众参与乡村治理的主动性积极性，不断改善群众精神风貌，推进移风易俗，焕发乡村文明新气象。注重加强全县少数民族乡和少数民族聚居村落党的领导，助推昭通创建全国民族团结进步示范市，服务全省“全国民族团结进步示范区”建设。

三、现代产业体系加速构建，高质量发展的动力越发强劲

坚持“产城一体、产城融合”的发展原则，按照“种竹养猪、采硅抽气、文旅康养”的产业发展思路，强龙头、创品牌、带农户，打造大关特色亮点“名片”，推动大关走出发展困境、实现赶超跨越。

打造“中国筇竹之乡”名片。严把筇竹种源关口，培育新型种植主体，采取“公司＋合作社＋农户”种植模式，按照“一核两路三带”的筇竹产业空间布局，加快100万亩筇竹基地建设步伐，打造20个筇竹种植专业村，推动集科技研发、笋材加工、商贸物流、品牌塑造、观光休闲为一体的木杆筇竹产业园尽快建成投用，实现“一县一业”筇竹产业从全省特色县向示范县迈进，引领区域竹产业发展。

打造“中国云南页岩气开发试验区”名片。云大页1井含气性测试在木杆成功点火，获得了直井日产5280立方米的稳定工业气流，首次实现云南省页岩气“空白区”调查重大突破。立足资源优势，持续加强产业规划，深化产业布局，加快完成区块出让，落实矿权人，发挥页岩气资源开发利用优势，延伸页岩气开发利用链条，助推工业经济快速可持续发展。

打造“中国西部硅砂开发利用基地”名片。立足大关境内硅储量初步预测达210亿吨以上、二氧化硅含量平均大于98%、经提纯能达99.99%以上，硅资源量大质优、开采成本低的优势，主动融入昭通水电硅材一体化发展，支持合盛硅业、恒威矿业、大鹏硅业开发硅产业，加快与北京仁创

集团、四川宏华集团合作共建高新硅产业园步伐，不断拓展延伸下游产业链，提高附加值，推动硅砂一体化、集群化发展。加快压裂砂在页岩气开采环节的运用，用大关的“砂”压大关的“气”，用大关的“气”炼大关的“砂”，实现硅气产业一体循环发展。

打造全产业链条生猪产业。抢抓生猪产业发展黄金期，实行生猪养殖从重点支持企业向培育本土专业大户转移、从育肥向扩繁转移，支持群众生猪养殖补栏，全面推进年出栏100万头的生猪养殖基地建设；坚持用工业理念谋划农业，加快24万吨无抗饲料、40万头生猪屠宰项目建设进度，积极谋划食品加工、有机肥等产业项目，走实“养殖企业带动、加工园区引领、种养一体循环”闭合式、全链条的路子。

打造“文旅康养”全域旅游格局。瞄准“一城三区”中心城市后花园、面向川渝避暑康养旅游目的地定位，立足大关山水景观和生态特色，坚持高规格顶层设计、高品质一次规划、高质量分期建设、高品位文化赋能，实施龙头引领工程、业态培育工程、精品营销工程，持续加大对青龙洞景区、黄连河景区、罗汉坝景区等代表景区规划建设，着力打造以“四片一线”为支撑，以乡村旅游为点缀，集溶洞体验、瀑布观光、滨湖度假、森林休闲等为一体的旅游业态集群，做强大关第三产业。

四、社会民生事业长足进步，高质量发展的目标越发明确

县委、县政府始终牢固树立以人民为中心的发展思想，持续加强普惠性、基础性、兜底性民生建设，以实实在在的惠民成效，不断提升人民群众的获得感、幸福感、安全感。

教育医疗卫生不断提升。紧盯争创义务教育优质均衡发展县目标，大力实施教育“全面改薄”工程，稳步推进“收缩办学”，试点推行“公办民助”“民办公助”“民营办学”等多种办学模式，深化“城乡校际联盟”合作提升，推行义务教育阶段教师“县管校聘”、教师“无校籍”管理和校长公选、绩效改革等系列改革举措，教育事业取得突破性发展，与昆明市外国

语学校合作创办的大关复兴中学如期办学。推进“医联体、医共体”建设，医疗服务水平得到提高。社会化办医取得新进展，大关仁安医院建成投用。

各项民生事业取得长足进步。推进基本公共文体服务标准化建设，实现基层综合性文体服务中心全覆盖。建成“互联网＋公共资源交易”现代化信息技术服务平台。启动未成年人救助保护中心和儿童福利院建设，健全“大救助”体系，织密基本生活保障网，覆盖城乡居民的社会保障、社会救助体系更加完善。农民工工资基本无拖欠等一批民生领域堵点、痛点、难点问题逐步得到解决。

提升社会治理能力。按照“深挖根治、行业整治、长效常治”的要求，持续深化扫黑除恶专项斗争，完善矛盾纠纷多元化解机制，加大“雪亮工程”建设力度，推进各级综治中心、村级治保会规范化建设，群众社会安全感、满意度调查获全市第一名。

五、全面从严治党向纵深发展，高质量发展的保障越发有力

加强思想建设。坚持把学习宣传贯彻习近平新时代中国特色社会主义思想作为首要政治任务和头等大事，坚定不移把习近平新时代中国特色社会主义思想作为科学真理来信仰、作为思想武器来掌握、作为根本指导来遵循，认真开展“两学一做”学习教育和“不忘初心，牢记使命”主题教育，教育引导全县广大党员干部增强“四个意识”、坚定“四个自信”、做到“两个维护”，确保在思想上、政治上、行动上同以习近平同志为核心的党中央保持高度一致。

加强政治建设。坚决扛起“两个维护”政治责任，深刻领会“两个维护”极端重要性和特定内涵，准确把握“两个维护”在本质上是一体的、同坚持民主集中统一是一致的、同以人民为中心是统一的内在要求，把“两个维护”作为最大的政治、最重要的政治纪律和政治规矩，领导班子成员带头践行、全面落实，切实把好“两个维护”的重要关口，及时发现纠正“两个维护”中的各类问题，辨别各种“低级红”“高级黑”，把握好时度

效，扎实推动“两个维护”向纵深贯彻落实，时时刻刻做到“两个维护”。

加强组织建设。始终坚持加强党的领导制度体系建设，以推进党支部标准化、规范化建设等为重要抓手，持续整顿软弱涣散党组织，深化农村“领头雁”培养工程，全面推行村党组织书记县委备案管理，切实加强党对一切工作的领导。

加强干部队伍建设。坚持以上率下，严格执行新形势下党内政治生活制度和党内法规，“一把手”带头，抓好“关键少数”，全力为人大、政府、政协和法院、检察院履行职责创造条件。坚持严管与厚爱相结合管好用好干部，树牢在脱贫攻坚一线和崇尚实干的鲜明选人用人导向，强化对重点部门、关键岗位干部特别是“一把手”的监督管理，完善纠错容错、考核评价激励、关心关爱干部等制度，抓好“三名”人才和“三农”工作队伍培养。

加强反腐倡廉建设。做实做细日常监督，加强权力运行监督，巩固拓展作风建设成果，多深入干部群众发现问题，多采取谈话函询防微杜渐，实事求是运用“四种形态”，切实实现监督前移。坚持有案必查、有腐必反，以刮骨疗毒的勇气和决心，彻底肃清白恩培、秦光荣、仇和等流毒影响，加快构建“亲清”新型政商关系。继续深化政治巡察，抓好巡察“回头看”及反馈问题整改，强化重点领域、重点行业的监督。完善纪检监察体制改革，建设高质量干部队伍，全力支持纪委监委履职尽责，着力巩固好、发展好、维护好大关风清气正的政治生态。

立足新时代，大关县将始终坚持以习近平新时代中国特色社会主义思想为指导，坚决贯彻落实习近平总书记考察云南时重要讲话精神，增强“四个意识”、坚定“四个自信”、做到“两个维护”，以永不懈怠的精神状态和一往无前的奋斗姿态，不忘初心、牢记使命，锐意进取、开拓创新，谱写好中华民族伟大复兴中国梦的大关篇章。

（作者时任中共大关县委书记）

本卷序言（二）：决胜脱贫　迈步小康

雷楚英

“民亦劳止，汔可小康。惠此中国，以绥四方。”小康社会是中华民族自古以来追求的理想社会状态。改革开放之初，邓小平同志首先用“小康”来诠释中国式的现代化，明确提出到20世纪末“在中国建立一个小康社会”的奋斗目标。党的十六大、十七大、十八大、十九大顺应我国经济社会新发展和广大人民群众的新期待，分别赋予了“小康”更高的标准、更丰富的内涵。40多年来，我们党始终紧紧扭住这个奋斗目标，一茬接着一茬干，一棒接着一棒跑，全面建成小康社会宏伟目标如期全面实现。

大关县贫困面大、贫困程度深。2014年年底，全县84个村（社区）中，贫困村82个、占97.6%，综合贫困发生率46.5%，分别高于全国、全省、全市39.3、31、11.7个百分点，是国家扶贫开发工作重点县、乌蒙山区域发展与扶贫攻坚重点县、云南省27个深度贫困县之一。在中央、省、市的坚强领导下，我们积极顺应老百姓丰衣足食的朴素愿望和时代发展的新要求，以解决“人”的绝对贫困问题为牵引，以构建新时代大关蝶变崛起的新格局、新支撑为方向，战贫驱困，破壁除关，育产兴业，6年来实现全县建档立卡的26023户114137名贫困群众不漏一户、不漏一人全部脱贫。“却顾所来径，苍苍横翠微。”在大关决胜脱贫、迈步小康的历史进程中，搬人（实施易地扶贫搬迁）、迁城（县城驻地跨县域迁移）、育产业，既是立足县情破解困局、实现高质量脱贫的关键三招，也是推动经济社会跨越发展的“三部曲”。

一、易迁——大关贫困群众从“山里人”变“城里人”的金钥匙

自然条件先天不足，生存资源日益匮乏，是贫困山区的普遍现状。大关更是如此，境内雄关叠嶂，五条大河深切，99.7%是山地，没有一个1平方千米的平地，大量群众分散居住在高寒、边远、冷凉等“六类区域”，上学、就医等配套成本极高；局促的地理空间，加之群众生产生活与自然生态环境之间因贫困加剧的恶性循环，致使水土流失率、石漠化率高达55.5%、52.65%。一方水土养不起一方人，全县基本失去生存条件的贫困群众近4万人，占总贫困人口的1/3。如果这部分群众继续留在山里，无论用什么办法，都不能实现稳定脱贫。因此，把贫困群众搬离深山、搬出大山，成了大关战贫脱贫的必选项。

然而，“住惯的山坡不嫌陡”。易迁工作初期，群众对搬迁多有担忧、躲避、抵触等心理。有的担心离开故土，生存不了，属于穷怕了；有的习惯山里农耕、狩猎生活，觉得搬出去适应不了；有的心里打着“小算盘”，认为别人搬走后，剩下的土地归自己。比如在玉碗镇火地村，工作队入户动员20余次无功而返，不少群众听到有干部上来动员，就锁门外出了；在寿山镇益珠村，38户苗族搬迁户整体反弹退出搬迁协议，集体“飞”到新疆务工。

面对工作被动局面，我们坚持问题导向、细处用功，坚持一切为了群众、一切依靠群众宗旨，对搬迁中涉及的柴米油盐、猪马牛羊等事项，全过程纾难解困，全方位跟进服务；以学生群体、妇女骨干为突破口，实施随迁子女公益岗位“陪读看护”，组织苗岭学子返乡志愿宣传，甚至派工作组“飞”赴新疆、进驻工地做群众工作，真情帮扶春风化雨，系列细致入微的措施，终于让群众打开心结，乐意搬迁。妇女骨干带头、学生群体“小手牵大手”，成为大关易地扶贫搬迁最为温暖动人的画面。

同时，倾心培育造血功能，做实就业、产业两篇文章，着力解决扶贫到点、到根的问题。依托东西部扶贫协作实施就业兜底，对中山、深圳等地高度组织化劳务输出20余万人次；采用“开投公司＋合作社＋农户”等模式建立牢固的利益联结机制，盘活“三块地”，让易迁群众持续稳定增收。

搬出大山天地宽。开展脱贫攻坚以来，全县累计投入21亿元，实施易地搬迁8729户37601人，通过搬迁脱贫一批占26%。尤其是跨县域搬迁至昭阳区靖安安置区5226户22494人，实现贫困群众从深山跨村、乡、县“三级跳”，一步进入昭通市主城区，既做到了从源头上彻底挪穷窝、换穷业、断穷根，更实现了城乡人口分布格局重构、产业发展结构重组和山区自然生态环境重塑“三位一体”整体推进。

二、“迁城”——大关县域格局从“边缘末梢”变“中心前沿”的胜负手

“迁城”即大关县城驻地跨县域迁移至昭阳区靖安。这是市委、市政府高瞻远瞩，谋划“一城三区”同城格局的战略决策，是大关融入“昭鲁大”一体发展的最佳契机，也是大关实现绝地反超，从边缘末梢到中心前沿的关键一招。县城是县域经济发展的龙头和引擎，县城兴盛，才能反哺农村、助推脱贫。然而，因受地形地貌所限，加之地处古滑坡体和大关马边地震带，大关县城规划区内山高谷深、沟壑纵横，滑坡、泥石流等自然灾害频发，发展空间和承载能力严重不足，不到3平方公里的建成区，地质灾害隐患点多达41处，时刻威胁着近4万名人民群众的生命财产安全。2015年起，省委、省政府要求大关县城停止新建，必须减载。2017年，市委、市政府把大关县城驻地迁移纳入全市概念性空间发展规划总体布局，提出以昭通中心城市和鲁甸县城、靖安新区构建“一城三区”“昭鲁大”一体化的发展战略，拟将昭阳区靖安乡、青岗岭乡两乡镇区划调整至大关，把昭阳区靖安易迁新区作为大关县城新驻地规划建设。我们必须牢牢把握这一千载难逢的时代机遇，推进大关县城与靖安新区“一体两翼、一城双核”融合式、同城化发展。

一方面，积极推进起于大关县城，经靖安新区、昭阳北部新区，至鲁甸江底的“一城三区”快捷通道建设，形成大关县城至靖安新区“一刻钟生活圈”、到昭通主城“半小时经济圈”，实现同城化抱团发展；另一方面，按照“先抽空、后注入”的工作思路，推进大关县城危旧房拆除并在靖安新区进行易地安置，既做大靖安新区城镇化人口体量，又对大关县城重新植入山城规划理念，建设别具风格的“单排、等层、梯次、坡屋顶”特色民居，打造古色古香的山水古典关城。同时，依托丰富的瀑布景观、得天独厚的筇竹资源和大储量的地热温泉，着力把大关县城打造成集避暑、运动、休闲旅游于一体的“瀑布之城、温泉小镇、筇竹之乡”，让“观瀑布、泡温泉、吃山货”成为拉动县城消费的精品业态。

三、产业——大关经济社会由“弱”变“强”的杀手锏

大关有“三宝”——筇竹、硅矿、页岩气。立足资源优势，我们确立了“种竹养猪、采硅抽气、文旅康养”的产业发展定位。

人无我有，打造“两山论”筇竹实践基地。筇竹，是中国800多个竹种中纳入国家三级保护的两种珍稀濒危竹类之一，仅中国西南地区独有，唯大关独大，拥有天然筇竹20.83万亩，占全国天然筇竹总面积的59%，享有“中国筇竹之乡”的美誉。其竿状貌奇特，姿态秀丽；其笋肉厚质脆，味甘鲜嫩，有“蔬中熊掌”美称。按照“生态建设产业化，产业发展生态化”的理念，我县将这一抢救保护竹种不断壮大，培育成“一县一业”，围绕“一核、两路、三带”的竹产业空间布局，采用“开投公司+育苗大户+种竹专业合作社+农户”的模式，通过筇竹种植标准化、地块管理网格化、管护责任精准化，形成经营权责明晰、利益联结紧密的产业共同体，全面推进100万亩筇竹基地建设。同时，大力兴建集科技研发、笋材加工、商贸物流、品牌塑造、观光休闲于一体的筇竹扶贫产业园，重构产业链条，加速业态融合，提升产品附加，强势推进筇竹产业从省“一县一业”特色县向示范县、品牌县迈进。目前，国内笋产龙头台资企业成都吉食道食品

有限公司等10余家竹笋、竹材、竹炭、竹纤维加工企业相继入驻。“小小筇竹笋，致富大产业”，计划用5—10年时间，实现筇竹产业产值百亿元以上，把大关打造成“中国西部安吉”，打造成“两山论”实践基地，让“中国筇竹之乡”成为大关叫得响、立得住的亮丽地理标识。

人有我快，做强生猪产业链条。当前，生猪养殖处于黄金期，在产业链布局上要先人一步，才能抢占市场先机、赢得发展主动。我们坚持用工业理念谋划畜牧产业，走一条“养殖企业带动、加工园区引领、种养一体循环”闭合式、全链条的路子。养殖方面，引进猪猪侠、双胞胎、东方希望、新希望、正邦等全国知名企业，采用“企业+代养+农户”模式，构建“一超多强、千家万户”的生猪养殖产业格局，全面推进年出栏100万头的生猪养殖基地建设；加工方面，着力把上高桥打造成昭通乃至西南地区百万吨饲料产销集散中心，猪猪侠集团24万吨无抗饲料项目2020年年底投入使用、12万吨反刍饲料项目启动厂房设计，上海东方希望集团60万吨饲料项目和大关一顺天成公司畜禽粪污无害化处理有机肥项目启动征地拆迁，实现种竹与养猪产业循环。未来3—5年，全县生猪产业产值有望达100亿元。

人有我优，打造中国西部硅气一体化开发利用基地。大关境内硅矿、页岩气量大质优，拥有“云南页岩气开发试验区”“中国西部石英砂开发利用基地”两张名片。硅矿储量达350亿吨以上，具有低铁、低钛、高纯的特点，经提纯二氧化硅含量有望达99.99%，是制作浮法玻璃、汽车玻璃、手机屏幕、光伏光热玻璃、精密电子、压裂砂、硅微粉等产品的良好原料。按照“零排放、无污染”的工艺流程，推进矿地综合利用、绿色循环开发，加快融入昭通水电硅材一体化发展。拟投资20亿元的安徽远恒集团大关硅矿资源开发利用项目，一期硅矿采选全面竣工、二期压裂砂生产进入主体施工、三期浮法玻璃加工启动规划设计，与北京仁创集团合作共建高新硅产业园顺利推进。页岩气含气区块600平方公里，纯度达99%以上的优质含气层30米左右，估算资源量3450亿立方米以上。自然资源部拟于2021年对大关页岩气矿产开发权挂牌出让，落实矿权人。届时，将真正实现用大关的“砂”压大关的“气”，用大关的“气”炼大关的“砂”，以中国西南地区每年千万吨的压裂砂市场需求，把“硅”“气”产业打造成百亿元产值产业。

同时，瞄准“一城三区”中心城市“后花园”和“菜篮子”，立足县域内气候立体、景观独特、环境优良、土壤富硒的自然资源优势，我们将持续打造“文旅康养”新支撑，着力构建一、二、三产融合发展的新格局。

当前，全县各族群众已从“战贫脱贫”的奋斗之路，昂首步入“蝶变崛起”的振兴之旅。在鏖战贫困的伟大历史进程中，我们实现了绝地反击、浴火重生；在全面小康的康庄大道和建设社会主义现代化国家的新征程上，我们必将继续奋力书写不忘初心、不辱使命的辉煌篇章。

（作者时任中共大关县委副书记、县长）

目 录

第一编　决胜脱贫攻坚

第二编　产业就业扶贫

第三编　基础设施建设

第四编　易地搬迁扶贫

第五编　教育文化民政健康扶贫

第六编　挂钩帮扶及社会扶贫

第七编　东西部扶贫协作

第八编　组织保障

第一编　决胜脱贫攻坚

尽锐出战　精准施策

——大关县脱贫攻坚大决战成就实录

2015年以来，大关县干部群众克难攻坚、努力奋进，脱贫攻坚大决战取得显著成效，脱贫短板全面补齐，各类问题有序销号，脱贫摘帽目标任务完成。截至2019年年底，全县贫困人口从2014年26023户114137人降至987户3478人，累计减贫25036户110659人，82个贫困村全部出列，综合贫困发生率从46.53%降为1.42%。经过县申请、市审核、省核查和第三方实地评估检查、公示等程序，2020年5月16日，《云南省人民政府关于批准昭阳区等31个县市区退出贫困县的通知》（云政发〔2020〕14号）正式批准大关退出贫困县序列。

一、大关县脱贫攻坚基本情况

（一）县情概况、贫困状况和贫困成因

1. 县情概况

大关县地处昭通市腹心地带，距昭通60公里、宜宾190公里，是出川入滇重要通道。占地面积1721平方公里，辖8镇1乡、84个村（社区）、1750个村

（居）民小组、9.6 万户 29 万人，居住有汉、苗、回、彝等 22 个民族，有民族乡 1 个、少数民族 2.49 万人，占全县总人口的 8.7%。境内最高海拔 2785 米，最低海拔 492 米，山高坡陡、河谷深切，山区面积占 99% 以上，无 1 平方公里以上连片平地，年平均气温 14.9℃，年日照 1139.7 小时，年降水量 1127.4 毫米。有耕地 49.5 万亩，25 度以上坡耕地占 54.15%，水土流失面积占 55.31%，石漠化面积占 52.65%，森林覆盖率 45.29%，林木绿化率 65.63%，2016 年被纳入国家重点生态功能区。处于大关—马边地震带上，滑坡、泥石流等自然灾害频发，县城坐落在古滑坡体上，有以滑坡为主的地质灾害 41 处。

2. 贫困状况及其特点

2014 年，大关县农业户籍人口 245290 人，其中建档立卡贫困人口 26023 户 114137 人，贫困发生率达 46.53%。有贫困村（社区）82 个，占全县行政村（社区）84 个的 97.6%，其中深度贫困村 48 个，占比 57.1%。贫困状况凸显四大特点：一是贫困面大，贫困程度深；二是条件型贫困突出；三是素质型贫困突出；四是基础设施严重滞后。

3. 区域性整体贫困成因

（1）自然环境条件差，严重制约经济社会发展。大关县土壤以黄壤为主，土地肥力普遍瘠薄，人口密度为 169 人 / 平方公里。山高谷深导致耕地陡峭，坡度在 15—25 度的耕地 13.06 万亩，占耕地面积的 26.34%；坡度在 25 度以上的耕地 26.84 万亩，占 54.15%。海拔 1100 米以下河谷区占 12.7%，1100—1500 米矮二半山区占 25.1%，1500—1900 米高二半山区占 37.8%，1900 米以上高寒山区占 24.4%，立体气候制约产业规模化发展，农村经济发展滞后。

（2）工程建设成本高，基础设施建设严重滞后。2014 年还有 192 个村民小组不通公路，运输靠人背马驮，90% 的行政村未通硬化路，村组公路弯急路窄坡陡、路面坑洼泥泞，晴通雨阻、通而不畅，物流成本高，贫困人口 17016 人因交通条件滞后致贫。9.8 万人和 1.4 万头大牲畜未解决安全饮水问题。

（3）资金投入严重不足，经济社会发展水平低。2014 年，全县地区生产总值（GDP）26.29 亿元。其中，第一产业 6.37 亿元；第二产业 7.71 亿元；第三产业 12.21 亿元。地方一般公共预算收入 1.18 亿元，全市排名第 11 位；支出 16.89 亿元；固定资产投资（不含农户）39.25 亿元；社会消费品零售总额 6.31 亿元；城镇居民人均可支配收入 18246 元，全市排名第 10 位，全省排名第 120 位；农村居民人均可支配收入 6272 元，全市排名第 10 位，全省排名第 110 位。金融机构存款余额 40.04 亿元。

（4）社会事业发展滞后，基本公共服务不足。截至 2014 年，全县 82 个贫困村（社区）有 32 个卫生室未达标，9 个乡镇有 2 个乡镇卫生院未达标。35 个村完小不具备寄宿制办学条件，小学危房面积达 47698 平方米，只有大关一中、大关职中开办高中阶段教育，严重制约初中毕业生升学。小学生宿舍 24343 平方米，生均 3.45 平方米，生均校舍面积 8.01 平方米，生均校舍面积和宿舍面积严重不足。贫困户家庭子女多，读书负担重，11490 名贫困人口因学致贫。行政村缺乏文化体育活动场所，广播电视、信息网络覆盖率较低。

（5）生态环境脆弱，土地承载负荷较重。全县水土流失面积 951.91 平方公里，占国土面积的 55.31%；石漠化面积 906.08 平方公里，占国土面积的 52.65%。大关县位于大关—马边地震带，属八度震区。19 世纪以来，昭通市发生 7 级以上大地震 3 次，全部在大关，分别在 1844 年、1917 年、1974 年，破坏面积覆盖大关全境。滑坡、泥石流、旱灾等自然灾害频繁，“无灾不成年”。

（6）贫困农户素质偏低，致富能力不足。全县建档立卡户劳动力总数为 64042 人，其中，文盲半文盲 1424 人，占 2.22%；小学文化程度 40208 人，占 62.78%；初中文化程度 18082 人，占 28.23%；高中及以上文化程度 4328 人，占 6.77%。建档立卡贫困户中 53799 人因缺技术致贫，占 47.22%，3873 人因自身发展动力不足致贫，占 3.39%。贫困户劳动力文化素质低，发展思路不清、致富办法不多、产业发展滞后、自力更生的拼搏精神严重不足，部分贫困户“等靠要”思想严重。

4. 贫困人口主要特征

建档立卡贫困户以一般农户为主，占建档立卡总人口的79.67%。

2019年建档立卡贫困人口规模

建档立卡户		低保户		特困供养户		一般农户	
户数	人数	户数	人数	户数	人数	户数	人数
26023	114137	14287	26129	659	740	11077	87268

从贫困人口分布看，贫困人口占比较高的有天星镇、悦乐镇、寿山镇，贫困户13034户57338人，占总贫困人口的50.24%。

大关县建档立卡贫困人口分布表

乡镇（街道）	户 数	人 数	占比（%）
天星镇	7621	32631	28.59
悦乐镇	2859	12773	11.19
寿山镇	2554	11934	10.46
高桥镇	2465	11479	10.06
上高桥回族彝族苗族乡	2413	11033	9.67
翠华镇	2488	10241	8.97
木杆镇	2108	9350	8.19
吉利镇	1864	7988	7.00
玉碗镇	1651	6708	5.88

从贫困人口构成来看，男性63650人，占比55.77%，女性50487人，占比44.23%；0—15周岁儿童23005人，占比20.16%，16—64周岁成年人80498人，占比70.53%，65周岁以上老年人10634人，占比9.32%；普通劳动力和技能劳动力64941人，占比56.90%，弱劳动力或半劳动力为4033

人，占比 3.53%，丧失劳动力和无劳动力 45163 人，占比 39.57%；小学及以下文化人口 57832 人，占比 50.67%，初中文化人口 19644 人，占比 17.21%，高中及以上文化人口 5176 人，占比 4.53%，在校生 31483 人（其中学龄前儿童 6144 人，学前教育 2869 人，小学及以上 22470 人），占比 27.58%。

5. 贫困人口致贫原因

大关县建档立卡贫困人口 26023 户 114137 人，其中缺技术 53900 人，占 47.22%；交通条件落后 17016 人，占 14.91%；因学 11490 人，占 10.09%；因病 10896 人，占 9.55%；缺资金 6533 人，占 5.72%；因残 5994 人，占 5.25%；自身发展动力不足 3873 人，占 3.34%；缺劳动力 3312 人，占 2.99%；其他致贫原因 1123 人，占 0.98%。

（二）脱贫攻坚决策部署

1. 建立健全脱贫攻坚作战体系

大关县始终坚持以习近平总书记扶贫开发战略思想为指导，坚决贯彻落实中央、省、市脱贫攻坚决策部署，坚持以脱贫攻坚为统领，聚焦解决“两不愁、三保障”和饮水安全突出问题，对照贫困户、贫困村、贫困县退出“5、7、1”标准，切实扛起“党政领导负主责”“五级书记抓扶贫、党政同责促攻坚”政治责任，加强指挥调度，层层传导压力，突出攻坚重点，精准把控过程，统筹推动责任落实、政策落实、工作落实。压紧压实领导责任、工作责任和帮扶责任，打造了“统一指挥、分工负责、合力攻坚”的作战体系，全力确保责任上肩、工作落地、推进有力。

（1）建机制。建立县委书记、县长任双指挥长的脱贫攻坚指挥部（扶贫开发领导小组），先后组建县委、县政府分管领导任组长的易地扶贫搬迁、农村危房改造、就业扶贫、产业扶贫、教育扶贫、健康扶贫、东西部扶贫协作、社会扶贫、扶志扶智、财政涉农资金管理使用等 16 个专项指挥部或领导组，形成“1+16”指挥体系和工作机制，组建工作专班，统一指挥调度，工作各有侧重，充分发挥行业部门牵头抓总作用，形成了专项扶贫、行业扶贫、社会扶贫“三位一体”的大扶贫工作格局。

（2）压责任。出台《进一步压实脱贫攻坚工作责任的通知》《脱贫攻坚责任追究办法》等文件，梳理脱贫任务，明确工作责任，构建责任体系，由县委常委、人大主任、政协主席兼任乡镇第一书记，30名县处级领导分别挂包一个深度贫困村，分管县级领导牵头认领专项工作，压实县级领导、乡镇党委政府、县直牵头部门和配合部门、挂钩帮扶单位、驻村工作队职责，层层签订责任书、立下“军令状”，建立“任务清单、问题清单、责任清单”，实行清单式、网格化管理，一级抓一级，层层抓落实，编织了任务明确、责任清晰、横向到边、纵向到底的责任网络。

（3）配资源。围绕脱贫攻坚各类问题短板和各个时期工作重点，优化调配干部、资金、项目等资源。明确脱贫攻坚期间县直部门一律不得在乡镇借用和调动干部，拟提拔干部和新录用公务员全部到镇村脱贫攻坚一线锻炼。选派82支驻村工作队、82名驻村第一书记、351名驻村队员开展驻村帮扶，确保每个村驻村工作队队员3—5人，充分发挥好第一书记和驻村工作队的“助推力”；安排101个挂包单位挂钩帮扶82个贫困村（社区）、3353名干部职工结对帮扶2.6万户贫困户，充分发挥好挂包单位和党员干部结对帮扶的“外驱力”。

2. 认真落实脱贫攻坚工作措施

（1）把方向。坚持凡会必学，县委常委会和县政府常务会传达学、理论学习中心组专题学，及时学习贯彻习近平总书记关于扶贫工作重要论述和中央、省、市脱贫攻坚决策部署，结合实际融会贯通，真学、真信、真懂、真用，牢牢把握脱贫攻坚正确方向。

（2）定政策。全面对标中央、省、市脱贫攻坚方针政策，先后出台大关县“十三五”脱贫攻坚规划、打赢精准脱贫攻坚战三年行动实施方案、易地扶贫搬迁“三年行动计划”、产业、就业、健康、教育等一系列政策文件和具体方案，建立县级项目库，统筹行业部门和镇村抓落实。

（3）强调度。县委、县政府每月一调度，督进度、促落实。县级领导靠前指挥、以上率下，乡镇第一书记、各挂村县级领导、县级分管领导牵头督促检查指导，一级抓一级、层层抓落实。

（4）补短板。聚焦解决“两不愁、三保障”和饮水安全突出问题，从2018年12月开始，按照“缺什么补什么”原则，全面开展农村危房改造、易地扶贫搬迁、产业扶贫、就业扶贫、教育扶贫、健康扶贫、兜底保障、基础设施、环境整治、动态管理“十大清零”行动，组建专班，聚集力量，逐村、逐户、逐人排查，盘清家底、找准穷根、精准施策、补齐短板，全面补齐了脱贫攻坚短板和弱项。

（5）抓督促。县纪委监委派驻2名同志到县脱贫攻坚指挥部督察组专职监督，派驻15个纪检监察组对县级行业扶贫部门和挂钩帮扶单位进行监督，组建9个督察组到乡镇督促到村、检查到户。2017年以来开展脱贫攻坚监督检查20次，发现并督促整改问题293个。2019年2月，县纪委监委牵头，县委、县政府督察室、扶贫办等部门配合，抽调70余人，组建9个脱贫攻坚和扫黑除恶专项巡察组，对9个乡镇开展为期2个月的专项巡察，对标“两不愁、三保障”，检查精准识别、精准帮扶、精准退出情况和“十大清零”行动进展，实行卡户全覆盖，非卡户有针对性地抽查10%以上，查找问题3618个。

（6）重整改。将9个巡察组改为整改督察组，推动各级各类问题整改落实，以整改成效促进工作提升。自脱贫攻坚启动以来，认领上级检查、考核各类问题429个，已全部整改销号，其中需要长期坚持91个；各乡镇、各单位自查发现到户到人问题清单逐步整改完成。

3. 贯彻落实“六个精准”工作要求

（1）“面对面”识别，确保扶贫对象精准。2015年起，先后多次开展贫困对象精准识别工作，累计动员干部职工1.7万人次，扎实开展精准识别“大走访”“回头看”“再回头”，精准识别摸底调查等工作，实现全覆盖、无死角、零遗漏的建档立卡精准识别，锁定全县贫困对象底数。2018年，出台《大关县贫困对象动态管理办法》，对照贫困户脱贫和贫困村出列标准，以贫困村（社区）为单位，每月自下而上逐级召开村（社区）、乡镇、行业部门、脱贫攻坚指挥部贫情研判会，对贫困村出列、贫困户脱贫和贫困人口增减情况，逐村逐户逐人逐一调查、逐一研判、逐一建账，最大限度杜绝漏评、错评和错退，实现应纳尽纳、应退尽退、应扶尽扶，确保“不漏一村、不漏一户、不漏一人”。

（2）“卯对卯”施策，确保项目安排精准。紧扣科学制定“村级施工图、乡级路线图、县级项目库”这一核心，聚焦“两不愁、三保障”和饮水安全，既不降低标准，又不吊高胃口，按照“一乡一策”“一村一策”“一户一策”的要求，扎实开展“户户清、村村清、乡乡清”行动，切实摸清贫困户致贫原因、贫困村出列短板、乡镇工作弱项，直击“穷根”、找准“七寸”，全力以赴“画好”村级施工图、“绘好”乡级路线图、“建好”县级项目库，抓重点、补短板、强弱项，做到有的放矢，因乡、因村、因户施策，确保精准施策、精准帮扶、精准落实、精准脱贫。全县项目库规划项目 1086 个、概算总投资 37.65 亿元，其中 2018 年 420 个 10.24 亿元；2019 年 452 个 14.61 亿元；2020 年 214 个 12.8 亿元。覆盖全县 9 个乡镇 82 个贫困村（社区），实现建档立卡贫困户受益全覆盖。已累计完成投资 35.13 亿元，占规划总投资的 93.31%，其中 2018 年 10.24 亿元；2019 年 14.12 亿元；2020 年 10.77 亿元。

（3）“项对项”推进，确保资金使用精准。5 年来，全县到位各类扶贫资金 66 亿元。为确保资金使用精准、安全、高效，印发《大关县统筹整合使用财政涉农资金管理办法的通知》《大关县进一步规范财政涉农资金使用管理的通知》等文件，从整合范围、整合程序、使用范围、项目审批、资金下达、项目管理、资金拨付、部门职责、监督与检查和责任追究等方面作了明确规定，坚持“统筹整合、项目库选择”的原则，由县扶贫办会同县整合涉农资金办公室，根据脱贫攻坚任务的轻重缓急从项目库中选择项目，提出资金安排拟办意见，提交县委或县政府会议决策，确保扶贫资金不脱离项目库规划项目，杜绝了资金使用与项目库规划出现“两张皮”。同时，对标“5、7、1”标准，分轻重缓急安排资金，优先用于项目库中规划的住房、饮水、产业发展等与“两不愁、三保障”有关的项目，逐步实施河道治理、人居环境等巩固提升项目，确保统筹整合财政涉农资金工作有序开展。

（4）“实打实”定策，确保措施到户精准。一是摸实情。对标“两不愁、三保障”和饮水安全标准，开展“户户清”行动，盘清贫困户的家底、贫困村的短板。二是定方案。精准制定“一户一策”帮扶措施，做到有针对性地找差补缺，有针对性的落实措施。三是抓落地。安排和实施好产业发展、易地搬迁、农危改、控辍保学，确保贫困户至少有一项政策措施覆盖，解决好贫困人口吃穿、饮水和住房安全、义务教育、基本医疗需求。四是强宣传。通过入户走访、召开群众会，发放《大关县脱贫攻坚政策摘编》强化政策宣传；《大关新闻网》等媒体积极报道贫困户自主脱贫先进事迹；通过“三讲三评”、扶贫扶志（智）宣讲、张贴“红黑榜”、实行“爱心超市”积分换物资等活动，激发贫困户内生动力，变“要我脱贫”为“我要脱贫”，形成贫困户广泛参与脱贫攻坚的良好氛围。

（5）“心连心”选派，确保因村派人精准。发挥好县处级领导干部的“头雁效应”，安排县委常委、人大主任、政协主席分别兼任 9 个乡镇第一书记，30 名县处级领导分别挂包一个深度贫困村和易地扶贫搬迁安置点。调优配强村“两委”班子，下派干部担任村党组织书记，提高村组干部补贴，调动村组干部脱贫攻坚的积极性、主动性，充分发挥好村“两委”班子的“内生力”。

（6）“硬碰硬”把关，确保脱贫成效精准。全面把握全县贫困现状，对照户脱贫、村出列、县摘帽“5、7、1”标准，全面梳理、综合研判全县脱贫攻坚工作开展情况，结合动态管理，认真开展贫困对象精准退出排查工作，结合实际、把握规律、科学谋划年度脱贫计划，坚持焦点不散、靶心不变，挑好担子、迈好步子，有序推动全县脱贫攻坚工作有序开展、纵深推进，实事求是做好贫困对象精准退出工作，确保在时间节点内完成任务、脱贫质量得到群众认可、脱贫成效禁得起上级验收和历史检验。

（三）脱贫攻坚成效

1. 年度脱贫情况

脱贫攻坚各年度完成情况

年 度	户	人
2014	3066	14632
2015	2781	12938
2016	3491	15686
2017	3979	17880
2018	3689	16003
2019	8030	33520
2020	987	3478

2. 创新做法解决突出短板

（1）着力推进“十大清零行动”，全力补齐脱贫短板。2019 年是全县爬坡过坎、提档加速、全力冲刺脱贫摘帽的关键时期，结合脱贫攻坚工作实际，研究制定了“1、2、3、10”工作思路（紧扣 2019 年全县脱贫摘帽这一总体目标，紧紧围绕稳定实现贫困对象“不愁吃、不愁穿”的“两不愁”，全面落实贫困对象“义务教育、基本医疗、安全住房”的“三保障”，全力清零危房改造、易地搬迁、产业扶贫、就业扶贫、教育扶贫、健康扶贫、兜底保障、基础设施、环境整治、动态管理“十大清零行动”），明确由县委书记、县长牵头，对标“5、7、1”贫困退出标准，针对全县各块工作短板，锁定“十大清零”行动目标任务，明确“十大清零”行动牵头领导、牵头部门、责任主体、配合部门，制定各项工作推进时间节点，进一步细化工作任务，压实工作责任，锁定完成时限。各级各部门分块制定了清零行动子方案，细化分解各项工作任务，研究制订工作推进计划，锁定各时间节点，全力以赴补齐“户脱贫、村出列、县摘帽”短板，彻底清零了全县脱贫攻坚存在问题，为坚决打赢打好全县脱贫攻坚战奠定了坚实基础。

（2）创新机制压实工作责任，强化督促抓落实。坚持问题导向、结果导向，出台《大关县脱贫攻坚考评细则》，充分发挥督查考评对扶贫工作的“助推器”作用，在督查考评中检验扶贫成效、推动工作落实。一是建立考核评价机制。将脱贫攻坚工作列为全县年度综合大考评的最重要内容，出台考评实施细则，对象覆盖乡镇、行业部门、挂包单位、驻村工作队及帮扶责任人，脱贫攻坚工作考评权重最高达30%、最低达17%，实行“一票否决”，以严格考评促工作成效，进一步压实各级各部门脱贫攻坚责任。二是建立评比通报机制。县脱贫攻坚指挥部每月召开一次工作调度会，根据各级各部门工作开展情况，由县委主要领导对乡镇、各行业部门脱贫攻坚工作进行通报、排名、点评，对工作抓得实、成效明显的点名表扬，对工作靠后、进度迟缓的全县通报，对履职不到位、落实不力的进行约谈，层层传导压力、层层靠实责任，推动工作落实。三是建立巡察督查机制。各乡镇第一书记每月定期不定期对所负责乡镇脱贫攻坚工作开展巡察督查，统筹部署工作，督促工作落实，抓紧问题整改；县纪委监委和指挥部督查组牵头，两办督察室、扶贫、财政、发改等部门组成相关督促检查组，聚焦关键环节、盯紧重大领域，对乡镇、行业部门、挂包单位每月开展一次纪律作风督查，每季度开展一次工作督查，列出问题清单，对不作为、慢作为、乱作为以及损害群众利益的行为严肃追责，对工作缺位、进度迟缓的督促整改落实。四是建立阳光扶贫机制。在县脱贫攻坚指挥部和各行业部门开通扶贫工作热线，设立专门电话、设立网络邮箱和实体信箱，畅通群众诉求渠道，广泛听取意见建议，及时答疑解惑、核实处置、及时反馈，自觉接受社会各界监督，实行阳光扶贫、廉洁扶贫，督促各级各部门不断提高脱贫攻坚实效，全力以赴打好脱贫攻坚战。2016年以来，共收到群众反映扶贫领域诉求2294件，已办结2287件，正在办理7件。处置扶贫领域问题线索220件，立案57件，党纪政务处分56人；问责12个次乡镇、约谈5个挂钩单位，问责干部42名（含村干部），集中通报县内扶贫领域发现的突出问题20次。

（3）三措并举破解集体经济空白。以“三变”为引领（资源变资产、资金变股金、农民变股东），以“四有”为抓手（人人有股份、户户有就业、村村有产业、乡乡有支柱），以建立密切的利益联结为纽带，紧盯“规范、发展、提升、效益”4个重点，采取县统筹、乡负责、村实施的方式，以“支部＋集体公司＋合作社”的模式，全力发展壮大村集体经济，全面激活了集体经济助推脱贫攻坚动能。一是整合资金投入，按下村级集体公司“启动键”。自脱贫攻坚启动以来，累计整合投入资金7773.88万元，分别为84个村（社区）注入启动资金至少30万元，成立各村集体公司，组建农民专业合作社455个。二是强化规范管理，按下村级集体公司“快进键”。统筹整合县内适宜工程项目，在防控风险的前提下，试行由村集体公司承包实施，增加集体公司收益。同时，集体经济公司通过组建“人才＋基地＋团队”工作模式，充分发挥农业、林业等专业技术人员作用，在产业链各环节明确专人分工。全县84个村集体经济收入均达3万元以上，其中收入3万—10万元的58个，10万元以上的24个。最高收入达到38.6万元，累计收益最高达62.23万元，村级集体经济扬帆起航。三是建立利益联系，按下村级集体经济“回播键”。探索建立“贫困户＋合作社”“合作社＋集体经济”两个捆绑发展模式，充分发挥村级集体经济公司带贫致富能力。全县集体经济项目通过务工带贫、入股带贫、统一收购带贫、租用带贫等措施带贫33492户92108人（卡户21158户61882人），收益4022.3万元（卡户2002.1万元）。

二、贫困退出路径

（一）发展县域经济，完善基础设施

1. 大力发展县域经济

2019年，实现地区生产总值38.07亿元，比上年增长9.2%，增幅在全

市排名第6位。其中，一、二、三产分别实现增加值9.05亿元、7.50亿元、21.53亿元，比上年增长5.5%、10.6%、10.3%；地方一般公共预算收入1.26亿元，比上年增长2.47%；固定资产投资12.1亿元，比上年增长2.01%；社会消费品零售总额10.5亿元，比上年增长8.9%；城乡居民人均可支配收入27032元、10017元，分别增长7.70%、11.10%。金融机构存款余额60.75亿元，比上年增长10.04%。

2. 不断完善农村基础设施

交通：G85高速、213国道纵贯全境，内昆铁路经过大关，县城距昭通机场60公里。县到乡、乡到村公路全部硬化，其中建制村公路硬化825公里；50户以上自然村公路硬化完成630公里，其余自然村基本通砂石路或泥土路。电力：全县已实现农村电网全覆盖，村有10千伏动力电，自然村通380伏动力电，实现农村饮水安全全覆盖。

3. 更好提供农村公共服务

学校：全县有幼儿园89所（其中民办113所）；有小学70所、教学点6个；有初级中学10所；有完全中学3所，普通高中在校学生4980名；职业中学1所，职业高中在校学生871名；有教师进修学校1所。医院：县乡村三级医疗机构全部达标。广播电视：农村广播电视信号全覆盖。宽带网络：村委会、学校、卫生室全部通宽带网络。活动场所：所有行政村均有公共服务和活动场所。

（二）解决区域性整体贫困

认真贯彻中央、省、市关于脱贫攻坚系列决策部署，紧紧围绕“两不愁、三保障”“5、7、1”贫困退出标准，按照“六个精准”的工作要求推进脱贫攻坚，全力以赴夯基础，千方百计补短板，众志成城齐攻坚。

1. 易地搬迁“挪穷窝”

紧盯“六类地区”搬迁对象，紧扣“挪穷窝”与“换穷业”并举，抓牢“应搬尽搬、进城入镇、建新拆旧”三个重点，与村级施工图、乡级路线图有机结合，同步配套安置点产业发展计划，全县易地扶贫搬迁工作取得明显成效。一是三年行动计划全面完工。累计完成投资18.07亿元，全面完成易地搬迁“三年行动计划”任务，建成安置点50个，3503户15107人群众已乔迁新居（其中建档立卡贫困户2989户13000人），累计拆除旧房3282户，复垦复绿442.65亩。二是新增易地搬迁有序入住。通过多轮精准识别，全县精准锁定跨县（区）易地搬迁对象5226户22494人，其中贫困户3779户16592人。搬迁靖安新区贫困群众已于2020年上半年入住。三是巩固提升精准部署。一方面内引外联抓就业。因地制宜建设竹笋加工、服装、香菇、食品配送、电子元件等扶贫车间20个，帮助群众就业。有序组织劳动力到中山、东莞等地务工，转移就业易迁劳动力19825人，占易迁劳动力的90.5%。另一方面立足长远育产业。结合“一县一业”发展思路，盘活搬迁群众“三块地”，规划整合耕地8.22万亩、林地19.64万亩、宅基地0.13万亩，已集中连片打造竹产业8.64万亩，茶叶0.14万亩、经济林果6.18万亩、粮食类0.25万亩，形成搬迁群众长效收益，有效保障群众收入。

2. 发展产业“治穷村”

深挖大关资源禀赋优势，确定以“竹、畜”为主导、以“茶、药、果、蔬”为特色的“六大产业”发展规划，实现贫困户产业扶持全覆盖。一是组建工作专班。成立以县委、县政府主要领导任“双组长”的产业扶贫领导组，下设16个产业小组，层层压实责任，逐级抓好落实，研究出台了《大关县“十三五”特色产业精准扶贫规划》和猪、竹、茶、药、果、蔬、薯、蜂等14个专项规划方案，打造大关产业扶贫政策体系。按照“短能脱贫、长可致富、持续发展”的原则，加快推进木杆万亩筇竹、上高桥万头黄牛、翠华万亩茶园等产业基地建设。二是做大产业规模。2016年以来累计投入产业扶贫资金6.69亿元，占整合财政涉农资金19.40亿元的34.47%，新增竹、茶、药、果、蔬、天麻、花椒生产基地29.2万亩，提质改造19.1万亩，全县种植业产业基地规模达到89万亩。建成年出栏500头以上生猪代养场39个，巩固发展家庭养猪农场和规模养殖场268个，建成年出栏300

头以上的肉牛规模养殖场8个、50头以上能繁母牛养殖单元26个，肉牛集中育肥场6个，基础母牛2.41万头，中蜂养殖1.5万群。三是实现“两个捆绑”。打造产业样板10个，实施清零项目129个，82个贫困村均有1个以上产业发展项目，构建支柱产业发展网络。充分发挥产业扶贫红利，深挖产业助推脱贫能力，引进所氏竹业、神女药业、乌撒牧业、猪猪侠等22个龙头企业，培育新型经营主体250个，通过“贫困户＋合作社”“合作社＋集体经济”捆绑发展模式，实现带贫收入达6867万元，户均增收2641元。

3. 精准就业“改穷路”

牢固树立“一人就业全家脱贫”的观念，累计投入就业扶贫资金5781万元，扎实抓好实用技能培训、发放稳岗补贴、建设扶贫车间、开发公益岗位，外扩输出、内拓岗位，有序组织劳务输出。一是“一组三站”搭建体系。成立大关县就业扶贫指挥部，明确县委、县政府2名分管领导牵头负责，整合抽调县人社局等部门骨干力量，合署办公、专班专干，建立完善精准对接平台机制，组建派驻广东省、浙江省、昆明市3个劳务输出工作站，开发优质岗位3.5万余个，组织招聘会254场次，大幅度提升省外就业组织化水平。二是“四个结合”抓实培训。紧扣群众意愿、致贫原因、产业发展、订单需求“四个结合”，精准制订培训工作计划，扎实开展种养殖、电工、电焊工、挖掘机等实用技术技能培训。累计培训农村劳动力11.35万人次，其中贫困劳动力9.1万人次。三是“三个一次”宣传引导。全面组织开展“召开一次返乡农民工座谈会、向农村劳动力做一次就业岗位推荐、组织一次转移就业招聘会”三个一次活动，通过巩固自发输出稳岗就业、抓实对口帮扶组织输送就业、结合产业发展和基础建设就近就业、创业带动就业、乡村公共服务岗位安置就业5种方式，扎实有力开展转移就业宣传咨询和组织转移就业。2016年以来累计转移农村劳动力50.98万人次，转移贫困劳动力21.14万人次；建成扶贫车间15个，开发公益公服岗位7923个，覆盖贫困劳动力70465人。

4. 教育扶贫“断穷根”

大力实施教育精准扶贫，全力以赴抓实“三个全覆盖”，努力实现“人人有学上、家家有希望”。一是教育资助全覆盖。累计发放教育扶贫资金4.72亿元，98.63万人次学生享受教育扶贫政策，实现教育资助全覆盖；完成116所学校371个“全面改薄”项目建设，义务教育基本均衡发展2017年通过国家认定。二是关爱活动全覆盖。建立形成学生关爱体系，将贫困、留守、流动、残疾、问题学生群体纳入重点关爱群体，帮助适龄儿童少年解决入学困难。注重提升教师职业道德提升，形成热爱学生、尊重学生的良好氛围，帮助学生树立学习生活的自信和克服困难的勇气，促进学生健康成长。三是控辍保学全覆盖。扎实推进依法劝返工作，累计劝返辍学生230人，目前全县适龄儿童少年义务教育阶段无因贫失学辍学。

5. 健康扶贫“暖民心”

认真贯彻落实上级健康扶贫工作决策部署，累计投入健康扶贫资金6.33亿元，实施“打基础、强基层、补短板、抓落实”的战略举措，立足“就近看病、看得起病、看得好病”的目标，着力解决群众基本医疗有保障问题。一是落实达标项目。按照健康扶贫相关要求，82个贫困村卫生室基础设备均已配置齐全，实现四室分离，标准化建设均已达标。全县共有256名村医，结合各村常住人口数，足额配齐乡村医生，配备已达标。二是抓实政策落实。建立贫困人口工作医疗工作台账，组建家庭医生团队144个，建档立卡贫困人口签约5.67万人，履约率98.02%；特慢病纳入管理11992人次，报销470.62万元；卡户住院就诊28.29万人次，三重保障实施支付67131.6万元，实际报销比例达到政策规定标准。三是抓实群众参保。全县贫困群众100%参加城乡居民基本医保和大病保险。

6. 夯实基础“强后劲”

对标贫困村出列7条标准，深入实施基础设施“四大工程”，清零存在问题，补齐出列短板，提升脱贫质量。一是实施危房改造工程，解决安居问题。累计完成投资4.64亿元，实施农村危房改造11035户，累计拆除危房 8199 户，两牌贴挂 5.27 万户，全面清零农村危房存量。二是实施农村通达工程，解决路畅问题。着力构建大关乡村公路网络，全面实施交通补短板项目，县域交通通达率大幅度提升。累计完成投资 3.5 亿元，硬化建制村公路 376.4 公里，完成建制村公路安全生命防护工程 825 公里，实现 9 个乡镇 84 个村（社区）通硬化路和安全生命防护工程全覆盖；硬化 50 户以上不搬迁自然村公路 630 公里，剩余 592 公里已全部启动，将于 2020 年年底全面完成。三是实施人饮安全工程，解决饮水问题。始终将饮水安全作为基本民生重点工作，投入饮水安全资金 8432 万元，实施农村饮水安全巩固提升项目 770 件，农村集中供水工程 1154 处，有效改造提升 49483 户 166111 人，饮水条件，实现农村饮水安全全覆盖。四是实施基础提升工程，解决短板问题。全县所有行政村已通 10 千伏动力电、自然村通 380 伏动力电，行政村、学校、卫生室通光纤网络宽带，村民小组广播电视信号覆盖率达 100%，行政村公共服务和活动场所实现全覆盖。

7. 兜底保障“惠民生”

一是衔接两项制度。严格落实民主低保要求，已将农村居民最低生活保障线提高到 4500 元 / 人 / 年，农村低保提高到 A 类 375 元 / 人 / 月，B 类 270 元 / 人 / 月，C 类 200 元 / 人 / 月，特困人员供养标准提高到 832 元 / 人 / 月，加大低保覆盖面，实现“两线合一”。二是抓好政策落实。累计发放城乡困难群众救助资金 5.03 亿元，2020 年 10 月贫困对象低保政策覆盖 14487 户 24352 人、占低保总数的 68.81%，特困供养覆盖 475 户 647 人、占特困人员总数的 63.49%，临时救助 3701 人次、占临时救助总数的 65.53%。三是锁定兜底对象。将完全丧失劳动能力和部分丧失劳动能力且无法依靠产业就业帮扶脱贫的建档立卡贫困人口认定为兜底保障对象 1114 户 1632 人，其中低保 338 户 649 人，特困 566 户 651 人，孤儿 209 户 331 人，确保达到贫困标准线，实现“应兜尽兜”。

8. 外力帮扶“助脱贫”

成立县委、县政府主要领导任组长的领导组，组建东西部协作扶贫办公室，专人专班负责东西部扶贫协作。研究制订《大关县东西部扶贫协作2018—2020年三年行动计划》，大力加强干部交流、产业合作、劳务输出等工作，全力推动东西部扶贫协作发挥成效。一是人才交流互动。大关县共选派9名干部、20名教师、11名医生到中山跟岗锻炼；选派教师、医生到中山交流学习100余人次；安排529名学生在东莞、中山、深圳就读中等职业学校。中山市选派了1名副处级领导、3名科级干部及106名教师、医生等专业技术人员到我县挂职帮扶，建立专家工作站14个。二是资金支持帮扶。中山市累计投入东西部扶贫协作资金23164万元，实施易地扶贫搬迁、产业发展、就业扶贫、住房建设、学校建设、乡镇医院、村卫生室建设等。三是产业深度合作。中山市投入或帮助引导到大关建设产业项目共10个，其中健康科技产业基地发展有限公司为解决大关农特产品长途运输问题，投资2400万元援建大关县冷链物流基地，含冷库项目和泡沫箱厂，项目建成后，全县广大农村群众将受益。四是劳务输出有序开展。累计开展东西部协作培训226期11536人次。召开专场招聘会67余场，提供就业岗位30000余个。有组织转移贫困劳动力到广东务工2030人次。五是社会帮扶广泛深入。积极动员商会、企业、社会组织等捐资捐物，包括医疗器械、服装、计算机、洗衣机、学习用具、生活用品等，到位现金、物资折价共计9000万元。

（三）脱贫路径与脱贫方向

1.落实“五个一批”脱贫路径

易地扶贫搬迁：通过易地扶贫搬迁覆盖6768户29592人贫困人口。

发展生产：通过发展种植业、养殖业覆盖25332户96261人贫困人口。

就业扶贫：通过落实就业综合帮扶政策转移贫困劳动力50565人。

发展教育：通过落实教育综合帮扶政策覆盖非义务教育阶段贫困人口7714户30856人次。

社会保障兜底：低保政策覆盖贫困户13629户24620人。

2. 巩固拓展脱贫成效

出台《大关县脱贫攻坚巩固提升工作方案》和产业、就业、交通、集体经济、饮水等5个专项工作方案，在普遍实现“两不愁、三保障”的基础上，全力抓好“八大巩固提升”，持续实施精准扶贫，巩固拓展脱贫成效。

（1）巩固提升动态管理。进一步健全贫困对象动态管理和监测机制，持续关注重点群体，突出“非卡户边缘户、已脱贫监测户”两类重点对象，建立重点对象脱贫质量巩固提升工作“一户一台账”，做深做细做实产业、就业、兜底、教育等帮扶措施，做到逐户研究、逐人施策、精准帮扶，精准提升帮扶实效，确保脱贫对象帮扶质量。

（2）巩固提升产业发展。坚持强龙头、创品牌、带农户发展思路，把产业扶贫与推进农业供给侧结构性改革有机结合起来，毫不动摇推进产业发展总体布局，着眼“培育”产业基础薄弱环节，大力调整产业结构；着眼“培优”产业优势资源，做大做强优势产业，以短养长调结构、以销定产上规模、以质取胜抢市场，加快实现户户有增收项目、人人有脱贫门路。同时，着力唤醒农村“沉睡资本”，探索产业扶持新机制，推广入股分红新模式，鼓励引导贫困对象将已确权登记的林权、土地承包经营权入股企业、集体经济、合作社，逐步形成密切联系的利益新机制，共享产业发展红利，确保群众持续稳定增收。

（3）巩固提升转移就业。依托广东省中山市火炬开发区、浙江省嘉兴市海盐县、昆明市3个劳务工作站，健全完善精准对接平台机制，抢抓东西部协作机遇，坚持从提高组织化程度入手，加大新型职业农民培训和集中劳务输出，采取“订单式”培训、“定向式”输出、县内开发岗位、就近培训就业等措施，扎实做好跟踪服务，确保劳动力持续、稳定、体面就业。

（4）巩固提升健康扶贫。依托市第一人民医院与我县人民医院建立医联体，通过医联体提升服务能力，县人民医院与各乡镇卫生院建立紧密型医共体，强化紧密型医共体对全县医疗机构实行双向转诊服务，实现抱团发展，增强发展空间，推动优质医疗资源下沉，降低群众看病成本，防止因病返贫概率。

（5）巩固提升教育扶贫。压紧压实教育部门、乡镇、结对帮扶责任人职责，建立贫困家庭学生就学档案，强化就学信息动态管理，完善贫困家庭学生教育资助机制，综合用好用实学费减免、教育资助、助学贷款等政策，实现精准资助、应助尽助，全力杜绝因贫辍学现象。

（6）巩固提升基础设施。坚持以《巩固提升实施方案》为引领，紧盯乡村基础设施短板，统筹整合各类资金，积极向上汇报争取，大力推进村组道路硬化、垃圾处置设施、污水处理设施、文体娱乐设施等基础设施建设，加大乡村旅游、电商扶贫、休闲农业扶持力度，持续改善贫困村基础条件，努力打造绿色美丽、宜业宜居乡村。

（7）巩固提升人居环境。继续推进"百村示范、万村整治"行动，完善村民自治、集体管理、乡村治理等制度，引导群众开展村容村貌、家庭环境卫生整治，开展污水处理设施试点建设，逐步实现所有乡镇集镇、贫困村、集中安置点垃圾收纳处置设施全覆盖，以建立健全村规民约、爱心公益超市、开展"三讲三评"等活动为载体，广泛宣传发动，大力推行村风文明，培养贫困户家庭卫生、个人卫生良好习惯，逐步形成爱护环境、讲究卫生的良好氛围。

（8）巩固提升党建基础。调优配强"村两委"班子，增强基础干部的政治引导能力和群众工作能力，筑牢基层党组织战斗堡垒作用。持续加强驻村工作队选派工作，坚持在脱贫攻坚一线锤炼党性、培育干部，努力锻造一支扎根基层、能打硬仗的扶贫铁军。研究制定生产奖补、劳务补助等奖励措施，着力培养一批有科学素质、职业技能、市场头脑、带动能力的致富带头人队伍，激励引导致富带头人充分发挥"火车头"作用，发展壮大各村集体经济，带动贫困群众稳定增收，切实拓宽贫困对象增收渠道，实现可持续稳固脱贫。

（四）贫困退出后续发展规划

深入分析自身优势，敏锐判断未来走向，科学谋划"十四五"发展，已明确种竹养猪、采硅抽气、文旅康养"十二字"产业发展思路，打造绿色食品、绿色能源、绿色矿产和健康生活目的地。到2025年，产业结构更加优化，生态更加优美，地区生产总值年均增长8%以上，产业兴、百姓富的新大关格局基本形成。

突出产业发展重点。一产业突出“种竹养猪”，以“公司+合作社+农户”种植模式发展100万亩竹产业基地，打造“中国筇竹之乡”名片，覆盖农户4.4万户18万人；以“龙头企业+党支部+村级集体公司+农户”模式发展100万头生猪养殖基地，覆盖农户4.1万户16.2万人；开展上高桥高原特色农业产业园、大关筇竹产业示范园前期工作，为继续引进龙头企业创造良好条件。二产业突出“采硅抽气”，因硅矿资源储量大、品位高，拟将大关打造成“中国西部石英砂开发利用基地”；同时根据大关有40%的页岩气纯度达95%、可直接开发使用的特点，着力打造“云南页岩气开发试验区”。三产业突出“文旅康养”，依托黄连河瀑布群、青龙洞峡谷溶洞、罗汉坝原始森林，打造康养休闲基地，正在进行黄连河瀑布群、青龙洞的建设；同时依托自然资源、特色民居，发展乡村休闲旅游。

城镇化建设主要谋划县城驻地搬迁靖安新区工作，主动融入全市“一城三区”（昭通城，昭阳、鲁甸、靖安三个片区）总体布局，形成产城互动。同时，多渠道解决搬迁户城镇化发展的问题，一是以流转、承包、入股等方式盘活“三块地”；二是提高就业组织化程度，扩大劳动力对外输出；三是用好扶贫车间和本地产业基地；四是充分开发公益性岗位，解决不能外出务工的人员就业问题；五是用好用足民政救助政策。

乡村振兴主要聚焦农村基础设施建设、农村产业发展和乡村治理，突出“补短板、强弱项”，推动农村人居环境全面升级、农村经济全面发展、农民素质全面提高，稳定提升农村居民的收入水平和生活质量，有效避免返贫和致贫。

社会事业以环境保护、乡村振兴为引领，加强环保执法，优先发展教育，抓好康养大关建设，发展文化体育事业，使城乡居民享受基本均衡的公共服务。

三、脱贫攻坚典型模式

（一）“背篼图书馆”文化扶贫模式

基本思路：大关县依托“背篼图书馆”送知识、送技能、送培训、送政策、送服务这一直接面对基层贫困群众的服务平台，通过加强“背篼图书馆”服务队伍建设、丰富拓展服务内容、搭建志愿者服务平台和吸引社会力量共同参与，不断充实边远村寨群众的“文化粮仓”，切实转变贫困山区群众观念，激发广大群众脱贫致富的信心，全面如期实现脱贫目标。

操作模式：

背起背篼迈出第一步。2016 年 6 月 4 日，大关县图书馆立足关爱留守儿童、助力文化扶贫，扶贫工作队的队员每人一个背篼装满书籍，爬坡上坎近 2 小时，为玉碗镇玉碗村何家坡村民小组的苗家孩子们送去精神食粮。这是大关县“流动的书香——背篼图书馆”送书走进偏远乡村，建立的第一个“背篼图书馆”，受到了当地群众的喜爱和热烈欢迎。

在行走中不断壮大。大关县“背篼图书馆”服务队从最初的 10 余人，发展到 20 余人、30 余人，队伍不断壮大，越来越多的志愿者积极加入，县乡领导也踊跃加入。他们不但积极参加背运物资，还踊跃捐赠。从安装文化设备到手把手教会使用，从发放“母亲邮包”到开展卫生义诊服务，从歌舞节目表演到同孩子们玩游戏，“背篼图书馆”服务队的队员和志愿者们总是忙个不停而又开心不已，大家和山里的群众建立了感情、拉近了距离。

载着十九大精神前行。党的十九大召开后，大关县“背篼图书馆”服务队将宣传党的十九大精神作为重要任务加以落实，为高寒边远贫困山区群众送去党的声音。2017 年 11 月 11 日、12 月 2 日，在高桥镇新开村蛤蟆塘和寿山镇中坪村陆坪、长坪，苗族工作队队员龙桂芳用苗语给村民们宣讲党的十九大精神，把党的路线方针政策用苗族同胞容易接受的方式送到老百姓的心中。

实施成效：知识改变命运，文化创造财富。“背篼图书馆”累计投入资金 24.1 万元，在玉碗镇何家坡、阴山林口、团结，悦乐镇海坝、堡山、太阳坝，上高桥乡大麻窝，高桥镇罗汉林和天星镇龙塘等 14 个自然村建立“背篼图书馆”，分别配有各类图书 4400 余册。送芦笙 13 把、音响 14 套、收音机 358 台、电视接收机 144 台，开展苗族芦笙舞培训 2 期培训 120 余人、宣传党的政策 3 次、送演出 14 次；用苗汉（双语）宣讲党的十九大精神 5 次。形成县图书馆为主体，宣传、统战、教育、民宗、农业、畜牧、林业、卫建、扶贫、防艾等众多单位配合，社会各界参与服务模式。2018 年 1 月 16 日，大关县图书馆荣获“第七届全国服务农民、服务基层文化建设先进集体”。

典型案例：“背篼图书馆”服务队动员易地搬迁、教育扶贫，向苗族同胞们宣讲党的扶贫政策时，队员龙桂芳结合自己从求学到参加工作的亲身经历，用苗语向乡亲们进行宣讲，讲得情真意切、声泪俱下，在场苗族同胞涕泪纵横，全部决定参加跨县（区）易地搬迁。

模式小结：一是净化了精神家园，巩固了思想阵地。贫困山区由于社会文明程度低、长期处于闭塞状态，陈规陋习被普遍沿袭，出现了邪教抬头、迷信盛行的现象。“背篼图书馆”给贫困山区群众送文化、送知识、送政策、送科技，保障了贫困山区群众受教育权益，填平补齐了群众多样化的文化需求，发挥了文化育民的积极作用，为群众点亮了现代科技的灯盏，推进了社会主义核心价值观在贫困山区落地生根，让邪教势力和封建迷信没有了立足之地，净化了贫困山区群众的精神家园，巩固了党在农村的思想阵地。二是鼓舞了信心斗志，助推了精准脱贫。高寒山区贫困群众大多安于现状，内生动力严重不足，“等、靠、要”思想严重。“背篼图书馆”把文化建设与扶智扶志深度融合，坚持用文化引领发展理念、发展方式的转变，既扶思想、扶观念、扶信心，又扶思路、扶知识、扶技术，帮助群众树立脱贫信心斗志，让他们有了愿飞的意识、有了先飞的行动。三是提升了技能素质，增强了致富本领。“背篼图书馆”在送文化、送知识的同时还送技能，农业部门、人力资源部门积极参与“背篼图书馆”，根据贫困群众脱贫致富需求，组织开展各类技能培训，培养了一批具有一定科学文化素质和掌握实用技术的新型农民、一批科技致富带头人。贫困群众的农业科技水平有很大提高，自我造血能力大幅度提升，增强了贫困群众致富本领，为脱贫致富打下了基础。

（二）“把山当田耕，把竹当菜种”竹产业扶贫模式

基本思路：大关县依托拥有全球 50% 的筇竹资源，打造“一县一业”筇竹产业，提出“一核两路三带”竹产业发展思路。“一核”以木杆镇为核心；“两路”高速路、二级路两旁种竹绿化；“三带”即从上高桥乡团结村到悦乐镇大坪村、翠华镇兴隆村、金坪村，从玉碗镇石灰村、出水村、火地村到天星镇营盘村，从寿山镇甘海村、中坪村、益珠村、元坪村、小河村到高桥镇高桥村、甘河村、联盟村、车来村、新场村、太华村再与木杆镇相接 3 条竹林带。实现“举目可看竹、伸手能摸竹、振兴就靠竹”目标定位，让筇竹产业成为落实“两山理论”和生态文明建设的重要抓手，助力脱贫攻坚，助推乡村振兴，驱动县域经济高质量跨越发展。

操作模式：

建机构、强支撑，从组织化抓起。2017 年，县委、县政府通过多次调研、反复论证，确定发展以筇竹为主的“一县一业”竹产业，成立县委书记任组长的领导组，落实“三级书记抓”；组建县政府直属正科级事业单位竹产业发展中心，落实 8 名编制专人抓；依托西南林业大学挂钩扶贫大关的院校人才资源优势，与西南林业大学联合组建竹产业发展研究院、竹类研究实验室，与云南省林科院和四川大学加强技术合作，强化技术支撑。培育壮大鑫兴竹笋厂、国丰林产品公司等本土企业，组建贫困村集体经济公司，成立专业合作社，推行“公司 + 合作社 + 农户”模式，建立紧密利益联结机制，带动群众组织化发展竹产业。

抓基础、扩基地，从规模化强起。围绕打造 100 万亩竹产业基地目标，聘请以西南林业大学筇竹研究院院长、博士生导师董文渊教授为组长的专

业团队，以筇竹为主，方竹、斑竹为辅，对大关县“一县一品”竹产业发展进行高起点规划。县委、县政府整合退耕还林资金，盘活易地扶贫搬迁“三块地”，动员群众拿出好田好地，从育苗、种植等基础环节抓起，大规模发展、规范化种植。2017 年以来，全县新种竹 24.7 万亩，其中新种筇竹 14.62 万亩，打造了木杆万亩筇竹产业基地；2019 年末，全县竹林面积达 54 万亩，其中筇竹面积 35.43 万亩，年出笋量从 1 万吨增加到 1.5 万吨。

抓管理、创品牌，从效益化富起。以村为单位，全面网格化加强竹山管理，实施笋山开山期和封山期，规范引导竹农采小留大、采密留疏、采弱留强，保护竹产业可持续发展，提高竹笋质量和价格，鲜笋价格每公斤净增 1.6—2.2 元。对全县 9.6 万亩低效低值竹林进行改造和抚育，使天然林竹笋亩产达 450 公斤以上。围绕打造“乌蒙源生 · 至尊筇竹”品牌，积极引进龙头企业，大力扶持本土企业和专业合作社，加快推进木杆筇竹产业示范园、筇竹工艺品制作、竹炭加工等项目建设，不断延伸竹产业链。大关县 2018 年被授予“中国筇竹之乡”称号，2019 年被列入云南省“一县一业”筇竹笋特色县，旭红种养专业合作社筇竹系列手工艺品实现订单生产，劳动力人均采笋收入 8000 元左右，3 家竹工艺品和 1 家圆竹家具企业吸纳劳动力 300 余人。

实施成效：2017 年 8 月以来，大关县把筇竹作为“一县一业”产业来发展，组织筇竹原竹家具参展 2018 首届世界竹藤大会，协调推进筇竹圆竹家具参展 2018 第二届中国（上海）国际竹产业博览会并斩获金奖。倾力打造“乌蒙源生 · 至尊筇竹”品牌，申报“中国竹业特色之乡”，2018 年 11 月，在浙江省义乌市举行的第十四届中国竹业学术大会上大关县被授予“中国筇竹之乡”，2019 年被列入云南省“一县一业”筇竹笋特色县，成为云南省首个“中国竹业特色之乡”，通过挖掘贫困地区特色生物资源，创新科技扶贫模式，依托筇竹科技成果，大关县已有 3.16 万人稳定脱贫、14.8 万人受益，为国家乌蒙山片区区域发展与脱贫攻坚提供了典型示范。

典型案例：家住木杆镇银吉村的饶祖群一家，每年采笋时节全家老小齐上阵，到自家的笋山采摘筇竹笋，虽然采笋生活十分艰苦，但却给他家带来了丰厚回报。2019 年 3 个月的采笋期，饶祖群家 6 口人上山采得鲜笋 10 吨，销售收入 9 万元。2019 年木杆镇漂坝村集体公司通过入股竹笋专业合作社，参与笋山育林管护、生产、营销等获得收益 16 万元。

模式小结：一是坚定信心。全县各级干部坚定发展信心，俯下身子真抓实干，成为懂筇竹爱筇竹的“筇竹迷”；群众增强信心，村支书、小组长、能人、大户带头干，形成全民抓筇竹的良好态势。二是办好样板。围绕“一核两路三带”布局开展筇竹样板示范工程建设，强化引领带动，强势推动筇竹产业发展。三是创新模式。培育新型经营主体，通过农户与竹类企业合作、“农户 + 公司 + 村集体”、企业流转土地种植等方式，在确保群众利益的基础上，实现筇竹产业规模化发展。四是强化保障。组建“竹产业发展中心”，落实专人抓；依托西南林业大学人才资源优势，与云南省林科院和四川大学加强技术合作，强化技术支撑。优先为大面积种植筇竹的乡镇、村组配套建设产业路、作业路等基础设施，全方位保障推进百万亩筇竹基地建设，为脱贫攻坚和产业兴旺打牢基础。

（三）“六搬五近”易地扶贫搬迁模式

基本思路：大关县认真贯彻落实习近平总书记“五个一批”脱贫措施，抢抓易地扶贫搬迁脱贫一批这个千载难逢的历史机遇，采取高搬矮、远搬近、寒搬暖、散搬聚、危搬安、差搬好和近集镇、近村委会、近学校、近卫生室、近公路干线“六搬五近”超常规方式，完成了大关历史上规模空前的易地扶贫搬迁。

操作模式：

抢抓机遇，把易地扶贫搬迁作为脱贫攻坚的“主攻点”。“山大梁子多、出门就爬坡”是大关自然环境的真实写照，县域内 99% 的国土面积为山地，没有超过 1 平方公里的连片平地，贫困群众大多分散居住在高寒、边远、冷凉等生存条件恶劣、一方水土养不活一方人的“六类区域”，搬出大山是改变贫困落后现状的唯一出路。2016年，县委、县政府决定把易地扶贫搬迁作为脱贫攻坚的“主攻点”，聚焦六类区域，制订“三年行动计划”，建设50个安置点，搬迁1.51万人，其中贫困人口1.3万人。2019年，抓住应搬尽搬机遇，新增跨县区搬迁2.25万人，其中贫困人口1.66万人。四年来完成3.76万人搬迁。

思想破冰，把“要我搬”变为“我要搬”。部分贫困群众“住惯的山坡不嫌陡”思想根深蒂固，“恋乡情结”突出，思想保守，不想搬、不愿搬。县委、县政府从全县干部中选派精兵强将下沉一线、聚力一线、奋战一线，通过组建党员工作队、驻村帮扶队、苗族工作队走村串户，召开党员会、火塘会、院坝会，逐村逐寨座谈，逐家逐户走访，零距离为群众讲政策、解疙瘩，耐心细致做群众思想工作，先后深入玉碗镇火地村、寿山镇中坪村、高桥镇太华村等苗族聚居区开展群众工作100余次，最终实现“要我搬”为“我要搬”，实现整村搬迁行政村1个、自然村210个。

系统施策，把“稳得住”变为“能致富”。建强组织抓服务，县内50个安置点全部建立党支部，构建县级领导挂村、乡镇领导包点、村（社区）干部包片，村（居）民小组长、支部党员、楼栋长包户的网格化服务体系；跨县区搬迁组建100人服务队，配合靖安新区安置点社区党组织做好服务工作，让搬迁群众安定、有序、快速融入新区生活。外输内拓抓就业，加强与广东、浙江、江苏、福建等务工人员需求大省对接联系，加大有组织输出力度，2019年转移搬迁劳动力1.96万人，占搬迁劳动力总数的88.1%；因地制宜建设竹笋加工、服装、香菇、食品配送、电子元件等扶贫车间15个，解决不能外出的搬迁劳动力就近就业。立足长远抓产业，结合“一县一业”竹产业发展，盘活搬迁群众“三块地”20.8万亩，2017年以来发展筇竹、方竹24.7万亩，按资产变股金方式帮助群众获取收益，确保持续稳定增收。

实施成效：大关县2016—2018年建设50个易地搬迁安置点，搬迁1.51万人，其中贫困人口1.36万人。2019年，抓住应搬尽搬机遇，新增跨县区搬迁2.25万人，其中贫困人口1.66万人。四年搬迁3.76万人，搬迁贫困人口占全县贫困人口的26%，是全市跨县区搬迁人口最多的县，彻底改变了

3.76万名农村群众后续生存模式。

典型案例：悦乐镇新寨村海坝自然村，距镇政府31.8公里，海拔2200米，山高水缺地力弱、人多地少产出低，常年靠荞麦、马铃薯生活，29户苗族同胞中就有21户建档立卡贫困户，“一方水土难以养活一方人”，通过实施整村搬迁，彻底斩断了穷根。寿山镇中坪村陆坪村民小组距村委会11公里，居住着28户苗族，境内雾大雨多日照少，气温低、湿度大，全年冰冻期、霜期长达5个月，居住环境极为恶劣，粮食作物主要是马铃薯、荞子，经过县乡村干部不懈努力，动员了17户苗族同胞搬迁至靖安新区，搬离高山，挪出穷窝，斩断穷根。

模式小结：不当愚公当智叟、搬不动山就搬人。大关县搬迁贫困人口占全县贫困人口的26%，此类贫困群众生活在深山区、石山区、高寒冷凉地区，居住极其分散、偏远，交通等基础设施条件差、建设成本高，生态敏感脆弱，生存条件极为恶劣，搬不动山就搬人，大关县从全县干部中选派精兵强将为群众讲政策、解疙瘩，耐心细致做群众思想工作，动员群众搬迁。综合施策，突出“稳得住、能发展”。盘活“三块地”，增加资产收益。通过集中统一流转土地与退耕还林还草、发展特色产业相结合，盘活搬迁群众耕地54632亩、林地82447亩、荒山70987亩、宅基地713.8亩，提高产业发展组织化程度，实现资源变资产、资金变股金、农民变股民“三变”，让群众安心搬出大山。多渠道提供就业，增加务工收入。组织搬迁群众开展技能培训，有序组织外出务工或就近就业，设立公益性岗位，为有部分劳动力的贫困群众提公益性岗位210人；结合靖安安置区产业发展现状，组织推荐到水电铝厂、蔬菜产业园等企业和基地就业。实行民政兜底，保障基本生活。对丧失劳动能力等特殊困难群众解决低保，实行民政兜底保障。2020年6月末，全县易地搬迁对象纳入城乡低保、特困供养、孤儿及事实无人抚养儿童4999户9420人，其中城市低保3293户6573人，农村低保1515户2612人，特困121户136人、孤儿及事实无人抚养儿童70户99人。

（县扶贫办）

围绕中心明方向　抓实落细善作为

贾正友

开展脱贫攻坚工作5年来，我始终严格贯彻执行市委“133”脱贫攻坚工作思路，认真落实县委关于脱贫攻坚工作的决策部署。按照县委工作安排，我于2017年挂钩督导高桥镇脱贫攻坚工作，担任高桥镇第一书记，人大机关先后挂钩帮扶高桥镇新场村和寿山镇柑子村。挂钩帮扶以来，紧紧围绕“两不愁、三保障”脱贫标准和饮水安全突出问题，深入实地调查研究，明确工作任务，压实工作责任，传导工作压力，凝心聚力，如期完成了各项脱贫攻坚工作任务。

牢记使命　切实发挥人大工作监督作用

2015年1月19日，习总书记查看鲁甸地震遗址时强调：“扶贫工作是2020年全面建成小康的重点，也是最艰巨的一项任务，不能光喊口号，更不能搞形式主义，一定要真抓实干。要是到2020年还有几个连片贫困区依然如旧，就谈不上全面小康。”5年来，我始终牢记总书记的嘱托，把党的领导贯穿于人大依法履职的全过程，紧扣县委脱贫攻坚工作部署，紧盯“两不愁、三保障”脱贫标准和饮水安全突出问题，适时组织市县乡（镇）人大代表对易地搬迁、农村危房改造、民政兜底保障、重大项目实施情况等重、难工作开展视察和调研，多维度、多形式开展工作监督，竭力推进脱贫攻坚工作有效开展。围绕脱贫攻坚工作议题，先后组织召开人大常委会会议 14 次、主任会议 17 次，组织调研 13 次，审议专项工作报告 27 项，执法检查 9 次，代表视察 8 次，依法作出决议、决定和审议意见 31 项，为打赢脱贫攻坚战、夺取全面建成小康社会决定性胜利作出了积极贡献。

竭尽所能　扎实开展脱贫攻坚帮扶工作

5 年来，始终将脱贫攻坚工作列为工作的重中之重来谋划和推动，严格执行脱贫攻坚“一把手”负责制，明确常委会一名副主任具体分管脱贫攻坚工作，成立扶贫攻坚工作领导组，结合实际制定《县人大精准扶贫实施方案》。细化脱贫攻坚工作的目标任务、工作重点和关键环节，以基础设施建设、产业发展、增加群众收入为抓手，认真抓好村出列、户脱贫的各项工作。选派了 3 名素质优、能力强、作风实、懂计算机、熟悉基层工作的干部担任驻村扶贫工作队队员，将单位 35 名干部职工分别挂钩帮扶到 363 户贫困户，我个人挂钩帮扶 10 户贫困户，坚持每月开展一次“挂包帮、转走访”，精准掌握解决各类情况，举全单位之力开展脱贫攻坚工作。

2015 年，为新开村解决扶贫工作经费 1.5 万元，帮助新场村解决扶贫工作经费 1 万元，组织单位职工为挂钩村捐款 1.6 万元，切实解决了新开村、新场村扶贫经费的刚性需求。

2016 年，挤出单位办公经费 2 万余元，为新场村委会建厨房一间，解决厨房用具一套；为新场村委会购买一体机一台，协调中财保公司大关分公司为全村村民缴纳火灾保险金 3000 余元，帮助群众解决实际困难。

2017 年 10 月，调整挂钩帮扶寿山镇柑子村，研究落实扶贫工作任务，带领研究制定了《柑子村 2018—2020 年脱贫攻坚施工图实施方案》《柑子村脱贫攻坚年度计划》。挤出办公经费 10000 元，帮助贫困户养殖蜜蜂 377 箱；单位出资 5000 元帮助一名困难大学生解决入学的学费；协调资金 20 万元，为新场村修建村垃圾填埋场一个；协调县供电局，帮助明家梁子、花园和凉水沟三个村民小组安装了变压器，解决了 90 多户群众用电难的问题；协调县水务局投资人畜饮水巩固提升工程资金 96.23 万元，解决了柑子园、丝梨树、兴隆、毛家坡等 11 个村民小组 467 户 1792 人缺水问题；单位出资 10000 元，为柑子村购买了 4 台打印机保障工作资料的打印。

2018 年，争取扶贫项目资金 375 万元，硬化坪子至丝梨树公路 7.5 公里，受益群众 120 户；争取资金 122.4 万元，修建户间作业路 30.6 公里，覆盖 16 个村民小组 612 户 2350 人；争取东西部协作资金 350 万元，启动飚水岩、木林堡小型水利饮水灌溉工程，覆盖兴隆、朱坝、山王坳、半坡、月亮坪、何基、龙洞湾、大坪子、沟门、龙头、彭坪、毛家坡、岩口、黄秧树 14 个村民小组 556 户 2215 人，切实解决柑子村季节性缺水问题。

2019 年，争取项目资金 945 万元，硬化柑子村何基至田坪公路 15.5 公里，使高山 6 个村民小组 155 户群众告别了人背马驮的历史。单位出资 2.35 万元，帮助柑子村规范村级党建活动场所，扎实抓好扶贫开发和基层党建双推进工作，切实发挥基层党支部的战斗堡垒作用、党员的先锋模范带头作用，为整村脱贫夯实了坚实基础。

率先垂范　用心用情帮助群众解决具体困难

习近平总书记在 2017 年脱贫攻坚座谈会上强调：“扶贫干部要真正沉下去，扑下身子到村里干，同群众一起干，不能蜻蜓点水，不能三天打鱼两天晒网，不能神龙见首不见尾。”在工作中，我始终坚持一线工作法，用自己的实际行动带动同志们的作风转变，切实做到“想群众之所想，急群众之所急，解群众之所需”。

2018年10月，我到高桥镇太华村马过河等高寒边远的3个村民小组走访时，了解到马过河上面的三个村民小组80余户群众贫困程度较深，基础设施条件落后，又不愿意搬迁，当地群众都表示当前最希望得到的帮助就是修通公路。但因这条公路跨长河、越深沟、穿悬崖、走峭壁，修建难度实在太大、项目资金也没有出处，镇、村多次争取都无功而返。带着群众的期盼和决心，我向县委作了专题汇报争取，之后又多次到相关部门作了对接协调，经过多方奔走协调，终于在2019年的1月项目得到了相关部门的批复，并于2019年2月动工修建，2019年年底竣工，结束了80余户群众人背马驮的历史，当地群众露出了满意的笑容。

2019年11月，时值寒冬，距离高桥镇新场村脱贫出列仅剩1个多月，又一次来到新场村走访群众，此次我选择了走访村委会周边群众。来到田坝子村民小组曹邦元家时，发现仅有曹邦元年迈的父亲一人在家，通过与老人进行交谈，老人的儿子儿媳都外出务工，孙子孙女都在外读书，平常只有老人一人在家。在查看老人家中的粮食、饮水、衣物、床铺等生活情况时，我发现老人的被子比较单薄，床也仅是用木板简易搭成，在询问具体情况中，老人家说家中是有床和被子的，但是都在楼上，自己一人在家，腿脚不方便，搬不动床拿不动被子。听到这里，我立即带着随行的帮扶人员到楼上帮老人去搬床和被子。床不重，但是楼道不宽，硬是费了好些工夫才把床和厚被子搬了下来，选择了个好位置帮助老人把床安装起，直至把被子一一铺好，我才松了口气。老人家既感动又感慨：我的孩子们都不在身边，这样小的事情还要你们来帮着做，我怎么过意得去呢！

不漏一户、不漏一人，脱贫路上一个都不能少，这是习总书记对脱贫攻坚的要求，也是对我们挂钩帮扶的刚性要求。在脱贫攻坚的几年间，我走遍了高桥镇8个村和寿山镇柑子村的每个村民小组，在脱贫攻坚工作中始终坚持与同志们一道，认真研究和部署。从走访群众研判村情户情、指导项目落实、督促人居环境整治、改善群众生产生活条件，一件小事一件小事地抓好落实，从而确保了高桥镇8个村和寿山镇柑子村如期脱贫摘帽。

（作者时任大关县人大常委会主任）

在脱贫攻坚全面小康进程中发挥政协职能

廖仕松

2015年11月27日至28日，中央扶贫开发工作会议在北京召开，中共中央总书记、国家主席、中央军委主席习近平强调，消除贫困、改善民生、逐步实现共同富裕，是社会主义的本质要求，是中国共产党的重要使命；全面建成小康社会，是中国共产党对中国人民的庄严承诺。

大山难阻关河志，玉汝于成谱新篇。大关是集山区、民族、多灾、贫困四位一体的国家扶贫开发重点县、云南省乌蒙山区域发展与扶贫攻坚县和深度贫困县，脱贫攻坚的号角吹响以来，在县委的坚强领导下，全县人民横下一条心，立下愚公志，舍小家、顾大家，全面打响脱贫攻坚硬仗，经过1800多个日夜奋战，用汗水乃至生命圆满完成了脱贫攻坚这张时代答卷，2020年5月17日，大关县正式获得批准退出贫困县序列，全县人民从此告别贫困的历史。在这个伟大的时代，我有幸作为脱贫攻坚这场战役的参与者、见证者，倍感荣幸与自豪。五年来的艰苦决战，全县干部职工用辛苦指数换取了全县贫困群众全面脱贫的幸福指数，过程充满艰辛，结果令人振奋，深感脱贫攻坚岁月峥嵘，深感全面小康成之维艰，有感抒怀，书以为字。

服从安排 肩扛责任齐上阵

脱贫攻坚是一场输不起，也不能输的战役。五年来的经历告诉我，打赢脱贫攻坚这场硬仗，必须听从指挥，思想上高度统一、行动上高度一致，立下军令状，肩扛责任才是制胜脱贫攻坚的关键。

五年来，在县委的坚强领导下，县政协始终坚定信心、勇于担当，把脱贫职责扛在肩上，把脱贫任务抓在手上。

与县委同心同向。作为政协党组书记、主席，我始终带头做好表率，2018年，根据县委的安排，到脱贫攻坚指挥部开展工作；2019年，县委安排我协同配合市委派驻大关县的脱贫攻坚督察组开展为期1年多的工作。我在战役中除了要当“指挥官”，指导挂钩的玉碗镇和上高桥乡红旗村的脱贫攻坚工作，还按照干部挂钩帮扶要求当“战斗员”，挂钩帮扶上高桥乡红旗村华竹寨的10户建档立卡贫困户，承担帮扶责任。无论何时何地，不管作为政协部门和个人，都始终义无反顾执行着县委的决策，推进工作。

与县委同频共振。按照县委的统一部署，大关县政协挂钩上高桥乡红旗村，4名政协副主席、3位处级干部挂钩联系到1个镇14个村，在推进脱贫坚决过程中，每周入村，每月研判，同镇村干部一道研究工作，督促指导易地搬迁、产业发展、基础设施建设等工作，补齐短板，帮助解决实际问题。

与县委合力攻坚。22名干部职工层层签订脱贫攻坚责任书、承诺书，立下军令状，确保人人身上有担子。每月召开1次党组会议、主席办公会议研究研判工作。定期组织干部职工按照挂包帮、转走访的工作要求开展入户走访。认真履职挂钩点职责职能，政协主席会议每月研究；分管扶贫工作的副主席，每月必须到挂钩的红旗村开展1次脱贫攻坚工作调研。每月在县委常委会议上，向县委汇报挂钩镇、村推进工作，执行县委的下步扶贫工作安排。

履职尽责　无须扬鞭自奋蹄

风好正是扬帆时，不待扬鞭自奋蹄。面对自己挂钩镇、单位挂钩村脱贫摘帽的两重“大山”，我深知，脱贫攻坚不是一蹴而就、轻轻松松敲锣打鼓就能完成的，必须扑下身子认认真真履职，弯下腰杆兢兢业业干事，扬鞭奋蹄负重前行才能制胜脱贫攻坚。

第一书记是责任，是担当。作为玉碗镇脱贫攻坚“第一书记”，我始终肩扛责任与担当，与镇村干部一道奋战在脱贫攻坚一线，以党建引领脱贫，用汗水浇灌土地。始终做到沉下去履职这个基础，反复深入玉碗5个村，认真开展调查研究，摸清家底抓好调查研究，同玉碗镇党委一道制定脱贫攻坚路线图，挂图作战。坚持及时反复研读脱贫攻坚政策，吃透县委扶贫举措，精准指导玉碗镇开展攻坚工作。带头研究玉碗镇脱贫攻坚各项工作。积极争取项目、争取资金，5年来，共帮助玉碗镇争取扶贫资金45万元。

党建支撑是“龙头”，是引领。始终舞好党建工作这个“龙头”，抓好队伍建设这个关键，开展机关支部与红旗村党支部联建活动，采取易地搬迁政策宣传党员先上，扶智（志）宣传党员先上、开展“美丽红旗，清废有我”党员先上等形式，激发活力，发挥党建引领脱贫攻坚作用。开展软弱涣散党组织整顿，参与玉碗镇党组织生活，将党员干部推上一线，发挥团队作战能力，充分依靠和发挥好玉碗镇各干部的特长和优势，增强决胜脱贫攻坚的战斗力。

部门扶贫是付出，是真情。作为上高桥乡红旗村挂钩扶贫单位，县政协始终认真履行部门挂钩扶贫职能职责。驻村工作队选派上做到尽锐出战，脱贫攻坚以来先后选派7名机关精锐力量驻村开展工作，帮助挂钩的红旗村摸清家底，调研制定红旗村帮扶措施、发展思路，同红旗村委一道，扎实开展“挂包帮，转走访”、易地搬迁、农危改、“三讲三评”“六个精准”动态管理、低保公开评议、扶智（志）宣讲等各项工作。组织机关干部按照“挂包帮、转走访”的工作要求开展入户摸底走访、调研走访、帮扶措施落实走访、政策宣传走访，将党委政府的扶贫举措转化为温暖群众的温度。五年来，单位紧缩银根，优先保障“前线”，划拨 77 万元用于红旗村扶贫工作经费。育支柱，投入 10 万元，帮助龙堡村种植 500 亩连片核桃；改村貌，投入 14.52 万元，评选 2 批“卫生光荣户”129 户；促产业，投入 20.52 万元开展 2 次挂钩村“牛状元”比赛。久久为功扶持产业发展，协助红旗村创立村集体专业合作社，种植方竹 2004 亩，黄牛养殖仅用 2 年时间就发展到 2019 年的 482 户 1125 头。开展扶智（志）宣讲 113 场。协助完成主管长 32 公里的饮水工程，解决 31 个村民小组 4300 多人饮水难题。

发挥优势 群策群力聚合力

同舟共济扬帆起，乘风破浪万里航。在脱贫攻坚战场上县政协始终坚持“县委定什么，政协议什么；政府干什么，政协帮什么；群众盼什么，政协言什么”。充分发挥政协协商的优势，发挥各界政协委员智慧力量和资源优势，凝聚社会各界力量，群策群力献计出力，助力脱贫攻坚。

充分发挥政协联系面广、包容性强的人脉优势，汇聚决战脱贫攻坚合力。经济、金融、财政界委员，如昭通昆钢嘉华水泥厂的政协委员江山红、大关县森茂农民种植专业合作社的徐燕、大关县致远驾校的陈明劲等企业政协委员积极利用职业优势，广泛吸纳贫困劳动力就业。农业、科技界委员深入田间地头，对挂钩户开展农村实用技术培训，推广农业科技和生态种植、养殖技术；教育、文化界委员加大对贫困家庭孩子的教育帮扶，资助和稳定辍学学生重返校园，阻断贫困代际传递；卫生界委员，开展送医送药、惠民义诊、医疗救助等活动，帮扶特殊困难群体；民族、宗教、政法界委员利用自身优势积极宣传党的扶贫政策，调处纠纷化解矛盾，维护社会稳定。基层农村委员，在自身发展的同时，积极宣传党的路线、方针、政策，帮助贫困户共同发展。

充分发挥政协参谋助手的智慧优势，为县委、县政府决策提供参考。5年来，紧紧结合部门职能和岗位职责，开展视察调研，撰写了《全县易地搬迁视察报告》《大关县竹产业发展的视察报告》《关于大关县就业扶贫工作的调研报告》《大关县农村饮水安全调研报告》《全县村级卫生室医生现状及发展调研报告》《全县学前教育发展现状的调研报告》《关于大关健康扶贫工作调研报告》《大关县城乡人居环境综合整治调研报告》《关于群众对脱贫攻坚工作认可度的调研报告》等23篇视察调研报告，献策全县扶贫脱贫攻坚。

充分发挥委员能讲善为的优势，群策群力决战决胜脱贫攻艰。在政协全会，委员围绕《金融支持产业发展助推脱贫攻坚》《拓宽农产品营销渠道，增加群众收入》《对全县社会化养老服务工作思考》《做强做大全县生猪产业确保人民生活水平稳定提高》《将家庭教育纳入基本公共服务体系，家校共建托起明天的太阳》等14个专题，建言献策脱贫攻坚，提出意见建议54条。

严守铁律　无私奉献显情怀

脱贫攻坚是持久战，也是攻坚战，是硬仗，也是恶仗。我深知，没有铁的纪律和硬的作风，没有无私奉献的情怀，打赢脱贫攻坚战是一句空话。

“道可道，非常道；名可名，非常名。”五年的脱贫攻坚，我们打破了非常之道，取得了非常之名，靠的就是铁的纪律、硬的作风和无私奉献的情怀。作为个人，作为县政协的领头人，我始终从严要求自己，带头执行中央、省、市和县委、县政府关于脱贫攻坚纪律作风要求，从严要求分管联系乡镇部门、挂钩联系村，经常性开展不打招呼的督促检查，对潜在性苗头性问题及时咬耳扯袖，对小问题及时纠正处理，对有一定影响性的问题严肃批评解决。由于战时纪律执行到位，分管联系乡镇部门、挂钩联系村没有出现影响脱贫攻坚的突出问题。

“采得百花成蜜后，为谁辛苦为谁甜。”我们机关派驻的第一书记、工作队队长李德军同志，积极响应驻村号召到红旗村驻村，耳濡目染，润物无声，在父亲的感染中，其儿子李潼也主动请缨到一线担任驻村第一书记、工作队队长，这队“父子兵”，只是一个缩影，在整个脱贫攻坚持久战中，无论是全体机关干部职工还是全体政协委员，在一线攻坚中始终怀着不畏山高路险，始终怀着困难问题面前舍我其谁的胆识和勇气，担当尽责、主动作为，在自己的岗位上夙夜在公，5+2，白加黑，勤勉工作，用奉献阐释了情怀，用担当作为推动了大关县脱贫攻坚各项工作落到实处。

生命有痕终无悔，血汗浇铸幸福花。过往皆为序章，下一步工作中我将初心不改，继续认真履行岗位职责，勇担使命，围绕大关的产业突围之路，大关的跨越发展之路，画大同心圆，汇聚正能量，启航振兴路，乘势铸华章。

（作者时任大关县政协主席）

翠华镇脱贫攻坚纪实

2014年以来，翠华镇党委、镇政府始终紧扣全力打赢脱贫攻坚战、全面建成小康社会这一目标，聚焦“两不愁、三保障”，深入研究方针政策和镇情、村情，确立了“环境立镇、产业富镇、旅游兴镇”三大战略，“一廊、一带、一园、一基地”产业布局及相关思路，不断展现翠华扶贫新力量、谱写翠华发展新篇章。

夯基础，改善群众生存条件。翠华镇属县城所在地，基础设施相对较好，如交通建设等走在了前列，村组公路通达率实现了100%。但在饮水安全等方面设施设备仍然存在较大差距。针对这一情况，镇党委、镇政府本着“缺什么补什么”的战略思路，全力以赴夯基础补短板。大力实施农村危房改造工程，近年来，全镇实施农危改1673户（加固户181户，其中卡户118户），共计补助资金3345.33万元，覆盖建档立卡户906户3682人。其中四类对象608户，三黑扫除147户。大力实施饮水安全工程，如针对金海村水资源极度短缺、每年枯水期近半年的情况，翠华镇整合项目资金，投资252.58万元，用于解决金海村饮水问题，将距离金海村15公里的山泉水引来，兴建50立方米以上的蓄水池12个，消毒池5个，把管饮设施铺设到村民小院，全村285户1148人的安全饮水问题全部得以解决，实现了“缺水而贫到有水而富”“无水而污到有水而靓”的巨大转变。

据不完全统计，近几年来，翠华镇共争取农村饮水安全专项资金1379万元，共建成农村饮水工程59件，新建蓄水池122个，消毒房57间，安装管道670.25千米，覆盖16345人，实现了全镇农村饮水安全100%达标。

调产业，提高群众经济收入。产业扶贫作为脱贫攻坚的治本之策，翠华镇努力在调优产业、引进企业、延长产业链等方面求突破。在集中优势发展特色产业上，坚持因地制宜、整合资源、抱团发展，增强产业市场竞争力；大力实施规范化运作模式，扩规模创品牌、降成本提效率，实现产品效益最大化；积极探索“龙头企业 + 专业合作社 + 基地 + 农户”的发展模式，壮大集体经济，让贫困群众永久摘掉了“穷帽子”。近年来，翠华镇累计发展花椒10000亩、茶叶10542亩、方竹、筇竹39065亩、中药材1840亩；累计发展烤烟13000余亩、中蜂养殖413箱；建成生猪代养场2个、30亩香菇基地1个、服装加工厂1个、冷水鱼塘30亩、茶叶加工厂1个、花椒烘干厂1个。同时投入扶贫资金770.41万元，建成村集体合作社9个，所有村均已实现卡户全覆盖，共受益2494户10233人，合作社卡户覆盖率100%。

抓搬迁，保障群众安居乐业。翠华镇坚持把实施易地扶贫搬迁作为嚼烂脱贫攻坚最硬骨头的铁齿铜牙，紧扣“搬得出、稳得住、有事做、能致富”目标，以起步就是冲刺、开局就是决战的态势，全面打响易地扶贫搬迁战役。一是圆满完成了“易地扶贫搬迁三年行动计划”任务，安置440户1763人（卡户381户1532人），建设安置点7个，计划总投资10562.78万元，配套安居房440套已全部搬迁入住，旧房全部完成拆旧复垦，基础设施全部投入使用，搬迁户实现就业792人、低保保障302人、特供22人、公益性岗位60人，发展方竹291.73亩，茶叶275.06亩，核桃162.29亩，板栗476.5亩，花椒246.17亩，猕猴桃13.6亩，李子13.6亩，桃子48.6亩，枇杷94.5亩，养鱼5.2亩。二是顺利实施了新增靖安易地搬迁，搬迁户中已就业532人（卡户382人）、民政保障222人（低保213人，孤儿5人，特供4人）、公益性岗位68人，发展方竹173.62亩、茶叶80.46亩、核桃14.75亩、板栗58亩、花椒182.59亩、黄檗59.3亩、马铃薯264.5亩、养鱼3.84亩。

易地扶贫搬迁工作开展以来,翠华镇计划实施易地扶贫搬迁723户2950人(卡户593户2433人),其中三年行动计划搬迁440户1763人、新增靖安易地搬迁283户1187人。目前,所有搬迁户已全部搬迁入住,实现了应搬尽搬、能搬尽搬,让群众过上了安居乐业的幸福生活。

稳就业,帮助群众增收致富。翠华镇把就业扶贫作为脱贫攻坚的关键一招,举全镇之力推进任务落实,通过提高劳务输转组织化程度、强化精准扶贫劳动力培训、开发乡村公益性岗位、发展扶贫车间等关键性举措,扶持促进贫困劳动力稳定就业,支撑和带动贫困家庭增收致富。全镇有劳动力18462人,其中卡户劳动力6024人。2019年实现劳动力转移就业15368人,其中卡户4995人。完成创业培训180人(其中卡户68人),有针对性地组织技能卡户培训706人次,包括焊工技能培训、种植、养殖技能培训、挖掘机司机技能培训、种植业技能培训、养殖业技能培训、农艺工技能培训、竹工艺技能培训、维修电工技能培训、美发师技能培训等;落实卡户公益性岗位720人,其中人力资源信息员25人、乡村护路员72人、乡村保洁员148人、护林员398人、地质监测员77人;建设服装加工厂、花椒加工厂、茶叶加工厂等扶贫车间3个,服装加工厂已投入经营,目前在岗工人64人,月平均工资3000元左右。通过以上就业政策的实施,全镇目前无零就业家庭。

兴教育,提升群众综合素质。教育是贫困地区拔穷根、阻断贫困代际传递的治本之策。近年来,翠华镇按照"两不愁、三保障"和"五个一批"的总体要求,全力振兴教育事业、助推脱贫攻坚。翠华镇现有6—15周岁适龄儿童少年5324人,其中建档立卡户1220人,无辍学学生。历年来对中高等职业技术类贫困学生实施雨露计划补助159.6万元,惠及1066人次;对学前教育家庭困难学生资助10.71万元,惠及714人次;对高中阶段贫困学生发放国家助学金84.8万元,惠及787人次,免除学杂费共计24.41万元,惠及582人次,家庭经济困难学生生活补助84万元,惠及454人次,彩票公益金"滋惠计划"补助6.2万元,惠及31人次;对中职教育贫困学生落实助学金 2.2 万元，惠及 22 人次。

重文卫，呵护群众身心健康。“授之以鱼不如授之以渔”，翠华镇高度重视文化扶贫在脱贫攻坚中的重要作用，通过建设农村文化阵地、搭建农村文化载体、丰富农村文化活动等方式，有效发挥文化在各项脱贫攻坚工作中的渗透力。如翠华镇组建成立的“新时代农家小舞台”，有 30 余人，共编排出舞蹈、小品、微电影等文艺节目 40 余个，演出覆盖了全镇 175 个村民小组，观看群众 10 万余人次。翠华镇通过文化下乡、组织新时代农家小舞台演出等活动，帮助群众彻底根除“等靠要”思想顽疾，扶志扶智补足“精神之钙”，既保护了当地的重要文化资源，又给当地贫困群众带来实实在在的收益。翠华镇立足当前、着眼长远，从提高农村贫困人口医疗保障水平、提升乡镇医疗卫生服务能力，强化乡镇公共卫生服务，推进医药卫生体制改革等方面入手，全力推进基本医疗卫生服务能力建设，着力阻击“因病致贫、因病返贫”，切实减轻贫困人口就医负担，确保打赢脱贫攻坚战。全镇建档立卡 2494 户 10233 人，基本医疗保险、大病保险参加率为 100%，重慢病管理情况：现在实际管理人员：患 93 种总 920 人，实际管理 920 人，其中，慢性病 537 人，25 类 32 种 383 人（先天性心脏病患者 11 人、尿毒症患者 7 人、重型精神病患者 84 人、乳腺癌患者 3 人、肺癌患者 1 人、宫颈癌患者 5 人、食管癌患者 1 人、胃癌 1 人、尘肺 22 人、肝癌 4 人、白内障 18 人、地中海贫血 1 人、直肠癌 3 人、结肠癌 1 人、慢阻肺 229 人、其中 10 人患两种疾病以上）。家庭医生签约服务：确保对重点人群和重点病种提供签约服务，做到签约一人，履约一人，做实一人，翠华镇卫生院 2019 年以来共完成签约 3202 人。翠华镇共有卫生院 1 个（实有从医人员 23 人，其中 2 名为临聘人员），有村标准卫生室 9 个，共有村医 31 人，有观察床位 31 张。

2019 年卡户市外报销住院 151 人次 111.07 万元，其中特慢病报销 44 人次 100.009 万元。市内门诊报销 466 人次 30.60 万元，住院报销 3790 人次 103.36 万元。

在着力推进以上工作的同时，翠华镇同步抓好生态扶贫、金融扶贫、东西部扶贫协作，竭尽全力保障如期脱贫。近年来，生态扶贫上，实施退耕还林工程 24250 亩（其中贫困户实施 2018 户 9949.6 亩），总投入资金 3751 万元，其中 2014 年 1050 亩、2015 年 4350 亩、2016 年 7500 亩、2018 年 11350 亩，主要种植方竹、茶叶、花椒、水果等。向贫困户共发放草原生态补贴 37.0951 万元。金融扶贫上，2017 年至 2019 年信用社累计发放小额贷款 462 户 1777.58 万元，农行累计发放小额贷款 197 户 945.3 万元（其中 24 户 115 万元为还款后续贷）。深化东西部扶贫协作上，争取“携手奔小康”结对帮扶资金 70 万元，实施人居环境提升项目，进一步巩固、提升了镇域生态环境。

在脱贫攻坚大决战中，翠华镇立足精准谋开局，大干快上夯基础，因人施策抓帮扶，对标对表补短板，聚焦聚力战贫困，奋力夺取了脱贫攻坚大决战的伟大胜利，实现了决战决胜目标。全镇 9 个贫困村全部出列，累计脱贫 2494 户 10233 人。今天的翠华镇，正以习近平新时代中国特色社会主义思想为指导，树牢“四个意识”、坚定“四个自信”、坚决做到“两个维护”，进一步统一思想、明确方向、凝聚力量，以求真务实的作风、担当作为的气魄，锐意进取的精神、永不懈怠的状态，敢闯敢干的奋勇、一往无前的锐劲，全面贯彻发展新理念、深入落实发展新要求，努力开创经济社会发展全新局面。

（翠华镇供稿）

玉碗镇脱贫攻坚纪实

玉碗镇位于大关县南部，距离县城10公里，占地面积97.88平方公里，全镇共有建档立卡户1657户6706人，已脱贫1575户6460人，未脱贫82户246人，贫困发生率从2014年的51.9%降至2019年的1.6%。

交通建设优先发展。全镇公路总里程295.5公里，管护道路共29条，养护道路2条（新桥公路、大出公路共16.5公里）。硬化路9条97.6公里。辖区道路建设及管护覆盖了5个村的主干线，全镇交通网络健全，为出行及产业发展提供了有效保障。

电力建设同步跟进。2016年完成58个村民小组的农村电网改造、34个村民小组电网升级，建成50千伏变电站1座，电网建设累计投资5000余万元，解决了全镇农村用电安全问题。广播电视、移动网、有线网络实现100%全覆盖。

水利建设全面实施。目前5个行政村已全部完成饮水安全认证，群众饮水安全有保障，并于2019年完成了全镇84个村民小组20人以上供水工程112件安全饮水水质检测水样取水送检工作。2020年上半年完成出水村白沙村民小组、纸厂村民小组，石灰大坪片区，玉碗村南天门村民小组人饮补短板项目。

人居环境质量大幅度提升。紧紧围绕创建“山绿、水清、路畅、街美、境优、人和”目标，全面统筹推进农村环境综合治理，确定每月5日、15日、

25日为环境整治日，按照“净、亮、畅”的目标，对辖区内环境进行集中整治，并建立环境卫生红黑榜，引导群众自觉参与、爱护，保护环境卫生，创建整洁、优美、文明、有序的人居环境。充分利用爱心超市、扶志宣讲等方式，引导群众树立良好的卫生环境理念。河域、路域、人居环境共同推进，境内所有水域实行严格管理，加大对水源地的保护力度，河域环境整治已全部完成，水源地保护巡查已成为常态。目前，河流两岸种植树木、河岸卫生维护、公路沿线路域环境整治正稳步推进，群众环保意识及居住环境不断提升。

畜牧产业长足发展。以肥猪、仔猪基地建设为重点，以抓好防疫为保障，逐步实现科技兴畜保增收战略。投资1382万元建成5个1100头存栏规模生猪代养场。截至2019年年底，全镇生猪存栏16051头、出栏32350头（能繁母猪1375头，生仔畜23373头，肉产量3235吨），羊存栏6002只、出栏4262只，黄牛存栏6169头、出栏1365头，马存栏297匹、出栏217匹，家禽存栏44706只、出栏24917只。

林业发展稳步提升。按照全镇海拔1500米以下为果蔬产业带，1500—1800米林果产业带，1800米以上畜牧产业带的总体布局，稳步推进林业产业发展。截至2019年，完成2230亩珍珠李的田间管理及修枝定形工作，建立核桃提质增效扩繁苗圃地1个，完成5000亩筇竹低效林改造、护笋养竹。种植中药材350亩，完成100亩纹党参育苗基地项目，带动区域内贫困户每户增收2000元以上。2020年上半年完成脱贫攻坚补短板造林3200亩初步作业设计，6655亩退耕还林第三方验收，核桃扩繁苗圃地的田间管理，3200亩补短板验收工作。

务工就业加快推进。紧紧围绕“保增长、保民生、保稳定”的工作要求，通过四个一活动及创业培训等方式，积极推进劳动力就业工作。目前全镇农村劳动力共3936户8896人，其中卡户1586户3692人，已转移就业3017人，非卡户2350户5204人，已转移就业4537人，合计转移就业7554人（省外务工3477人）。

易迁扶贫落地见效。2014年投入资金300余万元，实施了火地村铁厂易地安置项目、出水村团结整村推进项目。2016年，实施2个易地扶贫搬迁项目，安置166户569人（建档立卡贫困户140户470人）。2017年石灰村白沙安置点安置66户，老街村小沟安置点安置130户。2020年上半年新增搬迁靖安新区657户，分房653户，447户搬迁入住。搬迁后期管理方面，抓好配套民生工程建设，全面完善水、电、路等配套设施，确保群众搬迁后能够实现宜居宜业。

教育扶贫斩断穷根。义务教育阶段学校基本实现标准化建设，校园及周边环境得到根本性改善，全镇269名留守、困难儿童得到有效监护和关心关爱，2019年共419人次享受雨露计划扶持资金共62.85万元，义务教育基本均衡发展顺利通过省、市督导评估，截至2019年年底，义务教育阶段适龄儿童入学率100%。

健康扶贫稳步推进。全面推进健康教育宣传活动，2020年已开展健康教育宣传活动4次，公共卫生培训2次，播放影音资料360次，发放各类宣传资料9219余份，制作健康教育宣传栏36期。做好居民健康筛查，深入村、社、户，对35岁及以上人群进行筛查，核对信息档案、完善纸质档案、电子档案系统录入10631余份，高血压、糖尿病、重型精神病、肺结核四类人员管理率100%。

文化扶贫凸显活力。积极争取资金完善镇、村文化站设施建设，加大自然村、村民小组文化广场、文化配套设施保障力度，2019年已实现全镇106个村民小组活动室、文化活动场所基本覆盖。充分发挥农家书屋、农家文化大院、文化活动广场等资源优势，积极组织开展民族民间才艺比赛暨脱贫攻坚文艺会演等文化文艺活动。2019年组织文艺活动22次、举办展览次数1次，极大丰富群众文化生活，提升人民群众精神文化生活水平，增进民族文化传承和交流。

倾力帮扶彰显真情。组织引领是保障，干部带头是关键。在玉碗脱贫攻坚道路上，涌现了乌蒙山好男儿王文贵、“百名好支书”王荣、“扶贫暖男”李大鹏等一批批先进个人。镇人大主席王文贵，在前往老街村核查扶贫茶产业及烤烟长势，返程途中发生交通事故，抢救无效不幸遇难，年仅38岁。石灰村党总支书记、村主任王荣，不计个人得失“不顾家”，却是全村的主心骨，为谋全村发展，她敢于担当，也不怕得罪人，一心一意带石灰村一天一天变好。省委老干部局驻石灰村第一书记李大鹏，自2017年驻村以来，他沉下身安下心，一年只回家22天，想方设法带领群众增收、致富，协调救助资金200万元救助全县尘肺家庭174个，引资450万元建设380亩雪松示范种植基地，牵头设立“启程”助学金，累计捐助教育物资15万元，资助新入学本科生61名、困难学生22名。所在村集体、工作队获得省级表彰荣誉3次、市级表彰荣誉2次，他本人被群众誉为“有温度的扶贫干部”。

（玉碗镇供稿）

上高桥乡脱贫攻坚纪实

上高桥乡位于大关西南部，境内资源丰富，气候寒冷，是大关县肉牛主产区之一。全乡辖6个村153个村民小组5355户21646人，有回、彝、苗3个少数民族。市委办、县政协、县畜牧局、农行大关支行4家单位挂钩帮扶，驻村扶贫工作队6支，驻村队员22名。全乡建档立卡贫困户2417户11023人，已脱贫2305户10701人，未脱贫112户322人，2016年龙堡村脱贫出列；2019年大寨、红旗、新民、团结、打堡5个贫困村脱贫出列，贫困发生率降至1.52%。

狠抓危房改造，保障住房安全。一是全面实施农危改，全乡2016—2019年实施农村危房改造944户（其中加固221户，重建723户），2016年农危改新建269户；2017年四类对象农危改386户，其中加固186户、重建200户；2018年四类对象农危改88户，其中加固6户、重建82户；2019年四类对象农危改194户。其中加固29户、重建165户，非四类对象农危改重建7户，实现了“住有所居”全覆盖。二是大力拆除危旧房，全乡共拆除危旧房1210户99067.51平方米，同时，推进“栽花植树美化环境”行动，改善村容村貌，全面提升人居环境，消除视觉贫困。同时全面推进“三黑”消除工作，实施“三黑”161户，已全部实施完工。

狠抓易地扶贫，斩断发展穷根。紧盯“六类地区”搬迁对象，紧扣“挪穷窝”与“换穷业”并举，抓牢“应搬尽搬、进城入镇、建新拆旧”三个重点，与村级施工图、乡级路线图有机结合，同步配套安置点产业发展计划，易地扶贫搬迁工作取得明显成效。一是“三年行动计划”圆满完成。全乡5个安置点共279户1249人（卡户218户984人，同步搬迁户61户248人），应入住279户已全部入住。二是跨县搬迁如期实现。全乡新增应搬尽搬最终锁定对象648户2829人，其中建档立卡户449户2003人，同步搬迁户199户826人，现建档立卡户449户2003人已全部组织搬迁。

推进健康扶贫，杜绝返贫风险。一是扎实做好健康扶贫政策的学习、培训和宣传工作，组织专题讲解健康扶贫政策4次，发放宣传资料600余份，共推送信息10000余条。二是做好大病、慢病集中救治和签约服务管理，全乡29类32种大病集中救治管理329人，慢病404人，集中办证197人，均以家签服务形式进行健康干预和随访。重病19人，均已得到救治。积极推进家庭医生签约服务工作，2019年共开展签约服务2526人，免费为老年人健康体检727人。三是严格执行医保报销相关政策及药品零差率销售政策，住院患者不设起付线，政策范围内报销比例均达到90%，严格执行建档立卡贫困户看病就医先诊疗后付费要求，签订“先诊疗、后付费”协议书722份；设立“一站式”即时结报窗口，节约群众时间、减轻经济负担。四是做实基本医疗保险和大病保险收缴工作，2019年重点十三类人员已全面参保，其中，建档立卡贫困户11023人（其中乡内参保10976人）；特困供养人员、优抚人员、低保对象、残疾人、精神病人、大病慢病、边缘户、县内同步搬迁人员全部参保；靖安同步搬迁837人；已参保822人、外地参保15人。

优化农业产业，夯实脱贫支撑。一是狠抓产业项目实施。实现具备发展条件且有发展意愿的建档立卡贫困户2221户9607人产业项目全覆盖和建档立卡贫困户加入农民专业合作社全覆盖，产业帮扶的基础进一步夯实，贫困群众造血能力显著增强。2016年至2019年共实施产业项目共14个，共计投资820.94898万元，共覆盖全乡2417户卡户，养殖黄牛1280头、种植方竹2581亩、养殖蜜蜂611桶、养猪768头、养羊77只。其中2016年投入产业资金35万元养殖黄牛70头；2017年投入产业资金246.98898万元，养殖黄牛418头、种植方竹2581亩、养殖蜜蜂497群；2018年投入产业资金共465.29万元，养殖黄牛666头、养猪673头、养羊77只、种植当归1170.3亩（其中集体经济种植450亩）、养蜜蜂96箱；2019年投入产业资金73.67万元，养殖黄牛126头、养猪95头、养殖蜜蜂18箱。二是狠抓龙头企业带动。先后引进神女药业、滇纯药业、鑫康药业等龙头公司进驻乡内种植中药材3500余亩，实现产值1200余万元，并建立中药材初加工厂，做到基地、加工无缝链接。引进土妈妈、扶持琦鑫肉牛等农业龙头企业建设标准化马铃薯良种扩繁基地1000亩，修建标准化畜圈7200平方米规模化饲养肉牛2000头，带动马铃薯和黄牛养殖产业规模发展，促进群众增收致富。三是狠抓产业组织培育。全乡所有建档立卡贫困户2417户11023人，已全部加入18个农民专业合作社，以农户资金入股、资产入股等方式加入合作社组织化发展，合作社利用现有的畜圈等进行黄牛养殖，与龙头企业琦鑫公司签订回收协议。四狠抓集体经济发展。2018年，全乡6个村均成立集体经济公司，截至目前，全乡集体经济总投入810.733万元，新建神女药业中药材初加工厂、新民村青贮饲料加工厂、红旗村、新民村集体经济畜圈等经营实体，预计年底6个村能实现集体经济收入45.83万元以上（其中，大寨村6.26万元，红旗村7.74万元，打堡村3.97万元，新民村11.04万元、龙堡村8.98万元，团结村7.84万元）。

实施金融扶贫，解决托底资金。用好用活金融扶贫政策，有效解决贫困户创业增收“托底”资金问题，共发放804户贫困户小额信贷3860.24万元，促进贷款贫困户增加养牛1225头以上、养猪565头以上、养羊400只以上、养鸡5500只以上、种植中药材100亩以上，为贫困户创业增收提供了坚实的资金保障。强化信贷监管，乡政府与贷款卡户签订承诺书，要求农户必须按照发展计划发展产业和保持好既定的产业规模，如果违反规定农户要承担相应的后果，确保了政府贴息期间受益卡户切实把贷款资金用于既定的产业发展上。

推进就业扶贫，促进群众增收。一是狠抓劳动力转移就业，2019 年我乡劳动力 12048 人，转移就业 9871 人，转移率 81.93%，其中卡户 6411 人，转移就业 5005 人，转移率 78.1%。二是强化劳动力就业培训，我乡劳动力培训共 12850 人（卡户劳动力全覆盖），其中技能培训 590 人、创业培训 150 人。三是拓展公益性岗位，2019 年我乡公益性岗位人员 25 人，公服岗位 245 人每人 6000 元 / 年，生态护林员 176 人每人 8000 元 / 年。四是落实就业稳岗优惠，2019 年成功挂牌琦鑫、寨林、富慧 3 个专业合作社，共发放稳岗补贴 51.9 万元。

强化综合保障，焊牢兜底网格。一是及时调整城乡低保，按照城乡低保调整要求，对全乡城镇低保进行了调整，现有农村低保保障人数 1998 户 2954 人；城市低保保障人数 445 户 887 人，共发放城乡低保资金 1556.81 万元。二是发挥兜低保障作用，通过村三委会议评议，乡扶贫办、民政所及分管领导会议审核，目前有 73 户 130 人兜底保障对象，其中享受农村低保类 36 户 89 人，享受特困供养 37 户 41 人，享受孤儿补贴 2 户 3 人。三是做实社会救助工作，对因病、因灾等造成的临时困难家庭，及时给予办理临时救助。共收到 575 户临时救助申请，总救助资金达 62.12 万元；完成易迁靖安困难群众申请录入 648 户，总救助资金达 194.4 万元。四是精准发放补助资金，根据上级相关文件要求，及时做好特困人员供养的上报、发放补助金等工作。现有特困供养人员 55 人，已发放特困供养资金 53.68 万元；资料审核等新现有残疾人 660 人，其中困难残疾补贴享受人员 399 人，享受重度残疾护理补贴 110 人，1—11 月共发放残疾人两项补贴资金 34.36 万元，发放 10 名孤儿补贴共计 13 万元。

落实教育扶贫，切断贫困源头。一是严格控辍保学，坚持“查户籍对学籍、查学籍对学生、以实际对系统、以系统对责任”“两查四对”要求，按照“摸清家底、依法处置、规范责任、动态管理”的“四步走”模式，组织开展义务教育控辍保学全覆盖大排查，全乡 6—15 周岁适龄儿童少年 3722 人，其中卡户 1690 人。B 类学生按照要求建好了相关档案资料。目前，全乡辍学学生已清零。二是改善教育基础设施，近三年来共投入 1074 万元，新建小学教学楼 1 所、综合楼 2 所，亮化综合楼 3 所，新建教师周转房 2 栋，加固学生宿舍楼 1 栋，新建学生宿舍楼 1 栋，新建幼儿园 1 所，班改幼 2 个。组织教师外出参加国家级、省级、市级、县级、乡级培训 750 人次，师德师风、教学质量均有明显提升；三是落实教育补助政策，每年投入资金 76.5 万元，实施“两免一补”“营养改善计划”覆盖学生 2010 人。雨露计划 2016—2019 年投入 161.4 万元覆盖 1076 人次。

筑牢基础设施，补齐脱贫短板。一是强化饮水安全，全乡 2016—2019 年共建饮水工程 55 件，小水窖 44 口，35 间消毒房（由县水务局配备消毒设备 39 台），共计投资 1777.5596 万元（群众折劳投资 785.0836 万元，申请补助资金 992.4760 万元），解决 3607 户 15490 人饮水安全问题。二是推进交通扶贫，投资 4712 万元，实施通村硬化公路 58.9 公里，6 个行政村通村公路已全面硬化；投资 640 万元，实施生命防护工程 34 公里，6 个村通村公路危险路段有必要措施；投资 2981.28 万元，实施村组公路 11 条 37.266 公里。

狠抓环境整治，提升人居颜值。多方争取资金推动人居环境整治，改善村庄环境、提升村庄“颜值”，完成公路沿线及农户庭院绿化植物栽种 3.2 万株；完成建设无害化卫生厕所 699 座，完成 153 个垃圾焚烧池建设。开展文明生活习惯教育引导培训 36 场次、入户宣传教育 7460 人次，发放宣传资料 5350 份，城乡人居环境明显提升。

激发内生动力，夯实脱贫之基。一是开展智志宣传。开展扶志（智）宣讲 181 场，实现全乡 153 个村民小组全覆盖。二是设立爱心超市。成立爱心超市兑换点 2 个，全乡累计评分 9 万余分，兑换 4 万余分积分，折合资金 4 万余元，覆盖 345 户群众（卡户 227 户，非卡户 118 户）。三是实行以奖代补。对建档立卡贫困户发展种植、养（殖）业给予奖补，激发贫困户谋发展的热情。近年来发放“以奖代补”资金 945 万元，带动 3159 户贫困户发展种植、养殖业。同时还修订完善《村规民约》，将脱贫攻坚与改善农村家庭卫生环境、移风易俗等紧密结合，引导村民树立勤劳光荣、懒惰可耻的思想，激发贫困村民勤劳致富的积极性。

挂钩帮扶动真情，脱贫攻坚结硕果。在脱贫攻坚大决战中，挂钩帮扶上高桥乡的各帮扶单位，在人、财、物、智等方面给予了太多的帮助、作出了太多的贡献。市委办2016年协调资金186.2万元帮扶项目5个；2017年，协调资金655万元帮扶项目5个；2018年，协调资金1842.7万元帮扶项目9个，2019年，协调资金1615.04万元帮扶项目10个。引进昭通土妈妈公司在大寨村带动群众发展马铃薯种植，实现产值300余万元；协调交通部门优先解决团结村4条村组公路硬化项目建设，概算投资1000多万元覆盖9个村民小组；争取广东省第六扶贫协作工作组协调捐赠上高桥乡中心完小"大关县中山青年希望综合楼"建设250万元，直接划拨解决乡脱贫攻坚工作经费10万元、团结村部分群众安装住房内外门补助款5万元。县政协2016年协调资金20.72万元，实施4个项目；2017年协调9.6万元，实施3个项目；2018年，协调资金257.5万元，实施6个项目；2019年，协调资金1513万元，实施5个项目。并帮助解决脱贫攻坚工作经费，帮助解决产业、交通、人居环境等方面的困难问题。县畜牧局2017年协调资金130万元，实施帮扶项目1个；2018年协调资金104万元，实施帮扶项目4个，帮助解决驻村办公经费12万元；2019年协调资金1414.26万元，实施帮扶项目7个。同时在建设马铃薯良种基地、青贮玉米种植、实施粮改饲、实施香港小母牛项目等方面给予了指导和支持。大关农行2018—2019年协调资金31.13万元，帮扶项目12个；协调发放贷款1643.8万元，用于养牛扶贫贷款等方面，同时协调解决驻村工作经费近10万元。在脱贫攻坚的征程中，得益于各挂钩帮扶单位的大力支援，得益于挂钩帮扶干部的真情帮扶，上高桥乡如期实现了脱贫目标。截至目前，全乡6个贫困村均已全部达标出列，全乡累计减贫2305户10701人（其中2014年减贫289户1350人、2015年减贫205户996人、2016年减贫217户1033人、2017年减贫226户1100人、2018年减贫507户2309人、2019年减贫861户3913人），未脱贫112户322人。

（上高桥乡供稿）

悦乐镇脱贫攻坚纪实

悦乐镇是大关县脱贫攻坚主战场之一，境内资源匮乏，山高坡陡，地质破碎，土地贫瘠，自然灾害频发，交通、水利等基础设施更是制约群众发展致富的重点因素。悦乐镇有建档立卡贫困户2862户12782人，贫困发生率为35.78%。2015年以来，先后有21家单位部门挂钩帮扶悦乐镇。2015年至2017年有大关县政法委、民宗局、电力公司、市场监管局、妇联、民政局、教育局、电信公司、总工会、国土资源局10家单位挂钩；2017年挂包帮调整后，有11家单位和悦乐镇共派出10支工作队35名干部驻村帮扶至今。落实帮扶干部292人挂钩帮扶建档立卡贫困户2865户12775人（其中挂钩部门职工挂钩帮扶1964户7851人）。通过历年脱贫攻坚的努力，2019年农民人均可支配收入为8100元，全镇建档立卡贫困户2862户12782人已全部达到脱贫标准，全镇9村1社区已全部达标脱贫出列。

打响“大决战”，全力以赴保脱贫。2015年以来，悦乐镇坚持把全镇220个村民小组分成45个网格片区，以镇路线图和10个村（社区）施工图为总览，整合专项扶贫、行业扶贫、社会扶贫各方资源，投入34754.58万元资金，实施农危改、水利、交通、易地搬迁安置点等重点设施和产业等项目58个，集镇实现了“两化四场”（道路硬化、集镇绿化和文化广场、农贸市场、停车场、垃圾处理场）零的突破，里底、沙坪、青林等重点缺水片区饮水问题得以全面解决，新建了集镇、青林、妥河、新寨、大坪5个集中安置点，镇村组公路硬化率达到了57.46%，农网升级改造工程已全面完成，镇、村医疗设施设备大幅度改善达标，教育均衡发展顺利通过国检，大力推进“七改三清”和农危改工作。同时，充分利用各级挂钩帮扶部门和东西部结对帮扶的优势，整合各方人力、项目、信息、技术等资源，11家挂钩部门投入资金1773.4万元，东西部扶贫协作投入资金627.8722万元，为打赢脱贫攻坚战提供了不竭动力。

对标“两不愁”，多措并举促增收。一是远抓产业促增收。坚持“竹茶果蔬畜”的产业培育思路，投入扶持资金2566.1835万元，带领群众新发展竹子18030亩，茶叶4498亩，改造林果7800亩，管护提质核桃2.3万亩，新种植刺老包743.6亩，年出栏生猪2.8万头、牛1750头、羊3200只。共落实了997户4802.9万元小额贴息贷款（其中，2020年334户1596万元），重点扶持群众发展黄牛、生猪、魔芋等特色种养殖业。认真落实“三个全覆盖”要求，新成立和完善18个合作社和10个村集体公司，2862户贫困户全覆盖，群众稳定增收的产业培育和组织化生产工作迈出了实质性步伐。二是近抓就业保脱贫。强化劳动力转移组织化，针对全镇22907名劳动力（其中卡户劳动力8629名），按照市场需求和结合群众意愿，认真开展种植、养殖、电工、电焊工、挖掘机等实用技术技能培训，确保了贫困劳动力100%参加培训。并以浙江、广东、昆明为重点，努力转移就业15896人，其中，卡户劳动力转移就业5984人，落实公共服务岗位安置就业620人。三是综合保障强助力。纳入民政兜底对象132户181人；落实最低生活保障2517户4463人，其中落实城镇低保512户996人（卡户340户701人），农村低保2005户3467人（卡户1137户2074人）；落实分散供养64户66人（卡户48户50人）；落实孤儿及事实无人抚养儿童生活补助84人（卡户49人）；落实两项补贴572人（卡户334人）。

紧盯“三保障”，精准施策补短板。一是住房安全有保障。严格落实“危房不住人、住人不危房”的要求，全面开展以户找房、以房找人工作，落实“实物清零”和“证据清零”措施。2014年来，共实施了2006户农危改，易迁地搬迁安置1257户，帮助解决了2928户安全住房保障问题。目前，因长期外出等原因采取“证据清零”的共有572户。二是义务教育有保障。全镇6—15周岁义务教育阶段适龄学生4418人，有高中及以上非义务教育阶段学生1986人。2017年以来，全镇共落实“雨露计划”1186人次，发放救助金181.1万元，其中2020年上半年落实362人。三是基本医疗有保障。以破解“因病致贫”问题为导向，积极开展全民参保行动和标准化卫生院（室）建设工作，认真落实“四重保障”和“二次回补”等健康扶贫医疗救助政策。全镇建档立卡贫困人口12782人已100%参保，患93种大病1413人（卡户762人），其中25类32种重病486人（卡户268人）；慢性病人1777（卡户682人）。全镇贫困人口大病集中救治486人，救治率100%，慢性病家庭医生签约1569人，签约率88.29%。在抓好“三保障”要求的同时，悦乐镇还同步抓好人饮安全保障。对照饮水安全认定标准，全面开展“村不掉组、组不漏户”的饮水安全排查工作，针对排查问题，积极争取上报项目，争取投资1438.6万元，新实施水利工程54件，覆盖89个村民小组4050户18081人，群众饮水安全100%解决。

坚决“挪穷窝”，易迁脱贫建奇功。坚持“六搬五近”原则，着力动员群众“搬离高山、挪出穷窝”，共投入资金10875.7万元，实施易地扶贫搬迁三年行动计划603户2699人，其中建档立卡贫困户523户2330人，主要安置在镇内5个集中安置点。实施应搬尽搬昭阳靖安新区654户2815人，其中建档立卡贫困户379户1690人。通过搬迁脱贫人口占比31.5%。

呵护“金银山”，生态扶贫见成效。引领群众树牢“绿水青山就是金山银山”的理念，认真落实退耕还林、天然林保护等生态扶贫政策，结合实际大力发展竹茶果等林产业。2015年来，全镇实施退耕还林16280亩，兑现补助资金1166万元，覆盖3500户。管护公益林36564亩，兑现补助资金208.7万元，其中，省级公益林共21848亩，兑现补助资金109.24万元，覆盖3652户，国家级公益林20284亩，兑现补助资金99.46万元，覆盖802

户。全镇目前有生态护林员454人，每人每年补助8000元。

坚持“双统领”，党建引领强保障。坚持以脱贫攻坚统领经济社会发展谋篇布局、以党的建设统领各项工作落实“双统领”，努力实现党的建设和脱贫攻坚“双推进”，强化铁的纪律和硬的作风“双保障”。建强61个农村党组织战斗堡垒，广泛发动804名党员运用“133”工作法，并用好“小喇叭大民生”“榜上有名1+1”“三讲三评”等载体，开展扶智扶志宣讲319场次。以构建脱贫攻坚领域的“乌蒙铁军”为目标，积极构建脱贫攻坚中坚力量，把优秀的镇干部选任选派到扶贫一线和“七组八办”工作，把92名群众信得过、能干事、干得好事的优秀人才选优配强到10个村（社区）任职，与部门积极沟通协调，21个挂钩部门先后把60名优秀人才往驻村一线集中，坚持把12名大学生村干部用在扶贫一线，调整优化了220个村民小组长和61个党支部书记。始终不渝把夯实党在农村的执政基础作为根本任务来抓，统筹抓好党的基层组织、微腐败、扫黑除恶、意识形态等工作，让老百姓时时、处处都能听到党和政府的声音，都能感受到党和政府的温暖，让全镇各族人民感党恩、听党话、跟党走。坚定不移从严管党治党，坚持扛起正风肃纪和公平正义的大旗，坚决惩治“微腐败”和打击扶贫领域不正之风。2016年以来，共处置问题线索33件，给予党纪政纪处分13件13人，依规依纪处理干部13名，其中移送起诉2人；清理受过刑事处罚的党支部书记和村民小组长5人，行政处罚的村民小组长1人，行政拘留12人，正风肃纪态势已全面形成，为脱贫攻坚提供了强有力的组织保障和纪律保障。

（悦乐镇供稿）

寿山镇脱贫攻坚纪实

“精准扶贫，不落一人”，这是一份殷切的嘱托，更是一个庄严的承诺。自脱贫攻坚战役以来，寿山镇党委、镇政府凝心聚力，众志成城，砥砺奋进，撸起袖子加油干，用奉献庄严承诺坚决打赢脱贫攻坚战，用实际行动圆满交上脱贫攻坚答卷。

紧扣目标，脱贫成果见实效。这是一组颇为沉重的数据：全镇7村1社区，5个村均为深度贫困村，2016年共有建档立卡贫困人口2557户11928人，贫困发生率达39.87%。这是一组充满朝气的数据：2019年全镇实现农业生产总值2.52亿元，同比增长10%；完成粮食总产量13200吨，同比增长10%；实现农民人均纯收入8564元，同比增长15.9%；实现工业总产值10.9亿元，同比增长22.3%。完成农村人饮工程58件；贫困学生失学辍学清零；贫困人口100%参加基本医疗保险；全镇2557户11928名建档立卡贫困群众全部摆脱贫困，并顺利通过了第三方评估验收、国家抽查和国家脱贫普查。

聚焦精准，殚精竭虑真扶贫。“脱贫攻坚贵在精准，重在精准，成败之举在于精准”。寿山镇党委、镇政府始终将“精准”二字贯穿于脱贫攻坚的主线中，用“扶持对象精准、项目安排精准、资金使用精准、措施到户精准、因村派人精准、脱贫成效精准”的“六个精准”统揽全局，坚持做到对症下药、精准滴灌、靶向治疗，不搞大水漫灌、走马观花、大而化之，用心用情做好各项工作。一是严格程序标准，确保对象精准。按照中央、省、市、县精准扶贫、精准脱贫相关要求，积极整合各类资源，严格按照"一评一审一公示""三评四定"程序，扎实开展全覆盖式精准识别摸底调查和贫困对象动态管理，2016 年全镇精准识别贫困对象 1972 户 7814 人，实现贫困村、贫困户家底清、底数明，为全镇打赢脱贫攻坚战奠定坚实基础。二是划网格、定责任，帮扶机制越发完善。全面落实脱贫攻坚网格化管理机制，压实脱贫攻坚一线工作责任。深化与中山市南朗镇、阜沙镇扶贫协作，争取"携手奔小康"结对帮扶资金 182 万元，实施中坪、元坪村人居环境提升及柑子村饮水等项目。加强定点帮扶单位协作，争取全社会广泛帮助支持，进一步夯实大扶贫格局，形成了"上下贯通、责任到底、合力攻坚"工作机制。三是找问题、补短板，帮扶思路越发清晰。按照"缺什么、补什么"的原则，围绕"村村清、户户清"工作要求，逐村逐户大走访，深入研判找问题，精准锁定补短板，科学制定易地扶贫搬迁、农村危房改造、产业扶贫、转移就业、基础设施等 11 类帮扶项目，涉及总投资 4.87 亿元，帮扶思路越发清晰。

着力落实，找准路子拔穷根。一是着力抓好产业支撑。群众要脱贫，产业作支撑。镇党委、镇政府坚持"四跟四走"原则，发放小额贴息贷款 683 户 3229 万元。整合各种涉农资金，发展特色扶贫产业，全面实现由"输血"式扶贫向"造血"式扶贫转变，构建起"村村有产业、户户有项目、人人有收入"的产业扶贫新格局。种植业方面，全镇主动融入全县产业发展格局，人工竹林面积增加至 2.3 万亩，实施天麻种植 1200 亩、纹党参 50 亩、黄檗 1152 亩、核桃 5300 亩、花椒 1525 亩、脐橙 120 亩、李子 400 亩、猕猴桃 920 亩、花卉苗圃 170 亩等特色产业蓬勃发展。养殖业方面，大力发展山地畜牧业，积极推动寿山幺岩生猪代养场项目、小河乌金猪养殖项目，依托财政扶贫项目大力实施贫困群众黄牛、山羊、蜜蜂、生态家禽等养殖业发展全覆盖。成立了 15 家村级产业扶贫合作社，以"合作社 + 基地 + 农户”的模式实现贫困户利益的精准联结。累计拨付产业扶贫资金2360余万元。组织各村贫困户进行种养产业是经济发展的“引擎”，寿山镇牢牢把握产业发展要素，按照“以短养长、长短结合”要求，立足高寒山区生态区位优势，坚持多产业融合发展，注重用产业发展支撑贫困群众稳定脱贫和持续发展。8个村级集体经济公司收益均超3万元。工业方面，谨鑫食品、创标电杆等企业相继落地寿山，昆钢水泥、天达电石等企业快速发展。二是着力抓好基础夯实。基础设施建设作为脱贫攻坚的基本任务，寿山镇着力补齐基础建设短板，全面强化推进基础设施改善，高质量打好基础设施扶贫硬仗。交通方面，累计投入8450余万元，完成国道213线改造、建制村公路硬化41千米、新建村组道路21条46千米、提质改造村组道路51千米、50户以上自然村农村公路硬化17条47.93公里、中坪村新云自然村街道改造等项目建设。水利方面，完成投资1300万元的梭锅坝水库的震损加固工程及洗羊塘除险加固工程；完成投资674万元农村人饮工程58件；新建饮水管网20.23千米、旱浇水池11个，维修加固旱浇池4个。解决了7村1社区1690户7096人的饮水安全。其他设施方面，投入620余万元成小河村新田、甘海寨子、寿山下沟等文化活动场所28个；集镇广场、塑胶篮球场、集镇客运站、农贸市场、全县唯一的5人足球场、热熔解垃圾处理厂建成投入使用。积极争取、整合资金260万元新建元坪村、麻柳湾社区村级组织活动场所，现已投入使用。三是着力抓好易地搬迁。寿山镇按照“挪穷窝、斩穷根”的要求，千方百计加大易地扶贫搬迁力度。累计投资4147.6万元，完成寿山集镇和小河铜厂安置点搬迁218户934人，中坪安置点搬迁45户232人，元坪安置点35户170人，颐寿园进城入镇安置点89户366人，锁定新增应搬尽搬对象969户4219人，完成跨县易地搬迁600户。极大地解决了群众生活环境，也极大地促进群众的脱贫致富。四是全面落实“三保障”。教育住房医疗“三保障”作为民生根本保障，寿山镇全力落实和完善各类综合保障措施，兜牢兜实网底。教育方面，贫困学生失学辍学清零；对建档立卡贫困子女8697人做到应补尽补。956名贫困学生享受雨露计划 152.3 万元。住房方面，聚焦“4 类重点对象”，实施改造农村危房 1920 户。医疗方面，贫困人口 11928 人 100% 参加基本医疗保险，2019 年救治 25 类 32 种大病病人 636 人，家庭医生签约服务 1.2 余万人。社会兜底方面，累计发放各类民政资金 3181.7 万元，低保覆盖率提高到 11.5%。

志智双扶，内力外力齐发力。“授人以鱼不如授人以渔”。为了能让贫困户早日脱贫致富奔小康，寿山镇坚持“扶贫先扶志”思路，注重“智志双扶”相结合，聚焦贫困群众精神贫困、思想贫困和动力贫困，着力破解部分贫困群众等靠要思想严重的问题，持续激发脱贫致富奔小康的内生动力。一是结合创业需求，在各村开展 SYB 创业培训，让有创业梦的人掌握创业知识，提高创业技能。共计开展创业培训 18 期 546 人次，为 62 户创业户受理了创业贷款申请，资金 536 万元，带动就业 128 人。二是大力开展种植、养殖、电工、厨师等技能培训，让贫困户练就一技之长，将“输血式”扶贫变为“造血式”扶贫。并对镇 16—59 周岁的劳动力情况进行统计，具体了解劳动技能、就业意愿、就业方式、培训需求、创业方向等，及时掌握企业用工需求，优先推荐贫困户就业。共计在 8 个村（社区）开展各类精准扶贫技能培训 32 期 3097 人次，解决劳务输出 1.2 万人次。三是用好 28 个文化活动室广播点、“新时代文明实践站”、三级宣讲团等载体，依托“三讲三评”“自强诚信感恩”“扶志（智）宣讲”“新时代讲习所十九大精神宣讲”“道德讲堂”等方式，引导广大群众树立“自力更生、勤劳致富”的正确观念，鼓励群众“强身、壮胆”，勇当脱贫攻坚“生力军”，立起志气甩掉“穷帽子”，补其“思想之钙”感党恩，发愤图强拔“穷根”。共计开展宣讲（宣传）1126 次，多次覆盖全镇 151 个村民小组 2 万余人。四是巩固深化思想扶贫创建成果。将社会主义核心价值观、新时代全民公约道德文化植入思想扶贫创建，扎实开展脱贫光荣户、带富示范户等评选，且实招频出激励群众“比学赶超”，各村民小组利用红黑榜机制每月讲评结合，分门别类树立模范与反面典型，奖惩制度正向引导群众发愤图强谋幸福。截至目前，共弘扬正气光荣户 186 户，整改提升后进户 78 户；各村建立“村规、组约”96条，亮“家风、家训、家德”1302条。

护河管山，生态建设上台阶。坚持绿色发展理念，全面落实河长制，深化环保突出问题整治。按照“五净、三无、两规范”要求，全面推动人居环境整治，建改公厕11座，建成农村无害化户厕1386座。硫黄水沟涵洞、集镇供水设施等重大项目建设有序推进。投入268.6万元完成中坪村新云美丽乡村河道治理项目。在全镇大力实施退耕还林还草和造林绿化工程，完成退耕还林21838亩，森林覆盖率达36.5%。

（寿山镇供稿）

高桥镇脱贫攻坚纪实

自脱贫攻坚工作开展以来，高桥镇党委、政府严格落实“中央统筹、省负总责、市县抓落实”工作机制和“五级书记抓扶贫”等工作要求，层层宣传发动，紧紧团结和依靠广大人民群众，向贫困发起大决战，不负党和人民的殷切期望，谱写了一曲消除绝对贫困的时代赞歌。截至 2020 年 6 月底，全镇 2469 户 11465 贫困人口已实现全部脱贫，其中 2014 年脱贫 260 户 1278 人，2015 年脱贫 210 户 1080 人，2016 年脱贫 279 户 1296 人，2017 年脱贫 340 户 1715 人，2018 年脱贫 443 户 2063 人，2019 年脱贫 839 户 3641 人，2020 年 1—6 月拟脱贫 98 户 392 人，现全镇 8 个行政村如期脱贫出列，贫困人口实现全部脱贫。

兴产业稳就业。镇党委、镇政府立足实际，紧扣县委、县政府产业发展规划，积极探索产业发展路径，明确以“种竹养畜、提升核桃”为主的产业发展路径。养殖业方面，2014—2019 年扶持发展肉牛养殖 1989 头，全镇肉牛存栏达 4653 头，其中建档立卡贫困户肉牛存栏 3134 头；扶持发展生猪 778 头，能繁母猪 389 头，目前全镇生猪存栏达 19568 头，其中建档立卡贫困户生猪存栏 13963 头；2019 年建成 1000 头规模的联盟生猪代养场 1 个，出栏生猪 980 余头，收益 16 万元，覆盖卡户 133 户；通过集体经济公司与合作社合作建设生猪养殖场 1 个，养殖能繁母猪 300 头，2019 年出栏仔猪1000余头，收益90万余元，带动了300余户群众生猪养殖产业的发展。种植业方面，2014—2019年通过退耕还林、整合涉农资金项目种植以筇竹为主的竹产业42000亩，覆盖卡户1008户4536人。加上原有成材筇竹林37000亩，现全镇竹子面积达到8万亩；依托现有核桃5万亩，实施高枝换头、提质改造，不断提高核桃产业经济效益；种植纹党参200亩、种植天麻326亩。培育大户发展产业：2019年成立了启升专业合作社，现烤烟种植达400余亩，土鸡养殖规模10000余只，带动周边40余户贫困户就业。新开村坪子童远川，2014年开始种植猕猴桃产业，2018年对猕猴桃品种进行改良，实现增产1万多斤的直接效益，当前猕猴桃种植已达55亩，植株近5000枚。就业扶贫方面，2016年来，组织开展建档立卡户劳动力技能培训5196次，外出务工32976人次；开发公益性岗位938个，对无法离乡、无业可扶、无力脱贫的"三无"建档立卡贫困户零就业家庭实施就业兜底，开发就业扶贫联络员、公路养护员、农村保洁员、生态护林员等岗位，实现有劳动力的零就业家庭全部清零。

夯基础促发展。持续加大投入，着力改善交通、通信、住房、环卫、医疗、教育文化等基础设施条件，群众生产生活环境发生了极大的变化。一是天堑变通途，2014年以来，共投入资金1100余万元新建村组公路21条95.63公里、新建桥梁7座，覆盖31个村民小组，实现除整组搬迁的村民小组外所有村民小组全部通公路；硬化镇村组公路22条111.72公里，投入资金9000余万元，覆盖90个村民小组；投入资金97.25万元硬化户间作业路19.45公里。2016年国道213升级改造，高桥村单杠村民小组经常群体性上访达20多次。为此，镇党委、镇政府主要领导、分管领导、镇村干部入组入户做群众思想工作达30余次，通过不懈努力，群众的思想豁然开朗了，还敲锣打鼓地给镇党委、镇政府送锦旗以表感谢。二是兴水润高桥，2014年，中型水库高桥太华水库工程启动建设，开启了高桥水利建设新纪元。2014年以来共投入800余万元实施92个项目，全面推进农村饮水安全工程建设，2019年投资89.804万元，对8个行政村174个村民小组130件集中供水工程进行了复核，并对169个水源点进行了水质检测，检测合格率达100%；2020年对20人以上集中供水工程实行收费管理，落实管护措施和管护责任。全镇5567户24220人饮水安全全部达标。三是万家灯火明，2014—2016年，争取投资1193万元，实施高单、高普、高新等电网及集镇电网升级改造，全面改善农村用电条件，确保了农村家庭用电安全。当前在建四级电站隧洞全线贯通，厂房主体完工，水机蜗壳安装就位，大坝冲沙闸门安装完成；新开二级电站，完成场地“四通一平”，隧洞开挖完成1318米。四是网信进家门，高桥镇车来村牛棚村民小组，只有门口才有信号。2019年，在帮扶部门县委宣传部的协调帮助下，投资70余万元移动简易基站落地牛棚村民小组，实现网信“进家门”。五是安居有保障，2014年以来，高桥镇共完成农村危房改造1120户，投入资金2770.76万元，受益5040人。2020年正如火如荼推进抗震安居改造工程，同步推进绿化亮化工程，群众安居、美居正逐步实现。

抓易迁挪穷窝。认真落实易地扶贫搬迁政策，坚持挪穷窝、断穷根，脱贫攻坚战以来实施易地扶贫搬迁安置875户3920人，整村整寨搬迁35个村民小组470户2129人，其中卡户401户1838人，同步搬迁户69户291人。整组搬迁苗族聚居村民小组12个165户688人。其中，实施跨县易地扶贫搬迁靖安638户2912人（卡户541户2502人，同步搬迁户为97户410人）；“三年行动计划”安置农户237户1008人（集中安置179户767人，其中卡户140户628人；分散安置58户241人，其中卡户37户159人）。

强筋骨铸灵魂。在脱贫攻坚大决战中，高桥镇党委、镇政府始终坚持“硬实力”与“软实力”同步，“强筋骨”与“铸灵魂”同频，做到物质与精神兼收并蓄。教育上，2014年，争取资金476万元新建新场村幼儿园、新开村完小学生宿舍及车来完小教学楼等，极大改善了基础教学条件。1598人次享受寄宿制贫困生生活补助，营养餐覆盖全镇3831名学生，适龄儿童入学率达99.63%，初中入学率达94.17%。2017年，实施甘河、核桃、高桥村和平小学教学楼、综合楼“改薄”项目，新建校舍1900平方米，全镇小学适龄儿童入学率为99.5%，初中入学率达99%以上，义务教育学校基本实现标准化建设，义务教育基本均衡顺利通过国家督导评估。2018年，实现建档立卡贫困户家庭学生资助面达100%，实施“雨露计划”资助153名建档立卡贫困家庭学生，发放助学资金22.95万元，镇中心幼儿园建成投入使用。文化上，2014年以来，完成“村村通”“户户通”2180套设备建设，提高农村广播电视服务水平；推进“百场演出进百乡”工程，组织开展太华苗族花山节等活动。镇文化站成功升级为国家一级文化站，新场村、联盟村三坪自然村文化广场建成投入使用，农家书屋图书配送实现行政村全覆盖，苗族花山节、篮球运动会、“百千万”演出等农村文化体育活动不断增多，群众精神文化生活日益丰富。卫健上，2014年，减免医疗费用209余万元，向2752名60岁以上老人发放养老金198.14万余元。2015—2016年，整合260万元项目资金，修建镇卫生院门诊及5个村卫生室，新型农村合作医疗覆盖面不断扩大。2017年，贯彻落实健康扶贫30条政策，建档立卡贫困户实行先诊疗后付费，取消门诊起付线。2018年，实现建档立卡贫困户医疗保险100%覆盖，家庭医生签约全覆盖，开展了大病集中筛查。2019年，大病集中救治、慢性病签约管理100%覆盖建档立卡贫困户，确保建档立卡贫困户100%参加基本医疗、大病保险。人居环境上，安装路灯600余盏，栽种绿化树800余棵，镇村集镇、路域环境、河道环境彻底改变，村庄面貌有较大改观。城乡建设用地增减挂钩复垦复绿61个地块，面积179.965亩，完成1238座农村无害化户厕验收、录入系统和资金兑付，2020年第一批户厕改建任务352座已完成验收。截至2020年7月，全镇累计建成公厕27座、改建和新建户厕1671座，城乡卫生环境得到质的提升。

挂包帮添助力。按照尽锐出战的要求，县选派8支（34人）扶贫工作队挂钩帮扶高桥镇，镇挂联单位帮扶干部共有196人，结对帮扶2469户贫困户。帮扶干部认真履行职责，如县委宣传部帮扶干部邓成飞，2019年12月14日拖着病体、拄着拐杖，在妻子的陪同下，坚持完成了他所帮扶的10户贫困户走访工作。他是帮扶干部用心、用情、用力帮扶的一个缩影，帮扶干部的倾情帮扶，增进了党和政府与群众的感情，获得了群众的思想认同和情感认同。东西部扶贫协作和对口支援，是决战决胜脱贫攻坚战不可忽视的大助力、大联盟。2017 年，投入东西部扶贫协作项目资金 217.05 万元，在太华村、甘河村实施农村危房改造项目，解决了 53 户 237 人住房安全问题。2018 年，投入东西部扶贫协作资金 70 万元、整合资金 50 万元，在甘河村实施能繁母猪养殖项目，引种能繁母猪 200 头，第一批能繁母猪已进入繁殖阶段并产生收益。三角镇、民众镇通过“携手奔小康”项目投入资金 20 万元支持高桥村、新场村、太华村、车来村、核桃村 5 个村发展产业、集体经济、人居环境等。2019 年投入东西部协作资金 80 万元，建设太华村马过河至浦家湾村组公路建设项目，为 3 个村民小组 115 户 513 人（卡户 20 户 85 人）畅通了连接世界的通道。

执铁纪护航程。铁纪“亮剑”，为决战决胜脱贫攻坚提供坚强纪律保障。自 2014 年以来，高桥镇纪委收到各级反馈问题线索 26 件，办结 26 件，党纪政纪（务）处分 12 人，其中党内警告处分 6 人、党内严重警告处分 2 人、留党察看处分 1 人、开除党籍 3 人（移送司法机关 2 人）。监督检查发现问题批评教育 8 人，大会通报批评 9 人，书面通报批评 3 人，提醒谈话 6 人，约谈 1 人，书面检查 5 人，问责 4 人。2011—2013 年，联盟村原村委会主任卢志华利用职务之便套取国家低保、农村危房改造、收取他人感谢费等合计 76999 元，2018 年 8 月 21 日卢志华被开除党籍，2018 年 9 月 29 日被逮捕。2019 年 1 月 15 日，经大关县人民法院判决，判处有期徒刑一年零六个月，并处罚金人民币 10 万元。

（高桥镇供稿）

木杆镇脱贫攻坚纪实

自脱贫攻坚开展以来，木杆镇党委、镇政府以脱贫攻坚统领各项工作落实，举全镇之力、集全镇之智，全力推进脱贫攻坚各项工作取得明显成效，历年来已累计脱贫 2037 户 9009 人（其中 2019 年脱贫 702 户 2963 人），未脱贫 83 户 317 人。贫困发生率从 2016 年的 32.6% 降至 1.11%。目前全镇 9 个贫困村（社区）全部出列，各村贫困发生率均低于 2%。

产业发展风生水起。按照“种竹养猪、采硅抽气、文旅康养”的产业布局，木杆镇明确“村村有亮点、组组有看点、户户有支撑”的发展思路，立足筇竹天然优势，大力发展筇竹特色产业助力群众脱贫致富。竹产业方面，2014 年种植方竹 7500 亩覆盖 4 个村 15 个村民小组 549 户 2264 人；2015 年方竹种植 23400 亩，实施天然林保护工程种植方竹 15000 亩，陡坡地治理实施方竹种植 1752 亩，扶贫项目资金种植方竹 20000 亩。2017 年退耕还林种植筇竹 6000 亩；2018 年完成中央少数民族发展资金种植方竹筇竹 600 亩，实施退耕还林 23230 亩，投入 300 万元切块资金实施到户竹产业种植 14500.5 亩覆盖卡户 1247 户；2019 年投入资金 1000 万元新种竹 2.5 万亩，投入 1410 万元提质改造 4.7 万亩筇竹林。到户产业方面，2018 年投入扶贫切块资金 99.16 万元，采取以奖代补的模式发展蜜蜂 921 群覆盖卡户 142 户、能繁母猪 66 头覆盖卡户 43 户、能繁母牛 83 头覆盖卡户 83 户；完成畜圈改造1673平方米覆盖卡户117户。产业扶持方面，为支持群众发展好产业，严格落实了小额信贷助力群众发展产业，2017年发放1240万元覆盖266户、2018年发放998万元覆盖230户、2019年发放2200万元覆盖500户。同步实施生态扶贫退耕还草项目，落实好退耕还林还草补助，助力贫困群众增收。

住房保障全面落实。按照“遮风避雨、基本安全稳固”要求：2014年共计投资229万元实施农村危房改造180户。2015年争取农村危房改造和抗震安居工程资金1410.81万元，对1012户危房进行了改造，切实解决了4021人住房安全问题。2016年建成保障性住房200套，解决687人住房困难问题，实施集镇风貌改造工程350户；投资320.2万元实施农村危房改造314户。2017年投资900余万元完成农村危房改造修缮加固402户、拆除重建24户。2018年实施农危改202户，其中修缮加固181户，重建8户，兜底帮建13户。2019年全力实施农村危房改造，2019年完成“四类”对象农村危房改造413户、非“四类”对象危房改造47户，整合东西部扶贫协作等资金，补齐300余户群众住房短板。

易迁扶贫成效显著。聚焦“应搬尽搬、进城入镇、建新拆旧”三项重点，精准识别“六类”搬迁对象积极开展易地搬迁。2016年实施3个易地搬迁安置点，其中木杆村坪头安置点投资627.5万元，覆盖31户121人（集中安置为29户111人、分散安置2户10人）；向阳村峰岩安置点投资821.1万元，覆盖43户190人（集中安置为37户167人、分散安置6户23人）；漂坝村四合安置点投资603.6万元，覆盖29户139人。2017年投资3926.490693万元实施漂坝三江口安置点，覆盖172户749人。2018年实施4个安置点，其中丁木马颈子安置点投资1559.5万元，覆盖43户221人；细沙村永康安置点投资849.8万元，覆盖34户152人；元亨村洪沙堡安置点投资1554.6万元，覆盖44户199人；甘顶村新街安置点投资710.8万元，覆盖26户125人。2019年506户2140人跨县易迁至靖安新区安置点，其中建档立卡户310户1369人，同步搬迁户196户771人。

基础设施日新月异。2014 年以来，木杆镇按照打基础、强保障的要求，始终把基础设施建设作为加快发展的筋骨支撑，千方百计筹资金、上项目、抓落地，一批事关长远和全局的基础设施相继建成投用。一是饮水安全有效保障，2014 年农村人畜饮水安全工程项目 2 个，修建小水窖 47 口，覆盖 2 个村民小组 70 户 285 人。2015 年总投资 365 万元的集镇供水工程已投入使用，完成农村人畜饮水安全工程 75 件，修建小水窖 215 口。2017 年建成农村人畜饮水安全工程 4 件，新建、修复防洪堤坝 10 余米。2018 年实施农村人饮巩固提升工程 57 件，共建设取水池 61 口、蓄水池 32 口、减压池 2 口、消毒房 55 间，合计安装饮水管 393.13 千米，覆盖 3170 户 13524 人（其中建档立卡户 878 户 3720 人）。2019 年实施农村人畜饮水巩固提升工程 4 件。至此实现了全镇 187 个村（居）民小组通饮水安全有保障。二是交通设施加快推进，2014 年改扩建村组公路 4 条 25 公里，受益 7 个村民小组 1500 余人，道路养护 3 条 6.2 公里，道路设施得到改善。2015 年硬化道路 48.6 公里，建设村组公路 74.8 公里，硬化户间作业路 25.6 公里，修建人行桥 13 座、车行桥 5 座，切实解决了群众出行难问题。2016 年硬化建制村公路 4 条 48.6 公里、村组公路 35 条 368.5 公里，建成人行桥 13 座、车行桥 6 座，硬化户间作业路 49.76 公里。2017 年积极配合协调推进 213 国道建设，新建村组道路 1 条 9.7 公里，硬化村组道路 20 余公里。2018 年建设人行桥 16 座、车行桥 4 座，建设甘顶村产业路 4.5 公里。三是电力保障巩固提升，2014 年农村电网改造全部完成，推进集镇电网升级改造。2015 全镇 187 个村（居）民小组电网改造全部完成，实现了同网同价、用电安全。2018 年各村（社区）均通 10 千伏以上的动力电，所有自然村均通 380 伏三相动力电，居民用电得到保障。

教育发展方兴未艾。2014 年积极争取上级资金支持，改善办学条件，争取到教育局资金 6 万元用于中心球场跑道建设和学生 60 米跑道建设；教育局补助资金 26 万元，用于多媒体教室建设，进一步健全和完善食堂食品采购入库台账、出库台账、食品添加剂及索证索票台账“三个台账”，切实保障农村义务教育学生营养改善计划落到实处。2015 年全力巩固两基成果，切实加强教师队伍建设，举办师德师风评比活动，全面提高教学水平；改善办学条件，新建教学楼、学生宿舍及食堂 20 栋，新办幼儿园 1 所。2017 年义务教育均衡发展 10 条标准全面达标，适龄儿童入学率达 99.25%，初中阶段毛入学率达 99%，教育工作水平得到夯实。2018 年全镇有学生数 6025 人（包括镇外就读，其中建档立卡户学生 1990 人），认真落实“两免一补”、生源地贷款、雨露计划等各项优惠政策，贫困家庭学生就学得到保障。认真落实“两免一补”、营养餐、非义务教育阶段建档立卡户学生学杂费减免等政策。2019 年享受国家助学金 118 人，享受生源地贷款 133 人，发放“雨露计划”58.8 万元，劝返辍学学生 6 人，对困难家庭学生实施救助，全镇无因贫辍学学生。

健康扶贫落地落实。始终坚持民生为本，把群众的健康作为衡量小康生活的重要标准，加大健康扶贫力度，有效落实医疗体制改革，抓好贫困群众大病保障工作，着力增进民生福祉。2017 年家庭医生签约 14290 人，贫困群众医疗保障实现全覆盖。2018 年共筛查出 93 种重病 628 人（卡户 284 人），其中 25 类 32 种大病 514 人（卡户 230 人）。慢病 1074 人（卡户 439 人），主要为高血压、糖尿病、精神发育迟缓、精神障碍等；家庭医生团队 17 个，签约 6419 人（卡户 2732 人），履约 8679 人次。2019 年度全镇共筛查出 93 种重病 670 人，已救治 598 人。25 类 32 种大病 548 人，已救治 476 人（未救治情况为 41 人白内障早期未成熟，未达治疗条件；31 人精神病，病情稳定，无须治疗）。慢病高血压 852 人、糖尿病 221 人、精神病 101 人、肺结核 18 人；家庭医生团队 17 个，重大病签约 513 人、慢病签约 960 人。建档立卡贫困户参加医疗保险实现全覆盖，实施大病重病救治和医疗救助，确保群众不因病致贫、因病返贫。

就业扶贫推进有力。按照“就业一人、脱贫一户”的思路，扎实推进转移就业。一是转移就业，2019 年实现转移就业 13231 人（卡户 4512 人），易迁劳动力实现转移就业 2024 人（卡户 1510 人）。2020 年实现转移就业

12670人（卡户4069人），“点对点”方式完成转移就业1703人（卡户470人）。二是技能培训，实施技能培训1856人（卡户1754人），易迁劳动力技能培训623人（卡户613人）。三是扶贫车间培育，现已挂牌扶贫车间4个，共计提供固定就业岗位100余个，灵活就业岗位1000余个。四是政策落实，2019年落实稳岗补贴、交通费18.8万余元，覆盖建档立卡户369人；2016年以来实现发放创业担保贷款、贷免扶补贷款241笔2216万元，其中为13户建档立卡贫困户发放75万元。五是解决零就业家庭，针对特殊原因不能外出家庭，利用护路员、护河员等公益岗位解决230名建档立卡户就业，利用护林员岗位解决575人就业（建档立卡户569人），实现了户户有就业的目标。

人居环境全面提升。全面提升人居环境，提振群众的“精气神”，开展农村危旧房拆除600余户，实施农村卫生厕所改建1040户，完成河道治理10余公里，硬化群众户间作业路30余公里，建设垃圾处理高温热熔炉1座，沿主干道种植规桂花树7400株，建设垃圾池104口，大力开展城乡人居环境宣传工作，用好公益性岗位人员实施网格化人居环境管理，制定农村环境村规民约长效机制，农村人居环境得到大力提升。

脱贫攻坚亮点频现。在脱贫攻坚大决战中，木杆镇认真贯彻落实习近平总书记关于脱贫攻坚系列重要论述和中央、省、市、县部署要求，始终把脱贫攻坚作为压倒一切的政治任务、一号工程和最大的发展机遇来统筹谋划，以精准扶贫、精准脱贫为核心，坚持创新推进，在脱贫攻坚战役中探索出了一些特色亮点。一是农业组织化程度大幅度提升，以“支部 + 合作社 + 贫困户”的模式带动群众发展，形成筇竹发展大带小、强带弱形式，35个竹产业合作社带领建档立卡贫困户2120户9326人实现竹产业全覆盖，通过产业和合作社捆绑发展，保障群众增收致富。2014年以来，木杆全镇种植以筇竹为主的竹产业累计10万余亩，现有筇竹18.4万余亩，建档立卡户实现竹产业户均30余亩、户均收入6000元以上，2019年实现了竹笋产量5000余吨，产值8000余万元。二是产业链延长实现跨越突破，以提升筇竹综合价值为目标，融合一、二、三产发展，打造以筇竹为主的产业链，建成丁木村竹炭（木炭）加工厂、大关县旭红种植、养殖专业合作社等扶贫车间3个，开发出竹材工艺产品10余种得到市场的极大认可，竹木炭产品推向市场，大关县筇竹（扶贫）产业示范园建设稳步推进，以“向一根笋要效益”为“向全身竹要价值”的竹产业链初步形成。三是志智双扶成效明显，全面开展扶志行动，以增强群众的内生动力为目标，开展“三讲三评”宣讲600余场，召开群众会议1000余次，融入精神扶贫，通过反复向群众宣讲政策、细心做好群众思想引导，帮助贫困群众厘清发展思路，引导群众积极主动发展。四是典型引领取得实效，坚持正面先进引领，在脱贫攻坚征程中，在“志智双扶”的教育引导下，木杆镇涌现出了很多自强自立的先进典型，如银吉村“两把镰刀开金山”、实现年收入13万元以上龙顶学夫妇，建立竹材加工厂实现年收入60万元以上脱贫致富的原贫困户康贵书，投入30多万元带领群众发展筇竹产业的残疾人罗坤恒，多年坚持发展筇竹产业致富的罗绍洪，等等，镇党委、镇政府切实做好先进典型、先进事迹的宣传，通过用身边的事例教育引导身边的人，开拓贫困群众视野、提升贫困群众思想境界，激发贫困群众积极发展。

（木杆镇供稿）

吉利镇脱贫攻坚纪实

吉利镇位于大关县东北部，素有大关“北大门”之称。全镇辖8个村1个社区32个自然村128个村（居）小组，常住人口4899户19240人。有回龙村、鱼田村深度贫困村2个，2019年9个村已全部脱贫出列（2016年出列龙坪、营底，2017年出列小寨、吉利、尾甲、鱼田，2018年出列关河社区，2019年出列回龙、黄荆）。

实施党建引领工程，让党员干部队伍强起来、干起来。2016年以来，吉利镇成立了脱贫攻坚领导小组，并根据实际情况对人员进行了调整，以党委书记为组长，确保了党对脱贫攻坚工作的引领作用。坚持选用素质高、能力强的人员组建脱贫攻坚队伍，全面实行领导包村、镇、村干部包片和挂钩帮扶贫困户工作机制，实行网格化管理，全镇共有县、镇干部职工215名结对帮扶1868户贫困群众（其中本镇53名干部职工结对帮扶496户贫困群众）。各帮扶干部结合年度各阶段重点工作，每月入户走访一次群众。把干部走访与政策宣传、扶贫扶智（志）、“三讲三评”、人居环境整治等工作结合起来，最大程度动员群众参与到各项工作中来，争取群众理解支持，以前所未有的决心和力度打好脱贫攻坚战。

实施饮水安全工程，让贫困群众喝上达标水、放心水。2016—2020年，实施农村人饮巩固提升工程83件，对需要更换饮水管道和修建蓄水池的村组及时启动补短板建设项目，五年来财政配套资金及群众投工投劳折资共计398.6万元，共计铺设和更换饮水管道207.15千米，新建和维修蓄水池52个，取水池42口、减压池61口，闸阀井37口；修建饮水消毒房233间，保障群众饮水安全。全面开展农村饮水安全认定工作，按照“水龙头能淌出至少一根手指头粗水量”的标准，逐户进行饮水安全核实；按照“一家缺水，大家帮忙”的原则，引导群众与邻里签订饮水互帮协议，目前全镇农村群众户户通自来水。

实施教育扶贫工程，让贫困群众改命运、传希望。治贫先治愚，扶贫先扶智，用好教育这个阻断贫困代际传递的治本之策。一是全力保障义务教育覆盖。针对义务教育阶段的学生，全面覆盖营养餐计划和实施免杂费、免书本费、补助“四类重点对象”寄宿生生活费为主要内容“两免一补”政策。同时按照“两查四对”摸清底数，“网格管理”压实“双线”责任，抓“小手大手”控辍保学措施，通过定期召开家长会、教师不定期家访等措施，严防在校生辍学，确保“零辍学”。二是全力扶持贫困家庭学生。对中、高等职业技术学校实施雨露计划，2016—2020年共计资助学生1198人次179.7万元，协助普高学生、大学（大专）申请各类奖助学金、生活补助及助学贷款；同时，积极发动社会力量捐资助学，省红十字博爱助学、壹基金等社会力量均到吉利开展助学活动。三是全力改善教育设施条件。2016年以来，吉利镇中小学的办学条件进一步改善，各村（社区）小学都建有标准化操场、图书馆等，2019年吉利中学迁入新址。目前全镇共有学校7所（其中初级中学1所，完全小学6所），教职人员155人，师生比为1：10，符合国家标准。

实施健康扶贫工程，让贫困群众看病易、不返贫。紧扣贫困群众“健康有人管，患病有人治，治病能报销，大病有救助”目标，努力强化公共卫生服务，不断提升医疗保障水平。一是抓好基本制度落。加强新型农村合作医疗和大病保险政策对贫困人口倾斜，实施积极的医疗保险和医疗救助。在新农合缴费金额逐年增加的情况下，依然实现全镇所有建档立卡贫困户100%参保。二是抓好大病专项救助。过去五年对全镇324名大病、31名重病、147名慢性病患者实行分类救治976次，投入5.5239万元对自费医疗费用超过8675元的13名卡户开展医疗二次补助，全力构建四重保障。三是抓好家庭医生签约服务。对全镇4315名病患者有针对性地开展家庭医生签约服务，实现签约服务率100%，切实做到“签约一人、履约一人、服务一人”。四是抓好“一站式”结算。全镇建立了统一的信息平台，贫困人口均能在镇卫生院实现“先诊疗后付费”和“一站式”结算，方便困难群众看病就医。五是抓好医疗硬件设施建设。吉利镇卫生院2019年搬入新址，进一步提升了全镇医疗环境和服务水平，除社区外8个行政村卫生室标准化建设全部达标，医务人员与常备药品均按标准配齐。

实施危房改造工程，让贫困群众住上安全房、舒心房。2014来，按照“以房找人、以户找房、危房不住人、住人不危房”和群众自建为主、镇村帮建为辅、“一户一方案”的原则，全力推进农村危房改造。一是实施建档立卡贫困户住房达标行动。投入953.655万元实施农村危房改造工程，新建住房138户，加固151户，项目覆盖289户935人（其中卡户206户674人），贫困群众住房均达到“遮风避雨、安全稳固”要求。此外，还同步实施抗震安居工程38户。二是实施建档立卡贫困户住房安全等级鉴定行动。2019年全面清查危房情况，分类建立管理台账，做实330户举证资料；有序开展农村住房安全等级鉴定工作，共计悬挂安全牌3891张。三是实施危旧房拆除行动。2016—2020年，全镇共计拆除危旧房385间，对新纳入拆除范围405间房屋进行标识，下步将积极采取各类措施加强拆危力度。同时整合资金231万元，消除325户农村“三黑”房屋。

实施产业扶贫工程，让贫困群众快脱贫、早致富。坚持实事求是、因地制宜原则，按照“村村有亮点、组组有看点、户户有支撑”的要求，狠抓产业培育、发展。一是到村到户产业扶贫全面落实。按照高二半山以上种植筇竹、矮二半山种植方竹、河谷地区种植水果的产业规划，重点发展竹产业、生猪养殖、特色水果产业覆盖1862户建档立卡贫困户。2017—

2018年共投资107.51万元实施马铃薯产业发现项目，覆盖7村98个村民小组1567户贫困户。2020年实施筇竹基地建设项目覆盖8个村筇竹产业4000亩。二是农业组织化程度全面提升。着力打造完善合作社“双捆绑”利益联结机制，全镇卡户100%加入合作社，在合作社的带动下逐步发展。帮助有发展基础的合作社快速健康发展，让群众积极融入合作社，让群众在合作社里面务得了工、分得了红。三是资产性收益效益全面发挥。吉利镇资产性收益扶贫项目通过流转土地入股重庆猪猪侠农牧科技公司，2019年分红34万元，用于全镇解决“两不愁、三保障”突出问题，收益拟根据扶贫带贫机制用于特殊困难贫困户，杜绝大水漫灌、“人人有份”现象。四是产业扶贫综合服务全面推进。全面推进产业发展技术培训，实现建档立卡贫困户劳动力100%覆盖。如2019年，组织专业合作社、种植大户等人员到四川雷波县学习考察脐橙种植管理技术，并请进5名技术人员开展脐橙修枝、浇水等田间技术管理培训150人次，通过技能培训有效提高农民发展产业水平，促进产业脱贫致富。

实施就业扶贫工程，让贫困群众有活干、有收入。五年来，吉利镇紧紧围绕“就业一人，脱贫一户”这一目标，千方百计为群众稳就业、增收入。一是组织实施就业培训。坚持以产业发展与引导就业为导向，有针对性地重点开展种养殖技术和电焊、厨师等技能培训，累计培训卡户劳动力20156人次，参训率100%。二是落实就业扶贫政策。2016年以来，对卡户务工人员发放稳岗补贴1050人52.6万元，发放务工交通补贴54人1.56万元。三是推进劳务协作。加强对劳动力信息管理，截至2020年10月，全镇共建立劳动力管理台账10134人（其中卡户劳动力4445人），实现就业8673人（其中卡户劳动力3870人），就业率达86%。建立扶贫车间2个（瑞兴、博园），覆盖建档立卡贫困群众22人。五年以来，累计推荐岗位19658人次，有组织化输出5865人次；零就业家庭实现清零。四是拓展公益性岗位。针对一部分贫困群众“有劳动能力，有就业意愿，但年龄偏大，不愿外出或无法外出”的实际，积极开发扶贫岗位，给予就业安置，全镇共计安排公共服务岗位644个（护林员374个、护路员276个和公益性岗位36个）。

实施易迁扶贫工程，让贫困群众挪穷窝、安新家。围绕搬得出、稳得住、能致富工作目标，按照“五清”要求，有序推进易地扶贫搬迁。一是盯紧实际入住抓易迁。先后新建易地扶贫安置点3个（龙坪安置点、鱼田安置点和营底安置点），共覆盖易地扶贫搬迁对象384户1623人（卡户282户1190人），其中“三年行动计划”229户947人（卡户154户622人），新增应搬尽搬（搬迁靖安集中安置点）155户676人（卡户128户568人）。“三年行动计划”229户947人、新增应搬卡户128户568人均已全部搬迁入住。二是盯紧政策落实抓易迁。严格落实建房面积标准、建房补助、拆旧奖励等相关政策规定，共计拨付建房补助1346.5万元、拆旧奖励资金360万元，易迁群众户均自筹未超过1万元。三是盯紧配套设施建设抓易迁。吉利镇辖区内3个安置点均按照“50个工作目标”全面实现通电、通水、通网、通硬化路，配套完善相关文体设施，有文化活动室，文化广场，有制度，有警务室，有调解室，有基层党组织等。四是盯紧后续扶持抓易迁。在抓好拆旧复垦复绿（应拆除旧房220户已全部拆除，应复垦复绿面积30427平方米已全部复垦复绿）的基础上，分类制定“三块地”托管方案，由村集体公司与农户签订托管协议，采用“群众自管+流转经营”两种方式盘活易迁群众“三块地”，对2420.68亩耕地、6831.06亩林地和31526.82平方米宅基地实行统一管理、统一规划。现已种植方竹2031.13亩，筇竹580.48亩，枇杷1124.83亩，脐橙391.57亩，核桃289.26亩，板栗、李子等278.72亩，天然林地1338.63亩，计划种植方竹1278.44亩，筇竹907.69亩，枇杷787.14亩，天麻206.59亩，魔芋84.55亩。针对易迁962人劳动力，加大外出务工动员工作力度，已实现907人就业，就业率94.28%（其中应搬尽搬就业率94.12%）。

实施生态扶贫工程，让贫困群众过上新生活、好日子。全面贯彻“绿水青山就是金山银山”理念，创新生态扶贫机制，加大生态保护修复力度，实现生态改善和脱贫攻坚双赢。一是加大贫困地区生态保护修复力度。加强垃圾处理，整合资金480余万元建设日处理5吨垃圾热熔解项目1个，垃圾房32间，统筹用好护路员、林管员、保洁员三支队伍，建立镇、村、组三级垃圾处理和保洁网络。二是增加生态转移支付。2016—2020年公益林生态补偿覆盖2064户27.54余万元、耕地地力保护补贴覆盖4873户228.72余万元、草原生态补助覆盖3701户42.87余万元。三是鼓励推广使用新能源节能产品。统筹使用资金90.84万元，对757户农户购买太阳能热水器的农户每户补贴1200元，同时在村委会、文化活动场所推广使用光伏照明设施。四是扩大政策实施范围。让有劳动能力的贫困人口就地转成护林员等生态保护人员，截至目前全镇共安排卡户护林员423个，户均年增收8000元，同时农村生态环境与人居环境也得到进一步改善。五是大力实施人居环境整治。围绕打造特色示范型村庄和干净整洁型村庄，深入开展“百村示范、万村整治”行动。2016年以来先后投资98.48万元，对全镇的1602座农村旱厕进行无害化改造。实施爱国卫生专项行动。按照“清垃圾、扫厕所、勤洗手、净餐馆、常消毒、管集市、众养成、树党旗”的爱国卫生专项运动要求，制定并印发了《吉利镇2020年爱国卫生运动及人居环境整治工作方案》，以集镇为中心，沿河、沿路为重点，严格落实网格化，实施村组干部包片，镇村组和驻村工作队包户的网格化管理措施，通过广播、小组会等方式开展宣传引导，营造人人参与人人受益的氛围。

实施金融扶贫工程，让贫困群众发展有资金、有支撑。用好用活各种货币政策，引导金融机构将更多资源投向贫困群众，为打赢脱贫攻坚战提供有力支撑。一是做实扶贫小额信贷发放。大力支持贫困群众利用小额扶贫贴息贷款、党员致富贷款等金融手段，培育和发展产业经营。2016—2020年，累计发放贷款1003户4774.38万元，其中2020年完成小额信贷129户637.98万元。二是做实扶贫小额信贷贴息。贫困群众借款免担保免抵押，镇扶贫办通过农信社每季度向贷款群众贴息到卡，2016—2020年共计贴息299.536741万元，其中2020年度贴息80.181208万元。三是做实扶贫小额信贷使用监管。开展贷款用途专项核查，坚持户借户还，对未要求用于发展生产经营行为的292户农户进行了整改，对发展规模不足的46户农户加强督促指导。与农信社沟通协调，灵活还款政策，对借款即将到期且偿还有困难的29户群众开展续贷工作，有效防控还贷风险。

实施兜底保障工程，让贫困群众实现远无虑、近无忧。准确掌握贫困状况，精准核实扶贫对象，细化农村兜底保障的评定细则，提高兜底扶持比例。一是加大对残疾、“五保”户、孤儿的社会救助力度，2020年全镇纳入城低保1313户2352人（卡户762户1714人），其中城镇居民最低生活保障96户194人（卡户78户182人），农村低保1217户2170人（卡户684户1631人），兜底保障92户111人。二是对符合条件的4918人贫困群众开展财政代缴养老保险，缴费金额为49.3万元。其中政府代缴卡户参保人数为4580人，金额为46.33万元；低保、特困、重残参保人数338人，金额为3.5万元。三是对生活遇到困难的群众开展临时救助，2016—2020年救助资金240万元，覆盖2430户2430人（卡户1274户2864人），其中2020年救助资金89.4万元，覆盖1214户1214人（卡户446户497人）。四是对符合条件的特困群众纳入供养，2016—2020年共计供养230户350人（卡户88户90人），其中2020年供养101户108人（卡户72户74人）。五是开展贫困残疾人扶持。2016—2020年共计扶持1230户1350人（卡户360户366人），其中2020年享受残疾“两项”补助428人（其中卡户241人）。

（吉利镇供稿）

天星镇脱贫攻坚纪实

天星镇位于大关县东南部，占地面积 410 平方千米，辖 16 个村 1 个社区 424 个村民小组，农户 16581 户 64331 人，建档立卡贫困户 7644 户 32523 人。通过“精准识别、精准帮扶”，紧扣“两不愁、三保障”标准，投入资金 99858.02 万元，切实增加群众收入、解决农户安全住房、改善生产生活条件。截至目前，建档立卡贫困人口“两不愁、三保障”5 项指标全部达标。同时，全镇 17 个村（社区）贫困发生率、交通、电力、广播电视、宽带网络、医疗设施、活动场所 7 项村出列指标均已达标，实现全部脱贫出列。

优化产业，开流拓源促增收。天星镇坚持“良种良法、高度组织化和集约化模式、党支部 + 合作社”的模式发展壮大产业，为群众增收开流拓源，注入活水。一是因地制宜发展到户产业。根据土地资源和立体气候优势，结合各村实际，重点发展竹子、花椒、茶叶产业。配合蔬菜、枇杷、核桃、黄檗等产业发展，形成高、中、低海拔地区均实现产业覆盖。2016 年以来，全镇产业发展投入扶贫专项资金和涉农整合资金 3535.16 万元，种植方竹 6.05 万亩、筇竹 1.04 万亩、花椒 2.8 万亩，茶叶 8450 亩、黄檗 3000 亩、枇杷 3500 亩，养殖肉牛 5600 头、生猪 4 万头，产业扶贫覆盖全镇 7523 户贫困户，保障了贫困户有稳定增收的产业支撑。二是培育新型主体带动产业发展。2018 年，全镇 17 个村（社区）成立村集体经济公司，统筹产业资金集中使用，通过产业规模化、组织化发展，辐射带动农户积极性，增强农户产业发展的信心。同时探索资产收益模式，通过产业资金投资改造农贸市场、新建砖厂、茶厂等，形成固定资产进行出租取得收益。三是多渠道提促产业发展。提质增效促增收上，主要通过产业提质增效，实现农户产业增收，2019年实施竹产业提质增效7000亩，核桃提质增效3000亩。技术支撑保障上，根据群众需要，结合产业发展实际，到田间地头开展种养殖培训，指导农户进行科学生产经营管理，切实为农户提供技术支撑、增加产出，2016年以来开展种养殖培训2676人次（其中卡户培训2342人次）。拓市场促销路上，主要通过搭建电商平台村级服务站点建设，配套建设物流体系，实现农产品网络销售，极大改善农产品卖不出的境地，切实实现产业增收，增加群众收入。如安民种植、养殖农民专业合作社，在种植花椒面积5500亩（覆盖1213户农户4731人）的基础上，设计了鲜花椒包装、花椒烘干后包装、做花椒油三条生产线，开发出鲜花椒、干花椒、花椒油等一系列花椒产品，形成了花椒种植、加工、销售全产业链。通过花椒产品的开发和生产工艺的不断优化，每年可生产300吨干花椒、500吨真空包装新鲜花椒、100吨花椒油，可消耗本地花椒600万斤，按每斤新鲜花椒收购价格5元计算，农户实现3000万元的增收，花椒种植贫困户可现实户均增收4600元。

易迁安居，搬出大山天地宽。针对“一方水土养不活一方人”的农户，全面实施易地扶贫搬迁，全镇“三年行动计划”易地扶贫搬迁的10个安置点已全面建成，总投资20028.54万元。802户3445人已搬迁入住（其中外镇搬迁30户131人），镇内易地安置772户3314人（其中卡户703户3052人，同步搬迁户69户262人）。旧房拆除：三年行动计划的772户中，无房户41户，四类不可拆除2户，实际应拆旧房729户，已全部拆除，复垦复绿89.44亩。全镇新增易迁(靖安安置)对象锁定规模870户3424人，其中卡户713户2886人，同步搬迁户157户538人。截至目前，卡户713户2886人已搬迁入住，同步搬迁户待安置点分房入住。复垦复绿“三块地”86.54亩。在抓好易地搬迁的同时，对未纳入搬迁而房舍濒危的群众，全面实施农村危房改造。2016 年以来，共投入资金 9819.06 万元，实施危房改造 4298 户（其中拆除重建 3252 户，修缮加固 1046 户），有效解决了 4298 户群众住房安全问题（累计解决卡户 3511 户安全住房）。与此同时，对全镇所有住房开展住房鉴定工作，认定住房安全 10056 户，认定危房 929 户（属 5 种情形无法享受政策覆盖）并悬挂安全牌和危房标识牌。

稳定就业，找准脱贫支撑点。全面落实免费就业创业培训、公益性岗位补贴、职介补贴、劳动力转移交通补贴、创业贷款帮扶等优惠政策，打出一套“技能培训、转移就业、就业援助、创业帮扶”就业扶贫组合拳，有力推动贫困家庭劳动力通过就业创业实现脱贫。一是抓好劳动力转移就业。通过召开座谈交流会，了解劳动力就业、培训意愿，形成劳动力台账，精准提供技能培训、精准推荐就业岗位；并通过外出务工带头人、稳定就业人员、创业致富能手等现身说法，引导劳动力积极外出务工，实现转移就业。二是抓好稳岗补贴及交通补贴政策落实。对符合享受稳定务工三个月以上的建档立卡贫困户申请信息进行审核及公示后发放稳岗补贴及交通补贴，2019 年，申请稳岗补贴 1974 人，审核、公示发放补贴 1762 人 89.18 万元。申请交通补贴 66 人，涉及金额 2.44 万元。三是抓好公共服务岗位管理。针对建档立卡贫困户中“有劳动能力，有就业愿望，但无法外出”的情况，利用公共服务岗位进行安置就业。截至目前，开发乡村公共服务岗位 942 个，实现 942 户年增收 6000 元；对公共服务岗位实行分村管理，由村级就业联络员（公益岗）监管公服岗位人员，督促公服人员尽职履职。四是抓好扶贫车间建设。通过扶贫车间建设，就近提供就业岗位，促进就业，增加收入。全镇新建扶贫车间 2 个，带动 23 人就业（其中卡户 23 人）。其中，大关县平连种植、养殖农民专业合作社，主要种植蔬菜和饲养肥猪，吸纳了卡户劳动力 8 人就业；大关县毛坝农业有限责任公司，生产销售免烧砖，吸纳卡户劳动力 15 人就业。全镇有劳动力 35615 人，2020 年转移就业 28122 人（卡户劳动力 19582 人，转移就业 14866 人，非卡户劳动力 16033 人，转移就业 13256 人）。

重文兴教，化民易俗提素质。高度重视文化事业，加强乡村文化活动阵地建设，建成投用村民小组活动室61个、文化广场11个、文化展示厅1个，为群众提供了广阔的活动空间，极大丰富了群众娱乐生活。实施送演下乡文化惠民工程、组织开展系列文艺活动，17个农家书屋引领乡村阅读新风尚，“背篼图书馆”走进绿南龙塘、中心百家坪。为了传承苗族传统文化、塑造旅游特色、打造民族文化精品，在绿南村完小建立“大关县非物质文化遗产技艺传承基地”，聘请4名省、市级代表性传承人为常驻培训师，使“非遗”技艺传承培训在校园内长期开展。2020年5月在绿南村完小开展“苗族芦笙舞”“苗族射弩”等技艺传承培训，持续扩大“非遗”传承的影响和实效。全力推进教育振兴，积极改善办学条件，加强乡镇寄宿制学校和乡村小规模学校建设，全镇共建校舍23个单体，建筑总面积2.46万平方米，投资资金4500万元。严格落实中小学营养餐补助、免学杂费、贫困住校生补助政策，学生享受各类资助资金共计2120万元，覆盖学生3.2万人次；大、中专在校生3571人，实施雨露计划兑现补助资金539.5万元，有效减少了因贫辍学的情况。扎实推进“辍学学生”依法劝返工作，历年来失辍学人员已全部劝返，无因贫辍学的现象。

目前全镇有学校27所（其中初中3所，小学22所、幼儿园2所），义务教育阶段适龄学生8361人，实际入学8340人，入学率99.76%。

健康扶贫，强身健体进小康。镇党委、镇政府紧紧围绕“看得起病、看得好病、方便看病、少生病”目标，精心组织，多策并举，狠抓健康扶贫各项重点任务，全面落实贫困人口健康扶贫政策，深入实施健康扶贫工程。全镇符合条件建档立卡贫困对象已全部参加城乡居民基本医保和大病保险。严格落实健康扶贫相关政策，通过全面筛查，全镇患93种疾病患者共4191人（卡户2952人、非卡户1239人），其中患25类32种大病贫困人口1241人（卡户1043人、非卡户198人），患四种慢性疾病2797人，其中卡户1726人（高血压1299人，糖尿病342人，肺结核98人，严重精神障碍202人）。大病专项救治486人，实现100%覆盖。贫困户家庭医生签约服务7437人。

当前，全镇有镇级卫生院 1 所，17 个村卫生室，在职在编专业技术人员 54 人，注册在职乡村医生 48 名，设置床位 130 张（村卫生室 50 张），村卫生室标准化建设已达标。镇级卫生院提供“先诊疗后付费”“一站式，一单式”即时结报服务工作，有效做好基本医保、大病保险、医疗救助制度的衔接，全面落实“三重保障”体系，形成健康扶贫保障合力，贫困群众看病就医难、医疗负担重的问题已得到有效解决。

导泉引流，饮水安全有保障。天星镇始终把农村饮水安全工程作为民心工程、民生工程，坚持“先水质，后水量；先重点、后一般；先集中、后分散”的原则，全力打造“建得成、管得好、用得起、长效益”的高标准“村村通”农村饮水安全供水网络。2016 年以来，通过人饮安全巩固提升工程和水窖建设保障农户用水安全，同时解决部分村季节性缺水，实现农村饮水安全 17 个村（社区）424 个村民小组全覆盖。累计投资 3333.87 万元，共实施人饮安全巩固提升工程 223 件，建水池（取水池、减压池、蓄水池）577 口、消毒设备管理房 177 间、管道新建或更换 2336.8 千米，水窖建设 139 口（累计水窖总数 1572 口）。目前全镇所有农户饮水安全 100% 达标。

维护生态，青山绿水衬蓝天。天星镇通过参与生态保护、生态修复工程建设和发展生态产业，实现了收入水平明显提升、生产生活条件明显改善、生态产品供给能力明显增强、可持续发展能力进一步提升的目标。2014 年以来，共投入资金 9438.4 万元，实施退耕还林 5.9 万亩，其中花椒种植 2.45 万亩、方竹种植 1.24 万亩、筇竹种植 1400 亩、黄檗种植 3980 亩、核桃种植 8460 亩、李子种植 480 亩、枇杷种植 2727 亩、茶叶种植 6500 亩、板栗种植 400 亩、杉木种植 258 亩。有效提升产业支撑，覆盖农户 8680 户（其中卡户 4637），拨付退耕还林补贴 4113 万元。通过组织贫困人口参与退耕还林建设，实现群众就近务工收入 295 万元。目前，全镇有生态公益林 7.98 万亩（国家级公益林 4.34 万亩、省级公益林 3.64 万亩），有护林员岗位 909 个（生态护林员岗位 884 个，天保护林员 25 个），解决 909 人就近就业，实现 909 户（其中卡户 884 户）年增收 8000 元。天星镇合力利用退耕还林规模化的优势，立足资源环境承载力，充分发挥了贫困地区自然禀赋优势，并转换为加快发展的动力源泉，使脱贫攻坚的生态底色更加亮丽。

多管齐下，合力攻坚谱新篇。在脱贫攻坚进程中，天星镇注重惠及各方力量，形成合力打好“组合拳”。在金融扶贫方面，通过广泛宣传、农户申请、镇村审核推荐、金融机构终审发放贷款的方式，为群众筹集“垫底”资金。5 年来，发放小额贴息贷款 16644.5 万元，覆盖卡户 3396 户（其中，2017 年 319 户 1600 万元、2018 年 760 户 3470.2 万元，2019 年 1842 户 9272.8 万元，2020 年 424 户 2101.5 万元），为全镇 3396 户建档立卡贫困户提供产业发展资金支持。同时严格资金使用跟踪监督，镇、村、金融机构联合组织人员对已贷款农户进行资金使用的跟踪监督，保证扶贫小额贴息贷款等扶贫资金用于扶持发展扶贫产业。在社会保障方面，对全镇城乡低保对象、特困供养人员实行动态管理，以防“漏保”和“过度保”，做到“应保尽保，应退尽退”，切实做好各类补贴、低保等兜底保障工作。截至目前，全镇纳入城乡低保保障对象 8517 人（卡户 6036 人），纳入农村特困分散供养人员 177 人；全镇共有残疾人 1550 人，符合享受残疾人护理补助和生活补贴的 940 人，共计发放补贴 49.67 万元，政策保障落实率 100%。东西部扶贫协作方面，2017 年至 2019 年广东中山对口帮扶天星镇协作项目 8 个，由镇政府组织实施，投入资金 872.15 万元，覆盖了贫困户 D 级危房的拆除重建、沿河村人居环境整治项目、营盘村包谷酒厂项目、补短板项目、鱼孔关地坪到茶园安置点公路修复项目、农村土墙房改造除三黑项目、稳岗补贴、开发公益性岗位 8 个方面。

近年来，天星镇强化政治担当、责无旁贷抓落实，坚持苦干实干、尽心竭力抓落实，转变思想观念、改革创新抓落实，坚决打赢了脱贫攻坚大决战。截至 2020 年，天星镇已脱贫 7623 户 32636 人，未脱贫 0 人，贫困发生率降至 0。

（天星镇供稿）

第二编　产业就业扶贫

“双百”产业绿青山　贫困群众鼓腰包

大关县是一个典型的山区国家级深度贫困县，产业扶贫是最根本的脱贫措施，是实现“精准扶贫”“精准脱贫”最有力的抓手。只有贫困地区的特色产业真正发展起来，贫困人口真正有了增收的产业，才能彻底地拔掉穷根，实现脱贫致富。

为此，县委、县政府高度重视产业扶贫工作，抓住精准扶贫机遇，树立登顶意识，规划和发展竹、畜重点产业和茶、药、果、蔬等特色产业，全力打造100万亩竹、100万头生猪主导产业，以筇竹为主的“一县一业”竹产业发展到50万亩。同步抓好3万亩茶、6万头肉牛、24万亩马铃薯、14万亩蔬菜、13万亩中药材、4万亩水果等特色产业。2014年以来，新增竹、茶、药、果、蔬、天麻、花椒生产基地29.2万亩，提质改造19.1万亩，全县种植业产业基地规模达到89万亩。巩固发展家庭养猪农场和规模养殖场268个，新建生猪代养场20个；建成年出栏300头以上的肉牛规模养殖场8个、50头以上能繁母牛养殖单元26个，肉牛集中育肥场6个，基础母牛2.41万头；新增中蜂养殖1.5万箱。引进和培育龙头企业22个，组建村集体公司84个，发展农民专业合作社455个。建档立卡户与专业合作社、村集体公司形成利益联结、捆绑发展。发放小额信贷4.65亿元，破解资金瓶颈，助推产业发展。覆盖有条件发展产业的建档立卡贫困户37823户137007人。

激活内动力　脱贫奔小康

扶贫工作开展以来，悦乐镇悦乐村的建档立卡贫困户高家云，他依托党的扶贫政策，用自己勤劳的双手，发展养殖产业，顺利实现脱贫，摘掉了贫困帽子。

2014 年，高家云一家被评为建档立卡贫困户，希望摆脱贫困的他考虑发展产业，积极参加扶贫技能培训，在房前屋后的空地上搭建畜圈，开始养殖猪、牛、马等大牲畜，他养殖的牲畜种类较多，有黄牛 6 头、马 2 头、年猪 3 头、母猪 3 头、小猪崽 18 头、羊 2 头，鸡鸭等家禽多只。为了解决养殖中的饲料问题，高家云还将附近村民不种植的土地种上了粮食。

通过 6 年来的努力，他家以发展养殖业，同时用两匹马帮别人驮运建筑材料的这种务工方式，在 2016 年已经达到了脱贫出列的标准。之后，他的家庭收入逐年增长，到 2019 年家庭人均纯收入达到了 8065 元，总的纯收入达 6 万余元。他结合市场发展需求养了 3 头母猪，仅此一项又增加了 6 万元的年收入。

脱贫不怕任重道远，就怕人穷志短！本属贫困户的高家云一户，用好扶贫政策，积极主动发展产业，抓住机遇，不等不靠，从一个需要帮扶的贫困户成功逆袭为致富能人！

合作带动鼓干劲　抱团发展创辉煌

龙坪村位于吉利镇东南部，是 2016 年整村脱贫出列的村。全村辖 19 个村民小组 776 户 2992 人，建档立卡贫困户 278 户 1040 人。近年来，龙坪村坚持因地制宜发展产业促脱贫，牵住合作社这个“牛鼻子”，迎着困难找出路。到2019年年底，龙坪村发展注册农民专业合作社8个，吸纳社员1292人，实现建档立卡贫困户全覆盖。

全村以“稻田鱼养殖区、果蔬种植区、畜牧养殖区”三大产业发展为主。采取村党总支牵头指导、种植、养殖协会组织发动、村集体经济资金入股股份合作、农民专业合作社运作管理、农户社员自愿参与入社的方式，形成了“支部+协会+龙头+合作社+农户”的“股份制合作”新发展模式。

在稻田鱼养殖区，成立了大关县龙坪鱼类养殖农民专业合作社，合作社有成员88户216人，辖6个村民小组，其中建档立卡贫困户22户80人。每亩稻田单产150斤，市场单价20元/斤，合作社年总产出稻田鱼1.5万斤，纯收入30余万元，人均增收1400元。龙底村民小组舒永和，2015年人均收入不足2000元，通过合作社带动养殖稻田鱼，2016年实现纯收入6000元，人均纯收入增长1000元。

果蔬种植区由大关县龙坪村种养殖协会、大关县众利种植、养殖农民专业合作社合作，流转土地305亩种植脐橙、枇杷，建成农业产业示范园，并发展林下养鸡等。到2019年已发展合作社成员558户1925人，带动19个村民小组278户建档立卡贫困户1040人发展种植和养殖。龙坪村民小组建档立卡贫困户沈文军，有家庭人口2人，2016年家庭人均收入不足3000元，将土地流转给合作社后，通过在合作社务工，不但学习到了种植、养殖技术，每月还能创收1800元，加上土地流转租金实现年均纯收入18800元，人均纯收入9400元。

在畜牧养殖区，龙坪村抓住扶贫项目规划每户贫困户养殖一头二元母猪的有利时机，成立了大关县腾旺生猪养殖农民专业合作社，走“合作社+协会+大户+农户”的发展路子。合作社坚持“家庭经营，自愿加入，民主管理，提供服务，盈余返还，经济参与”原则，与村民签订书面协议，采取互利合作的措施发展养殖。通过合作社带动，已培育养殖大户8户，发展能繁母猪600头，生猪4000头，山羊3000只，黄牛500头，家禽30000只。南坪村民小组村民李文海，通过加入合作社，每年纯收入达到20000

元，一家五口实现人均增收4000元，实现稳定脱贫。

2016年，龙坪村建档立卡户278户1040人，通过发展稻田养鱼100亩，实现总产值30万元，受益农户88户216人，实现人均增收1400元；发展枇杷、脐橙2960亩，实现总产值1200万元，实现人均增收4010.6元；发展生猪养殖4600头，实现总产值920万元，实现人均增收3074元。三个合作社发展产业实现总产值609.92万元，实现人均纯收入2980元。

吉利镇龙坪村通过充分发挥专业合作社的桥梁纽带作用，使贫困农户由“单打独斗”变为“抱团发展”，大大激发了群众发展产业脱贫致富内生动力。

产品精深加工　推动跨越发展

大关县琦鑫农产品生产有限公司，主要从事肉牛养殖及肉制品加工、销售，原来属于小作坊式生产，规模较小，生产能力较低。2019年东西部扶贫协作资金大力支持该公司发展壮大，建成占地面积6000平方米，购置设备搭建1条年生产量可达1000吨牛肉的生产线，同时公司按照“党支部+公司+村集体经济+合作社+基地+农户”的模式扩大经营，公司吸纳1160户社员加入合作社发展肉牛养殖，其中，建档立卡贫困户393户1613人，引领带动上高桥乡农户养殖黄牛。2019年，全乡黄牛存栏达到7680头，其中，琦鑫合作社社员黄牛存栏2670头，社员户均增收5500元以上。公司扶贫车间不但提高了生产规模，通过东西部扶贫协作的渠道，产品还远销到北京、广东等地，成为很受欢迎的生态休闲食品，扶贫车间吸纳就业人数26人，其中建档立卡贫困人口17人，年平均收入2.4万元以上。

巾帼引领促发展　农户唱响致富歌

韩志凤，今年57岁，大关县鑫垚种养殖农民专业合作社理事长。2016年开始养殖黄牛，流转撂荒土地50余亩种植洋芋、玉米、荞麦，2018年成立大关县鑫垚种养殖农民专业合作社，每年培训农村妇女200余人，养殖黄牛规模从32头扩大150余头，流转撂荒土地3100亩，种植饲料玉米600亩，种植光叶苕500亩，人工草场2000余亩，成了当地妇女代表脱贫致富的产业“领头羊”。

2018年1月，上高桥乡大寨村四合头组、庙子边、新民村窑子湾组、营丫口组4个村民小组38户群众筹资筹力100万元组建了鑫垚合作社，流转土地3500亩种植当归、饲料玉米、牧草，新建牛圈1600平方米，储草棚800平方米，实施退耕还草项目5000余亩，养殖短期育肥黄牛200头，小母牛100头。鑫垚合作社充分利用大寨村得天独厚的自然条件，大力发展黄牛养殖产业，让更多村民实现了增收致富。

专业合作社理事长韩志凤介绍，目前鑫垚合作社黄牛养殖有200头，和琦鑫合作社签订有合同，琦鑫合作社收购鑫垚合作社的牛120头，基础母牛山上放的有80多头。

合作社把贫困户、非贫困户和养殖能人团结在一起，在发展产业的同时创造了更多的就近就业岗位。农忙季节，吸纳了200余名劳动力到合作社就近务工，帮助合作社收玉米、种草养牛。

李云巧是大寨村水井湾村民小组村民，她说，2019年以来，她在鑫垚合作社种苞谷、种豆子、除草、割草、打豆子、收豆子，有8000多元的收入。

2019年，合作社已发展到105户，累计发放务工工资50余万元，100余户家庭户均增收5000元以上，2019年9月19日被授予“省级巾帼脱贫示范基地”。

筑巢引凤谋发展　生猪产业谱新篇

大关县用发展工业的思路谋划畜牧产业，走一条“养殖企业化，加工园区化，种养一体化”闭合式、循环化、全链条的路子。

养殖方面，相继与猪猪侠、双胞胎、东方希望 3 家集团公司签订合作协议，全面推进 100 万头生猪养殖基地建设；加工方面，在上高桥乡规划建设高原特色食品加工园区，打造产业集群，双猪集团 24 万吨无抗饲料、10 万吨反刍饲料、大关东方希望 60 万吨无抗饲料工程启动建设，100 万头生猪产业链项目有序推进，琦鑫牛业、谨鑫食品配送公司建成投产，上海军蒂集团牛肉制品精深加工项目开工建设，中山援建农产品冷链物流基地和泡沫箱生产已于 2020 年 4 月正式运营，畜禽粪污无害化处理有机肥项目积极推进。

按照县委、县政府规划的产业发展两个“100 万”的奋斗目标，100 万亩竹，100 万头猪，要实现种竹和养猪循环发展、资源相互利用，全面推进大关生猪产业的快速发展。未来 3—5 年，全县畜牧产业产值将达到 30 亿元，实现历史性跨越，带动全县建档立卡贫困户稳定增收，促进乡村产业振兴。

大关供销发展壮大农民合作社

近年来，大关供销社拉紧拉实农民专业合作社这个“牛鼻子”，围绕发展壮大单体农民合作社，促进联合与合作，创新服务方式，探索出了整县提升农民专业合作社发展质量的路径方法，重新架起了为民服务的桥梁。为决胜脱贫攻坚、助力乡村振兴、建设现代农业提供了有力的支撑。截至

2020 年，全县共发展合作社 462 个，入社农户 30496 户，占全县总户数的 43.72%，有效覆盖贫困户 26023 户，占 2019 年 12 月全县贫困户 26023 户的 100%。2018—2020 年全县合作社共实现带贫收入 9524.74 万元。其中，对 6069 户农户生产的农产品进行收购，涉及订单金额 2820.4 万元，户均增收 4647.22 元；吸收务工 23680 户，发放工资 3853.67 万元，户均增收 1627.39 元；流转 5709 户的土地，累计租用 1126 户资产，发放租金 1242.46 万元，户均增收 1817.79 元；累计 167 个农民专业合作社对 16257 户入社成员进行分红，实现收益分红 1608.22 万元，户均增收 989.24 元。

探索订单农业，发展产业基地。2020 年 3 月与四川自贡市供销社下属企业（共合农业开发有限公司）、重庆华宜供应链管理有限公司、重庆市巨磊农业发展有限公司签订订单种植莲花白 1500 亩，糯玉米 1300 亩、辣椒 1200 亩。组织县内 14 个合作社相对集中连片订单种植莲花白销售青玉米 2500 吨，辣椒已销售 1200 吨，莲花白 2000 吨，销售金额 1510 万元。

强化技术标准执行，确保产品质量。农业局派出技术人员 4 名，供销社派出 1 名工作人员，专门负责农业产业的技术支持。从种子采购、育苗、栽种、除草、施肥、采摘、包装等环节定人、定地块、跟踪服务，确保技术标准严格执行到位，保证产品质量达标。

整合企业资源，支持合作社发展产业。整合供销资源，利用国家“832”线上销售平台，组织大关农特产品上线，让企事业单位选购大关农特产品 200 万元。整合企业资源，采用“技术 + 订单 + 定金 + 保底价收购”方式，组织合作社和龙头企业捆绑发展产业，引导、组织合作社与双胞胎、谨鑫公司，翠华贡茶、大关蔬菜联合社等企业进行捆绑，销售 6000 余万元大关农产品。整合合作社资源，组织合作社自建平台，销售农产品。引导动员合作社在昭通、四川、重庆自建店面，开展销售大关农产品 1000 余万元。三个店面展示销售大关农产品，日销售金额 3 万元以上。利用政策资源，组织合作社融入种竹养猪产业，15 个合作社参与育苗工作，销售竹苗 600 余万元，10 余个合作社与双胞胎合作。

退耕还林　绿山富民

大关县抓住国家实施新一轮退耕还林项目实施机遇，结合改善生态环境、保障水质安全、发展富民产业、助推精准扶贫、促进乡村振兴，将新一轮退耕还林作为一项生态工程、民生工程、德政工程和脱贫攻坚富民工程，精心组织、扎实推进，取得良好工作成效。

新一轮退耕还林助推产业发展。2014 年以来，我县累计实施新一轮退耕还林 233300 亩，投入种苗造林费 8812 万元。在实施新一轮退耕还林中，紧紧围绕全县产业发展进行树种选择，以产业助推脱贫攻坚。全县先后发展经济林木 230731.3 亩，占新一轮退耕还林总面积的 98.9%。其中发展竹产业 117796.8 亩（方竹 66967.3 亩，筇竹 47172 亩，斑竹 2817 亩，毛竹 840.5 亩）；花椒 49698 亩；干果 24217 亩（核桃 20659 亩，板栗 3558 亩）；茶叶 15420 亩；水果 14962 亩（李子 5262 亩，枇杷 5083 亩，樱桃 3210 亩，脐橙 889 亩，桃子 467 亩，猕猴桃 51 亩）；黄檗 8077.5 亩；漆树 560 亩）。用材树种 2568.7 亩（杉木 2477.7 亩，檫木 91 亩）占新一轮退耕还林总面积的 1.1%。借助新一轮退耕还林大力发展经济林木，为地方产业发展奠定了基础，为脱贫攻坚增强了后劲。

新一轮退耕还林促进农民增收。2014 年以来，累计完成新一轮退耕还林 233300 亩，不但营造了大量的经济林木，为“退得下、稳得住、能致富”打下了坚实的基础，同时为退耕农户的增收多了一项支撑。到目前为止，共下达现金补助 19115 万元，惠及贫困村 72 个，贫困户 10608 户，贫困户兑付面积 75506.78 亩，兑付到贫困户资金 5708.946 万元，户均增收 5381.74 元。分年度情况（因少数农户涉及不止一个年度，户数大于总户数）分别为：

2014 年度，涉及贫困户 2426 户，贫困户兑付面积 14837.14 亩，兑付到贫困户资金 1780.4568 万元（兑现 3 次），户均增收 7339.06 元；2015 年度，涉及贫困户 1202 户，贫困户兑付面积 6629.8 亩，兑付到贫困户资金 795.576 万元（兑现 3 次），户均增收 6618.77 元；2016 年度，涉及贫困户 1210 户，贫困户兑付面积 7260.1 亩，兑付到贫困户资金 580.808 万元（兑现 2 次），户均增收 4800.07 元；2017 年度，涉及贫困户 816 户，贫困户兑付面积 7103.94 亩，兑付到贫困户资金 568.3152 万元（兑现 2 次），户均增收 6964.65 元；2018 年度，涉及贫困户 6649 户，贫困户兑付面积 39675.8 亩，兑付到贫困户资金 1983.79 万元（兑现 1 次），户均增收 2983.59 元。

始终坚持把绿起来、活起来、富起来作为新一轮退耕还林工程建设的最终目标和根本主旨，结合新一轮退耕还林工程，加快林产业发展。2014 年以来，全县依托新一轮退耕还林发展竹产业 117796.8 亩；花椒 49698 亩；干果 24217 亩；茶叶 15420 亩；水果 14962 亩；黄檗 8077.5 亩；漆树 560 亩。加快了兴林富民步伐，农村经济得到不断繁荣，农民收入快速增加，2019 年末，全县森林覆盖率达 45.29%，比 2016 年增加了 7.97 个百分点；林业产值累计完成 4.774 亿元；林业产业基地规模近 100 万亩，实现农民人均 4 亩以上特色林，农民从林业获得的人均收入达 1865 多元。走出了一条绿山富民的双赢之路，林业精准扶贫迈出了成功第一步，为决胜脱贫攻坚添砖加瓦。

做大茶叶产业　确保群众增收

“十三五”期间，大关县委、县政府把发展茶产业作为精准扶贫的一项重要产业扶贫措施加以落实，规划以翠华镇、天星镇、悦乐镇、玉碗镇海拔 1100—1500 米区域为主，建成标准化茶园 3 万亩。

近几年来，通过聘请省市专家到县指导茶叶生产工作，通过建设核心示范样板，打造核心示范基地，带动全县茶农种茶积极性，实现农民增收，企业增效增产，财政增长效益。目前，茶园提质改造工作有序开展中，预计年底完成。同时，为加快转变茶产业发展方式，全面推进绿色发展，实现质量兴茶、品牌强茶，根据《云南省人民政府关于推动云茶产业绿色发展的意见》文件中对茶叶绿色发展的政策措施，大关县农业农村局积极推动及支持鼓励各茶业企业申报。

按照生态化、规模化、标准化、集约化的现代茶产业示范基地要求，抓好存量茶园的升级改造和茶园的适度新建。对低产劣质茶园特别是荒废、失管老茶园实施生态化改造，改良品种结构，大力推广茶园植树、梯壁种草、套种绿肥等技术，完善配置茶园道路、蓄水池、滴（喷）灌系统等基础设施。倡导茶树栽培，培育“茂、大、壮”茶树，全面推广有机肥替代化肥，全力推进茶园病虫害绿色防控，大幅度提升了茶产业效益。

“十三五”期间，茶叶年农业综合产值由原来不足 200 万元达到现在的3000余万元，茶产业的发展给群众带来经济收入，助推了脱贫攻坚目标的实现。截至2019年年底，整合退耕还林资金及其他产业发展资金发展茶叶种植，新植茶园2.3万亩（其中翠华镇8580亩、天星镇8450亩、悦乐镇5498亩、玉碗镇500亩），提质改造老茶园0.8万亩（其中翠华镇3500亩、天星镇4000亩、悦乐镇500亩），全县茶园面积达3.1万亩，共有茶农4300余户15000人，其中建档立卡户2570户8990人，种植茶树11505亩。2018年，在“滇茶杯”第二届云南名茶评比大赛中“金耳环”荣获绿茶金奖，“乌龙茶”荣获优质奖；“翠贡南红”在2018年首届南亚（国际）名茶大会审评中荣获国际金奖；同年，通过绿色食品认证13个单品（绿茶8个单品，红茶5个单品）。2020年上半年，全县茶叶干毛茶产量50余吨，实现农业综合产值达2000余万元。截至目前，全县有8家茶企及合作社拥有自己的茶叶基地，其中包括云南翠贡茶业有限公司有绿色茶园基地1.5万亩、大关县清茗茶业有限公司有机茶园基地949.96亩。全县茶企及村集体经济公司通过向农户流转土地集中种植和管理茶叶的有5500余亩，其中包括翠华镇永康、雄魁村集体经济公司各1000亩（永康村、雄魁村建档立卡户全部纳入）；云南翠贡茶业有限公司集中流转300余亩，建设为集观光、采茶、制茶、品茶、购茶和观茶艺为一体的翠贡庄园；玉碗镇老街村集体经济公司集中流转500亩、天星镇天星村集体经济公司集中流转500余亩和悦乐镇太坪、沙坪等村集体经济公司集中流转700余亩；还有些专业合作社、种植大户集中流转了部分。

2020年，大关县农业农村局申请财政资金300万元（目前资金已下达100万元），对全县茶叶较集中连片的5000亩茶园进行提质改造，将加大宣传力度，强化科技支撑，抓实基地、加工和庄园建设，示范带动县域茶产业发展，促进农民增收致富。

森林生态效益补偿助推农民增收

2014 年，我县森林生态效益补偿为全县 6453 户贫困户 29897 人增收 130.0354 万元。其中，增收 500 元以上的贫困户 616 户 2971 人，增收 57.3728 万元。贫困户补偿最高达到 0.8997 万元。

2015 年，大关县森林生态效益补偿让全县 6453 户贫困户 29897 人增收 130.0354 万元。其中，增收 500 元以上的贫困户 616 户 2971 人，增收 57.3728 万元。

2016 年，大关县森林生态效益补偿让全县 6476 户贫困户 30029 人增收 129.8331 万元。其中，增收 500 元以上的贫困户 611 户 2948 人，增收 56.8644 万元。

2017 年，大关县森林生态效益补偿让全县 6546 户贫困户 30309 人增收 131.1771 万元。其中，增收 500 元以上的贫困户 618 户 2978 人，增收 57.4486 万元。

2018 年，大关县森林生态效益补偿让全县 5366 户贫困户 23668 人增收 104.3085 万元。其中，增收 500 元以上的贫困户 482 户 2196 人，增收 46.3132 万元。贫困户补偿最高达 0.8997 万元。

2019 年，大关县森林生态效益补偿让全县 5576 户贫困户 25045 人增收 110.7383 万元。其中，增收 500 元以上的贫困户 519 户 2447 人，增收 48.6521 万元。贫困户补偿最高达 0.8997 万元。

美丽嬗变：从靠山吃山到金山银山

木杆镇认真落实“一县一业”发展战略，依托自身资源优势，以“党建＋”等模式推动全镇竹产业健康蓬勃发展，2019年，全镇筇竹产业生产总值达8000余万元，人均收入3000元左右，实现了从靠山吃山到金山银山的美丽嬗变。

咬定青山不放松，一年接着一年干。为发展竹产业，木杆镇坚持以党员干部为轴心，在镇村组之间实行网格化管理。全镇81名镇、村干部组成筇竹产业发展专班，以1000亩以上连片基地、苗圃基地、加工厂为重点将全镇筇竹产业划分为9个网格，每个网格由1名镇领导、3名技术人员和若干网格员负责，严格落实“六包”（包宣传发动、包产业规划、包项目落实、包技术推广、包全程管控、包采笋收笋协调）措施，全程跟踪服务；制定出台网格管理和项目推进责任追究制度，压实镇、村干部工作责任。以党员干部和党员种竹大户为带头人，以资金、技术、项目、劳务合作为纽带，建立党建＋农户、党建＋合作社＋农户、党建＋公司＋合作社＋农户等的“1＋N”产业帮扶机制，结成“党群共商联合体”，实现互惠互利，共同发展。全镇组织引导408名党员发展竹产业，占农村党员的73.6%；有50亩以上党员种竹大户158人；有27名党员带头创办专业合作社。

在项目上，整合项目资金精准投入。统筹考虑水、电、路等基础设施配套，科学编制全镇筇竹产业基地建设规划，2018 年以来共整合退耕还林、产业扶贫、农业综合开发、小型水利设施建设、财政奖补一事一议等项目资金 3228 万元，对竹园培植、产业道路、水利设施等进行项目化扶持建设，变“大水漫灌”为“精准滴灌”。

2016 年以来，木杆全镇累计新植筇竹 10 万亩，改造低产低效筇竹林 6.2 万亩，全镇筇竹面积达 18.4 万亩。截至 2019 年年底，全镇筇竹面积已占国土面积的 51.3%，占耕地、林地面积的 70.7%；竹笋产品出口日本、韩国、新加坡、阿联酋等国；参与筇竹产业发展的农户 6200 余户，占全镇总户数的 90% 以上，2019 年竹笋产量 6000 余吨，筇竹产值达 8000 余万元，人均竹产业收入 3000 元左右。竹产业发展土地租金（股金）、育苗薪金、抚育薪金、采笋薪金和采竹售笋现金“五金”成为木杆群众的主要收入，筇竹已成为木杆人民增收致富的最大支柱产业。

探索发展新模式，管护措施全覆盖。按照“全域种竹、全竹利用、全民致富、全域旅游”的发展思路，培养和发展了 52 名种竹大户、种竹能手进入村“两委”班子，储备 13 名乡土人才为村级后备力量；创新基层党组织设置方式，在竹笋加工、竹材利用环节建立党支部 2 个，夯实了基层战斗堡垒。

在发展中，木杆镇始终坚持党建引领，以良种良法、高度组织化和集约化模式、党支部 + 合作社“三个全覆盖”为抓手，推动筇竹产业向精细化、组织化、专业化、规模化、集约化方向发展，推动组织管理由“自生自灭”向强化“党旗引领”转变，构建了筇竹产业发展组织领导体系、责任分工体系和工作推进机制。同时，与西南林大共建的筇竹研究院和竹产业发展研究院，董文渊教授团队、省市竹产业专家建立长期技术合作。协助董文渊教授建立全国唯一的筇竹科研基地 5000 亩，取得多项种苗繁育、高产高效栽培等科研成果。结合木杆实际，聘请专家制定了《筇竹育苗技术规程》《筇竹栽培技术规程》《笋用筇竹采笋技术规程》《筇竹高效经营技术规程》，全力推进专业化育苗、组织化发展、规模化种植、精细化管理、集约化生产。通过采取种植现场培训、科技示范基地参观考察培训、聘请专家专题培训、生产加工专业培训“四培训”方式，抓好现代种植、精细管理和生产加工技术培训，增强了广大干部群众和企业员工的科技意识和生产水平，竹笋平均单体重量提高23%，发笋量提高20%，丰产期竹笋产量从平均每亩56公斤提高到每亩450—550公斤。大力推广规范化种植，按照统一连片种植、统一组织模式、统一技术标准、统一技术指导、统一病虫害防治“五统一”创建10000亩以上连片基地1个、1000亩以上连片基地11个、500亩以上连片基地81个、100亩以上连片基地249个，示范引导广大群众发起“把山当田耕、把竹当菜种”的“菜地革命”。

积极探索龙头企业捆绑合作社、合作社捆绑农户的发展方式，村“两委”领办35个竹产业农民专业合作社，与龙头企业进行产销对接、劳务合作。合作社以土地入股或流转方式共集中土地2万余亩，带动农户2346户10586人发展筇竹产业，其中建档立卡贫困户2037户9009人。目前，全镇建档立卡贫困群众2120户9326人通过土地流转、基地发展、股份合作、劳务合作等形式全覆盖参与筇竹产业发展，现建档立卡贫困户种植筇竹达5.4万余亩，户均20亩以上，1998户8983人通过发展筇竹产业稳定脱贫；通过以土地入股、流转和托管等方式，盘活跨县区易地搬迁到靖安集中安置的310户1369人的“三块地”13707亩，有效保障了易地搬迁群众“搬得出、稳得住、可致富”。木杆镇贫困发生率从2016年的32.6%降至2019年年底的1.11%，9个贫困村已全部脱贫出列。2018年、2019年9个村（社区）发展筇竹产业获得集体经济收益达720万元，其中漂坝村达到了100万元以上。

延长加工产业链，全竹利用写华章。为延长竹产业链条，更好发挥竹产业效益，为群众增加收入，木杆镇在做好扩大规模、提升品质的同时，积极谋划竹笋加工、竹材工艺品生产、竹炭加工，形成全竹有效利用与开发的产业链，充分发挥了竹产业的经济效益与社会效益。

在育苗及管护上，针对龙头企业不愿投入、合作社和农户无力投入的产业发展短板，建立“村企合一”集体经济公司8个，利用村“两委”组织优势、集体资产优势和集体经济发展资金优势，投资建设筇竹产业配套项目，补齐产业发展短板。针对筇竹苗木短缺问题，甘顶村集体经济公司在新街易地安置点流转土地建设育苗基地200亩，吸纳易地搬迁劳动力80人就地务工。在示范带动下，全镇大力推广轻基质种苗繁育技术，全镇建立标准化育苗基地500亩，实现育苗水平和种苗质量大幅度提升，造林成活率由2016年前的不足40%提高到90%以上；针对竹木间伐措施推广难，丁木村等7个集体经济公司合股出资兴办竹木炭加工厂（扶贫车间），收购间伐竹木，以经济利益促使群众主动间伐，破解了间伐措施推广之困。

在竹材的利用与加工上，创办鑫兴、银河、木圆、国丰等4家竹笋加工企业，年加工竹笋达6000吨，开发出清水笋、盐渍笋和调味笋等10余个系列竹笋产品，远销日本等国，“木杆清水笋”已经入选农业部《2015年度全国名特优新农产品目录》。先后引进贵州红赤水、浙江杭州所氏竹业、广东深圳市海辉电子科技等5家企业，以新理念、新机制、新技术、新模式参与基地建设、竹笋加工和竹材利用。大关县委政府以木杆镇为核心，推进“一县一业”发展步伐，在木杆镇向阳村规划分三期建设筇竹产业示范园。以财政投入资金为引导，提供优惠政策引进贵州红赤水公司投资500万元建设竹笋加工厂；浙江杭州所氏竹业投资20万元建设竹家具加工厂；大关县开投公司投资300万元建设竹产业园区；做好产业项目包装，已申报地方政府债券基金4.2亿元继续推进产业园区建设，吸引金融资本助推竹产业发展。园区计划于2020年9月底前建成，项目建成后，将吸引国内大型竹笋加工企业、竹文化创意企业、文旅康养企业入驻园区，大力研发竹笋系列食品、竹纤维、竹家具、竹质功能饮料、竹工艺品、保健竹碳等新型产品和高附加值产品，发展竹文化旅游和康养产业，推进一、二、三产业融合发展，实现产业发展水平整体提升，让“绿水青山”释放更大的发展红利真正成为“金山银山”。

在竹材加工上，引进杭州所氏竹业首次将筇竹竹材研发制作为原竹家具，在第二届中国（上海）国际竹产业博览会斩获金奖。以浙江所氏竹业为龙头，带动大关旭红种养殖农民专业合作社开发拐杖、毛笔、打火机、灯具等竹材工艺产品 13 种，其筇竹工艺产品在 2019 年昆明南博会展览，2020 年实现与沿海城市商家签约 250 余万元。昭通靖竹林业有限公司流转林地种植筇竹 4000 余亩，年均直接带动群众获取务工收入 200 余万元。

通过近些年来的发展，木杆镇已经初步实现了农业增效、农民增收、农村增绿“三增”目标。全镇森林覆盖率从 72% 提高到 84%，保护了濒危物种，有效改善了生态环境，让荒山变青山、青山变金山，既为广大山区群众找到了一条致富路，又让长江上游生态敏感脆弱的乌蒙山绿了起来，让广大群众共享生态改善和绿色发展成果，郁郁葱葱的竹海不仅成为“绿色银行”，更是宜居宜游的“生态氧吧”。

预计到 2025 年竹林基本进入丰产后，全镇竹笋产量达 1.5 万吨、竹子产量 2.5 万吨，筇竹产业产值将突破 2.5 亿元。

就业扶贫斩穷根　双手浇开致富花

大关县属乌蒙山连片扶贫开发区，是国家重点开发扶持县、云南省27个深度贫困县之一。有人口29.12万人、劳动力14.8万人（建档立卡户24635户、劳动力65557人）。大关把就业扶贫作为如期脱贫出列的重要战略，紧扣“一人就业、全家脱贫”目标，以“培训提升一批、转移就业一批、创业带动一批、援助保障一批”为抓手，结合精准就业、精准脱贫、精准施策，全力打好“转移就业牌”。

2016年以来，大关累计转移劳动力50.98万人次（卡户21.14万人次），其中2016年7.8万人次、同比增长11.04%；2017年8.75万人次、同比增长12.25%；2018年10.08万人、同比增长15.3%、2019年13.04万人次、同比增长22.14%；年均劳动力转移就业率达68.89%；全县转移就业年均工资性收入35.63亿元，年均工资性收入占脱贫攻坚农民家庭收入的84%，就业综合性指标考核历年名列全市前茅。

高位推动，就业组织领导体系坚强有力

三级联动抓就业。脱贫攻坚发令枪打响，大关县率先组建就业扶贫指挥部，设办公室在县人社局，分设综合协调、技能培训、转移就业、扶贫易迁等7个小组；乡镇、村对应落实专人负责。形成了县、乡、村三级联动的工作格局，为就业扶贫奠定了坚实的组织基础。

落实责任抓就业。县委常委会专题研究就业扶贫工作，县委、县政府主要领导深入乡镇、村组，“解剖麻雀”查找差距，一线研究推进就业扶贫工作，为就业扶贫注入“强心剂”。出台《关于进一步健全就业扶贫网格化管理机制的通知》，建立就业扶贫网格化管理机制，完善县、乡镇、村、帮扶单位四级网格化动态信息管理体系，推动就业扶贫精准帮扶到村、到户、到人。制定就业扶贫“作战图”，立下“军令状”，签好“责任书”，将就业扶贫工作任务分解细化到9个乡镇和20家县直部门，对标对表清单式推动就业扶贫工作，全域、全局、全面压实就业扶贫责任。

运筹帷幄，就业精准施策体系科学有效

细化就业政策。相继出台《关于进一步加大扶持力度全面推进就业扶贫工作的通知》《大关县鼓励组织劳务输出补贴、交通费补助、稳岗补贴申报规程》《大关县贫困劳动力就业技能培训实施方案》《大关县乡村公共服务岗位开发管理实施方案》《大关县就业扶贫车间认定管理规程》《大关县脱贫攻坚就业创业服务站建设实施方案》《大关县就业扶贫信息员选聘管理方案》系列政策措施，确保就业扶贫工作规范化、制度化、系统化推进；同时，建立城乡一体失业保险制度，坚持应保尽保、基金应收尽收，2016年

以来，实现参保缴费2万余人次，征缴失业保险900余万元，发放失业保险金76.79万元。

强化政策宣传。通过政府门户网站、电视台、微大关等本地媒体，开辟就业扶贫QQ群、微信群、就业微信公众号及公告公示栏等多种载体，多层次立体化宣传就业扶贫政策，切实把政策推送到户、到人，让广大群众知晓、参与、支持就业扶贫，同时结合群众意见建议，修正纰漏、形成联动，用好用活就业扶贫政策体系。

落实补贴资金。严格按照稳岗补贴报账时限、对象、标准、申报程序和所需材料，规范程序，实行村级审核、逐层报批。在受理时限范围内发放稳岗补贴7610人385万元、交通补贴1741人9.88万元、劳务输出补贴27人19.93万元。

多点突破，就业输出协作体系高效运转

点对点培训。大关把劳动力技能提升作为就业脱贫的根本之策，制定技能培训规划，落实22家县直部门和9个乡镇的农村劳动力培训任务，加强与劳务中介组织、用工企业协调对接，采取“培训＋就业”模式，大力开展订单定向式培训。相继开展了重装卸机操作工及挖掘机驾驶员培训、竹类种植加工、中蜂养殖、中草药种植、特色产业发展等67类技能培训。近五年累计培训劳动力20余万人次，其中100名重装卸机操作工及挖掘机培训工作被中央经济半小时关注报道。

点对点输出。主动外引江浙、广福一带高薪企业，优先在浙江、广东两省做实“2＋100”（新建2个就业基地，开发100家优质企业）就业基地。签协议长期合作框架协议16份，与200余家优质企业合作，引进广东中山、浙江绍兴等优质企业举办到村、到组、到户、到人的“千场招聘进

千村”现场招聘，让就业者与企业面对面沟通、点对点输出。在乡镇、村（社区）组、易迁点，累计举办现场招聘会200余场次（东西部协作乡镇专场20余场），确保岗位推荐和政策宣传全覆盖。并通过融媒体中心全域媒体、镇村两级网络宣传栏等媒介开展岗位信息宣传、借助“大关人社”“大关就业”微信公众号发布就业通告，动态推送岗位信息。2016年以来，大关向省内外点对点输送劳动力年均5万余人。

点对点稳岗。随着就业长三角、珠三角聚集，大关将重心前移到服务站建设，先后在中山、浙江、昆明建立稳岗服务站，选派觉悟高、业务强的人员进驻，完善稳岗制度，开通就业人员跟踪服务热线，通过电话、短信等联系在外务工人员，开展为其家庭留守人员“打一个电话、做一件实事、关心日常生产生活”的后续服务活动；同时，在全县9个乡镇村84个（社区）均建立农村劳动力就业服务工作站，负责全县劳动力转移就业的宣传和稳岗工作，为务工人员吃下“定心丸”，切实做到输出人员应稳尽稳。

因地制宜，就业岗位开发体系纵深切入

创业贷款扶持一批。积极争取创业贷款，保障县内创业贷款需求，同时创新反担保方式，落实担保贷款政策助推就业，免费开展创业培训、提供创业扶持，放宽担保政策，改变原来单一的担保方式，全面推行三户联保、五户联保反担保类型服务，帮助建档立卡户自主创业。2016年以来累计发放创业担保贷款2.31亿元（发放卡户贷款931万元），扶持创业824人（卡户73人），带动就业6714人。

易地搬迁就业一批。全县易地扶贫搬迁8538户38810人，劳动力21296人，其中搬迁靖安5226户22494人，随迁户1510户5965人，劳动力13109人（卡户劳动力9590人），已转移易地扶贫搬迁劳动力18503人，转移率

84.46%，其中转移易迁靖安劳动力 11113 人（卡户劳动力 8015 人、随迁劳动力就业 3098 人），向省外转移易迁靖安卡户劳动力 5845 人，转移率 84.77%。易迁靖安劳动力已参加技能培训 1674 人（卡户 1622 人），创业培训 395 人（卡户 256 人），有劳动力的零就业家庭全部实现就业动态清零。

公益岗位安置一批。摸清在家未就业贫困劳动力情况，研判甄别有资产性收入、工资性收入、经营性收入之外的群体，充分开发乡村公共服务岗，对零就业家庭实施全覆盖。2016 年以来，动态管理和使用公益岗位 7923 个，覆盖卡户 7465 人（乡村公益岗位 7362 个、覆盖卡户 7288 人，城镇公益岗位 561 个、覆盖卡户 168 人）。

县内企业吸纳一批。不断培育壮大招商引资企业，全力做好县内企业复工复产和援企稳岗工作，现有大中小微型企业 61 家，用工 1639 人。截至目前，发放符合稳岗返还条件的企业 39 家 72.08 万元，惠及企业职工 1296 人，减免参保企业、个体工商户和非企业社会组织失业保险金 15.66 万元，惠及 1558 人。创新思路，支持引导国有企业做大做强，让县内实施项目企业就近就地广泛吸纳劳动力，累计吸纳劳动力 1.3 万余人次，农民工工资收入 1 亿余元。盘活闲置土地及校舍、闲置厂房等资源开设扶贫车间，加大“基地式”的大型种养殖业类车间、“庭院式”代养场类车间、“车库式”电子产品类扶贫车间、“学院式”服饰类扶贫车间等 15 个多类别、多业态、划区域的扶贫车间，组建就业扶贫车间 20 个，带动劳动力就业 1221 人（其中吸纳贫困劳动力就业 421 人，发放补贴 42.1 万元）。

产业发展带动一批。围绕一县一品产业布局，建设高原特色农业产业园区、筇竹产业园区，引导企业实施土地流转，规模化种植、产业化加工，扩大生猪养殖规模，大面建设生猪代养场，充分吸纳返乡农民工和特殊劳动力家庭就业，创造县内就业岗位 1.5 万余个。

建立就业扶贫信息员考核机制。年初签订目标责任书，将就业扶贫纳入年终大考评，每月对全县就业扶贫相关数据进行汇总、测算、研判，并将结果进行排名通报，最终结果作为年度考核标准，与各责任单位绩效工资挂钩。同时建立就业扶贫信息员考核机制，对乡镇、村 186 名就业扶贫信息员进行目标任务考核，作为是否继续聘用的有效依据。

近年来，大关在就业扶贫工作上，夯实“职业培训”基石、为就业扶贫蓄能攒劲；聚焦“劳务输出”关键、为就业扶贫加油助力，突出“扶贫车间”重点、为就业扶贫提质增效，抓牢“扶贫专岗”要务、为就业扶贫添砖加瓦，扭住“政策援助”核心、为就业扶贫强身补钙，拧紧“监督管理”阀门、为就业扶贫保驾护航。创新了工作举措、抓住了工作关键、突破了工作难点，靶向施策、精准发力，取得了累累硕果，为如期实现脱贫增添了强大助力，作出了积极贡献。

科技扶贫绽放致富之花

大关县委、县政府在“十三五”期间，抓住新机遇，开创跨越发展新局面。通过发展地方特色产业，以点带面，缩小差距，补齐短板，推进全县“十三五”时期经济社会跨越式发展。坚持把脱贫攻坚作为“十三五”时期的头等大事，锁定“两不愁、三保障”目标，精准扶贫，精准脱贫，确保了贫困人口全部如期脱贫摘帽。

科技扶贫示范。2014—2019 年，大关县承接省、市科技扶贫项目 22 项，其中市级科技扶贫项目 20 项，省级扶贫项目 2 项，收到项目资金 230 万元，其中收到市级项目资金 165 万元，收到省级项目资金 65 万元，各类科技扶贫项目已实施完毕。

2014—2019 年，省级认定的 2 项科技扶贫项目，获得云南省科技厅补助资金 65 万元。其中，2014 年大关县向省科技厅申报云南省“云药之乡”认定，获得了省级专家组的实地考察认定，并签了协议，获得补助资金 25 万元，项目实施以来开展各类中药材技术培训 5 期，培训 500 人次。大力培育扶持龙头企业 2 家、合作社及协会 16 个，支持指导他们按 GAP 中药材种植标准，规范化新栽培种植发展中药材 1.5 万余亩，其中种植黄檗 1.2 万亩、种植云木香 300 亩、育黄檗苗 100 亩、党参 200 亩、天麻 500 亩、重楼 20 亩、黄精 100 亩、白芨 150 亩，丹参 300 亩、其他品种 1200 余亩；2018

年，获得云南省科技厅补助资金 40 万元，用于科技发展中心的建设。

市级项目。2014—2019 年市级项目 20 个、支持资金 165 万元。2014 年度获得市科技局小课题 3 个、支持资金 18 万元。其中，大关县千叶茶叶有限公司实施的绿色生态茶园建设 5 万元；大关县经科局实施的党参引种栽培试验示范 7 万元；大关县上高桥宏宇牧业有限责任公司实施的优质杂交肉牛基地建设 6 万元。

2015 年度获得市科技局小课题 4 个、支持资金 18 万元。其中，大关县曹家沟生态养殖有限责任公司实施的生态养殖建设项目 4 万元；大关县经济贸易和科学技术局实施的优质核桃苗圃培育基地建设 4 万元；大关县中药材产业开发协会实施的白芨套种芍药复合型种植项目 5 万元；大关县源野农业科技有限公司实施的中药材重楼、金铁锁良种培育扩繁及产业化示范 5 万元。

2016 年度获得市科技局小课题 2 个、支持资金 26 万元。其中，大关县中药材种植专业合作社实施的中药材复合型种植科技示范园 20 万元；云南雄观实业有限公司实施的优秀科技型中小企业补助 6 万元。

2017 年度获得市科技局小课题 4 个、支持资金 13 万元。其中，大关县中药材种植专业合作社实施的中药材复合型种植科技示范园 3 万元；云南雄观实业有限公司实施的云南省农产品深加工科技型企业 3 万元；大关县经科局实施的大关县科技服务能力建设 3 万元；大关县中药材种植专业合作社实施的道地品种黄精套种半夏示范基地 4 万元。

2019 年度获得市科技局小课题 6 个、支持资金 80 万元。其中，云南翠贡茶业有限公司实施的茶叶标准化种植示范应用 30 万元；云南益康百草中药材开发有限公司实施的白芨规范化种植示范基地建设 10 万元；大关县玉碗大忠种养殖农民专业合作社实施的无公害蔬菜春白菜规范化种植示范应用 10 万元；大关旭红种养殖农民专业合作社实施的筇竹工艺开发项目 10 万元；大关县平连种养殖农民专业合作社实施的新品种辣椒规范化育苗及种植示范 10 万元；大关县三江种养殖农民专业合作社实施的筇竹和刺老苞混种技术示范应用 10 万元；大关县竹产业发展中心实施的董文渊专家工作站 10 万元。

申报认定。向省科技厅组织申报“云药之乡”并获得认定。拟在现有基础上，利用 3 年时间，建造并重点支持 4 万亩厚朴经济林，7 万亩黄檗经济林及 200 亩种子生产基地和 100 亩苗圃生产基地建设，配套发展杜仲 5000 亩、天麻 2000 亩、重楼 200 亩、党参 500 亩、黄精 3000 亩、白芨 1500 亩，中药材种植面积发展达到 13 万亩左右，使中药产业产值达到 2.5 亿元，农民人均中草药材收入 1000 元 / 年以上。

项目实施以来开展各类中药材技术培训 5 期，培训 500 人次，大力培育扶持龙头企业 2 家、合作社及协会 16 个，支持指导他们按 GAP 中药材种植标准，规范化新栽培种植发展中药材 1.5 万余亩，其中种植黄檗 1.2 万亩、种植云木香 300 亩、育黄檗苗 100 亩、党参 200 亩、天麻 500 亩、重楼 20 亩、黄精 100 亩、白芨 150 亩，丹参 300 亩、其他品种 1200 余亩。一是组织申报认定了科技特派员 13 个；二是组织申报认定科技辅导员 12 个；三是组织申报认定农村经济合作组织 7 个；四是组织申报认定了中药材示范基地 3 个；五是组织申报认定中药材繁殖基地 3 个；六是组织申报认定科技型中小企业 12 家；七是组织申报认定科技特派员项目 6 个，支持资金 80 万元。

特派员示范。在工作中，充分发挥科技特派员的整体功能，重视培育典型，以点带面，点面结合，全面推动，促进科技特派员工作协调、有效开展。特别注重抓好四个层次的示范典型培育工作：一是科技特派员驻村或基地科技服务工作的典型，二是科技特派员个人典型，三是示范农户典型，四是行业服务组工作典型。

扶贫工作开展以来，我县始终围绕农业产业结构调整和助农增收，组织全县涉农部门，扎实开展科技引进、示范、推广、转化和运用，积极实施科技兴农项目。一是引进推广水稻抛秧、免深耕法、烤烟漂浮育苗等农业新技术 10 项，为实现农业效益化发展提供了技术支持。二是建立新产品试验示范进程，加强农业科技示范基地建设。目前，全县已建立试验示范基地 5 个，即：木杆镇细沙、三江口 10000 亩天然筇竹低产林改造示范基地；三江口、天星镇竹笋加工试验示范基地；天星镇早熟蔬菜丰产栽培示范基地、寿山金银花种植综合示范基地、木杆重楼示范基地，进一步巩固了农业基础地位。三是成立了农村专业合作组织。成立了果蔬、中药材种植、畜禽养殖方面的农村专业技术协会30个，农民专业合作社60余个，已成为我县农村科技成果推广的重要力量。四是积极开展示范带动工作，全县共建立科技示范户2000余户，通过示范带动，促进了农业科技成果推广和应用。

精准实施货币政策　全力助推脱贫攻坚

决战全县脱贫攻坚以来，人民银行大关县支行（下简称“大关支行”）始终把脱贫攻坚工作列为一项重要工作任务来抓好、落实好，精准实施各项货币政策，统筹推进全县金融扶贫各项工作，圆满完成决战脱贫攻坚以来的各项工作任务。近5年来，金融精准扶贫相关工作成效连续被人行昭通市中心支行评为系统亮点工作予以表彰。

完善金融扶贫机制。推动形成了全县金融扶贫会议联席机制，成立了各类工作领导小组，结合实际及时出台各项金融扶贫制度及实施细则。先后联合县直相关部门出台了《大关县农村信用户信用村信用乡镇创建实施细则》《大关县中小微企业“助保贷”业务管理暂行办法》《大关县金融扶贫示范试点工作方案》《大关县扶贫再贷款资金运用实施细则》《大关县扶贫风险补偿金管理办法》等制度、办法以保障各项金融扶贫工作的贯彻落实到位。

改进金融扶贫方式。推出了以选定扶贫区域为面、选出扶贫对象为点、加强金融扶贫为线的扶贫工作方式助力脱贫攻坚。即选定区域开发为“面”加大信贷资金投入，选出扶贫对象为“点”，金融触角直达基层，以金融扶贫为“线”贯穿于面、点之中，取得了扎实的成效。2015年1月29日，中国中央电视台《新闻联播》播出的云南“区域开发与精准扶贫”专题报道中，以大关县扶贫工作为例作了相关报道。同年7月，作为云南省人民银行系统四个县支行之一受邀参加了人行成都分行在贵州毕节举办的乌蒙山片区扶贫开发金融服务工作座谈交流会。会上，大关支行作了《多措并举 务求实效 努力开创金融扶贫新局面》的交流发言，取得共鸣。

创新金融服务模式。确立了以“金融服务‘三角度’助力脱贫攻坚”的工作模式，从惠农、便农、支农三方面协同推进。一是从“惠农”服务角度，配比支农再贷款与自有信贷资金比例，以“支农再贷款+配套贷款+优惠利率”模式高效推动金融扶贫工作。一方面，按照支农再贷款与自有信贷资金1∶0.6的比例匹配，加大信贷资金投入，切实让广大农户享受实惠；另一方面，积极推进“央行扶贫再贷款+产业精准扶贫贷款示范户”的创建，推动在全县建成15个“扶贫再贷款+扶贫小额信贷示范”基地、2000户“央行扶贫再贷款+产业精准扶贫贷款示范户”，有效促进了扶贫小额信贷与产业扶贫工作的对接。二是从“便农”服务角度，大力持续推进普惠金融建设与服务。推动在全县建成惠农金融服务点119个，目前已升级为普惠金融服务站的有65个，实现了全县行政村全覆盖。同时，全面落实安置点金融服务网点创建工作，推动设立易地扶贫搬迁“金融服务点”45个，实现易地扶贫搬迁地金融服务网点全覆盖。农户足不出村即可享受到便捷的金融服务。三是从“支农”服务角度，深化农村信用体系建设成效。在全县9个乡镇、76个行政村全面铺开农村信用体系建设，形成了信用社、乡镇政府、村委会和农户“四位一体”的农村信用服务体系。同时，着力提升“三信”评级实施效果，助力全县脱贫攻坚任务的实施，全力打造“信用户评级授信信用村——翠华镇金海村示范点”，以“信用户评级授信工作示范试点”为平台，形成可推广、可复制案例在全市予以推广。截至2019年12月，评定信用乡镇6个、信用村46个、信用户49525户（占全县所有农户的81.46%），授信农户32112户，累计授信金额14.62亿元，取得授信额度的农户可在额度内随用、随借、随还使用。

加大信贷支持力度。决战脱贫攻坚以来，大关支行积极向上级人民银行申请扶贫再贷款规模累计（指标）6.72 亿元。截至 2020 年 7 月，累计向地方法人金融机构发放再贷款（扶贫再贷款、支农再贷款）6.72 亿元、展期 2.2 亿元，现有余额 2.92 亿元。截至 2020 年 7 月，各涉农金融机构累计发放扶贫小额信贷 5.59 亿元（余额 4.37 亿元）、创业担保贷款 1.61 亿元（余额 1.54 亿元）、贷免扶补贷款 0.61 亿元（余额 0.30 亿元）；各金融机构各项贷款余额 34.25 亿元，其中涉农贷款 19.77 亿元，占比 57.72%，全县不良贷款率较低（1.92%）。在有效防控县域金融风险的同时，积极担当作为、精准贯彻落实和全面实施了各项金融扶贫政策，为全县取得决战脱贫攻坚的重大胜利提供了坚实的金融保障。

电商扶贫助农增收

2017年，在各级党政、政府各部门的努力争取下，大关县被列入全国第四批电子商务进农村综合示范县，从此开启了电子商务发展之路。

2018年11月2日，大关县农村电商发展大会暨电商人才启动大会正式召开。会上，大关闻远电子科技有限公司邀请王昆教授对参会的34家县直电子商务工作领导组成员单位项目负责人，各乡镇农村电商分管领导、乡镇团委书记，县电商、快递物流企业负责人及各乡镇农民专业合作社及青年电商人才等100余参会人员作了《乡村振兴战略下“互联网+”时代农村电子商务项目挖掘与品牌战略思维》的电商培训。

2018年11月5日，为了加强农村电子商务公共服务体系建设和农村物流配送体系建设、推进农产品上行，大关闻远科技有限公司受县委、县政府委托分别前往全县9个乡镇，开展电商扶贫调研部署工作。于11月12日起开始对大关县各乡镇站（点）进行推广电商经营理念培训授课。为加快建成9个乡镇电子商务公共服务站点和43个村级服务站，县工业信息商务科技局、大关闻远电子科技有限公司多次前往各乡镇考察建站选址。

2019年3月，云南省商务厅委托商务部流通促进中心在昭通市对大关县2017年电子商务进农村综合示范项目进行绩效评价。2019年6月云南省商务厅下发了《云南省商务厅关于2017年电子商务进农村综合示范项目绩效评价情况的通报》（云商函〔2019〕251 号），大关县被评价为良好等次，标志着大关县电子商务进农村综合示范项目建设阶段完成，项目进入全面运营阶段。2019 年 3 月 30 日，由大关县工信商务科技局主办、大关闻远科技承办的“大关县电子商务进农村综合服务中心揭牌仪式暨大关县第一届筇竹宣传推介会”在大关县电子商务进农村综合服务中心举行。

大关县电子商务进农村综合示范项目投入运营以来，为扎实推进我县产业的发展，本地影响力较大的企业本着“共享资源，报团取暖”的理念成立“大关县电商协会”，现有大关闻远电子科技有限公司、云南翠贡茶业有限公司、大关县琦鑫农产品生产有限公司、木杆兴鑫竹笋加工厂、大关县清茗茶叶有限公司、大关县同梦时代电子商务有限公司、大关县周满圆食品有限公司等共计 10 家会员企业，为大关县区域公共品牌的打造添砖加瓦。

针对大关的特色农产品、旅游产业，大关闻远电子科技有限公司主导搭建的以大关农产品上行为主的线上平台——“大关赶集”微信小程序 2020 年年初投入使用，运作对象人群主要是大关本地人民，小程序主要是为大关人提供各种便民信息，其次再通过这些便民服务寻找潜在客户，为农产品上行助力。目前，大关赶集小程序运营情况良好，主要帮助农户及卡户提供平台农产品售卖，总收入额共计 62342 元，收益呈逐渐增长趋势，实现了以帮助农户和贫困户农产品上行为出发点的扶贫助农项目初衷。作为大关本地便民助农小程序，大关赶集拥有较好的发展趋势。

项目自落地以来，大关县工信商科局、大关闻远电子科技有限公司相关工作人员为站点的选址、优化深入实地考察调研，足迹踏遍大关 9 个乡镇 84 个行政村（社区），累计行程超 10 万公里。截至目前，全县共建成县级电商公共服务中心 1 个，县级电商物流分拨中心 1 个，乡（镇）级电商服务（物流配送中转）站 9 个，乡村新型商业中心 1 个，村级电商服务（物流配送中转）点 43 个，覆盖 43 个贫困村，实现建档立卡贫困村电商服务点覆盖率 51.2%，实现电商服务延伸到村，让贫困户足不出户就能享受到电商的便利。开展电商培训 29 期，培训 4183 人次，其中，建档立卡贫困户 603 人。全县电商企业 22 家，新增 16 家；电商网店 80 余家，新增 60 余个。根据大关闻远电子科技有限公司提供的数据显示：2019 年 1—12 月，大关县网络零售额实现 717 万元，同比增长 36.97%；农产品网络零售额 45 万元，同比增长 291.16%。

第三编　基础设施建设

天堑变通途　玉带载希望

为补齐交通短板，大关县委、县政府带领全县各族人民迎难而上，紧紧围绕市委脱贫攻坚交通先行要求，全力以赴狠抓交通基础设施建设，构成了以国道213线公路为主轴、东边彝岔二级公路、西边麻昭高速公路、南边昭麻专线、北边水麻高速公路为框架的“米”字形交通网络枢纽，逐年实施重要县乡道升级改造、建制村公路硬化、村组公路硬化、安置点连接线公路硬化等项目，织密起四通八达的交通网络，枢纽型、网络化、功能性的交通基础设施体系日趋完善，“畅、安、舒、美”的交通更加流畅。截至2019年年底，全县各类公路总里程4512公里，其中国省道262公里、县道258公里、乡道759公里、村道3233公里；按等级分为高速公路74公里，二级公路78公里、三级公路112公里、四级公路969公里、等外公路3391公里；实现乡镇油路通达率100%，建制村公路硬化率100%。

走进大关县木杆镇银吉村徐家湾村民小组，一条4.5米宽的水泥村道公路顺着山势延伸，连接着家家户户。“山区能有这样的路，是党的政策好，国家下真功夫帮助我们，是我们老百姓的福气。”村民田成信满脸笑容地说。“以前称盐打油什么的，或者农忙时间要买点化肥、农药不仅要走半天，还要肩背担挑弄回来，累不说，山路不好走还危险，如遇到冬天家里人去看病，天不亮就要打电筒出发，看完病后晚上再打着电筒回家。”“老家通了水泥路，虽然不算很宽，但比以前的泥巴路强太多了。”“有了这条路，村子变美了，土特产也开始走俏，可以在家门口就把钱挣了。”说起几年来村里的出行变化，村民们你一言我一语，笑得合不拢嘴。

道路犹如一条血脉，一头连着民生，一头连着发展。每一条路都记录着大关跨越发展的轨迹和信念，成了民生路、产业路、致富路、希望路，为农村贫困地区带去了人气、财气，为党在基层凝聚了民心，为群众承载起了美好生活的希望！

由“通”到“好”的时代答卷

建好公路靠的是干部群众的共同努力，也是真金白银的倾情投入，政策机制的创新完善。自决战脱贫攻坚以来，全县公路项目总投资达 20 亿元以上，覆盖全县 27 万余人，其中受益贫困人口达 11.3 万人，非贫困人口 15.7 万人。

坚持标准先行、质量第一，明确农村公路“建好”标准。

县交通局按照“着眼长远，减少重复、杜绝浪费”的原则，对农村公路建设标准、技术等级和质量管理进行明确。决战脱贫攻坚以来，全县各类公路里程由 3595 公里增加至 4512 公里，增加了 25%；高速公路由 26 公里增加至 74 公里，增加了 184%；县、乡、村道等农村公路由 3356 公里增加至 4225 公里，增加了 25.8%，农村公路硬化里程 2239 公里，占 53%，实现建制村公路 100% 硬化和建制村 100% 通客运目标。

坚持创新机制、健全机构，完善农村公路“管好”体系。

县委、县政府高度重视，成立了以县委副书记任组长的路域环境专项整治领导组，对昭麻二专线、岔彝二级公路、麻水线、国道 213 线以及靖玉公路等县内主干线和集镇道路路产路权范围内的乱搭乱建、乱停乱放、乱贴乱画、乱倒乱排、乱摆乱堆等“五乱”行为进行清理整治，整治成效显著，有效改善公路沿线环境，消除安全隐患，确保公路安全、畅通。同时，按照“统一管理、分级负责”原则，建立路政月检制度，加强路政巡查，保障道路畅通。2017 年 5 月起，大关推进运政路政综合执法改革，实行一套班子两块牌子，实现合署办公，形成职能配置合理、运作协调高效、执法行为规范、执法保障有力，达到统一协调、统一指挥、统一行动目标。

坚持多措并举、加强保障，做好农村公路“护好”文章。

建立健全“县为主体、行业指导、部门协作、社会参与”的养护工作机制，全面落实农村公路养护主体责任，充分发挥乡镇人民政府、村民委员会及村民的作用，将日常养护经费和人员纳入日常养护工作中，切实完成上级下达 1528.489 公里列养里程，其中省道 11.926 公里、县道 258.255 公里、乡道 759.071 公里、村道 499.237 公里，真正实现有路必养。做实全县农村公路摸清家底、排查隐患、建立台账、规划养护工作等前期工作，积极争取养护工程。近年来，争取资金 9407 万元完成溜索改桥项目 9 座、危桥加固改造 8 座、养护大中修工程 13 个、日常养护及小修小养 4100 余公里。2016 年以来，累计投入 1 亿元实施安全生命防护工程，实现建制村道路危险路段有安全防护设施；推进农村公路多元化养护，农村公路养护维修工程通过政府购买服务的形式，按照公开招标方式择优选择养护作业单位实施；县道、主要乡道的日常养护以及路面修补、桥涵构造物修复等技术性较强的养护工作实行专业化养护；农村公路的日常保洁和村道的养护以降低成本、提高效能、保障道路安全畅通为前提，结合农村最低生活保障、政府购买公益性岗位等方式，采取由个人、农户分段承包、“专业养护公司 + 农户”、建设区域性综合交通服务中心等方式进行养护，签订养护合同，落实养护责任和质量目标。

坚持富民优先、综合利用，提升农村公路“运营好”效益。

按照“小站房、大站场，客货并举、运邮结合，一站商用、一站多用”的原则建成二级客运站 1 个、农村客运站 8 个、农村客运招呼站 31 个，提质改造农村客运站 3 个，投入 357 万元新建岔河汽车服务站。根据“互联

网 + 农村客运 + 农副产品寄递安全 + 邮政小件快递 + 农村货运”区域化新模式，全县 8 镇 1 乡客运班车通车率 100%，84 个行政村（社区）客运班车通车率 100%，开通农村短途客运车辆 361 辆，客运线路 72 条。按照《云南省营运班车安全检查实施意见》要求，以“三关一监督”的方式，落实安全管理职责，规范农村客运管理，对原挂靠农村客运公司运营的所有农客根据客运经营者意愿，逐步过户至昭交集团永宁农村客运公司进行规范管理，纳入公司管理车辆 180 辆，完成大关至天星线路车辆 36 辆、大关至黄葛线路车辆 30 辆农村客运班车公交一体化“小改大”工作；以“四证三卡一单”的方式，严格查验车辆从源头上排除行车安全隐患，全面落实各项安全检查职责，层层落实各岗位安检责任。以县城公交一体化建设为抓手，推进大关—玉碗、大关—黄葛等城乡公交建设，摸索经验，以点带面，推动全县城乡道路交通一体化建设，完善县城、城乡、镇村三级道路客运网络。

精准脱贫　乡村振兴　一个都不能少

“外通内连、通村畅乡、班车到村、安全便捷”的农村交通运输网络，让农村更强、农民更富、乡村更美，更为贫困群众打开了致富大门，公路通到哪里，风景就延伸到哪里。下面几组事例就是大关县“公路通、百业兴”的小小缩影。

木杆镇甘顶村的美丽嬗变恰如一滴水，折射出了整个大关经济社会发展的新气象。走进这个村，映入眼帘的是一派欣欣向荣的农村新景象：宽敞整洁的硬化公路、鳞次栉比的砖瓦房、沿街挺立的太阳能路灯，让人如同走进了一幅美丽的画中。

木杆镇漂坝村杉树坪小组长张明荣介绍道：杉树坪村是一个苗族小村寨，以前很落后，饭吃不上，衣穿不着，住的是杈杈房，盖的是茅草房。房子是用塑料布盖顶，用玉米秆、筇竹围起来。当地人文化素质偏低，高中生都很难找。一个月能吃一顿肉都难。在公路修通之前，赶集需要一个多小时，买点东西背回来则需要近三个小时，天不亮就出门，天黑才能到家。1993 年村民自发组织把公路修到家门口，虽说只有短短 3 公里的土路，但是村民很爱惜，自发用石头夯实路面，出行变得方便了很多。2009 年政府帮助进行房屋新建或维修，居住条件得到很大改善。在公道硬化后，所用的沙、石等材料直接拉到家门口，家家户户修起了洋房，过上了好日子。如今的杉树坪村，在交通改善后，逐步走上了幸福的康庄大道，大力发展竹产业，其中筇竹达到 300 多亩。路通了，进城或赶集的时间缩短了，收入也增加了，以前一年收入只有 1000 元左右，现在可以达到 4000 元左右，勤快的可以达到 5000—6000 元。

玉碗镇石灰村大坪小组是一个海拔高达 2000 米的小村庄，当地气候恶劣，日照时间少、雾天多，通村硬化路建好之前一直处于晴通雨堵的状态，出行不便、运输困难。在 2017 年硬化路修通后，成立了养殖合作社，种植青贮玉米养牛，采取圈养与分发到农户家里养再统销模式，经济效益好，农民积极性提高，而且道路贯穿田间地头，运输方便，带动了群众增收致富。

天星镇打瓦村的变化是这众多通路村组当中一个生动的例子。打瓦村岔彝路全长 5 公里，老百姓沿路种植 600 亩枇杷、1000 亩花椒，再也不用为卖不出去而犯愁了，这条路惠及了 5 个村民小组 795 人的出行，也让他们获得了满满的幸福感。“娃儿常年在外打工，只有逢年过节才回来，每次看到家乡发生的变化，他们都觉得这生活真的是有希望了。”打瓦村民委员老妇女主任李崇芝感叹道。“路通了，我们修房建屋不再是人背马驮，自己种植的农副产品销路也打开了……”

发展的激情、改革的智慧冲破了许多桎梏。打通了路，贴近了心，大关的交通建设走过了从疏到密、从数到质的发展历程，逐渐完善的农村交通网络，给老百姓带来了实实在在的效益，一条条公路正成为打赢脱贫攻坚战、实施乡村振兴的“主动脉”，经济发展了，生活富裕了，老百姓笑了。

春风入座喜盈门

——大关县农村危房改造纪实

安得广厦千万间，习习春风暖云天。决战脱贫攻坚以来，大关县坚持以人为本，紧紧抓住国家农危改政策机遇，在县委、县政府的坚强领导下，广大党员干部不忘初心、牢记使命，撸起袖子加油干，硬是在危房改造这场攻坚硬仗中，用呕心沥血的付出，换来了群众住上“暖心房”的灿烂笑脸，用自己辛苦指数换来了群众幸福指数。

党群齐心　上下联动

一分部署，九分落实。再好的政策，如果不靠实干，也只能是水月镜花。在打好农村危房改造歼灭战中，县委书记陈刚以上率下，多次到乡镇调研、指导农村危房改造工作、老旧危房拆除和复垦复绿工作，把问题研究在一线、解决在一线，“5+2”“白＋黑”成了他的工作常态。在一次次的调研座谈中，陈刚书记总是给大家鼓劲加油：“党员干部要冲锋在前，发挥带头作用。大家要层层压实责任、严格施工管理，严格一户一宅管理，落脚点就是要把家园变美，提升群众满意度。我们有国家农村危房改造政策资金支持，有人民群众的支持，有敢打硬仗的精准扶贫队伍，我们要有克服一切困难的勇气，就有夺取胜利的底气，一定要迈开步子、甩开膀子、干出样子……”县住建局作为县级农村危房改造主要职能部门，肩负着农村危房认定、改造、质量巡查、人居环境整治等重要工作任务。局党组班子一干人马，抱团发力，挑起肩上沉重担子，当好农村危房改造指挥员、战斗员、排头兵，全县哪里有危改房，哪里就有他们的身影。“危房不住人，住人无危房”，这是县委、县政府向全县人民交出的满意答卷，更是广大党员干部共同谱写在关河大地的奋斗者乐章。从 2015 年到 2019 年，五年的时间，全县累计投入资金 5.5 亿元，实施农村危房改造 15955 户，受益群众 60629 人。其中，在三年农危改攻坚战中，投入资金 3.1 亿元，对全县的 26023 户建档立卡贫困户住房安全等级进行认定，完成四类重点对象农村危房改造 7090 户，帮助 29778 名困难群众实现农村住房安全有保障。

新村新颜新居新貌

笑脸升祥云，危房改造圆了祥云村民安居梦。走进天星镇祥云村，了解农村 4 类对象危房改造情况，大家脸上都露出好看的笑容，都会说“危改政策真正好”。龙塘七组 73 岁的村民宋怀伍说：“我家有 4 口人，现在住的好房子是政府 2018 年帮建的，有 50 来平方米，修得安安逸逸的，自己没有出一分建房钱，一点都没有操过心。就是把村干部、扶贫工作队的同志麻烦够了，帮助我有了像样子的归窝了。”龙塘六组的危改户邓万银说：“如果没有这间遮风避雨的房子，四级残疾的我和二级残疾的老母亲就没得着落了。多亏党和政府帮助，把房屋加固。虽然自己和母亲都落下残疾，但有政府照顾，有好政策，冷不到、饿不到，还有安全房子住，睡觉都安安稳稳的。”在翠华镇黄连河村罗家沟村民小组，危房改造户喻忠翠谈起 2017 年

10月召开全县农村危房改造现场会场景："当天，我家坝坝头、房前屋后、里里外外都站满了人，大家都来参观我家改造好的房子，还有夏以红、夏以军家的房子，大家都说这个房子加固得太好了。"

脱贫首要安居，安居才能乐业。大关县举全县之力，层层压实责任，把推动危房"清零"作为开展"不忘初心，牢记使命"主题教育成果的"大检验"，作为践行市委"133"工作思路的落脚点，最大限度地把群众支持参与危房改造的积极性调动起来，汇聚干群合力攻坚的洪荒之力，把农村危房改造的答卷写在了关河两岸，写在了老百姓的口碑中。

危改保安全　群众笑开颜

得益于党和国家的惠民政策，得益于县委、县政府的坚强领导，得益于镇村干部职工久久为功的努力和孜孜不倦的付出，寿山镇农房质量得到整体提高，抵御自然灾害的能力进一步增强。自2009年至今的10年间，寿山镇共投入资金5100多万元，改造农村危房3600余户，全镇于2019年年底实现4类重点对象农村危房全部"清零"，实现了脱贫攻坚"住房安全有保障"目标。

上面千条线，基层一张网。农村危房改造虽是一项解决农村贫困群体住房安全的保障性政策，但在执行过程中往往会遇到诸多问题，导致工作推进迟缓。2018年10月的一天，县住建局局长带领专业技术人员到寿山镇小河村云盘村民小组检查农危改工作开展情况。云盘村民小组属于偏远山区，到户公路是没有硬化的土路，阴雨绵绵、山高路滑，开四驱车前往都显得吃力。他们爬完泥泞的山路到建档立卡贫困户杨永乾家，他家的住房是用木头和竹条子编织起来的，非常破旧。老杨家原本可以享受易地扶贫搬迁政策搬出大山，经过镇村干部多次做思想工作老杨家都始终不愿搬迁，就守着一亩三分地和一间破旧房屋继续生活在大山里。为了解决他家“住房安全有保障”的问题，县住建局一行专门到他家做思想工作。老杨没在家，家中是老杨的儿子，刚初中毕业。局领导说明了来意：“我们今天来呢，就是希望你们抓紧时间把新房子建起来。你家这个房子不安全，不能再住人了。你家虽然错过了易地搬迁政策，不是说政府就不管你们了，为了解决你们的住房安全问题，政府还有农村危房改造政策，你家 4 口人，按照目前的补助标准可以享受 3.2 万元的建房补助，按照人均 13 平方米的标准，你家 4 口人建 52 平方米的房子，有政府的 3.2 万元补助，你家也添补不了多少钱就可以把房子建起来了。”杨小伙来了一句：“喊我家修房子是不可能的，3 万多点钱咋个修得起房子，修五十来个平方米咋个住得下。”随后，住建局的同志跟他解释了农危改相关政策，但是不管怎么说，老杨家还是态度坚决，总之就是不答应建房子。

之后的几个月里，镇、村干部隔三岔五就去他家，做思想工作，但是老杨家就是坚决不建房，要么嫌限制面积小、要么嫌补助资金少。直到 2019 年春节过后，他家建房的事才有了转机。2019 年大关要脱贫摘帽，所有建档立卡户住房安全问题必须全面“清零”，为了实现“两不愁、三保障”中住房安全有保障的目标，尽量减少贫困户建房压力，避免因房致贫、因房返贫的现象发生，大关县委、县政府提高了农村危房改造资金补助标准，以老杨家 4 口人为例，补助标准从原来的 3.2 万元提高到 5 万元。镇村干部再次到他家做思想工作，还答应帮他找施工队，老杨最终才同意建了房。

上述事例只是农危改工作中的一个小小的缩影，实际工作中可能会遇到各种各样的插曲和阻力。面对群众的不愿意、不配合，镇村干部能做的也是必须做好的就是“懂群众所急，急群众所急，解群众所急”，以“吃透政策、强化宣传、严格把关、公平公正、规范管理、注重质量”为抓手，切实解决贫困群众住房安全有保障的实际问题。“住上了好房子，生活环境还要有新样子”。在保障群众的住有所居的同时，寿山镇还坚持把“有居、宜居”的理念注入危房改造的全过程，结合提升农村人居环境行动，引导农危改户树立科学文明健康的生活理念，着力改变农村脏、乱、差现象，贫困群众的生活环境得到了有效改善，农村人居环境明显提升，农村面貌焕然一新，群众的笑容出来了，镇村干部的心也就踏实了。

铆足干劲　决战大考

为水而战这五年，县水务局全体干部职工始终奋斗在全县脱贫攻坚主战场农村饮水安全主阵地上。大力实行部门领导挂乡包村、技术人员包村到户网格化责任机制，制定技术指导意见，狠抓项目质量监管，组织开展业务培训 2 期、项目现场培训 100 余场次 2000 余人次。访民情、找水源，搞规划、抓施工，找差距、查问题、补短板、抓整改，处处都留下了干部职工忙碌的身影和深深的足迹。

2019 年 2 月，在县委、县政府的统一安排部署下，水务局干部职工严格按照云南省脱贫攻坚农村饮水安全评价“一册、一表、一卡、一图”“四条标准”，对全县 9 个乡镇 84 个村（社区）26023 户建档立卡户的饮水安全达标进行复核认定。他们日出而作，日落而归，保证农户不漏、问题不漏，准确把握、客观认定，确保全县农村饮水安全不漏一户。其间，农村水利管理站站长刘成东舍小家顾大家，无暇照顾哺乳期的妻儿，长期奔波于项目施工一线；女干部张秋迷路深山；回族（加“干部”）桂阳自带清真干粮坚持走访 1 个多月……尽管条件恶劣，工作艰苦，水务人员毅然持续奋斗在一线，并于 2019 年 6 月底创下了大关县脱贫攻坚“十大清零行动”的第一个“清零”成果，比上级规定的时限要求提前 3 个月，成为全市第一家通过市级复核认定达标的县。

破解水困　架起干群连心桥

五年来，在县委、县政府的坚强领导下，水利局干部职工、镇村干部、驻村工作队队员和广大人民群众投身农村饮水安全工程建设，积极投工投劳，参与饮水工程蓄水池开挖、管槽开挖和回填、施工材料运输等。在全县形成了政府主导、干群联动、共建共享的农村饮水安全工程建设良好局面。

上高桥乡红旗村水源匮乏，村民饮水多是靠天积水。2017 年，县水务局将红旗村饮水项目列入规划，红旗村监委主任杨兴春和上高桥乡水利站技术员罗廷华等人组成项目建设管理队伍，组织发动群众投工投劳，从悦乐镇太阳坝火草坪将泉水引到了红旗村，耗资近 400 万元的全县第一件横跨两个乡镇的饮水安全管引工程于 2019 年建成投入使用，有效解决了红旗片区 31 个村民小组 305 户 1504 人的用水困难。

2016 年建成的高桥镇核桃片区饮水工程，水源地海拔高达 2300 余米，高寒冰凌气候明显，引水管道所经地形复杂，在长达 23.5 公里长的输水主管中，首段 15.6 公里管道呈倒虹吸布置。由于海拔高冰凌气候明显和水头落差大、输水压强大等因素，先后出现 PE 管连接处接头受冻爆裂、PE 管输水压力超限爆裂、钢管法兰盘连接处受冻爆裂等问题，导致片区群众饮水难以稳定保障。针对存在问题，水务局先后于 2016 年、2017 年、2018 年先后三次对该工程进行了提质改造。由于管线道路地形复杂、荆棘丛林密布、多处峡谷纵深，每次现场研究解决工程技术难题，仅仅在首段 15 公里多的施工现场，水务局工程技术人员都要花三天时间。现场工作期间，因工地位于高山峡谷和荆棘丛林之间，工作区域无人居住，技术人员只能自带干粮和水充饥解渴。通过 3 次长达 4 年多时间的工程提质改造，终于 2019 年年初实现了工程稳定供水，片区群众 482 户 2025 人（其中建档立卡户 145 户 608 人）的饮水安全得到了有效保障。

2020年春末夏初，因受持续旱情影响，大关县局部地区水源减小甚至枯竭，导致部分农村饮水管引工程供水不足、水窖蓄水不足，部分群众饮水告急。水务局时刻关注旱情发展，实时关注群众饮水困难，积极筹措资金20余万元，采取消防车和水车送水、新增管线补充水源、增设水源管道等方式，为上高桥乡、天星镇、悦乐镇、高桥镇等干旱严重地区群众送水1200余立方米，为农户送水和水窖补水，解决了4个乡镇14个村民小组271户1129人（其中建档立卡户135户563人）受旱灾影响导致的季节性饮水困难。

水润旱塬　情暖民心

悦乐镇里底村辖 17 个村民小组 736 户 3167 人，其中建档立卡贫困户 115 户 503 人。受地形地貌、地质构造的影响，村内可用水源点较少。2010 年实施饮水项目 1 件、解决了 5 个村民小组饮水问题，但在因该水源为表层裂隙水，水源水量不足，且受地震、干旱等影响，2012 年该供水工程出现水源枯竭现象，供水保证率较低，部分群众饮水靠零星水源人工取水或用车拉水，农村供水不安全问题突出。

针对该片区实际困难，2018 年 6 月镇党委安排镇水利站工作人员及村支书在悦乐镇范围内寻找可用水源。历经重重困难，终于在离里底村 16 公里外的大坪村岩方坪村民小组找到了可饮用水源。由于该工程引水管道所经线路地势复杂，多处途经悬崖峭壁，有的悬崖上只有一条狭窄且陡峭的小路、有的沟壑需要在空中架起背水桥，踏勘的工程管道线路极为艰辛。云南建投集团驻村队员申瑞林，一个一米八的大个硬是以爬行的方式在悬崖上前行了 100 余米。在水源点和管道线路基本确定后，立即向上协调争取项目资金，并于同年 8 月完成了设计方案。项目概算 368.44 万元，但按县级规定的补助范围和标准，项目缺口资金 100 余万元。主要原因有：一是部分子项目有较高的施工技术要求，施工难度大，单靠群众投工投劳无法建设（如穿过隧洞段采用隧洞内锚杆、挂网钢筋及喷射 C25 混凝土等施工措施）。二是近年来由于受山洪、滑坡等地质灾害影响，管线途经的大里堰垮塌迹象严重，组织群众施工安全隐患大。三是里底村群众到大坪村或沙坪村施工断面投工投劳路程远，大规模组织群众到外村开展建设，大部分时间都浪费在了往返路上，工作效率低。眼看着项目就要落地，但缺口资金却像一块沉重的石头又压在了所有人心上。镇村干部一次次到县上争取缺口资金。功夫不负有心人，2018 年 10 月，县级整合云南建投集团对口帮扶资金 100 万元用于该项目建设。

悦乐镇里底村大落凼片区农村饮水安全巩固提升工程于 2018 年 11 月开工建设，施工单位进场后面对复杂的地形地貌及危险的施工断面感觉十分头疼，项目又横跨 3 个行政村，对沿途村民小组的协调工作也十分棘手，施工单位不知如何入手。里底村党总支书记周业彬从寻找水源、检测水质、设计路线开始就在这山高坡陡、丛林荆棘的大山中往返 10 余次，没有人比他更熟悉那里的每一寸土地和群众，他义无反顾地承担起这份协调配合的责任。

2019 年 1 月，正是工程项目进展最快的时候，周业彬每天早出晚归，早上带施工单位人员查看管道布置线路、检查挖沟深度，中午又检查已埋管道试通水情况及危险路段的排危工作，还要时刻提醒施工人员注意安全。每天都工作到天黑，有时比施工单位回得晚，就怕工程出问题耗费了国家的资金，更怕群众又没有水吃，他一遍遍检查工程质量，每天往返 10 余公里，施工现场处处都留下了他忙碌的身影和深深的足迹。

2019 年 2 月 2 日晚上 7 点多，离过春节只有两天了，周业彬还在检查主管试通水情况，他接到孩子的电话说等他回家吃晚饭、商量一下过年的事情，周业彬说：“不要等我了，要等到这段管线的水通了才回家。自己车上有方便面的，等下随便应付下就可以了。过年的事你们商量了就好，我都同意。”孩子不耐烦地说，质量问题有监理单位的管，你今天先回来吃顿热饭明天再去看。周业彬说：“我不放心，只要看到水顺利了通了，我吃什么都高兴。”

2019 年 3 月工程施工进度已达 90%，配水干管及到户管已全部完成，就等主管通水就可以全段试水，但主管架设到沙坪村凉水井村民小组受阻，施工单位已经3天没有施工了。凉水井村民小组全体村民要求从主管上切口分他们一股水，他们的饮水也时常得不到保障，有这么大一股水从他们地里面过应该分一股水给他们使用。从项目开工以来沿途经过了 7 个村民小组，每个村民小组都基本提出了同样的要求，周业彬都一一化解，但这最后一个村民小组，也是人数最多的一个村民小组，周业彬再次拖着疲惫的身体到沙坪村凉水井村民小组和群众讲道理，只是这次群众好像铁了心，任由他怎么说，100 余名群众还是要从主管分水。此时人群中传来响亮又带点哭泣的声音："我们里底村缺水几十年了，这次国家投入大，才有机会申报这么大的项目，让群众有水吃，我们里底村是真的没有水源，恳请你们一定让我们吃上这个水。如果水在中途开了口，水的压力就不足，我们村 11 个组的水就会不够用。现在国家政策这么好，如果你们用水也有困难，你们也可以申报项目实施，这股水是我们里底村老百姓的命，我们盼了几十年、等了几十年，下个月就全部贯通了，恳求你们一定让我们吃上这个水，我代表全村群众谢谢你们。"其真挚感人的话语得到了阻工群众的理解。

2019 年 4 月，里底村饮水项目全部完工试运行，覆盖了 11 个村民小组 440 户 1893 人（其中建档立卡户 54 户 228 人）。至此里底村家家户户通了自来水，群众发自内心地感激："共产党就是好，有了共产党的关怀，咱们老百姓也能喝上干净卫生的自来水。""水利设施大变样，使用灌溉两称心。山村通上自来水，水质净化更卫生。里底人民感恩党，脱贫攻坚奔小康。共同实现中国梦，幸福生活万年长……"里底村村民盛廷权对水利扶贫的成效赞不绝口。

以水为墨　绘就吉利大美新画卷

水利兴则农业兴。如今的吉利镇，一项项农村水利管饮工程正在发挥效益，一个个农业灌区已经实现高效节水，一条条河道岸洁水清，呈现出兴水惠农、人水和谐的生态画卷，也展示着水利铁军为农村水利、农村安全饮水所付出的艰辛努力。五年来，吉利镇协调争取、整合筹措资金 446.609 万元，完成农村饮水安全巩固提升工程 89 件，惠及群众 2450 户 9820 人，奏出农村水利最强音，为全镇农业发展、脱贫攻坚乃至乡村振兴，提供了支撑和保障。

三分建，七分管。作为全县农村饮水安全标准化管理示范乡镇之一，吉利镇全面推行水利工程标准化管理，分村分类组织实施，完成农村饮水安全集中式水利工程标准化管理创建 146 件，创建镇级节水型灌区 1 个、高效节水灌溉面积 80 亩，农田灌溉水有效利用系数达到 0.56，基本实现了“五年任务、两年完成”创建目标。同时，努力建设“水清、岸绿、景美”的生态河道，开展河道综合治理，系统整治关河河道，打造生态河网，“十三五”期间完成河道整治 17.5 公里，清淤 23.45 万立方米，生态美丽河道建设亮点纷呈。

河湖常清，关键在长效保护。按照市水利局《昭通市城市河道管理条例》的要求，镇级设立了镇、村两级“河长”，落实了河道保洁资金、人员，建立了长效的河道保洁机制，实现了对全镇 2 条 22.3 公里的河道及所有沟渠保洁全覆盖、常态化。并与周边乡镇在交界河道试行互聘村级“跨界河长”形成跨界河道“一河双河长”制，成功实现资源共享、效率优化。

“堤坝牢、河道宽，防汛抗旱不再难；水清澈、岸整洁，两岸环境一片绿；流量足、管网密，旱涝保收不着急；环境美、生态好，安居乐业无烦恼；仓廪实、林果丰，水润大地建奇功。”在吉利群众中广泛传唱的这首新民谣，正是唱给吉利以水为墨、绘就吉利大美画卷的颂歌。

清泉入金海　乌鸦变凤凰

翠华镇金海村是全县最小的行政村，全村总面积仅 6.39 平方公里，村民 285 户 1148 人，其中建档立卡贫困户 95 户 372 人。金海村作为一个水资源极度短缺的贫困村，每年枯水期达三四个月，这期间老百姓用水之艰难超乎想象，用他们自己的话说，“身上都脏得起霉了，也不敢洗一次澡”。水乃命脉，古今皆然，饮水问题，成了金海村脱贫攻坚路上的绊脚石。

从没水喝到有水喝。金海村老百姓大多住在笔架山半山腰，山高坡陡，地形地貌导致地下水少保存不住，缺水严重，村民先是在政府的扶持下，在院内修建蓄水池，下雨后，房顶的雨水在蓄水窖过滤后，便直接饮用。

脱贫攻坚以来，翠华镇整合项目资金，投资 252.58 万元，用于解决金海村饮水问题，将距离金海村 15 公里的山泉水引来，把管饮设施铺设到村民院里，让村民们告别了“水贵如油”的苦涩岁月，喝上了甘甜的山泉水。

提起以前没水喝的痛，村民唐福鑫说：“以前我们村靠天喝水，只有下雨时，把雨水储好，才有水喝，遇到天干时，我们只有到化龙桥下边的河坝背水，一趟要两三个小时，一年中有 3 个多月缺水，洗脸水要留到晚上洗脚，洗脚水要留来浇灌庄稼。”金海村金海村民小组的唐福鑫，是村里的卡户之一，祖祖辈辈因水而困、因水而愁。如今，在自家小院里，看着水管里汩汩流出的清泉，欢快地喷射在水池里，在阳光里闪闪发光，村民唐富鑫满心的喜悦之情溢于言表。

从有水喝到喝安全水。农村饮水安全是一项重大民生工程，也是全面建成小康社会和推进基本公共服务均等化的重要内容。金海村在脱贫攻坚工作中坚持用最强的力量，攻克最难的堡垒，从“饮水解困”到“饮水安全”，从“饮水安全全覆盖”到“饮水安全巩固提升”，从饮水“面的覆盖”迈向了“质的提升”，群众有了更多的获得感、幸福感。

“我们原来吃水可难了，之前组里有2口老井，全组几十户人家，每天排队去挑水。水不干净，总有一股泥腥味，烧开泡茶喝都有气味，喝了经常得一些怪病。现在，政府帮我们把水管安装到厨房里，水龙头一拧，哗哗直流，而且村里建设了消毒池，我们饮用的水各项指标都通过了国家相关部门检验，指标都安全达标。水量也大，水质还好，直接在水龙头上喝也没有异味，还有一丝丝甘甜。”家住金海村蛇山小组的高国军高兴地说。

“以前用的蓄水窖虽然让我们有水喝了，但是时间长了水的味道又变了，里边会滋生许多病菌，不把水烧开喝会拉肚子的，但是现在，我们连冲洗厕所都用上了自来水，一点也不臭了。”蛇山小组村民赵文碧谈及水给自己生活带来的变化，脸上满是笑意。

“你看，现在我们学校的自来水流水量大，而且水质通过净化和除菌后，达到安全饮用水标准，师生用水都不用愁了。”金海村小学教师朱大敏带着我们走进学校的学生厨房，水龙头一拧，自来水哗哗直流。作为乡村教师，看到山里的孩子能像城里的学生一样用上便利的自来水，朱大敏很是舒心。“以前全校60多名师生用水都靠沟里的一眼泉水，遇到枯水季节，学校缺水是常有的事。”朱大敏说，学校缺水时，得靠老师们到化龙桥的河里运水来维持学校正常运转。

饮水安全是脱贫攻坚的重点任务，也是脱贫攻坚重要考核指标，更是群众生产生活不可或缺的必要条件。从2014年起，为确保全村老百姓都能饮上“放心水”，大关县水务局与翠华镇党委、政府共同努力，多方筹措资金，村总支书记陈杰更是带领村“两委”、驻村队、镇挂钩人员赤膊上阵，熬更守夜，全村老百姓投工投劳3400人次，在金海村全面推进饮水安全巩固提升工程，兴建50立方米以上的蓄水池12个，消毒池5个，严格按照标准的自来水净化工艺流程设计，完全达到了饮用水标准，全村所有的饮水全部通过消毒池杀菌，各项指标达标后再送到各小组的蓄水池，全村285户1148人的安全饮水问题全部得以解决。

从缺水而贫到有水而富。以前缺水而贫，现在水的问题解决了，就抓住了摆脱贫困的牛鼻子。驻村队长谢斌表示，饮水安全工程建成后，解放了农村大量劳动力，促进了劳务经济的发展壮大。同时，带动了金海村民种养殖结构调整，加快了脱贫致富步伐，饮水安全工程不仅为老百姓送来了健康，也让不少村民借“水”生财。

村集体经济公司修建了荷花池，利用山泉水养鱼，办起了垂钓园和“农家乐”，每年盈利5万余元。村民陈兴顺、石卓才也利用山泉水养鱼办垂钓园，每年盈利3万元左右。

金海小组村民郭衍照在通了自来水后，从挑水中解放出来后，在种地之余发展母猪养殖，2020年上半年收入5万余元，家里还配上了热水器。“以前遇到天干时，每天起来第一件事就是挑水，一趟需要半个多小时，费事又费力。通了自来水，等于省了一个劳动力！”郭衍照高兴地说。

寨子小组村民周昌海流转了外出务工户无人种植的荒地20多亩，种植南瓜、黄瓜等蔬菜，利用山泉水浇灌，一季要卖6万多元，昭阳区菜市场的许多蔬菜商更是提前来他家预订，邻居们都来他家取经，大家都说：“党的政策好了，为我们引来了致富之水，老周家靠自己辛苦挣钱了，我们也不想贫穷，我们也有双手双脚，我们也要发家致富。”

沙坡小组村民赵秀芬，看到村里通了自来水，利用外出打工的积蓄，发动上沙坡小组王永贵等6户农民，成立了大关县永秀种植农民专业合作社，科学种植紫薯、红薯、马铃薯、南瓜、黄瓜、芋头等蔬菜，全部使用自来水浇灌，上半年合作社种植的蔬菜卖了20多万元，每户盈利近3万元。

金龟小组村民李兴银家，种植了10亩红心桃，全部用山泉水浇灌，果实又大又甜，又脆又爽，桃子成熟后抢购一空，一季桃子卖了 5 万余元。

水是生命之源，是民生大事，水利兴，则仓廪实、民生安。如今的金海村，借“水”生财的例子还有很多，因水而活、因水而富的故事正在上演。

从无水而污到因水而靓。金海村的人，曾经是“身上都脏得起霉了，也不敢洗一次澡”的，其环境卫生之脏乱差可以想见。金海村通水后，人居环境极大改善，改厕、改厨、改路等工作效果明显，村庄面貌焕然一新。

大关河金海段有一桥叫“乌鸦桥”，昔日缺水的金海村也形同乌鸦，让人颇觉不爽。如今通水之后，“乌鸦”摇身一变，成了“凤凰”。如今得水之功，带动了人居环境提升，村庄干净整洁，垃圾处理有序，道路两旁百花争艳，厨厕干净卫生，庭院绿意盎然，村庄如诗似画。阳春三月的金海村，桃花盛开，满山姹紫嫣红，远远望去，好像朝霞满地。粉红的花朵，散发阵阵清香、沁人心脾，金海村借此开办了一年一度的桃花节，吸引着无数游客前来观瞻，开启了乡村旅游的帷幕。进入盛夏，红心桃渐次成熟，满树红艳艳的桃子，让人垂涎三尺。水润之下，桃花、桃子，既是乡村旅游之美景，又是村民致富之源泉。

农网改造解民忧　华灯辉映关河岸

决战脱贫攻坚以来，大关供电局全面深入贯彻党中央、国务院打赢脱贫攻坚战的决策部署，在云南电网公司、昭通供电局党委和大关县委、县政府的坚强领导和大力支持下，始终把电力扶贫作为重大政治任务，作为践行“四个意识”、发挥国有企业“六个力量”的实际行动，始终坚持“人民电业为人民”的企业宗旨，充分发挥行业优势，多举措服务于脱贫攻坚工作，不断完善电网架构，持续提升供电服务水平，大力推进电力行业扶贫、定点产业扶贫、志愿帮扶，为大关县经济社会发展提供强劲的电力支撑。

巩固电网架构，村村通动力电

2016年以来，昭通大关供电局累计投入电力行业扶贫投资2.4794亿元，实施农网改造升级项目542个，全面解决农村电网低电压、卡脖子等问题。“两率一户”达到国家新一轮农网改造要求；投资0.2432亿元，完成易地搬迁配套电网项目70个，惠及搬迁人口0.3798万户；实施产业扶贫配套电网项目6个，完成投资82.636万元。新建和改造10千伏线路14.675千米，

0.4千伏线路69.368千米，完成变压器安装73台，容量10.72兆瓦，安装户表3798只；投资255.36万元，解决了县内13个贫困自然村通动力电问题，村村通了动力电，确保了人民生产生活用电需求。

做好电力保障，落实惠民政策。昭通大关供电局始终以为民服务为落脚点，着力提升农村地区供电可靠性，大力推进农村电网升级改造工程，让老百姓用上舒心电、放心电。脱贫攻坚以来，共受理县政府招商引资业扩工程12单、容量8260千伏安，为全县的经济发展提供了坚强的电力保障。同时，严格贯彻执行用电减免政策，稳步推进农危改户表新装、迁移、拆除等工作，在“低保户”、农村“五保户”“特困户”领域执行用电减免政策22569户，减免电量5416560千瓦时，圆满完成了脱贫攻坚电力扶贫任务。

优化营商环境，提高服务水平。随着经济社会发展速度进一步加快，客户对用电服务的要求也在不断提高，昭通大关供电局的服务措施同样也在不断升级。对很多用电客户尤其是农村客户而言，电费缴纳、故障报修曾经是一件费时费力的事情。偏远地区的村民，可能要赶很远的路才能到供电所办理。为解决这一难题。昭通大关供电局着力优化电力营商环境，多次组织党员服务队到偏远山区开展“互联网渠道”宣传活动，耐心向村民示范如何从“南方电网App”“南方电网95598微信公众号”“南方电网95598支付宝生活号”进行停电报修、电费查缴、用电申请、业务变更等操作，让客户知晓3种线上办理业务的途径，足不出户方便“办电”。各供电所大力推行网格服务，实现客户用电报装一次都不跑、业务办理零上门。通过业扩延伸项目为小微企业提供优质、快捷的用电服务，让广大用电企业省钱、省事、省心，大大提升了客户用电满意度和获得感。

履行帮扶职责，助力脱贫攻坚。在巩固电网架构、提升供电服务水平的同时，昭通大关供电局始终把为脱贫攻坚提供坚强电力保障作为首要政治任务，持续以“电力行业扶贫、定点产业扶贫、志愿帮扶”三点发力，切实精准帮扶，着力提升帮扶成效，助力大关脱贫攻坚。

全局上下一心，以高度的政治责任感，高效的投入，可靠的制度保障，精准施策，尽锐出战。2016 年以来，昭通大关供电局争取到南方电网扶贫捐赠项目 6 个总计 73.15 万元，用于帮助挂钩的天星镇毛坝村改善基础设施和发展产业，其中，2016 年捐赠 3 万元用于道路硬化；2018 年捐赠 3 万元用于 2 个党员活动室购买设备和资助建设、8 万元用于垃圾池建设、7 万元用于活动室院坝硬化；2019 年捐赠 12.15 万元建设集体经济砖厂附属设施；2020 年捐赠 40 万元发展魔芋 100 亩。毛坝村的村总支书记蒋贵方激动地说："感谢昭通大关供电局为我们毛坝村所做的一切工作！"短短一句话，充分肯定了昭通大关供电局所作出的贡献。字字分量十足，其中有感恩、有肯定，更有激励和期待。对昭通大关供电局全体干部员工而言，则是成就感、使命感，激励电网人担当作为，砥砺奋进，为大关县实现全面小康贡献更大力量。

2020 年，是全面建成小康社会的收官之年，大关电力工人正以豪迈的姿态，担起时代赋予的神圣使命，迈开前进的步伐，尽心守护关河儿女的万家灯火，努力锤炼成为一支服务大关地方经济发展的精干电力之师，让华灯永远辉映关河大地。

网络联世界

听上广播，看上电视，随时随地接听电话，是偏远贫困山区群众梦寐以求的梦想。决战脱贫攻坚以来，大关县集聚广电通信行业力量，充分发挥行业部门优势，提升广播电视通信服务保障能力，满足贫困群众新需求新期待，发掘广播电视通信扶持“造血”功能，帮助贫困群众“富口袋、富脑袋”，助力打赢脱贫攻坚战。

【广播电视】全县建有县级广播电视转播骨干发射台站（玉碗镇芒鞍山）1 座、乡镇台站（寿山镇、天星镇）2 座；配备有中央无线数字化电视发射机 2 台，无线电视（模拟）发射机 3 台，调频广播发射机 4 台。现有调频广播电台节目 5 个，分别是 94.1MHZ、97.5MHZ、98.4MHZ、104.2MHZ、97.8MHZ；有线电视节目共 182 套，有线数字电视已覆盖全县 9 个乡镇政府所在地和 36 个人口较为集中的村庄，无线数字电视已建成并投入使用基站 15 座，覆盖全县 76 个行政村中的 54 个行政村，调频广播已覆盖全部乡镇政府所在地、各行政村所在地及主要公路沿线。全县累计实施建设村村通 26857 套、户户通 15857 套，在高桥镇、天星镇、木杆镇、吉利镇、上高桥乡设立 5 个乡镇广播电视综合服务站，免费为群众维修村村通、户户通机顶盒等设备。全县通信运营商光纤网络通达 9 个乡镇 84 个行政村（社区），4G 网络覆盖 9 个乡镇 84 行政村（社区）以及 93% 的自然村。广播电视信号已通过卫星信号、无线信号、有线信号三种信号覆盖9个乡镇84个行政村（社区）1748个村民小组，覆盖率为99%以上，达到了脱贫出列的标准和要求。

【大关电信】作为精准扶贫先行者、网络扶贫主力军和通信行业领军者，大关电信认真履行央企责任，紧紧围绕实现“全县行政村光纤通达率100%、行政村4G网络覆盖率100%”和“重点道路沿线、重点区域无线网络全覆盖”的目标，累计投入资金超1亿元，铺设光纤1700皮长公里，建设光端口近10万个，端口速率全部提升至100M以上，建设4G基站850个，于2018年实现行政村光缆通达率100%、4G网络覆盖率100%的目标。同时，积极推进国家“提速降费”政策，实施宽带大提速、流量大降费行动，针对建档立卡贫困户的扶贫卡（0元卡），扶贫干部通信费用减半，广大农村的2元卡和5元卡，回乡人群的返乡卡等，受到广大贫困群众的欢迎。截至目前，大关县提速降费惠及老百姓28万余人，为全县贫困家庭节省通信费用3000余万元，仅2020年1—5月老百姓通过网络平台销往全国的农副产品便达6000余万元。通信基础网络的建设，为大关县决战决胜脱贫攻坚夯实了坚实的基础，将电信的光纤宽带网络铺设至大关最偏远山村，将电信的4G信号满格在大关高山峡谷，也将美好希望带给了脱贫致富路上的更多山区群众。

【大关移动】自脱贫攻坚号角吹响以来，中国移动云南公司大关分公司作为在本地最贴近民众生活的一家国有企业，积极响应脱贫攻坚号召，累计投资3.88亿元，建设2G基站242个、小区636个，4G基站452个，个人宽带用户2.2847万户，互联网、数据专线共计1007条，惠及县内群众15.5万余户（其中4G客户12万余户），全县日均话务量10580Erl，日均流量62300GB；敷设光缆1469杆公里6976皮长公里光缆；建设互联网宽带端口44832个，端口速率100—1000M，惠及2.5万余户家庭10万余群众；全县面积移动信号覆盖达97%，建制村100%通4G网络；50户以上村民小组（或自然村）100%通互联网宽带。同时，大关移动以信息化手段推进传统商务模式转型，开发云南本土电商平台“彩云优品”，助力地方脱贫致富，在县内与本地企业、农特产品店签订合作协议，利用彩云优品扶贫项目打造特色产品有效提升。结合“互联网＋企业养殖种植＋扶贫”工程，对农特产品经营户、贫困户开展了电子商务培训，解决了贫困户们的燃眉之急，真正实现了“网络下乡、特产进城”，促进了本地特色高原农副产品销售，信息富民的路子越走越宽，几年来实现电商平台销售额300余万元。

在脱贫攻坚战役中，大关移动先后派出近千人次深入贫困乡村驻村扶贫、挂包帮扶贫困户，全面参与当地的脱贫攻坚工作中。为了让高寒边远山区贫困群众从“打个电话要翻山越岭找信号跨越到4G高速网络的时代”，大关移动人付出了坚苦卓绝的努力，更付出了宝贵的生命。2016年5月5日，大关移动员工邓鑫荣、解虹，驾驶员李昊与寿山镇中坪村副主任罗昌健一起到在中坪村陆坪小组勘察选址途中车辆翻下80余米坡地，邓鑫荣、李昊因公殉职，解虹及罗昌健身受重伤，车辆严重损毁。事故发生后，同事们忍住悲痛，没有忘记对当地老百姓的承诺，不畏艰险继续上山下乡，于2017年9月圆满完成陆坪小组基站建设。在这场脱贫攻坚战役中，大关移动人用信号点亮了一个又有一个村庄，用网线串联起他们与外界交流的通道，更用汗水和生命诠释了什么是“挥洒青春，不负芳华”！

第四编　易地搬迁扶贫

新区安置点建设的崛起

——靖安新区大关工作组参与靖安新区建设管理纪实

昭通市昭阳区靖安镇位于昭阳、大关、永善三县（区）接合部，是出川入滇的交通要道。“靖安”意味平安、和顺。

昭阳区靖安镇洪家营村本为海拔较高的一块平坝，是大关到昭通赴昆明的必经之地，昔日的靖安，夏天入眼的是散落玉米地中那低房矮屋的残陋，冬天看到的是黄土墙黑瓦房那饱经沧桑的凄惶。如今的靖安，宽敞的街道洁净规整，高耸的楼房直插云霄，街道两旁商铺云集，小区内外人来车往，大街小巷沸腾繁华。

这天差地别的变化从何而来？这种变化，源自昭通市委、市政府落实习近平总书记“实施易地扶贫搬迁脱贫一批”的指示，明确“一城三区、若干小镇、产城融合、城乡一体”空间规划布局，借助国家易地扶贫搬迁政策，举全市之力在此打造了全国最大的跨县区易地扶贫搬迁安置点。

加强领导，统一指挥。易地扶贫搬迁是大关县贫困户脱贫致富的主要措施之一，县委、县政府对跨县区易地搬迁扶贫工作高度重视，大关县“六类搬迁地区”及随迁农户占靖安新区安置户 50% 以上，靖安新区安置点的建设和管理，直接关系到大关全县的脱贫成效。为切实抓好靖安新区建设和管理，县委、县政府抽派人员组成靖安新区大关工作组，驻靖安参与新区建设和管理。靖安新区大关工作组在靖安安置区临时党工委（管委会）

和大关县委、县政府的领导下，全力投入靖安新区建设和管理各项工作，在靖安新区的建设和管理工作中发挥了重要作用。

2018年7月1日，大关县委、县政府抽派时任大关县人大常委会副主任王银华同志到靖安新区出任新区建设指挥部办公室副主任，带领大关县抽调的干部，紧张有序地开展安置区工程建设协调工作。2019年6月3日靖安易迁安置区临时党工委（管委会）挂牌成立，大关县抽派了第一批16名干部充实到靖安易迁安置区工作。2019年11月昭阳区委、区政府在靖安安置区成立靖安新区易迁群众管理服务中心，大关派出干部主动融入一体。2019年12月18日，靖安安置区启动搬家，大关再次抽派18人到靖安新区，专项负责搬迁群众工作。

为整合力量，统筹管理，做好靖安新区易迁群众管理服务工作，2020年2月人员整合调配使用，大关工作组34名同志，取消了双休和节假日，全力以赴投入到靖安新区的各项工作中，为靖安新区建设及管理贡献大关力量。

规划引领，保质保量。2018年7月10日，昭通市易地扶贫搬迁誓师大会在靖安举行后，靖安安置区领导及工作人员及时行动，深入农户家中做宣传动员，奔赴田间地块丈量核实土地面积，往来于冰雪地面实施钻探，功夫不负有心人，于10月完成安置区征地拆迁任务。

2018年11月完成规划设计，安置区规划占地2177亩，建筑总面积130万平方米，总投资43.61亿元，建安置房149栋9256套。建学校、医院、道路、商铺、扶贫车间、地下车库、“一水两污”、燃气、垃圾处理场等配套设施。主要承接跨县安置昭阳、大关、彝良、永善、镇雄、盐津6个县（区）、39个贫困乡镇、229个贫困村锁定对象9256户40549人。其中，大关县搬迁5226户22494人（建档立卡3779户16592人、同步搬迁1447户5902人）。

2018年12月开展地质勘查，2019年1月试桩，3月打下第一根工程桩，6月28日第一栋楼房封顶，11月14日进行搬迁农户分房，12月18日启动搬家入住。从打第一根工程桩开始，仅用了9个月时间，建成安置房149栋9256套，创造了靖安速度。

摇号分房，喜迁新居。2019 年 11 月 14 日，搬迁群众从四面八方会聚安置区参与现场摇号分房。为体现公平、公开、公正，靖安新区临时党工委（管委会）认真研究拟订《分房方案》，提前布置会场，组织工作人员引导，分房现场确认等工作。分房采取现场计算机摇号抽签方式进行，现场设置了 20 多个通道，分房期间，整个分房过程摇号抽签公开，程序严格规范，现场监督有序，通过 5 天的辛苦努力，11 月 18 日顺利完成了 9256 户搬迁群众现场分房任务。

2019 年 12 月 18 日上午 9 时，“现在我宣布，靖安搬迁仪式现在启动！”随着市委书记杨亚林的庄严宣告，鞭炮声、音乐声响彻靖安上空，靖安新区这个全国最大跨县易地扶贫搬迁安置点，迎来了首批搬迁入驻的群众。浩浩荡荡的搬家车队戴着大红花，载着家具、粮食、腊肉、洋芋，载着满脸笑容的搬迁群众，驶进了安置小区。赴靖安新区工作的同志们冒着严寒，全力做好楼房维修、电梯运行、水电保障以及新冠病毒疫情防控等工作，为群众喜迁新居搞好服务。

为确保搬迁群众能够及时联系工作人员，静安新区组建了为民服务工作队、操家理务培训服务工作队，制作了“为民服务通信录”，张贴到每一栋楼、发放到每一户。工作队分社区、分楼栋负责，手把手教群众认小区、识楼号、用电梯、整理家务以及使用开关、电器、马桶等。经过 3 个多月的搬迁，靖安新区完成了五县一区建档立卡户 6959 户 31090 人顺利搬迁入住。其中，大关县建档立卡贫困户 3779 户 16592 人。

稳定脱贫，圆梦致富。易地扶贫搬迁最终目的是稳定脱贫。搬迁群众大部分来自高寒边远地区，突然改变长期的生活习惯有些不太适应。为此，新区出台稳定方案，实行挂钩帮扶和多层次挂钩干部回访，用心听取群众意见，掌握思想动态。通过讲政策、讲法规，不断完善配套设施，切实解决好涉及搬迁群众切身利益的困难和问题，使搬迁农户思想稳定、生活有序。

后续生计问题是搬迁群众最关心的问题，按照“动员外出务工一批，就近帮助务工一批，自主创业一批，能人带动一批，公益性岗位解决一批，低保兜底一批”的要求，靖安新区大关工作组切实加大就业引导、动员、培训和组织力度，确保搬迁入住靖安群众稳定就业，确保收入来源。通过各项措施的落实，大关县搬迁靖安新区建档立卡贫困户就业率达 80.81%。对特殊困难的家庭，通过临时救助、低保兜底等措施保障生活。

做好搬迁户适龄儿童就近入学和就近就医也是稳定搬迁群众的重要工作。2020 年春、秋季学期，大关县搬迁靖安新区建档立卡户适龄儿童（包括学龄前儿童）入学率达 100%。为方便群众就近就医，新区加大与上级医疗部门的对接协调力度，积极发挥 6 个社区医务室作用，确保搬迁群众就近看病和开展婴幼儿常规疫苗接种；对大病、慢性病、精神病和生活困难等特殊困难群众，落实好大病救助、临时求助、民政兜底等帮扶政策。

“两不愁、三保障”解决后，引导群众尽早融入新区适应新环境，是确保群众安居乐业的关键之一。靖安新区党工委（管委会）积极组织动员群众参加各部门组织和开展的各种培训、文体活动，使群众尽快开启新生活，让群众逐步从搬入靖安到习惯靖安、再到喜欢靖安，实现山区到城镇的巨变。

挥洒热血，谱写春秋。易地扶贫搬迁是脱贫攻坚“五个一批”工程中最难啃的“硬骨头”，在这场没有硝烟的战场上，无数干部废寝忘食、夜以继日挥洒血汗，才铸就了高楼林立、街道规整、管理有序的靖安新城。从打第一根工程桩，到一栋栋高楼拔地而起；从具备搬家条件，到各项配套设施逐步完善；从群众搬家，到安心入住不到两年时间。瞬间的巨变，是国家、省、市各级党委政府的坚强领导、各级各部门关心支持，也是所有参与靖安新区建设、管理的同志们在脱贫攻坚战场上挥洒热血的奋斗历程。

大关县抽调的 34 名工作人员，从征地拆迁到农户搬迁入住近 2 年时间里，都是“白加黑”“5+2”忘我工作。副县长王银华冲锋在前，新区建设过程中人们亲切地管他叫“王协调”，他走遍了新区的每一寸土地，协调推进建设区域内高压线、移动、电信、联通、广电、铁塔等弱电线路迁改等工作，为安置区启动建设争取了时间。每天早上人们还在沉睡的梦境中时，王银华就穿着长筒水鞋，戴着头盔到每一块工地巡查，掌握工程进度和质量。如今，还有人说："靖安新区能有今天的建设成果，王银华同志是功臣。"正是若干个"王银华"的努力，才创造了4天完成一楼层、一周完成板面102层的奇迹，进而实现了靖安新区2019年12月搬迁入住的目标。

回首靖安新区建设的每一个阶段，都凝聚着建设者们的艰辛和付出。征地拆迁阶段，2177亩红线范围内及学校、医院、水厂等配套设施建设涉及拆迁房屋139户，电力电线迁改电杆217根，迁改电力线路10千伏4条8公里、35千伏1条3公里，迁改沟渠管道4条8公里；工程建设阶段，面对工期紧、任务重，雨季汛期、冬季霜冻等恶劣天气，新区建设者们与人斗、与地斗、与天斗，如期启动了第一批搬迁。启动搬迁后，大家不顾气候严寒恶劣、新冠病毒肆虐，又忙着协调电力、电梯、饮水管道、排污管道等的故障排除，处理房屋修缮、无水、无电等问题，用心用情做好每一件小事，确保群众稳定生活。

崛起的一座新城，是建设者热血写就的辉煌篇章！

蓄势待发，未来可期。按照易迁"50个有"的要求，靖安新区不断完善市政基础设施和配套设施建设，进一步完善养老、托幼、就业、就学、就医、出行等配套设施建设，加快人居环境改善，以优美的人居环境、优质的配套设施，吸引更多的人到靖安新区居住生活。目前，靖安新区建设学校6所，1所二级综合医院；建设市政道路9.59875千米，配套各类管网95.862千米；入驻靖安新区各类企业、商铺经营户共198家；建设3万亩马铃薯高标准示范基地、蔬菜大棚3000亩、胡萝卜基地2000亩、食用菌大棚88个；建成扶贫车间2个2.9万平方米，引进劳动密集型企业4家，解决搬迁群众就业1200人。

靖安新区各项基础配套设施逐步完善，产业支撑逐步形成，社区管理规范有序，搬迁群众就近就业就医就学有保障，实现了幼有所育、学有所教、劳有所得、病有所医、老有所养、住有所居、弱有所扶，实现了易地搬迁"搬得来，稳得住，持续能发展，群众较满意"的目标。搬迁群众入驻的靖安新区，正在成为崛起之城、幸福之城、美丽之城、希望之城！

易地扶贫搬迁“三年行动计划”纪实

随着脱贫攻坚战的推进，国务院、省、市相继出台了系列易地搬迁扶贫政策。大关县抢抓机遇、主动出击，向省、市争取到了“易地扶贫搬迁三年行动计划”指标，明确在“十三五”期间，县内建设50个易地扶贫搬迁安置点，搬迁建档立卡贫困群众13000人。为了保障工作顺利推进，县委、县政府要求把工作做实做细，确保“零遗漏”“零差错”“零死角”，具体在六个方面下足“绣花”功夫。

加强领导。为了圆满完成“易地扶贫搬迁三年行动计划”任务，大关县成立以县委书记、县长同时任指挥长的易地扶贫搬迁攻坚战指挥部，人员从扶贫、住建、教育、卫生、水务、开发投资公司以及乡镇抽调组成。指挥部分设了综合协调、规划指导、产业发展、教育卫生保障、就业与社会保障、土地增减挂等6个工作组，负责各自相关业务工作，确保安置点建设顺利推进。

深入调研。为建设好安置点，确保搬迁群众满意的搬迁入住，县委、县政府领导进行了密集型调研，各乡镇编制《三年行动计划方案》，发展改革委、扶贫等业务部门于2016年2月评审《三年行动计划方案》，4月县委、县政府拟订《三年行动计划方案》及相关《实施细则》，通过争取国家、省无偿补助资金和农发行长期低息贷款作为建设资金，确定高桥镇高桥村香炉寨等为示范点，正式拉开了“易地扶贫搬迁三年行动计划”序幕。

认真选址。针对山高坡陡的实际，选址按照因地制宜、依山傍水、依山就势、错落有致、节约用地的原则，统筹考虑基础设施、公共服务、产业发展、环境改善等因素，保障易地安置点设施完善、功能齐全、生活便利等综合因素进行，尽量做到“三符合”“四避开”“五靠近”。即：符合主体功能区规划、土地（林地）利用总体规划和城乡总体规划；避开地震断裂带、地质灾害隐患区、洪涝灾害威胁区和永久基本农田；优先选择靠近县城、乡镇、产业园区、旅游景区和中心村以及学校、医院等功能相对完善的点位作为安置点。为保障地质安全，还聘请云南地质工程勘察设计研究院对安置点进行评估，并编制地质灾害危险性评估报告。

科学规划。规划紧扣贫困户“搬得出、稳得住、留得下、能发展”目标，聘请云南省城市规划建筑设计院（集团）有限公司、云南省城乡规划设计研究院、十四冶建设云南勘察设计有限公司等资质较高的规划单位，结合安置区现有的公共服务设施进行规划。同时开展环境影响评价；编制水土保持方案；按照《管理办法》规定，对搬迁安置800人以上的安置点，开展资源承载能力评估，编制《评估报告》。

确定规模。组织县乡村干部进村到组入户，深入开展摸底排查，采取农户申请—村民委员会评议审核公示—乡镇人民政府复审汇总公示—县扶贫开发领导组审批的认定程序，并按照“五查五看”“三评四定”“一公示”要求，坚持公平公正、民主评议，采取明察暗访和开展多次“回头看”，核实确定“六类地区”需搬迁对象总户数、总人口数，确定搬迁规模。再按照“高搬矮、远搬近、寒搬暖、散搬聚、危搬安、差搬好”和“近县城乡镇、近村委会、近学校、近卫生室、近乡村公路干线”的“六搬五近”思路，统筹安排、科学调剂，坚持做到应搬尽搬、能搬尽搬。

抢抓进度。为确保按期完成工程建设及搬迁任务，由挂钩到乡镇的县处级领导和施工单位领导和共同担任安置点点长，县处级领导负责督促、指导、协调，重点解决施工过程中出现的问题和困难，施工单位领导具体负责工程建设，主抓工程建设进度。乡镇成立工作专班，负责安置点建设具体工作，形成了上下联动、左右协调的联动机制，齐心协力推进安置点建设。

保障安全。资金安全上，县政府出台了《资金管理实施细则》，易地扶贫搬迁资金管理坚持专款专用、专户管理、封闭运行、讲求实效、公开透明、依法监督的原则，由县易地扶贫搬迁攻坚战指挥部负责统一管理。并按资金使用范围和管理要求，由县开发投资有限责任公司开立各类融资资金专户，易地扶贫搬迁指挥部办公室开立中央预算内资金专户，对资金进行专户管理，物理隔离。资金使用实行县级报账制，以安置点为单位，根据项目资金到位和工程进度，乡镇汇总审核后到指挥部审核报账。项目资金实行公示公告制，财政审计等相关部门定期检查监督。施工安全上，建立各级人员安全责任制度，明确各级人员的安全责任，定期检查安全责任落实情况。一切从事施工操作人员，按其从事的施工内容进行安全审查，必须取得安全操作认可证并持证上岗。同时强化安全教育、实行安全检查，及时有效落实安全措施、消除安全隐患，严防事故发生。

确保质量。安置点建设采取自建与统建相结合，自建房屋质量群众自己会保证。针对统建部分，大关实行分开招标，坚持选择信用较好、资质较高、质量过硬的施工单位进行施工。在建设过程中，除要求监理单位对工程施工质量进行全程监管，还发动搬迁群众，组建联建委员会或监管委员会参与现场管理。易迁战指挥部开展质量监管巡查，对不符合行业规范要求的，坚决返工重做。在验收阶段，严格工程质量验收程序，由施工单位完善竣工资料提出验收申请，甲方聘请第三方单位对住房进行质量检测，检测合格后才能组织五方责任主体单位进行验收，验收合格的住房，才分配给群众居住。

自 2016 年 3 月“易地扶贫搬迁三年行动计划”启动以来，历经全县干部群众的努力奋斗，至 2020 年 3 月，“三年行动计划”县内建成安置点 50 个，搬迁安置 3507 户 15124 人，其中卡户 2989 户 13000 人，随迁非卡户

518 户 2124 人。“易地扶贫搬迁三年行动计划”圆满完成，2989 户 13000 人的建档立卡户从高寒边远民族聚居地区迁入宜居宜业的安置点，彻底改变了村庄破落、茅屋破旧的落后面貌，进城入镇上楼，过上安居乐业的幸福生活。

国家增减挂钩政策助力易地搬迁

大关县属乌蒙山特殊贫困地区的核心区域，是国家592个深度贫困县之一，自然条件差、经济基础薄弱、贫困程度深，脱贫攻坚任务艰巨。近年来，大关县用足、用好、用活城乡建设用地增减挂钩政策，着力探索符合本县实际的增减挂钩助推脱贫攻坚可行路径，将其作为脱贫攻坚的重要抓手，扎实推进增减挂钩政策落地，保障易地扶贫搬迁安置点用地，节余土地指标实行跨省调剂交易，为脱贫攻坚资金保障提供有力支撑。

牢记殷殷嘱托，用好用足政策。大关县深入贯彻落实习近平总书记扶贫开发战略思想和考察云南重要讲话精神，牢记总书记的殷殷嘱托，学深悟透国家和云南省增减挂钩政策，深入讲解省委、省政府《关于深入贯彻落实党中央国务院脱贫攻坚重大战略部署的决定》（云发〔2015〕38号）和原国土资源部《关于用好用活增减挂钩政策积极支持扶贫开发及易地扶贫搬迁工作的通知》（国土资规〔2016〕2号）等政策文件，使各级、各部门充分认识增减挂钩的重大意义。紧密结合大关实际，抢抓机遇挖掘内部潜力，解放思想主动创新作为，最大限度释放政策红利的“真金白银”，努力实现增减挂钩与乡村振兴、脱贫攻坚的有机结合。

下定超常决心，高位谋划推进。成立由县政府主要领导任组长的增减挂钩工作领导组，成立增减挂钩领导组办公室，按照“政府主导、国土搭台、部门协同、乡镇落实、群众参与、共同推进”的原则，自然资源主管部门会同乡镇、村组干部进入项目区召开群众会，广泛宣传增减挂钩工作的重要意义、目标任务和建设内容。将增减挂钩工作与乡村振兴、脱贫摘帽同时谋划、同时部署、同时推进，纳入乡镇部门年度考核内容，纳入县委、县政府督办重点，保障增减挂钩工作的全面实施。

紧扣惠民利民，凝聚强大合力。县政府出台了增减挂钩工作实施方案、督导方案，部门各司其职、形成合力，对增减挂钩工作各个环节进行了全程的指导、协调和调度。乡镇具体实施，乡镇党委镇政府扛起责任，签订协议。具体工作中，拆旧复垦、新区安置、项目实施等关键环节全部经过村“两委”会议充分讨论酝酿，党员统一思想、村民大会通过。稳妥审慎逐步引进市场机制，增减挂钩项目实施完成后，鼓励和引导民间资本特别是企业依法通过承包经营流转方式，通过发展特色种植，有效增加搬迁群体财产性收益、家庭经营收益和工资性收益。

科学谋划布局，精心细致实施。摸清全县农村建设用地复垦潜力，监理增减挂钩项目资源库，将准备易地扶贫搬迁的村庄和废弃的“空心村”除留下少量的生产生活用房外，全部纳入拆旧复垦范围。对增减挂钩项目区进行科学规划布局，合理确定安置建新区和拆旧区，调整完善项目区规划，将增减挂钩拆旧区一次性布局到位。

借力政策东风，助力新区崛起。自 2017 年 7 月增减挂钩工作启动以来，大关县共上报省自然资源厅 7 个增减挂钩项目区实施方案，拆旧区共涉及 9 个乡镇 65 个村，完成项目区房屋拆迁 5000 多户，复垦土地 3044 亩；新区建设涉及 9 个乡镇 50 个易地扶贫安置点，安置建档立卡户 2841 户 12514 人，同步搬迁户 441 户 1842 人；保障安置点用地 777 亩，创造节余指标 2267 亩，创收节余指标收益 5.71 亿元。

守初心　谋发展　写好易迁“后续篇”

易地扶贫搬迁是一项系统工程，不仅仅是把房子修起来，把屋子盖起来，还涉及产业重建、社区重构、生态修复、小城镇建设等一系列工作，关系到贫困群众的切身利益和社会稳定。既要使贫困户“挪穷窝”改变生存环境脱贫，又要谋划搬迁农户增收致富。天星镇党委镇政府以高度的责任心和使命感，坚持为人民谋福利为初心，紧扣贫困农户“搬得出、稳得住、逐步能致富”目标，强管理、促就业、兴产业、用行动谱写易地搬迁“后续篇章”。

强管理。在管理上，采取每栋楼选举大家信任的人员担任“楼长”，“楼长”既是搬迁户又是后续管理服务的得力帮手；在各安置点选举“片长”“小组长”，探索推进村民自治。同时在各安置点配套建设党员活动室、卫生室、文化活动广场等基础设施，完善社会服务功能；建立工会制度，党建工作全覆盖，让搬迁群众遇事有人办，说话有人听、困难有人管，贫困有人帮。

促就业。定期开展劳动力技术培训、技能培训、就业培训，提高贫困户素质；多形式多渠道对接用工企业，为贫困户劳动力提供就业渠道，贯彻执行外出务工优惠政策。2020 年 2 月至 4 月，中山市火炬开发区、东莞市德普特电子有限公司、嘉兴市闻泰通讯科技有限公司等多家优质企业先后到天星镇，通过召开专题招聘座谈会、现场登记招聘等方式，实现搬迁群众劳动力就业率达到 80% 以上。

兴产业。如天星镇沿河村辖区占地面积达 70 多平方公里，树立“绿水青山就是金山银山”发展理念，符合大关县“一县一品”竹产业绿色发展方向。筇竹、方竹是该村发展优势，从 2014 年至 2019 年，利用原居住地土地资源，先后种植方竹、筇竹 5000 多亩，搬迁农户每年竹笋收入达 3 万元以上。全镇高山种植的竹子、茶叶、花椒逐步成为天星镇优势支柱产业。全力抓好落实易迁“三块地”相关政策，搬迁农户自主选择承包地处置方式，推进退耕还林还草政策；林地享受公益林生态补偿政策；快速推进宅基地复垦复绿工程。至 2020 年 7 月已实现退耕还林 11414 亩，集体经济公司流转 2334 亩，复垦复绿 92.54 亩，不仅提升了土地利用率，同时增加护林员这类的公益性岗位，使无法外出务工的搬迁户通过劳动获取稳定收入。

留住绿水青山　融入城镇市民

——寿山镇集镇易地扶贫搬迁安置点纪实

寿山镇甘海村上坝、下坝、野马丘、柯口、太阳坪、思茅坪等6个村民小组坐落在梭锅坝小（二）型饮用水水库水源地周边，是“一方水土养不活一方人”的易地扶贫搬迁重点区域。2016年3月26日傍晚，县委书记陈刚带领寿山镇、扶贫办等领导与干海村野马丘村民小组群众围坐在社长家火塘边，耐心细致讲解国家易地扶贫搬迁政策，听取基本丧失生存条件群众意见，鼓励当地群众搬出深山，融入城镇发展。

寿山镇是全县工业园区所在地，建成投产有昆钢嘉华水泥厂、天达电石厂等企业，搬迁农户具备就地务工条件。寿山镇抓住脱贫攻坚易地扶贫搬迁政策契机，以寿山镇甘海村梭锅坝水库饮用水水源地保护区内及周边群众为重点，全力保护绿水青山，大力实施易地扶贫搬迁工程，先后搬迁并实行城镇化安置群众三批115户460人，既让群众挪穷窝斩穷根，又让迁出地清了水绿了山。

未雨绸缪，超前谋划。寿山镇党委政府未雨绸缪，与小城镇发展结合，提前预留搬迁用地。为彻底解决梭锅坝水库饮用水水源地保护区内及周边群众居住农户多、人畜活动极其频繁、环境污染日趋严重等现状，为保护好绿水青山，确保饮用水水源安全，镇政府依托集镇交通优势、工业发展优势等提前将易地扶贫搬迁纳入全镇总体规划，将其作为壮大城镇规模、推动城镇发展的重要内容一并思考谋划，于2014年即收储城镇建设用地300余亩，用于拓展城镇规模，为进城入镇安置点建设用地预留了建设发展空间。如今，以梭锅坝水库饮用水水源地保护区内及周边群众为主要安置对象，2016年划出土地20亩，安置38户171人的集镇A区街道式独栋楼房安置点，于2018年春节建成并实现入住，成为全县首个真正城镇化安置点；占地20亩安置89户366人的2018年颐寿园小区楼房式安置点，于2019年春节建成并实现搬迁入住。

寿山镇超前谋划，预留易地搬迁发展专项用地，国家易地扶贫搬迁政策一出台，就可以及时落地实施。不仅满足了山区贫困群众搬迁之需，还盘活了有限的集镇建设用地资源，提升了小集镇的人气和活力，拓展了集镇人口规模和集镇范围，带动了集镇经济社会的繁荣发展和推动了全镇城镇化步伐。

优化布局，两相得宜。寿山坚持把集镇与生态环境保护相结合，立足“山区减法”和“集镇加法”深研精判、精准定位，一手抓梭锅坝水库饮用水水源地周边区域人口减负，一手抓镇集镇承载规模人口增量，实现了优势互补、两相得宜。在具体工作中，优先选定搬迁区域，按照易地扶贫搬迁循序渐进、分步实施的原则，根据搬迁缓急程度，从2016年起，将甘海村梭锅坝饮用水水库水源地周边“一方水土养不活一方人”的上坝、下坝、野马丘、柯口、太阳坪、思茅坪等6个村民小组59户204人（建档立卡户50户169人）群众确定为首批搬迁对象，紧随着2019年跨县区搬迁靖安区又优先在该区域搬迁了56户256人（建档立卡户26户127人）。通过连续3年从水源地保护区域搬迁了115户460人，大大减少了人口和畜禽活动，水库水源从此告别了周边群众生活污水、生猪喂养粪便、大牲畜放牧等环境污染问题，周边林区森林覆盖率等植被生态状况发生了巨大变化，再通过集镇投资200余万元，新建一个净水厂对水质进行净化，彻底解决了困扰多年的承载着集镇1万余人的饮用水安全重大民生问题。“终于可以喝上一口放心水了！原来那水质简直不堪入目，周边群众生活污水、畜禽粪污全部浸透流淌到水库里面，如果你去看了回来，你真不敢再喝那水，但又迫于没有其他水源，你还不得不喝。”集镇街民们谈起水库周边群众搬迁前和搬迁后水库水质的变化时这样说道。

多元就业，稳固收入。搬得出是形式，稳得住才是目的，稳得住的关键是搬迁群众的就业和收入问题。镇党委、镇政府对搬迁群众就业问题进行了统筹思考，实行多元化就业相结合，努力增加群众收入，确保搬得出稳得住。在依托现有昆钢嘉华水泥厂、天达化工厂提供岗位安置搬迁群众就业的同时，再积极向县委、县政府汇报，又先后引进了创标实业电杆厂、立时电子厂、谨鑫蔬菜配送中心等三家企业，并在企业建立就业扶贫车间，通过与就业扶贫政策有机衔接，鼓励企业创建更多的就业岗位，激励贫困群众劳动力稳定就近就业，仅在集镇周边企业务工的本地劳动力就达160余人。“现在老家房屋拆除了，土地也全部退耕还林成经济林了，除了上去管护看看，基本都不上去了，上去出门要穿水鞋都穿不习惯了，我现在就在谨鑫公司当保安，一年下来，三四万块钱的收入是稳当当的。”原居住甘海村太阳坪小组、现搬迁到集镇并在谨鑫蔬菜配送中心上班的余国香说到搬迁，一脸幸福的笑容。

2018 年建成的颐寿园安置点不仅引进了立时电子厂在安置点内建厂，还按照资源利用最大化原则，把一楼设计建设成门面房带动就业，搬迁群众利用安置房门面或街面经商的就达 20 余户，真正实现了楼上生活，楼下创业。在集镇餐馆、旅店、超市务工或一边照顾家庭一边就近务工的劳动力 80 余人，利用集镇市场管理、环卫等公益性岗位就业 30 余人，因外出务工等安置房闲置出租给商户作为仓储室获取收益的 20 余户，真正实现了“零就业”家庭清零，搬迁户户户有岗位，劳动力人人能就业，家家有收入的目标。“原来孩子从老家来镇上上学，来回要 40 元的车费，大人则需要 50 元。而且因为高山路太烂了，有钱你都还不一定找得到车坐。搬下来后，孩子就在家附近的中学上学，儿子出门务工挣钱，一家人彻底告别了交通不便、道路泥泞的日子。”谈起搬迁前后的生活变化情况，搬迁户李云珍这样说道。搬迁户彻底从依靠传统的种养方式中解脱出来，成为真正的城镇居民。

原地还绿，留住幸福。群众搬迁后，迁出区共闲置耕地350余亩，荒山1500余亩，林地250余亩，拆除搬迁户的危旧房腾退出宅基地进行复垦复绿80余亩。针对群众关心的搬离后原有承包地、林地如何经营等问题，镇政府依托生态扶贫契机，以组织化、规模化发展为主，对接引进了本土人才创建合作社、村委会成立集体经济公司等方式带动，种植筇竹、猕猴桃、中草药等品种，广泛宣传动员群众以山林土地流转、资源入股等形式参与组织化、规模化经营，并要求新型经营主体优先选择迁出区群众进厂在家门口就能务工，免除了部分劳动力外出务工的奔波之苦，大大减轻了群众外出务工成本。目前，该片区搬迁户已和村集体经济公司、大关县开投集团等企业合作种植方竹1600余亩，种植猕猴桃300余亩、中草药50余亩。

从甘海村下坝搬迁到集镇安置点的程加强说道："真的俗话说得好，'人挪活，树挪死'，那时干部些轮番动员我搬迁时，总舍不得那个烂瓦房和那几块地，多次给我做工作我都总是考虑不成熟，不愿意搬迁，但现在我们算是感受到了共产党的良苦用心，我们这两代人是赶上了共产党的好政策了啊，搬出来了，慢慢地，发展观念和思想就改变了，我们不仅务工增收，老家那里的地全部栽上了竹子，长势很好，一年后就可以搬笋子卖钱了。"

安居乐业齐推进　群策群力奔小康

2017 年 5 月 22 日，翠华镇永康村党委委员鞠远银在中寨易地搬迁安置点对人们说："感谢党的精准扶贫、精准脱贫好政策，中寨易地扶贫搬迁安置点，彻底解决林口、横岩等 6 个村民小组 108 户安居问题。这些贫困户从高山搬下矮山，生存环境极大改善，以前想都不敢想。政府又投项目资金帮助大家发展茶产业，全村去年种下的 2800 亩茶树长势良好。群众脱贫致富奔小康更有盼头和奔头了。"

永康村是建档立卡贫困村。2015 年，全村 30 个村民小组 1237 户 5146 人，有建档立卡贫困户 311 户 1157 人，需易地搬迁户数 168 户 655 人。永康村经济发展层次低，农户经济收入单一。通组公路仅 29.6 公里，其中硬化路面仅有 1 公里，其余 99% 为简易泥土路，对群众生产生活的影响较为突出。农田灌溉渠系和防灾设施较差，灾害发生频繁，基础设施严重制约产业发展。教育、卫生、文化、科技、信息等公共服务发展滞后。永康村就是我们翠华镇当时现状的缩写。

永康中寨易地搬迁安置点属于 2016 年三年行动计划实施项目，位于永康村田上村民小组团山包。海拔 1000 米左右，安置点设计方案坚持实事求是，最大程度节约贫困户建房成本，严格按照人均不超过 25 平方米标准，最大限度发挥安置房宜居功能。坚持充分听取群众意见，优化设计方案，如今，布局美观、建设成本低、功能齐全、搬迁群众满意。

一是严格执行政策，人口数选定不超面积的户型，实现统规自建，村“两委”成立统规自建领导组、施工监理组负责全程监督、落实建房面积，在监管房屋建设质量的同时，监督文化广场、进场道路、挡墙、畜圈、绿化等公共设施质量。

二是严格资金使用。将扶贫工程建设资金纳入专户管理、专账核算、专款专用，严格执行《财政专项扶贫资金管理办法》。组织开展镇、村党员干部和财务人员警世教育，以案示法、防微杜渐。开展相关法律法规和规章制度知识培训，规范资金使用安全监管流程。通过铁的纪律和规范管理，保证每一分易地搬迁款项落到实处。

三是以情以理服人，推进拆旧复耕。我们提前与搬迁群众促膝谈心，宣讲节约土地资源的重要意义，晓之以理、动之以情说服搬迁户节约方寸地、留予儿孙耕。搬迁户主动与村“两委”签订了旧房拆除承诺书，入住安置点新房后，将原来的旧房子一律推倒拆除。并将原宅基地清理平整后重新耕作。

四是产业长短结合，户户增收有保障。永康村地处山地，土地集约使用能力差，为最大限度调动群众积极性，最大限度地发挥全村林地、洼地、天然山泉的资源优势成为永康特色产业发展的关键，也成为易地扶贫安置贫困户能否“搬进来、稳得住、能致富”的关键。

农业产业发展初期，土地整合、基础设施建设、水电信三通、技术指导、产销体系建设都离不开行政统筹手段。为确保永康产业发展出成效，镇村主要领导全程指挥，镇村干部会同驻村工作队开展驻村帮扶全覆盖，实行产业发展一票否决制。狠抓“挂包帮、转走访”工作落实，杜绝“挂牌不帮，蜻蜓点水”，深入推进“扶贫扶志（智）”教育，要求广大干部职工实际深入贫困户家中，与贫困户交心谈心，做贫困户的亲人，以情为先，改变过去“写在纸上、贴在墙上、风一吹在地上”的思想动员方式，将产业发展的种子播在群众心里去。采取示范引领，帮群众算账，鼓励群众参发展产业。

目前永康村已完成茶林种植2800亩，惠及全村362户，其中贫困户145户；且茶园距离安置点仅数百米，预计产值达到1120万元，户均3万元。贫困户胡元华说："看到后面遍山的茶，心里就有了底。"

茶园已初具规模，产业项目也相继展开，但是，我们要清醒地认识到，这只是"万里长征第一步"，我们更应"甩掉官架子，拿起泥铲子"，与老百姓打成一片，进一步推进产业发展，翠华镇必将"浮翠流丹除穷困，风华正茂奔小康"。

永康村中寨安置点是我们翠华镇易地扶贫搬迁"三年行动计划"的缩写，2016年度翠华镇纳入"三年计划"搬迁规模261户1035人，其中建档立卡224户895人，建设易地扶贫搬迁安置点4个。2017年度建设安置点2个，搬迁安置122户507人，其中建档立卡105户447人。2018年建设1个，搬迁安置57户221人，其中建档立卡52户200人。2019年搬迁靖安新区283户1187人，其中建档立卡212户901人。

为使翠华镇易地搬迁593户实现稳定脱贫，7个安置点440户搬迁群众有耕地3165.34亩，林地6596亩，宅基地56.87亩，主要发展方竹、茶叶、花椒等产业2483.94亩，新建养殖畜圈325户6500平方米，养殖猪139头，鸡399只，牛33头。2019年搬迁靖安新区283户搬迁群众有耕地2454.34亩，林地5829.42亩，宅基地48.05亩，已发展方竹、茶叶、花椒等产业960.31亩。

提供小额扶贫信贷资金444万元支持112户搬迁户创业致富。大力开展就业培训，以"对内开放岗位""向外输送"模式，针对"有劳动力、无法外出、无业可扶"的搬迁群众特殊家庭，开发公益性岗位就地就业103人。外出务工1491人，占易地扶贫搬迁劳动力的86.48%。

同时完善社会服务基础，选举有威望的搬迁群众35人参与七个安置点管理，做到管理制度做到上墙，明确管理人员及职责，秩序维护、环境卫生、村风民俗、邻里关系、综治维稳、政策宣传、精神文明建设等日常社会管理方面实行网格化管理。向村民自治迈进。强化扶贫扶志（智），塑造致富带头人、产业扶贫等先进典型，通过"红黑榜"、小喇叭等大力开展文化扶贫引导和激励改变贫困群众一些不良习俗和落后观念，积极开展生活融入、心理疏导、邻里互助、健康养老等社区服务工作，确保搬迁群众能尽快融入新环境，适应新生活。为解除搬迁户后顾之忧，认真落实“两险”保障政策、教育资助保障政策、社会救助保障政策、基本医疗保障。配齐村卫生室医疗设备和医务人员，基本实现小病不出村。

悦乐镇堡山“光棍村”的变迁

一缕曙光照亮大地，一声春雷传递希望。党中央、国务院及省、市、县各级党委、政府关于“高搬矮、冷搬热、穷搬富”的易地扶贫搬迁政策惊醒了“光棍村”的群众，搬离高山，挪出“穷窝”，成为堡山群众的共同心愿。“请问我们要符合什么条件才能搬迁呀？”“搬迁以后，我们老家的房子和土地怎么办？”“我们想搬家，但没得钱怎么搬呢？”群众期盼的目光中还带着很多疑惑。

悦乐镇新寨村农户居住的地形像一个简写的“二”字，两横之间海拔高差上千米，堡山自然村包括堡山、大岩、大堡、中山等四个村民小组，分布在“二”字的上边一横，高寒边远、交通不便，仿佛是另外一个挂在悬崖上的“郭亮村”。村上年轻女子都外嫁，没有哪个女子愿意嫁到堡山，是全县有名的“光棍村”，“山上的姑娘下了山，山下的姑娘不上山，山上的光棍堆成山”是堡山自然村的真实写照。1995 年全国十大演讲家之一的蔡朝东在大关任县长时，带领相关领导下乡到此处，了解到居住在此的 102 户 420 人，因居住环境恶劣和生活极为困难时不禁潸然泪下。相当一部分男子无法娶妻生子而成为光棍。多年前，中山村民小组村民陈玉兵、陈玉海两兄弟，在外打工都谈好女朋友，带回家与家人高高兴兴过个年，没想到刚坐车到山脚下抬头一望，家还在高耸入云的山顶上，女朋友转身就此一别，美丽的生活憧憬顷刻成了泡影。尽管多年来党和政府没有忘记堡山群众，千方百计想办法扶持发展，生产生活条件有了一定改变，但2015年以来仍有54户238人散居在这片荒凉凄冷的大地上，牵挂着县乡镇村干部的心。

随着近年来扶贫工作的推进，堡山基础设施条件有了较大改善，但要实现“四通四有”和“五通一有”等目标，不仅要开山炸石，成本巨大，而且效果不佳。县、乡、村三级下定决心，通过艰苦细致的工作，实现了全组整体搬迁，帮助群众真正摆脱贫困。

2016年县、镇党委、镇政府决定对堡山自然村实施易地扶贫搬迁。为宣传易地扶贫搬迁政策，干部职工足迹遍布全镇10个村社区的“六类搬迁地区”，一次次到搬迁农户家中与群众促膝长谈，苦口婆心；多次召开群众会议，不厌其烦地一遍又一遍宣传易迁政策，解除搬迁农户心中的困扰和担忧，详细解答群众提出的问题。

镇村干部到堡山去做群众思想工作，当地群众听说国家易地扶贫搬迁政策，就是要彻底解决他们的居住环境，提高生活质量，实现“两不愁、三保障”脱贫标准，堡山村民小组长高弟平找到村支书田盛琦说，“我搬，群众工作我来做，”“为了子孙后代，为了长远发展。我们必须搬！大家不理解，主要是没把这个问题想透彻，我去给他们说。”镇村干部、挂钩帮扶干部与高弟平一道，挨家挨户给大家讲政策，高弟平带头与村委会签订第一份《搬迁协议》。对于个别故土难离的群众，干部多次反复去贫困户家中动员，精诚所至、金石为开，31户主动搬迁到安置点建房，有4户愿意搬迁到县城发展，其中，元堡山村民小组实现了100%搬迁安置。

2016年4月，悦乐镇新寨村堡山安置点启动建设。安置点分两期实施，安置点一期位于新寨村杠上村民小组、二期位于新寨村水营村民小组，共计搬迁安置129户587人，其中贫困户94户433人，同步搬迁户35户154人。新寨村堡山易地扶贫搬迁工程完成，实现搬迁户平均搬离原住地5公里以上，海拔降低1000米以上，离村完小和村卫生室仅1.5公里。同时配套建设村民活动室1个、文化广场2个、篮球场1个、公厕1个，统建农户畜圈 88 间，全面解决搬迁群众的就学难、就医难、出行难等问题，社会公共服务得到较大提升。

如今，堡山组的村民们全都搬迁入住了堡山安置点新房。住房条件的改善让村民的生活焕然一新，但长期积累下的生活习惯却一时难以改变。有的农户还在新式的厨房里烧柴火，有的人家脏衣服堆满整个客厅，最紧要的是大家还没有垃圾处理的习惯，公共区域垃圾遍地，高组长看在眼里，急在心上。2018 年春节，高弟平在安置点召开了社员大会，成立了安置点管委会，并制定了垃圾清洁值班表，让乡亲们参与到自管自治的行列中来。如今的堡山安置点，已经走在了“美丽新寨，清洁乡村”行动最前头。

搬迁后的堡山群众，居住环境改善了、住进了安全住房、产业发展起来了，青壮年都外出务工创收了。说到易地扶贫搬迁，堡山村民小组 12 名“光棍”之一罗永彪心怀感恩地讲道：“感谢党的政策，让我过上向往中的生活，我已经 33 岁，在搬迁过程中结识了对象，操办了喜事，打破了光棍村的传说。”村民们还为此编了歌谣传唱：“政策得民心，干群一条心。搬出光棍村，告别光棍身……”

消失的46个村民小组大步奔小康

高桥镇是一个沟壑纵横的乡镇，山高坡陡，少数民族众多，资源承载力过重，基础设施及公共服务严重滞后且工程建设成本较高，贫困面大程度深的乡镇。

“要得富，先修路”的脱贫构想，却在高桥镇的有些地方根本实现不了。2015年习近平总书记提出了“五个一批”脱贫措施，易地扶贫搬迁就成了高桥镇114个村民小组唯一的脱贫路，其中，需要整体搬迁的村民小组有太华村夰迯坪、联盟村天麻坪、新开村虾蟆塘、核桃村和家坪等46个549户2522人，而搬迁的苗族聚居村民小组就有14个167户709人。

太华村夰迯坪村民小组是苗族聚居地，需要整体搬迁到靖安，彻底挪出穷窝，谋求新的发展。为了让他们顺利搬迁，2018年至2019年8月6日，县委书记陈刚、县委副书记罗俊林、副县长熊兴兰、县人大常委会主任贾正友等县级领导及镇党委、镇政府，镇村挂钩干部、驻村工作队等工作人员，在长达两年的时间里多次前往夰迯坪村民小组动员，用足“绣花”功夫，积极动员群众，完成了脱贫攻坚任务。2020年3月19日，随着高桥镇太华村夰迯坪最后2户农户搬迁靖安，曾经居住19户的村庄消失了。

核桃村和家坪村民小组是核桃村海拔最高的地方，户籍人口有15户48人，但常住建档立卡人口7户28人，周边都是高山草甸不利于农作物种植，他们常年以放养牛羊为生，生产生活环境极差。说到搬迁，村民顾虑重重，工作人员多次对他们进行沟通、宣传、走访等工作，终于在 2019 年靖安分房仪式启动之前，同意搬迁，顺利分到房屋、有序搬迁，现已全部入住。

收获的喜悦来之不易，如今一块块闲置的耕地、林地、宅基地从原来的荒芜，变成一片片绿色，全镇“三块地”4.016 万亩，已利用 3.0189 万亩，利用率达 75%；易迁劳动力 2208 人已就业 1890 人，就业率达 85.59%。

2019 年 11 月 17 日，在靖安易地扶贫搬迁安置点分房现场，新开村虾蟆塘苗族村民杨文英高兴地说：“我常年在外打工，我们俩娘母修不起房子，从此以后女儿在昭通读书来回也很方便了，特别感激党和国家。”当看到过去居住在高寒山区“几天都不洗个脸”的王建富，现在一头短发、干净利索，精神面貌焕然一新时，我们工作人员真为他高兴。

2020 年 3 月 28 日，疫情防控形势相对缓解，从太华村夰氹坪搬迁靖安的朱明辉跟工作人员王海军说：“我们全家明天就要去新疆打工了，请海军帮我们收着钥匙，我们过年回来的时候找海军拿。”有了新家是起点，出门奋斗增收才能过上幸福生活。

自 2016 年开始，高桥镇为期 5 年的易地扶贫搬迁工作，前后搬迁了 879 户 3949 人，其中，2016 年搬迁安置 166 户 706 人，2017 年搬迁安置 72 户 304 人，2018 年搬迁安置 7 户 31 人，2019 年至 2020 年搬迁靖安新区 634 户 2908 人，过去的 46 个村民小组整体消失了。他（她）们在新的安置点过上了崭新的幸福生活。

搬空火地村　让村民生活火起来

县委政研室于2017年10月挂钩帮扶玉碗镇火地村后，全体驻村队员立即到火地村委会安营扎寨，立即感受到冬天的寒冷。据支书李远德介绍，火地村与昭阳区五寨接壤，与彝良县毗连。当时全村户籍人口301户1221人，常住人口218户864人，2012年火地村通电，2016年修通公路，农户收入靠种洋芋、苦荞为生。因自然条件特别恶劣，边远高寒、交通不便，80多户举家长期到江苏、云南省普洱、红河等地方务工居住。

听着介绍，看到裸露的岩石、荒凉的地块，说到吃蔬菜要到玉碗镇或彝良县县城购买时，驻村队员感叹“这个地方确实不适合人类生存”，并开始担忧起建档立卡贫困户怎样解决贫困这个问题上来。

2018年，县委、县政府安排火地村贫困户全部搬迁靖安新区。为宣传动员火地村所有贫困户搬迁靖安新区，县委、县政府领导亲临火地村与农户座谈，县委政研室驻村扶贫工作队队员更是责无旁贷，不分白天黑夜，深入农户家中宣传动员，讲解易地扶贫搬迁相关政策，对贫困户存在的疑惑进行详细解答。特别是牟家羊厩、敲梆坪等苗族村民小组，农户更穷但搬迁顾虑更多。留恋故土是人之常情，驻村扶贫工作队队员多次反复与镇村干部一道召开群众会议，与群众拉家常讲政策，群众从疑惑担忧到满心期盼再到欣慰满足的心路过程，建档立卡135户终于同意搬家到靖安新区。

2019 年 11 月，市委书记杨亚林到玉碗镇火地村敲邦坪村民小组，与这里即将搬迁至昭阳区靖安易地扶贫搬迁安置区的苗族同胞围坐在一起，倾听民声、解答民虑，增强信心、共话发展。贫困群众张光会说：“我们要感谢党和政府的关心关怀，一心一意搬到靖安去，我们这里常年云遮雾罩，生活太艰苦了。”杨亚林听了后既感动又欣慰。他鼓励大家说，有党的好政策作支撑，一定要增强发展信心，勇敢走出大山；要把迁出地的耕地、林地采取退耕还竹的方式发展起来，为走出大山奠定坚实基础；要知党恩、感党恩，积极支持配合各级干部做好搬家工作；搬迁以后既要自力更生，又要互帮互助，不断改变生产生活习惯，适应城镇化的生活，用勤劳的双手创造美好的明天。

2019 年 12 月进入搬迁阶段，驻村工作队和镇村干部一起，与搬迁贫困户齐心协力，把一户户建档立卡农户送到靖安新区分配的住房，帮助搬迁户打扫卫生、安装家具，如今，火地村建档立卡贫困户 135 户 684 住进了靖安宽敞明亮的新家。一位苗族老人说“做了一辈子山里人，没想到老了还可以过哈城里人生活，做梦都笑醒了”。

2020 年 4 月第三方评估时，已搬迁到靖安新区的火地村支书李远德（现任靖安安置点福兴社区支委）与驻村扶贫工作队队员商议，他目前的工作重点是参与社区管理，稳定贫困户和 61 户随迁农户；驻村扶贫工作队队员的工作重点是配合镇干部，利用国家退耕还林还草政策，已在搬迁户原居住地 7400 多亩土地上种植的筇竹，确保搬迁贫困户短期在外务工脱贫，远期能靠筇竹产业分红增收致富。

驻村扶贫工作队队员走在靖安宽敞的街道上，遇到火地村的搬迁农户都很高兴，他们请驻村扶贫工作队队员去家中吃家常菜，还有煮酒的请驻村扶贫工作队队员品酒，享受低保的农户说“我们每月的补助比老家多”。搬迁户的居住环境变好了，生活水平提高了，驻村队员也放心了。

红旗村学堂安置点：高山上的宜居村庄

上高桥乡红旗村，位于上高桥乡东北部，最高海拔 2676 米，最低海拔 1850 米，年最高气温 30℃，最低气温 –8℃，平均气温 10.8℃，属于边远、高寒地区，长期因自然气候条件差，资源禀赋不足，交通条件落后等原因使经济文化发展严重滞后。特别是大沟营盘一带，因地质原因和地理条件，建房难度大、成本高，村民生存条件艰苦。

易地扶贫搬迁三年行动启动后，在上级部门的关心下，通过乡村协同努力，红旗村学堂安置点建设项目于 2018 年 12 月落地实施，2019 年 9 月完工，总投资 2366.43 万元，占地面积 43355 平方米，建设安置房 85 套，配套建设村民活动场所一个，公厕一个，垃圾集放点一个，自来水、农网电、路灯、安保摄像头一应配套，共安置建档立卡贫困户 82 户。

学堂安置点选址在红旗村学堂村民小组，靖玉公路北侧，入口处即是硬化公路，一条只有雨季天才有水的大沟从安置点中间自北向南穿过，把安置点切分为东西两块，西面全是安置房，共 85 套，东面自北往南，依次是畜圈用地、活动广场和公厕、19 套安置房以及几幢保留建筑。安置房的布局，8 排房屋呈带状分布，俯瞰下去犹如 8 列队伍正在安置点这个训练场上集训。

为了让村民们搬得来、稳得住，上高桥乡政府与红旗村委会决定，安置点村民原有土地使用权不变，方便耕种的土地继续耕种，与安置点距离较远的土地，通过流转租赁给外来企业用于工业大麻种植，或者入股村集体经济公司种植筇竹。对有劳动力的家庭，实时掌握劳动力动态，动员外出务工或就近务工，对有富余劳动力而因照顾家庭等原因不能外出的，纳入乡村公益性岗位安置，负责安置点公共区域卫生清扫、监督以及附近公路的养护。通过盘活村民土地，让土地资源变成资产，让农民变成股东，通过就业和扶持，消除零就业家庭，让群众搬得来，住得好，有收入，能致富。

搬出大山　圆你一个安家梦

我县 1/3 的农户居住在高寒偏远山区，山高路远，土地贫瘠，开垦过度，生活条件格外艰辛，特别是苗族聚居村民小组。大关县委、县政府积极践行习近平总书记关于“易地扶贫搬迁脱贫一批”的重要指示，坚定“挪穷窝、换穷业、断穷根”。

为了让群众搬到宜居宜业的地方居住，天星镇建设了汤家坪安置点，目前该安置点规划搬迁的 66 户贫困户已全部搬迁入住。同步建设了超市、卫生室、公共厕所等便民设施一应俱全，为群众的生活带来了极大的方便。

李显伦是绿南村红旗村民小组的村民，由于其母年事已高，又多病，妻子嫌家贫而改嫁，他既要赡养年迈的老母，又要抚育 2 个小孩。一家 4 口也无力建设安全住房。“那时候，每每看见别人家老婆孩子一家欢聚，我的心里就像扎了把刀，生活真是像吃了黄连一样苦。”李显伦回忆以前，几度哽咽。为解决李显伦家“两不愁、三保障”问题，天星镇将他纳入易地搬迁对象，实施易地扶贫搬迁脱贫。

“以前哪叫什么家呀，住房比较简陋，经常天上下大雨，屋里面下小雨，打工回来第一件事就是检修年久失修的房屋。”在天星镇绿南村汤家坪安置点里，看着李显伦三室一厅一厨一卫水电齐全的新家，他感激地说：“非常感谢党委政府对我们的关心，像我们这样的人，做梦也没有想到能住进这种好房子。现在我搬迁安置点，把孩子接到村完小来读书，这样既方便照顾，我也可以在附近找一份工作，努力用我的双手使生活过得更好。”如今安置点内超市、卫生室、公共厕所等便民设施一应俱全，为群众的生活带来了极大的方便。

“挪出穷窝子”“摘掉穷帽子”“住上新房子”不是终点，而是新的起点。当前，天星镇党委、镇政府正积极稳妥推进相关后续扶持工作，解决搬迁群众的生产、生活、就业、就学、就医等各方面的困难和问题，千方百计打造更加美丽宜居的乡村。

第五编　教育文化民政健康扶贫

下足绣花功夫　决胜脱贫攻坚

柳　毅

习近平总书记在2015年11月召开的中央扶贫开发工作会议上强调："激发内生动力，调动贫困地区和贫困人口积极性。只要有信心，黄土变成金。人穷志不能短，扶贫必先扶志。没有比人更高的山，没有比脚更长的路。要做好对贫困地区干部群众的宣传、教育、培训、组织工作，让他们的心热起来、行动起来，引导他们树立宁愿苦干、不愿苦熬的观念，自力更生、艰苦奋斗，靠辛勤劳动改变贫困落后面貌。"

早在1988年，习总书记在宁德工作期间就提出扶贫先扶志，先要解决思想上的贫困问题。强调地方贫困，观念不能贫困，要淡化贫困意识。多年来，总书记对贫困"症结"的准确把握，为中国广大贫困地区提供了根本遵循，指明了前进方向。

新中国成立71年，终迎来美丽中国梦的大关篇章。贫困历史悠长记录着大关71载筚路蓝缕，奋进征途坎坷书写着大关71载沧桑巨变。而精准扶贫这一举世瞩目的伟大创举，恰让困境丛生的大关"如沐春风浴甘霖"，县委、县政府抢抓改写千年贫困历史的时代机遇，在峭壁上谋发展的关山大地韧劲践行"没有比人更高的山"励志箴言，团结带领在峡谷中求生存的29万关河儿女矢志走出"没有比脚更长的路"。

望闻问切寻结症

一路扶贫，山乡巨变。“两不愁、三保障”突出问题逐步解决，群众生产生活水平日益提高。扶贫结“硕果”，贫困群众得实惠，部分群众却滋生了“靠着墙根晒太阳、等着政府送小康”“不比拼搏比贫穷”的扭曲心理，争当贫困户现象随之风靡，“等靠要”精神贫困问题愈演愈烈。加之仍有许多群众对党的政策了解得不多，对脱贫攻坚的认可度、满意度不高，甚至不少人对此“无感”，感恩之心淡薄。

“肖队长，为什么他家有低保我家没有？”“蒋支书，我家也穷得响当当，给我家考虑个低保嘛！”“同志，你是我家的帮扶人，我家现在还差一个电饭煲，你帮我买个电饭煲嘛……”这曾是天星镇双河村一度时期的热潮。

“喂，九点半了，分房仪式马上开始，你到哪里了？”“我还没有起床，瞌睡都没睡醒，分啥子房子？”在寿山镇颐寿园搬迁安置点分房仪式上，这通电话对白令人痛心。

“凭什么他家是贫困户，我家不是，我也要当贫困户！”“说起国家政策好得很，你们这些干部天天扶贫，都是喊口号，补助咋不多整点给我们？”“穷要穷到住，国家好照顾，走，喝酒去……”此般“恶语”现象在各乡镇此起彼伏。

系列怪象，究其根本在于农村意识形态阵地建设的弱化。近年来，大关3000余名扶贫干部扎根一线“埋头苦干”，闯出了一条夯基础、强设施、兴产业的“实干兴关”之路，大多数干部“做功”全方位提升，“说功”却大幅度下降，甚至失语、失声，让群众与干部、政府之间出现信任危机，政府公信力受到严重挑战。

习近平总书记提出：“扶贫既要富口袋，也要富脑袋。”就大关实际而言，物质脱贫“硬功夫”可行，精神脱贫亟须“太极拳”与“中医疗法”齐驱并进，下足“讲”的绣花功夫，方能实现高质量如期脱贫。

科学谋划开良方

扶贫先扶志，扶贫必扶智。干部加油干、群众坐着看现象绝不能听之任之，大关将扶志作为决战贫困的“开山斧”、扶智作为决胜小康的“穿云箭”，双管齐下辟出脱贫致富“新路径”。

2019 年 3 月，在脱贫攻坚“爬坡上坎”的关键时期，县委、县政府围绕群众认识扶贫、认知政策、认同工作目标，成立领导专班、制定宣讲方案、建强工作机构、拟定宣讲《大纲》、实行挂图作战，组建了 23 人的县级宣讲团为全县干部“充电提能”，引领带动 441 人的基层宣讲队伍补齐群众“思想之钙”。

工作伊始，为了让宣讲更加丰富多彩、接地气，采取邀请专家讲、干部带头讲、群众主动讲三级宣讲模式，以脱贫攻坚、扫黑除恶、控辍保学、乡村振兴等为重点内容，讲清大关历史发展脉络，唤起老百姓的记忆；通过农村现状发展、经济收入变化、生活质量提升等方面，讲清危房改造、民政救助、易地搬迁、就业扶贫、产业发展、教育医疗扶贫等政策，算清脱贫计划、帮扶措施、工作台账，提高老百姓对现实获得的认知；结合优秀扶贫干部王秋婷、王文贵和致富代表丁琪等优秀典范，用精彩语言讲述经典故事，引出增强群众“自强、诚信、感恩”的精辟道理，全面实现群众思想、情感、工作三个认同，坚决“感党恩、听党话、跟党走”。

一张嘴、两条腿，宣讲队伍走到哪讲到哪，扬志气、启智力。宣讲出成效，立即开拓新高地，开展村民小组评比、村“两委”评比、乡镇评比活动，把环境卫生、尊师重教、好人好事、带头致富、科技种植等评出正负典型，利用“红黑榜”进行公示，并纳入爱心超市积分兑换奖品。演评结合的方式将宣讲效果推向高潮，群众思想出现了令人欣喜的转变。寿山镇元坪村贫困群众脱口而出“我不当、我不当，给我评个贫困户，以后娃儿找不到媳妇”；悦乐镇沙坪村的酒鬼懒汉，主动当上了卫生保洁员……志智双扶脱贫“指挥棒”功效尽显。

一轮宣讲，满园花开。宣讲队伍将奋进强音传遍全县1750个村民小组，仅用最低成本，做到最广覆盖。

立足实际治顽疾

成绩的取得，为志智双扶工作鼓足了破浪前行的不竭动力。但全县9个乡镇84个村（社区）群众基础、实际需要各有差异，宣讲工作需创新突破方可再创佳绩，因症施治才能彻底拔除“穷根”。

各乡镇宣讲队伍立足实际，对一轮宣讲开展全覆盖回访，探听实效、倾听反馈、聆听建议。回访结果汇总上报县委宣讲团，商讨研判适应当地群众的“菜单式”宣讲方法。宣讲主体由宣传部、宣讲团唱“独角戏”转变为多部门、多领域“大合唱”；宣讲重心由党政机关向基层拓展，由领导干部向广大党员群众延伸；宣讲内容由单纯的理论政策转变为形势政策、惠民政策、历史文化、法律法规、卫生科技、就业技能等方面；宣讲方式由固定课堂、单一授课转变为灵活多样；宣讲形态也由“战役性”宣讲转变为常态化宣讲。广范围晓之以理、高频率动之以情、深程度明之以实、抓铁般持之以恒的宣讲，使得志智双扶效果“多点生花”。

同时，以“不忘初心，牢记使命”主题教育为契机，压紧压实各级领导干部脱贫攻坚工作责任，从政策的再宣传、群众的再发动再教育再引导等方面着手，把转作风与办实事结合起来，形成“唱功”与“做功”合围之势，铸牢基层战斗堡垒。县、镇、村三级联动，撸起袖子精细“下针”，变授之以鱼为授之以渔，依托丰富多彩的文娱活动、背篼送图书、爱心超市、文化墙、村规民约等方式，开展新时代文明实践及人居环境整治活动，着力培育文明乡风、良好家风、淳朴民风。深入推进“红黑榜”“星级文明户”等建设，充分发挥榜样作用，示范引领群众在潜移默化中接受教育、向上向善，让奋进的步伐不断加快，感恩的情意越发浓烈，营造了“救穷不救懒”“政策好、人勤劳，小康生活早来到”的良好氛围。

除疾治顽，遍地生辉。2019年，累计1000余人典型模范树立，500余名后进群众改变，9个爱心超市27轮积分评定和物资兑换，结下深厚的干群鱼水情。4902场次多形式宣讲、78场次校园宣讲，70余个文艺小品与100余首诗歌送上的100余场文化“盛宴”，汇聚了干群齐头并进战贫困的磅礴力量，提振了群众不等不靠的精气神，坚定了群众自立自强的理想信念。

高桥镇耄耋老人写下对联“十九大精神进民心，扶贫温暖中见真情”，横批“共产党好”；吉利镇古稀党员群众自学《不忘初心、牢记使命》；寿山镇不惑群众一声“同志，谢谢您”；翠华镇而立群众一句“我太幸福了”；各个学校束发少年振臂高呼“我要读书，我要走出大山，爸爸妈妈，我爱您”；搬迁靖安新区垂髫小儿一番“新家比老家好一百倍、一万倍、一亿倍”童真话语……字字句句奋进美好生活愿景的铿锵足音，彰显着志智双扶的最佳效果。

久久为功　病愈防“复”

2020年5月，大关县光荣“摘帽”，退出贫困县行列。志智双扶的“绣花”精神，让贫困群众获得感、幸福感不断增强，满意度不断攀升，迅速织就的决胜贫困、感恩奋进战斗网，助力大关高质量交出了脱贫攻坚时代答卷。

今年年初，习近平总书记考察云南时再次强调，“要坚持‘富脑袋’和‘富口袋’并重，加强扶贫同扶志扶智相结合，加强开发式扶贫同保障性扶贫相衔接，帮助贫困群众摆脱思想贫困、精神贫困。这是当前推进脱贫攻坚的需要，也是实现长远发展的要求。”总书记的重要讲话为大关下步扶贫扶志（智）工作再次指明了方向。脱贫不是终点，巩固提升任重道远，志智双扶工作要发扬“钉钉子”的精神，继续在大关“热土”上传播正能量，确保真脱贫、脱真贫、不返贫。确保在已有的成功经验上再迈新台阶，继往开来为大关跨越发展扎牢思想根基。

当前，需建强用好新时代文明实践阵地，把文明实践与乡村治理、环境整治、产业发展、美丽县城建设等工作一起谋划、统筹推进，增强文明实践活动的丰富性、针对性，全力推动乡村振兴战略。围绕比家风美德、比新风正气，继续广泛开展各级各类评选推介活动，通过竞争激励、德者有得，弘扬正确价值导向，培育淳朴乡风民风。深挖大关名人故事、传说典故、家风家训等，讲好村史故事、文化习俗、文明乡风，让群众记得住乡愁，增强乡土归属感。打造覆盖广、效率高、实效强的农村应急广播平台，利用农村“大喇叭”播放政策信息，普通话与地方腔一同上阵，推动党的理论政策融入“百姓圈”。

如今，调整充实的宣讲队伍已整装出发，在全县干部队中伍掀起了十九大精神和总书记考察云南重要讲话精神的宣讲高潮。全县干部将弘扬“火种”精神，抓住党员群众、先进典型、乡贤能人等重点群体，积极培育“乡村名嘴”宣讲员、骨干宣讲志愿者，培训一支支懂理论、懂群众、会宣讲的本土理论宣讲队伍，用最鲜活的方式将发展信心播撒进关河儿女心房，锲而不舍将总书记的重要讲话精神“飞”遍关山大地。

（作者时任大关县委常委、办公室主任、宣传部长）

春风化雨育桃李　教育扶贫暖人心

——大关县教育脱贫攻坚纪实

大关，一个雄奇响亮、阳刚壮美的名字，孕于千秋万世之始，藏于千山万壑之中。这是一方享有“瀑布之乡”“筇竹之乡”美誉的热土；这是一块活力不断彰显，梦想不断孕育，福祉不断增进的沃土。自全国脱贫攻坚战打响以来，历来就有着崇文重教优良传统的大关县以此为契机，掀起了狠抓教育扶贫斩断穷根的滚滚热潮。资助全覆盖，控辍保学，全面改薄……一幅幅教育扶贫的感人画面，展示着大关教育扶贫工作的付出与收获，也让老百姓感受着党和政府的关爱和温暖，分享到了教育和社会进步带来的丰硕成果。

控辍保学　从根本上阻断贫困代际传递

为确保“清零”行动顺利有效，各乡镇根据中小学校提供的辍学学生名单，组织帮扶干部和镇村干部进村入户详细了解掌握辍学学生的辍学原因和去向等情况。经排查，翠华镇有 4 名辍学学生分别在重庆、江浙一带打工。翠华镇分管教育领导带领由文旅局职工、派出所民警、村干部、教师组成的“劝返小组”带着“发现一个、劝返一个”的任务，于2019年12月2日早晨出发，开始了外出劝返历程。

王娇是翠华镇“劝返小组”要劝返的第一名辍学学生。15岁的王娇家住大关县翠华镇雄魁村，父亲已故，母亲早已改嫁，家里只有一位70多岁的奶奶和她，是村上的建档立卡户。由于家庭和其他原因，王娇2019年3月开学未到校，被外村的一名男青年哄骗外出打工。

“劝返小组”在2019年2月2日晚到达重庆后顾不上休息，立即赶往重庆市黔江区武陵街道姜家湾寻找王娇，到达目的地，哪有王娇？经过进一步了解，才知，王娇实际在浙江宁波打工，为了躲避政府的劝返，她向劝返小组提供了在重庆打工的虚假地址。

次日9时，“劝返小组”乘飞机辗转到浙江，到浙江后，由于王娇躲避劝返小组，拒不告诉打工详细地址，给“劝返小组”的工作带来了难度。最后，派出所民警小刘说，请当地派出所查她的生活轨迹，于是就协调当地公安机关在网上寻找王娇等人最近的生活轨迹，几经周折，当地公安机关终于找到王娇和另外两名辍学学生最近生活轨迹，再通过社区核实，终于找到几名辍学学生生活的具体位置。

第三天一大早，“劝返小组”到达王娇所在的工厂，在询问了解时，该工厂老板否认王娇在工厂打工。但在当地公安机关的帮助下，老板才承认了王娇在打工，并同意协助劝返复学。

而后，在公安、出租房东的帮助下终于见到了王娇。王娇陈述，她是与男朋友一道到浙江打工的，男朋友怕失去她，不愿意让她回家返校读书，为了躲避政府劝返读书，谎报打工地点，向“劝返小组”提供了在重庆打工的虚假地址。“劝返小组”组长杨琼见到王娇，一边了解其在外打工的辛酸苦辣，像慈母般地劝慰孩子，一边向其及男友宣传《中国人民共和国劳动法》《中国人民共和国义务教育法》《中国人民共和国婚姻法》《中国人民共和国未成年人保护法》等法律法规。思想工作一直做到凌晨1点多，王娇终于答应跟随“劝返小组”回家复学。

从12月2日出发至8日回家，回到昔日熟悉的校园，看见原来的老师和同学们正等待自己的到来，王娇禁不住流下了激动的泪水：“在浙江的工厂，我埋头务工、吃饭、务工，每天工作12小时，特别累。同时，也发现，没有文化知识，出去了只能干些粗活、重活。真后悔出去打工。感谢政府对我的帮助，我一定会好好学习，不辜负大家对我的关心。”“劝返小组”在近一周的时间内，辗转重庆、浙江多个地区，最终翠华镇的4名辍学学生返回了学校。

在大关，一个孩子辍学，会急坏县、乡、村、学校数十余人。在茫茫的大山深处，这样的故事不计其数，感染着许许多多的人。

精准资助　不让每一个学生因贫而失学

上午放学的铃声一响，同学们自觉地在校园里排起了长队，有序走入食堂。冒着热气的饭菜飘香，等着正在长身体的孩子们享用。“今天我们吃的是木耳炒肉、青椒炒鸡蛋、花菜，还有白菜粉丝汤，不够还可以再去盛。”天星镇安乐村完小石俊熙同学笑着说道。营养餐既补充了农村学校孩子每日所需营养，又减轻了困难家庭的负担。

“非常感谢中山市侨界香山筝乐团的叔叔、阿姨们，他们的帮助如雪中送炭解决了我的经济困难，今后我一定努力学习，不断进步，以实际行动回报社会！”翠华中学七年级学生张世彪在领到1600元助学金时激动地说。张世彪两岁时就患上了再生障碍性贫血，因家庭经济原因未得到及时医治，如今病情加重，药不离身，昂贵的药费致使原本就贫困的家庭更是雪上加霜，常年依靠父亲打零工的微薄收入，支撑着风雨飘摇的家……

每年八九月，县教体局学生资助管理中心人潮涌动，前来办理助学贷款的学生络绎不绝，胡太梅就是其中之一。胡太梅于2017年考上文山学院英语专业，同年，妹妹被昭通学院旅游管理专业录取，一家人在高兴之余，开始为学费犯愁，了解到生源地助学贷款政策后，一家人激动不已。在第三次签订生源地助学贷款合同时，胡太梅告诉笔者："我和妹妹每年都各获得 8000 元的生源地助学贷款，靠着助学贷款的支持，我和妹妹才能顺利完成学业，助学贷款对我们大学生而言，特别是贫困大学生来说有很大的帮助，能够让我们安心读书，不用再为学费发愁。"

教育资助是教育扶贫的重头戏，全县建立起了以政府为主导、学校和社会积极参与的覆盖学前教育至高等教育的学生资助政策体系，实现了"各个学段全覆盖、公民办学全覆盖、家庭经济困难学生全覆盖"的目标。脱贫攻坚战打响以来，全县共落实各级各类国家资助金 47993.68 万元，985863 人次；4 年来，共签订 7016 笔生源地助学贷款合同，金额 5509.38 万元；全县共获东西协作、爱心人士、爱心企业帮扶教育扶贫资金 3201.56 万元，较好地实现了应助尽助，全县义务教育阶段学生没有一人因家庭经济困难而失学辍学。

发展职教　有效破解就业招生两大难题

"初中毕业后，一度想出去打工，幸好赶上免费中职教育，我才能继续读书。"中山市火炬开发区理工学校 2018 级学生马孝林对未来充满信心。马孝林是大关县高桥镇新场村人，2018 年中考未能考上普通高中，就在他一筹莫展之际，是免费中职的春风，吹散了他心中的愁云。在自己心仪的学校他一直心存感恩，发奋努力，并积极参加各级各类比赛活动，曾获学校十大歌手第三名，中山市无人机航模比赛一等奖。大关籍学生王永奎、杨逸恒、徐蕊……这一串串姓名，在该中职学校与马孝林一样都是佼佼者。

如今，职业教育已成为贫困学子家庭脱贫致富的"直通车"和"金钥匙”，是造血式扶贫的重要载体和脱贫攻坚的有生力量。据悉，县中等职业学校学生在实习期间，就能赚到了人生的第一桶金，实习月薪达2000元至4000元！既增强了他们做人做事的信心，又解决了家庭的脱贫需要。

大关通过产教融合，加强校企合作，专业设置精准对接社会发展用工需求，紧跟市场发展等一系列举措大力发展职业教育。目前，全县中职在校生人数已达4502人，基本实现普职比大体相当的目标。为弥补县内职业教育资源的不足，我县积极抢抓脱贫攻坚东西部协作的大好机遇，努力扩大职业教育规模，3年来，在如期完成本地职校招生任务的同时，共输送1435名学生到广东、四川、重庆等扶贫协作职业学校就读，为帮助建档立卡贫困户学生实现“职教一人、脱贫一个、致富一家、带动一片”奠定了坚实的基础。

全面改薄　让学校发生翻天覆地的变化

“我们是农村义务教育薄弱学校改造项目的直接受益者！新建的校舍宽敞明亮，师生们各个心情舒畅……”提起全面改薄，吉利镇中学校长陈思荣高兴得合不拢嘴，兴奋地向我们讲述学校的新变化。“在新学校上课真好，坐教室后排的学生不用再翻桌子了，上体育课时班级之间不相互影响了，住宿条件更好了。”九年级学生毛焰说。走进吉利镇中学，或许你根本不相信，在两年前，这里还是一片荒芜，如今，这所环境优美的现代化学校，与绿水青山交相辉映，成了关河岸边一道最亮丽的风景。原来的吉利中学远远适应不了城镇化发展进程，“超大班”现象突出，学生活动场所狭窄，群众意见很大。为此，我县决定迁建该校。新建学校环境幽雅，景色怡人，格调和谐，春夏鲜花盛开，秋冬丹桂飘香。绿化、美化、亮化工程使校园真正成为花园式的育人殿堂。教学区、运动区、生活区三大功能区分布合理。现代教育技术装备及教学辅助设施等一应俱全。现代化的教学设施为教育教学质量的全面提高提供了充裕的物质条件。

“教育是最大的民生！对教育怎么重视都不为过，投入多少都不为多。”这是县委、县政府作出的庄严承诺。“全面改薄”工程实施以来，全县以此为契机，补教育短板，谱教育新篇。县内“最好的房子是学校，最美的环境是校园”已成不争的事实。2014年以来，全县“全面改薄”共投入专项资金36964.63万元。土建项目371个涉及学校116所，资金31826.06万元，批复面积293435平方米，全部竣工投用；投入设备采购资金5138.57万元，涉及131校，采购设备22918套，已全部交付使用。为切实做好“二十条底线”达标工作，一年来，投资10万元，采购报警系统92套；投资115万元，更换课桌凳1100套和学生双人床1028张；投资92万元，建设4所学校围墙及运动场；投资530万余元，消除旱厕65个；投资11054万元，新建大关复兴中学；投资4350万元，迁建吉利中学。目前所有项目已全部竣工投用，城区学校压力得到缓解。全县所有义务教育学校“二十条底线”各项指标均已达标，全县所有学校发生了翻天覆地的变化。

挂钩帮扶　舍小家顾大家

梁万，他是大关县教育体育局自国家开展脱贫攻坚工作以来就派驻扶贫村的驻村干部。因驻村扶贫工作的繁忙，周末加班是常态，回家的次数屈指可数。

特别是提起他10岁的孩子，梁万就一脸的愧疚。一幕幕往事浮现在眼前。自从驻村后，他与家人就聚少离多，加之妻子也在外务工，夫妻二人很少在家，照顾孩子的重任就落到了孩子的外婆身上。关心别人家的留守儿童，自己家的孩子却成了留守儿童。

不知是因为孩子的叛逆，还是隔代的溺爱，以前在班上还算品学兼优的孩子，因为长期缺失父母的陪伴，渐渐在学校三天两头闯祸，成绩一落千丈。梁万知道这些，却无暇顾及也无能为力。为了扶贫工作，他只能隐忍在心……孩子的班主任打电话要求参加家长会或到学校配合老师商量如何管理学生，但都因无法脱离工作岗位，而配合不了学校教育好孩子。

“屋漏偏逢连夜雨，船破又遇顶头风。”正在梁万为孩子的成长苦恼时，儿子的外婆摔伤住院了。学校老师打来电话说学生没有到校上课，他不得不深夜赶回家，当他打开房门，屋里一片狼藉，孩子正兴奋地在计算机面前打着游戏，当时，梁万只差给儿子两巴掌，但手一举起心就软了，转过身抹了下眼眶……孩子走到今天这一步，责任在父母啊。孩子已不愿回到原学校上课了，几天后，他不得已把孩子送进了私立学校。

梁万当然不是一个人在战斗。单位派出的驻村干部 5 人和挂包帮职工 44 人一道，牺牲休息时间，舍小家为天星村的脱贫呕心沥血。即使困难重重，他们没有丝毫懈怠。他们用脚步去丈量了那个村的每一寸土地。近几年来，在单位大量扶贫资金支持下，在他们的不懈努力下，县教体局挂钩帮扶的天星村正在旧貌换新颜。贫困发生率降至 1.33%，交通、电力、广播电视、网络宽带、医疗设施和活动场所均已达标。全村正逐步朝向生产发展、生活富裕、乡风文明、管理民主的目标迈进。

攻坚路上　一个也不能少

木杆镇地处县境北部，镇政府所在地距县城 81 公里，是大关县最边远的一个乡镇。全镇有建档立卡贫困户 2114 户 9361 人，人均纯收入 8373 元。现有中学 1 所，在校生 857 人，其中建档立卡贫困生 332 人；小学 8 所，在校生 2003 人，其中建档立卡贫困生 657 人。

“不能因家庭贫困使学生辍学，也不能因学生厌学让学生辍学”，这是木杆镇党委、镇政府及中小学教师共同的心愿。通过宣讲《中华人民共和国义务教育法》、走访动员、开会动员、发放通知书等多种形式，践行着“应读尽读、应学尽学，一个都不能少”的教育责任，演绎了一个又一个感人的控辍保学故事。

奔波千里，只为劝返两名辍学生。甘顶村完小两名辍学学生罗成萌、罗涵雨。两姐妹的家庭极为特殊，姐姐 10 岁，妹妹 8 岁，一个三年级，一个二年级，还有一个小弟未达到上学年龄。父亲患有白化病，母亲双目失明，为维持一家人的生计，其父母带着三姐弟到广东东莞打工。

2019 年 11 月 20 日，木杆镇党委、镇政府经多方联系，得知两辍学学生的下落后，组成了以大关县委党校驻甘顶村工作队队员张兴贤、甘顶村党总支书记程良林、甘顶村完小校长蔡明修为劝返工作组奔赴广东东莞市进行劝返工作。一下飞机，他们都顾不上欣赏改革开放前沿阵地的繁华，在最短的时间内与他们全家见了面。见面后，工作组不仅详细地询问了学生的情况，且耐心细致地和家长、学生讲解读书学习受教育对人生的重要性，辍学对学生本人和家庭的危害性，还全面细致地解释了国家对贫困学生读书的扶持奖励政策，希望借此改变学生和家长的态度，同时耐心倾听家长对学校工作的建议，以达到劝返复学的目的。

初次的谈话并没有达到预期的效果，他们深知需要给家长和学生留出时间酝酿和消化。通过队员们动之以情、晓之以理地做工作，家长和学生被工作组的真情所感化，表示读书受教育对孩子来说确实是一辈子的好事，学生愿意返校读书，家长也一定尽全力支持孩子返校复学。队员们悬着的心总算落下了。随后，两辍学学生随工作组返回甘顶村完小随班就读。

漂坝村生地湾村民小组，是一个纯苗族村寨。木杆镇中学七年级辍学学生陶绍会的家就坐落在这里。

2019 年 10 月 25 日，天空下着蒙蒙细雨，木杆镇分管领导带领木杆镇中学校长、驻村队员，踏着泥泞的山路走进苗寨，这是他们一行第三次到生地湾做劝返工作。“快进屋来坐，我家这个猴婆儿硬是叫不去读书，你们今天又来劝她，太好了！”陶绍会的妈妈说。

陶绍会于2019年秋季学期才从小学毕业进入初中，2004年出生的她本是读书的好年华，入学之初还好学，但后来就开始厌学了，特别是与一些外出务工的姐姐们谈起外出务工能挣钱，外边的城市又好，就动起了心思，一心想着外面的世界多精彩。“学习和生活上有什么困难我们一起帮你解决。”李校长这样说，工作人员与陶绍会讲了读书与打工的关系，可她一直低着头不作声，一旁的妈妈焦急地骂着：“你硬是打死不开腔”，任凭队员们如何劝导，陶绍会总是噙着泪水，非常不耐烦地说了一句：“我就是不读书。”

天色渐渐暗了下来，一阵秋风吹过，苗岭中的落叶沙沙的作响，苗寨的狗又叫了起来，队员们的身上和心里透着一丝丝的凉意，悻悻地离开了陶绍会的家。在回来的路上，工作人员笑着说：“不要紧，我们改天再来。”

2019年10月28日，工作人员第五次来到陶绍会家，经队员们几番劝导后，陶绍会笑了。离开她家时车里多了一个人——陶绍会。同时另一组劝返小组在元亨村老房子村民小组通过第三次劝导后，一名叫张兴琴的辍学学生已被成功劝返。

搭建文化扶贫小舞台　助力脱贫攻坚大作为

大关县文化和旅游局按照中央、省、市、县总体部署，以文化自信引领农民脱贫自信，激发贫困群众脱贫内生动力，着力在教育引导、搭建平台、提升素质下功夫，走出了一条以文化扶贫助力脱贫攻坚的新路子。

实施精神塑造工程，增添文化扶贫新引擎。文旅局坚持以文化扶贫同“扶志、扶智”相结合，以文化扶贫同“自强、诚信、感恩”相结合，以文化扶贫同文化精准相结合，强化文化目标驱动，树立文化“大扶贫”意识，充分利用县级文艺团队、文化大关微信公众平台、9个乡镇综合文化站、84个村级综合性文化服务中心等主流阵地和60余支1000多人的民间文艺演出队伍，积极开展扶贫政策宣传，形成了“广场有音、馆所有训、田间有舞”的立体宣传阵势。

创新开展“背篼图书馆”建设。背篼图书馆是文旅局开展文化扶贫创造性地提出的。2016年6月玉碗镇何家坡第一个服务点诞生后，陆续在少数民族高寒边远地区完成玉碗阴山林口、团结、小沟，悦乐镇海坝、堡山、太阳坝，上高桥乡大麻窝，翠华镇草坪，天星镇白家坪、龙塘，高桥镇哈蟆塘、罗汉林，吉利镇茶元，木杆镇三江口，寿山镇陆坪等16个服务点的建设，共投入资金30余万元，覆盖农户600余户3000余人，赠送书柜16个、图书5000册、期刊1520册、收音机151个、电视接收机151个以及大量生活日用品、学习用品等。通过“背篼图书馆”协调对接，多次帮助群众解决子女落户问题、孩子的入学问题；成功动员堡山、海拔苗寨村民易地搬迁集中安置；协调解决了何家坡世代不通公路的难题。“背篼图书馆”文化扶贫的服务方式，先后得到了中央、省、市各级各部门的充分肯定和社会各界的大力支持。这个荣誉来之不易，是我们一村一组走出来的，是我们一肩肩扛起来的，有汗水、有泪水；有温暖，更有力量。

实施阵地建设工程，培育文化扶贫新载体。文旅局加强“重建设、重管理”两手抓实各类文化阵地建设，不断创新文化扶贫方式和载体。2010年以来，全县共竣工公共文化设施项目近100个，项目总面积6万平方米，基本实现“县有两馆：图书馆、文化馆；乡镇有文化站、文化广场；村有农家书屋、村级综合文化服务中心建设达100%”。图书馆、文化馆均达到三级馆；9个乡镇文化站建设实现了全覆盖；76个行政村农家书屋实现了全覆盖；完成图书馆、文化馆的维修加固；完成文化馆小剧场改造；完成农家书屋示范点建设1个；完成贫困地区精神文化家园建设示范点建设2个；完成贫困地区综合文化服务中心84个；整合资金由组织部实施基层党员活动室301个；完成文化活动室建设12个；完成农村文化广场和村级文化活动广场建设70多个，县、乡、村三级公共文化设施网络初步确立，基层公共文化设施的不断改善。

实施送戏下乡工程，丰富文化扶贫新方式。文旅局紧扣文化扶贫目标，形成了以省级送戏下基层为引领、市级“百场演出进百乡”为示范，县级“千场演出进千村”为指导，乡级“万场演出进万组”为基础的四级“送戏下乡”新载体体系，通过文化送戏扶贫方式，以身边人身边事为题材，用小品、快板、舞蹈、歌曲等文艺形式，把优秀的文艺送到群众中，引导和激励贫困群众摈弃“靠着墙根晒太阳，等着政府送小康”的消极思想。一是演出的数量和质量不断提升。从2010年至今，全县共完成7300余场次。省级15余场次，市级80余场次，县级700余场次，乡级6500余场次，现场观众360余万人次。

全县送戏下乡演出内容不断创新，结合工作特点和重点，突出特色，创新性地完成了廉政文化内容、扶贫扶志（智）、扫黑除恶、传统戏曲、十八大、十九大精神等内容相结合的演出。2011年至现在，完成各种类别的文艺作品创作20余个，大型话剧《来自天堂的诗篇》；微电影《清水鱼塘》《会动的房子》《爱的催化剂》；情景剧《你是否记得》《铁肩担道义》《点亮心中的梦想》《双手浇开幸福花》；小品《小康路上》《一个红包》《夫妻那些事》《二懒脱贫》《董永脱贫记》《村官情》《观念》《孝敬父母》《团圆》；情景诗朗诵《大关颂歌》《对59个灵魂的诉说》；三句半《扫黑险恶硬碰硬》等优秀作品并搬上舞台，使贫困群众在欣赏节目的同时逐步改变脱贫靠自身的思想观念。

实施人才培养工程，充实文化扶贫新保障。文旅局加大人才队伍建设投入管理力度，加强对文化社会组织的引导、扶持和管理。全县注册登记的文化组织8个，业余文艺宣传队67支，通过以奖代补的方式表彰35支业余文艺队和40余名农村业余文艺骨干和文化带头人，积极组织业余文艺队伍参与市级文化能人培训8期，共计220余人，县级整合文化馆、图书馆免费开放、“非遗”培训、“三区”人才培训开展腰鼓、广场舞等，培训业余文化骨干和带头人600余人；积极鼓励业余文艺队参与到“百千万”送戏下乡舞台，每年通过“百千万”工程、文艺演出、文艺比赛，鼓励各乡镇业余文艺队参与，使全县农民从文艺节目的观众到主角的转变，实现了从靠县里“送”到“种”文化的转变，改变文化从固定性到经常性开展，不断丰富农村文化生活。

大力推进文化志愿服务，不断完善“背篼图书馆”文化志愿服务队伍。每年定期开展回访送书活动，充实丰富村级业余文化生活，解决高寒贫困看书难问题，推动全民阅读的广泛开展；大力实施“阳光工程”“圆梦工程”“春雨工程”。深入实施“三区”人才支持计划文化工作者专项服务。从2013年开始，共选派60名“三区”人才开展指导、培训、辅导，将业务能力强的文化志愿者派送到基层，深入群众身边培训辅导广场舞、锣鼓、曲艺、小品等。加大业余文艺队投入。从 2015 年至今，共投入贫困地区设备购置资金 90 万元，不断为全县文艺队伍和 40 个贫困村文化活动室补充演出活动音箱 100 套、服装 450 套、乐器 24 套。

大力实施乡村记忆工程，留住文化扶贫新成效。截至目前，大关县有国家级“非遗”代表性项目 1 个、省级 4 个、市级 4 个、县级 2 个，在世的代表性传承人 7 人。大关县非物质文化遗产主要集中在少数民族文化圈，如“芦笙制作技艺”“芦笙舞”“花山节”“射弩”“芦笙音乐”“纺织蜡染”等代表性项目都是苗族文化现象。近几年来，非物质文化遗产保护事业的工作重心逐渐从项目申报和传承保护转移为开发利用，目前已初见成效。

大力实施产业培育工程，壮大文化扶贫新支撑。充分发挥每个乡镇村特色，形成一镇一品的特色文化活动，依托黄连河、罗汉坝、三江口、青龙洞等文化品牌，积极培育黄连河康养文旅、天星罗汉坝养身休闲、木杆三江口氧吧旅游文化、寿山古道文化、红色文化观光、吉利特色小镇、翠华悦乐采摘农家旅游文化，打造反映大关特色文化演出精品，促进文化演艺、休闲娱乐、非物质文化遗产保护传承。通过“比赛 + 展演”形式，与各乡镇实行订单式服务，增加群众参与文化活动的热情，满足不同群体的文化需求。

丰富文化生活　建设美丽乡村

文化振兴是乡村振兴的魂。文化惠民，要“惠”在满足群众的日益所需的文化需求和精神文明建设需求。几年来，吉利镇着力坚定文化自信，增强文化自觉，做实文化惠民，着力提升文化产品和服务的供给能力，文化建设“短板”逐渐补齐，广大农民群众的生活质量与文明品位不断提高。

用好一个阵地。阵地是农村文化建设的物质基础，吉利镇整合村级活动阵地建设项目，于2010年建成使用面积近580平方米，集图书室、电子阅览室，老年活动室、排练厅、展览室为一体的综合文化站，砖红色白色相间的墙体，独特的结构设计，宽阔平坦的活动广场，种类多样的健身器材共同铸造了关河河道旁一道道亮丽的风景线。并先后打造了村级文化广场、文化大院、文化墙、活动室多个文化阵地，完善了农家书屋功能，初步形成了较为健全的村级文化网络。

用好一个广场。吉利镇按照“文化育民、文化乐民、文化富民”的总要求，以加大农村文化事业发展和丰富业余文化生活为重点，积极向上级部门争取项目，多方筹集资金，鼓励群众自筹土地，组织群众投工投劳。2015年以来分别在黄荆灯台、吉利永和、吉利长青、尾甲海子、鱼田田坝、鱼田广发、龙坪坪子、龙坪新村、小寨花秋、小寨应房等村民小组新建10余个文化广场。2017年2月龙坪村和吉利村级文化活动室顺利通过验收。

2020 年 5 月，吉利镇龙坪村南坪安置点广场旁成功修建了集踢足球、打篮球为一体的运动场，青绿色的硅 PU、乳白色的胶漆给这个广场带来了别样的色彩。

用好一间书屋。截至 2020 年，吉利镇共有村级图书室 7 个，室均藏书量 1100 册；镇图书室 1 个，藏书量 1500 余册，有镇电子阅览室 1 个。这一惠民工程历史性地解决了长期困扰我镇农村的买书难、看书难的问题，农家书屋也因此被誉为“家门口的图书馆”“孩子们的第二课堂”。

用好一支队伍。2010 年吉利镇着手镇村文艺队伍建设，随着组建工作的持续深入，老百姓渐渐有了兴趣。随后歌舞协会、篮球协会、乒乓球协会等队伍相继成立。截至 2020 年，全镇共有镇级文艺协会 2 个、村文艺宣传队 8 支，文艺协会 4 个。每逢重大节日、民俗节会，这些队伍都会根据老百姓的兴趣爱好组织开展文艺表演，为其提供丰富的精神文明建设服务。吉利镇利和文艺协会成员由 2014 年刚组建时的 6 人扩充为 2020 年的 26 人。时至今日，越来越多的群众沉浸于文化的海洋中，接收文化浪潮的洗礼。

护好一方文物。文物是人类在历史发展过程中遗留下来的具有历史、艺术、文化和科学价值的遗物、遗迹，是文化遗产的重要组成部分，蕴含着民族特有的精神价值和历史文化。吉利镇有着悠久的历史和丰富的文化遗产——周国彩故居、花秋观音石窟遗址、花秋兴隆庙、内昆铁路原线路遗迹、硝厂湾悬棺、虎跳石石窟石刻、黄荆坝护法滇军殉难地、黄荆坝“蛮坟”、五尺道——老姆城段（老姆城五尺道遗迹）的发现见证了吉利镇光辉的历史岁月。一直以来，吉利镇严格贯彻“保护为主、抢救第一、合理利用、加强管理”的工作方针，科学规划，采取切实可行的措施，认真做好文物保护、管理和合理利用工作加强文物保护，为促进当地社会主义精神文明建设，促进经济发展作出了应有的贡献。

端公戏又称“傩戏”，被誉为中国原始戏剧的“活化石”。据《中国戏曲志》记载，康熙六年，端公戏就已在大关县吉利镇鱼田村流传并沿袭至今。大关端公戏于 2005 年被命名为“昭通端公戏”，列入云南省第一批非物质文化遗产保护名录。曹久波是大关端公戏第九代掌坛师，在 2018 年 10 月举办的“昭通市首届小品小戏展演”中，曹久波携其剧组表演的端公戏经典剧目《遣功曹（选段）》受省、市“非遗”专家高度评价，荣获传统类节目的最高奖项“传统类优秀传承奖”。现在曹九波老师已经辞世，他的儿子继承了“衣钵”，端公戏将在新一代掌坛师的手中创新性地弘扬、发展、传承下去。

民政社会救助兜底保障脱贫攻坚

大关县民政局自2015年以来，在相关部门的通力协作中，按照脱贫攻坚总体部署，紧紧围绕“两不愁”和“兜底保障一批”的目标任务，编密织牢民生保障网，精准施策，精准发力，通过落实好城乡低保、特困供养、孤儿保障、临时救助等社会救助保障政策，并将“无业可扶、无力脱贫”的建档立卡贫困人口纳入民政兜底保障，在全力服务和助力脱贫攻坚工作中发挥了重要作用，有效筑牢了脱贫攻坚最后一道防线。

逐步提高保障标准，
实现农村最低生活保障线与贫困线相统一

2015年大关县农村低保保障线提高到2160元/人/年，人均补助水平139元/人/月；2016年大关县农村低保保障线提高到2700元/人/年，人均补助水平171元/人/月；2017年大关县农村低保保障线提高到3175元/人/年，人均补助水平180元/人/月；2018年大关县农村低保保障线提高到3504元/人/年，人均补助水平216元/人/月；2019年大关县农村低保

保障线提高到4200元/人/年，人均补助水平263元/人/月；2020年大关县农村低保保障线提高到4500元/人/年，人均补助水平296元/人/月，实现与贫困线相统一，并稳定高于脱贫标准。

分类识别保障对象，做好民政政策与扶贫制度衔接

农村低保。2015年农村低保对象24053户28667人，发放资金4781.65万元；2016年农村低保对象23758户28294人，发放资金5168.83万元；2017年农村低保对象24016户28302人，发放资金5793.19万元；2018年农村低保对象15485户22315人，发放资金6407.14万元；2019年农村低保对象15487户24352人，发放资金6800.10万元；2020年10月农村低保对象16892户26989人，发放资金7917.99万元，其中卡户中低保对象13629户24620人。2015年至2020年累计发放资金36868.90万元。

特困人员供养。2015年农村“五保”对象2416户2416人，发放资金447.10万元；2016年有特困供养对象2685户2711人，发放资金915.79万元；2017年有特困供养对象1067户1117人，发放资金1164.43万元；2018年有特困供养对象1084户1141人，发放资金769.99万元；2019年有特困供养对象1023户1084人，发放资金992.42万元；2020年10月有特困供养对象983户1019人，发放资金990.44万元；卡户中特困对象485户660人（兜底保障对象485户660人，一般保障户497户359人）。2015年至2020年累计发放资金5280.17万元。

孤儿、事实无人抚养儿童、受艾滋病影响儿童。2015年129人，发放资金131.36万元；2016年161人，发放资金163.43万元；2017年189人，发放资金245.97万元；2018年194人，发放资金247.46万元；2019年201人，发放资金300.46万元；2020年1—10月500人，发放资金523.67万

元，其中卡户中孤儿对象354人。兜底保障对象354人，一般保障对象146人。2015年至2020年累计发放资金1612.35万元。

残疾人两项补贴。2016年享受残疾人两项补贴2854人次，发放资金175.13万元；2017年享受残疾人两项补贴3312人次，发放资金188.62万元；2018年享受残疾人两项补贴4487人次，发放资金248.26万元；2019年享受残疾人两项补贴5448人次，发放资金296.70万元；2020年1—10月享受残疾人两项补贴7028人次，发放金额403.11万元（其中卡户3800人）；2016年至2020年累计发放资金1311.82万元。

医疗救助、临时救助，解群众急困，托社会底线

资助参保。2015年资助36722人，资金419.29万元；2016年资助38148人，资金391.48万元；2017年资助38187人，资金390.38万元；2018年资助17914人，资金140.44万元；2019年资助10927人，资金227.57万元；2015年至2019年累计资助资金1569.16万元。

重特大疾病救助。2015年救助97人次，救助资金36.03万元；2016年救助223人次，救助资金23.79万元；2017年救助91人次，救助资金12.84万元；2018年救助322人次，救助资金75.88万元；2019年救助12人次，救助资金3.33万元；2015年至2019年累计救助资金151.87万元。

健康扶贫医疗救助。2018年累计救助建档立卡贫困户17194人次，救助资金542.67万元。

临时救助。2014年救助2250人次，救助资金139万元；2015年救助1632人次，救助资金102万元；2016年救助1904人次，救助资金112.04万元；2017年救助1512人次，救助资金196.75万元；2018年救助1852人次，救助资金162.44万元；2019年救助24623人次，救助资金2897.99万

元；2020 年 1—10 月临时救助 9621 人次，救助资金 948.02 万元。2015 年至 2020 年累计救助资金 4558.24 万元。

大关县民政局通过工作的开展，总结经验，做好制度保障，严格贯彻落实脱贫攻坚政策政令，指导全县城乡低保、特困人员、残疾人、医疗救助、临时救助、兜底保障工作的高效有序开展。

持续开展城乡低保专项清理工作，做到应保尽保。2015 年以来持续开展城乡低保专项治理工作，2017 年城乡低保专项清理工作走上正轨，分年度确定清理目标，2017 年以全面清理国家机关、企事业单位，村“三委”干部职工及其近亲属违规享受城乡低保、特困人员供养工作为目标，追回资金 950 余万元，并全面清退违规纳入城乡低保、特困的国家机关、企事业单位、“村三委”干部职工及其近亲属，符合条件的严格落实备案制；2018 年集中治理“政策保”“人情保”“关系保”“错保”“漏保”及城乡低保经办服务中的腐败和作风问题，全面精准认定，复核城乡低保对象 34851 人，累计清退低保对象 11246 人，新纳入 3097 人，不符合低保条件的“政策保”对象 374 人实现清零；2019 年围绕脱贫攻坚职能职责，按照“阳光低保”一规范、两到位、三覆盖工作要求，做好城乡低保动态管理，开展错保、漏保对象排查，加强资金管理，城乡低保覆盖率进一步加大，落实监督机制，针对各乡镇城乡低保申请程序、公开公示、兜底对象认定、低保对象分类、资金管理、档案管理等情况开展专项督查，查找问题，督促整改，复核城乡低保对象 36244 人，累计清退低保对象 7555 人，新纳入 12301 人。2020 年以来，围绕脱贫攻坚挂牌督战工作，积极推进政府购买社会救助服务工作，切实加强基层社会救助经办能力建设，建立以村为单元格的民政工作网格化服务管理机制，通过开展“城乡低保精准施保”“兜准、兜住、兜牢”行动、加大特困人员集中供养力度及孤儿、事实无人抚养儿童排查等工作，抓好困难群众生活保障，落实兜底保障工作职能。

以“无业可扶、无力脱贫”为依据开展兜底保障对象认定，做到应兜尽兜。以村（社区）为单位，经村（社区）、乡（镇）、县三级审核，将大关县辖区内建档立卡贫困对象中通过发展生产、就业帮扶、易地扶贫搬迁、生态补偿、发展教育等措施都无法脱贫或家庭中主要劳动力完全或部分丧失劳动能力的家庭纳入"兜底保障"，其中低保家庭按农村低保A类进行全户施保，特困、孤儿落实相应政策，2019年按脱贫年度补齐人均收入4000元，共计补发836人71.42万元，确保兜底对象转移性收入略高于贫困线。截至2020年10月，全县建档立卡贫困人口中纳入兜底保障的有1129户1655人。

持续提高特困、孤儿等特殊群体生活保障金，确保应养尽养。2016年6月前，"五保"、城市"三无"对象每月领取补助资金128元，2016年6月后全纳入特困人员管理，2016—2020年生活补助、护理补助持续提高。2020年特困人员基本生活标准提高到832元/人/月，集中供养特困人员照料护理补贴一档（完全丧失生活自理能力或一级重度残疾）提高到835元/人/月，二档（部分丧失生活自理能力或二级重度残疾）提高到418元/人/月，新增三档（其他集中供养特困人员）251元/人/月，分散供养特困人员照料护理补贴：一档（完全丧失生活自理能力或一级重度残疾）提高到151/人/月，二档（部分丧失生活自理能力或二级重度残疾）提高到88元/人/月，新增三档（其他分散供养特困人员）50元/人/月。孤儿、事实无人抚养儿童、受艾滋病影响儿童生活补助从2014年集中供养1520.875元/人/月，分散供养912.525元/人/月，提高到2020年集中供养1980元/人/月，分散供养1280元/人/月，进一步保障特殊群体的生活质量。

持续加大资金投入力度，在脱贫攻坚中充分发挥临时救助作用。建立临时救助备用金制度，逐步提高乡镇临时救助审批额度，从2015年以来1000元/次提高到2020年3500元/次，救助人数持续增加，救助资金持续增长，强化"两不愁"兜底保障，助力解决"三保障"问题，着力防范脱贫群众返贫，稳步提升兜底能力；充分发挥驻村干部和结对帮扶干部作用，及时了解、掌握辖区内群众，特别是建档立卡贫困户、低保对象、特困人员的生活困难，进一步加强建档立卡重点监测对象动态监控，建立监测预警机制，做到早发现、早上报、早救助。

持续加强基层民政队伍建设，提高社会救助工作的时效性。长期以来基层民政工作人员严重不足，乡镇级民政工作人员身兼多职；村级无专职工作人员，社会救助工作面临人少事多、工作效率低下等问题。为确保为社会救助对象提供及时、高效、专业的救助服务，建立一支稳定、高素质的社会救助经办队伍，自 2019 年 8 月起，大关县政府购买第三方服务配备县、乡、村社会救助工作人员，充实各级社会救助经办力量，在救助效率，救助程序上有了质的飞跃。截至 2020 年 10 月，大关县通过政府购买社会救助服务 96 人（其中，县级 4 人，乡镇级 23 人，村级 69 人），大力加强各级社会救助经办力量，在精准救助、精准实测、有效解决脱贫攻坚兜底线上实现了质的飞跃。

健康扶贫惠及千家万户

健康扶贫工作开展以来，大关县认真贯彻落实中央、省、市精准扶贫方略，聚焦“两不愁、三保障”标准，深入贯彻执行“三个一批”和“四重保障”政策，着力解决贫困人口基本医疗有保障问题，进一步夯实全县人民群众“看得起病、方便看病、看得好病、尽量少生病”的健康服务保障，为决战决胜脱贫攻坚，如期实现全县脱贫摘帽奠定了坚实的基础。

实施“三个一”工程

村卫生室达标建设。2017 年以来，全县 82 个贫困村（社区）完成改扩建村卫生室，全部达标。全县每个行政村至少有 1 所建筑面积不低于 60 平方米村卫生室，每个村卫生室设置诊断室、治疗室、公共卫生室、药房、观察室，并规范张贴职责制度，配置基本诊断设备，配齐常见病、多发病预防治疗药品，每村至少有 1 名持有《乡村医生执业证书》的村医。

乡镇卫生院达标建设。全县 9 个乡镇卫生院中创建心脑血管救治站 3 个，慢病管理中心 1 个。全县 9 个乡镇卫生院业务用房面积、床位设置、设备设施配置、科室设置、人员配备均已达标。

县人民医院达标建设。县人民医院已达二级标准，目前业务用房 31600 平方米，拥有住院床位 380 张，每张床位建筑面积 83.16 平方米；有医护人员 368 人，每床拥有 0.97 名卫生技术人员；有副主任医师 9 名。县人民医院业务用房面积、床位设置、设备设施配置、科室设置、人员配备均已达标。

抓好三个一批工作落实

大病集中救治一批。县人民医院牵头，开展 25 类 32 种重特慢疾病筛查、管理、救治工作，2017 年以来，全县 32 种大病患者 2819 人，已救治 2819 人，救治率 100%。

慢病签约管理一批。按照“签约一人、履约一人、做实一人”的要求，全县共组建家签团队 134 个，每个团队签约服务人数不超 1000 人。目前，全县共签约 54220 人，履约率 90.50%，其中，建档立卡贫困人口签约 32209 人，履约率 88.675；儿童签约 10148 人，履约率 95%；老年人签约 13889 人，履约率 96%；孕产妇签约 572 人，履约率 91.43%；残疾人签约 2155 人，履约率 92.80%；计划生育特殊家庭人口签约 17 人，履约率 94.73%。四种慢病中，高血压患者签约 9673 人，履约率 95.64%；糖尿病患者签约 2632 人，履约率 93.23%；肺结核患者签约 268 人，履约率 97.76%；严重精神障碍患者签约 913 人，履约率 96.15%，履约率大幅度提高，服务质量也逐步得到提升。

重病兜底保障一批。全县医疗卫生机构严格贯彻执行“先诊疗后付费”政策和“一站式一单式”服务机制，整合财政资金为建档立卡重病患者开展重病兜底保障。截至目前，全县建档立卡贫困人口符合政策报销比率达 90% 以上，累计支出兜底保障资金 384.16 万元。

东西部扶贫协作普惠大关，增进互访交流，拓宽协作领域。2017年以来，中山与大关卫健系统横向交流7批次71人次，其中中山选派医疗帮扶专家5批21人次，我县医务人员赴中山学习4批47人次，捐赠了16套全科医生助诊包和16台健康一体机。两地通过多频次互访交流、合作洽谈，促进了医疗协作领域的深入开展，极大地提升了我县医疗技术能力和综合管理水平。

加大资金投入，着手基础建设。2017年，东西部扶贫协作资金出资500万元用于20个村卫生室建设，2018年东西部扶贫协作资金出资300万元用于12个村卫生室建设，现已全部投入使用。2019年东西部扶贫协作资金出资898.2万元用于卫生健康项目建设，其中，750万元援建县中医院、县妇幼保健院、吉利镇卫生院、天星镇卫生院。目前，吉利镇、天星镇卫生院已搬迁投入使用；98.2万元用于县乡医疗机构配置医用冷链等设备，现已严格按照采购程序落实到位；50万元用于天星镇中心卫生院、高桥镇中心卫生院购置救护车各1辆，目前采购程序正在办理，力争春节前购置到位。

统筹整合资金，优化基层卫生健康服务保障。加大对县、乡、村三级卫生业务用房建设，构建了“以县医院为龙头、以乡镇卫生院为依托、以村卫生室为网底、以民营医院为补济”的城乡居民健康服务格局，争取资金改扩建业务用房，深入推进城乡医疗卫生服务一体化建设，不断优化就医环境，让广大城乡居民逐步享受均等化健康服务质量。“十三五”以来，县卫健局在县委、县政府及相关部门关心帮助下，共筹集资金11737万元用于县、乡、村医疗机构业务用房建设；同时争取广东中山对口帮扶资金800万元用于32个贫困村卫生室建设，夯实健康扶贫基础。

为进一步解决老百姓看病难、看病远难题，让老百姓在家门口就能够享受优质医疗服务，我县立足长远，聚焦重点人群，积极组织医疗团队深入各村开展家庭医生签约巡诊活动，切实做到“签约一人、履约一人、做实一人”。截至目前，辖区人口完成签约54220人，履约率90.50%，其中，建档立卡贫困人口签约32209人，履约率88.675；儿童签约10148人，履约率 95%；老年人签约 13889 人，履约率 96%；孕产妇签约 572 人，履约率 91.43%；残疾人签约 2155 人，履约率 92.80%；计划生育特殊家庭人口签约 17 人，履约率 94.73%。

强化宣传引导，着力普及健康扶贫知识提升满意度。为了让基层干部与贫困群众政策知晓率达 90% 以上，我县开展了健康扶贫政策知晓率提升“四个一”活动：一是开展一次镇村干部、驻村队员、镇村医生健康扶贫知识培训会；二是乡镇卫生院、村委会、村卫生室张贴一张宣传画；三是村或社召开一次健康扶贫群众宣传会；四是发放一份健康扶贫宣传小折页。共发放宣传折页 28000 份、宣传手册 2200 册、宣传画 1800 张、先诊疗后付费流程图 150 张，90% 以上的基层干部、贫困群众基本掌握了解健康扶贫政策。

为了让群众满意度达 95% 以上，我县开展了“四个一”活动：一是在签约对象家中张贴一张家庭医生签约明白卡，内容包括签约团队的职务、姓名、岗位、职称、电话等；二是利用中国移动“云 MAS”短信服务平台，每月向卡户发送一条宣传信息，内容包括健康扶贫、家庭医生签约、公共卫生服务、健康教育等相关政策，并通过移动短信进行互动，让群众快速了解、掌握国家新的惠民政策，从而提升群众的知晓率和满意率；三是向所有签约对象拨打回访电话；四是开展健康状况及用药情况的上门随访，并做好随访记录。

第六编　挂钩帮扶及社会扶贫

见证大关县扶贫历程

欧阳书品

临近退休的我，在大关县扶贫办工作23年，给4位主任当过助手，2012年担任县扶贫办主任。2016年10月组织为照顾老同志，把我从扶贫办主任调整到县人大预算委任主任，自以为可以放飞自己，但一直抽调在县脱贫攻坚指挥部，参与决战脱贫攻坚，做力所能及的工作，可以说经历了大关扶贫、脱贫的26个春秋，亲历了贫困农户从贫困到解决温饱到走向小康，见证了大关县从特殊贫困地区发展到整体区域脱贫。

扶贫工作是我人生的工作财富，是组织的信任，也是我人生目标的追求，所谓“修阴功做好事”不过如此。当然，共产党员更应坚持为人民服务的宗旨，为人民谋幸福的情怀。

扶贫机构编制变化

大关县扶贫办成立于1991年，时任主任是我中专农校同学程宗云，马国顺同志任副主任，加上从盐津调来的曹平和同志（退休前担任县人民政府调研员）计3人，扶贫办挂靠在县政府办。由于1985年在全国“增百致富”过程中大关县农民收入高暂时摆脱贫困，然而山高坡陡的地理环境、落后的基础设施，农民群众的低收入及地方财政仅 2300 万元的收入情况，在 1990 年大关县又重新纳入省贫困县序列。

1994 年 1 月，陈仲权同志从县计建委调扶贫办任主任，我和马国顺同志任副主任，加之同时调入的原水利局局长曾荣同志（正科）和原农业局局长罗鎰同志（正科），人们闲谈中戏称扶贫办为“五官科”。

当时国家、省级财力有限，国家统一向世界银行贷款支持贫困地区发展，扶贫办主要工作任务是撰写《世行贷款项目预可性研究报告》和《世行贷款项目可行性研究报告》，通过近两年全县相关部门共同努力，1995 年末，世行贷款扶贫项目资金指标 8000 余万元下达到县，大关县扶贫项目拉开建设序幕。

为了扶贫工作的开展，扶贫办机构从挂靠政府办，挂靠县发改局到政府组成部门，扶贫办编制从参公管理人员到公务员，2016 年还增加了扶贫外资项目管理中心（事业编制人员）；人员编制从 3 人到 5 人到 20 余人，2016 年组建大关县脱贫攻坚指挥部与扶贫办合处办公，抽调工作人员及扶贫办人员计 40 余人，后来再增设易地扶贫搬迁、农村危房改造、就业扶贫、扶贫扶志（智）、涉农资金整合等 16 个专项指挥部，形成统一指挥、分工负责、合力攻坚的扶贫格局。党政领导负主责，“五级”书记抓扶贫，压实了“扶持谁、谁来扶、怎么脱”各阶段的工作责任。

扶贫办老职工大部分退休，有的已离世，但大多数新调入、考入扶贫办的年轻职工，今天在市、县部门及乡镇不同的岗位上履职尽责。坚决打赢脱贫攻坚战，扶贫办是第一线战斗人员的指挥中心，扶贫工作者知道自己肩上的责任与压力，他们多年没有节假日、夜以继日忙碌的身躯，白了少年头的影像，随时在我脑海中晃悠。

消失的茅草屋

我的家乡在“五尺道”途经的人马驿站之吉利铺，海拔不高地势不陡人也不笨，但是火灾经常光顾，1953 年火灾是听老人们讲的，告诫我们不要耍火，因为紧密相连的街道屋顶茅草交错，户间材草隔断，一户不慎失火带害全街父老乡亲。1974 年 12 岁的我独自在家，一阵“快起来，烧房子了”的吼叫声把我从梦中惊醒，我跑到空旷的菜地时，回头一看火光冲天，红色的天空中不断飘散下材草的灰烬，顷刻之间 59 户居住的茅草屋全部化为灰烬。类似的寿山老街、木杆镇和玉碗镇街道都是火灾高发易发点，因为 20 世纪 70 年代街道大多是茅草屋，农村更是普遍。改革开放以后农村生活发生翻天覆地的变化，有钱有头脑想改变居住条件的农户把茅草屋改为瓦房或砖混结构屋。但到 2004 年扶贫办统计数据，当时全县 55131 农户中还有 11977 户居住在破烂茅草房，其中高寒山区住窝棚 284 户、杈杈房 976 户。不是农户不想改善居住条件，且不说农户手中无余钱，当时未通路的自然村有 1146 个，155 个未架设通电线路，不具备建设砖混结构住房的条件。

进入 21 世纪以来，各级党委政府高度重视改善农户居住条件，提出的口号是消除茅草房，国家不断加大扶贫项目资金投入，国家补助每户建房资金从 4000 元到 10000 多元再到 20000 多元。“十五”期间消除茅草房 2000 多户，1000 多户搬迁安置在思茅地区（现普洱市思茅区及江城县），县内转移安置 400 多户到宜居点。“十一五”期间实施改建和改造安居房 3400 多户，至此才真正改变贫困农户住岩洞、窝棚、杈杈房的历史。

要改善农户居住条件不是纸上谈兵，要让农户经济收入来说话，大关县农民人均纯收入 2000 年为 758 元，2005 年 1155 元，2010 年 2600 元，比较，仅为云南省当年 3952 元的 65.79%。2010 年大关县地方财政一般预算收入 5380 万元，排全省的 124 位，不仅农户家中无钱，政府也囊中羞涩。

2011 年，我下乡到寿山镇中坪村陆坪社，爬上山头，展现在我们眼前的是“千脚落地”（小灌木支撑）墙壁，低矮的屋顶铺一层塑料薄膜再覆盖泥土之上长满绿色的杂草，全社20多户人家只有一户是土墙茅草屋，进门了解是一位老师的家。

“十二五”以来实施精准扶贫，扶贫工作的重点是关注高寒边远、民族聚居地区，易地扶贫和专项安居工程优先覆盖，通过政府帮助，农户努力，对愿意搬迁农户搬迁到宜居易迁安置点，搬到集镇或迁入靖安新区，如今有的住联排独栋的砖混房，有的住高楼大厦。对不愿搬迁农户实施安居工程，就地改造和改建提升15900多户，现居住农户都入住砖混结构房，实现住房安全保障。对原居住房屋进行撤除复垦复绿，过去的茅草屋消失了，类似的益珠村松林、玉碗镇出水村团结、悦乐镇大坪村太阳坝、上高桥大寨村端阳坪、大麻窝等苗族村寨亦是如此。而今在乡村看到茅草屋感到莫名兴奋，摄影爱好者专程前往闪几张照片在朋友圈炫耀，殊不知是乡村故意留下的新旧对比图，是贫困农户居住条件变迁的博物馆、纪念碑。

扶贫对象精准历程

精准扶贫对象前后历时3年，即2014年6月至2017年昭通市安排的“再回头”为止，还未包括2011年“两项制度”农户建档立卡工作。

2011年《中国农村扶贫开发刚要（2011—2020）》明确扶持武陵山区、乌蒙山区等14个深度特殊贫困地区，大关县被国家列入乌蒙山深度贫困地区38个贫困县之一。同时作为云南省“两项制度”有效衔接试点县，按照2010年农民人均纯收入2300元的脱贫标准，对农户进行第一次识别并建档立卡。

“两项制度”就是把农村低保制度和扶贫政策有效衔接，主要目的是统一识别标准和脱贫标准。当年安排300万元财政扶贫项目资金进行“两项制度有效衔接”扶贫试点，资金作为建档立卡农户股金加入农民专业合作社，例如：上高桥琦鑫黄牛合作社就是利用此资金起步的。

2012年以来，习近平总书记每年到深度贫困地区调研，对精准扶贫精准脱贫不断作出重要指示，2013年中共中央办公厅、国务院办公厅《关于创新机制扎实推进农村扶贫开发工作的意见》（中办发〔2013〕25号）、2014年国务院扶贫办下发《扶贫开发建档立卡工作方案》（国开办发〔2014〕24号），全国各省乃至大关县才正式拉开精准对象的序幕。

根据云南省扶贫开发领导组于2014年5月15日下发《云南省扶贫开发建档立卡工方案》，按照2013年农民人均纯收入2736元为贫困户识别标准，其实是在2010年2300元贫困标准的基础上计入物价上涨比例，以后年度如此，到2019年脱贫标准上升到3750元。

2014年末，大关县完成贫困人口105170人建档立卡及上高桥、玉碗、寿山、高桥、吉利、天星等6个贫困乡镇，贫困村68个。计划到2019年贫困县出列摘帽，通过2020年巩固提升与全国一道同步进入小康社会。

2015年本着“去粗取精、去伪存真、有进有出、进出有序”的工作方法，开展建档立卡“回头看”。2016年全市对贫困户进行“再精准”。工作中严格评定、公示等程序，每月对贫困户动态管理，最终26092户113884人录入全国扶贫开发信息系统，贫困发生率为46.4%，此数据包括历年返贫人口。

2017年9月27日，省扶贫开发领导小组下发《关于确定我省27个深度贫困县的通知》（云贫开发〔2017〕35号），认定大关县为27个深度贫困县之一，2018年认定大关县第二批贫困村（社区）14个，至此，大关县共有贫困村（社区）82个，占全县行政村（社区）总数的97.6%，其中深度贫困村48个，占全县行政村（社区）总数的57.1%。

扶贫对象精准工作漫长而复杂，其原因主要是精准扶贫农户享受特殊优惠政策多，产业扶贫项目、小额信贷资金、雨露计划等扶贫项目资金只能覆盖贫困户，农民人均纯收入在标准线偏上的农户不能享受，产生一定的“悬崖效益”，导致贫困户乐在其中不愿脱贫，非贫困户攀比意见较大，省政府每年对各县进行扶贫工作绩效考核，其中有一项农户满意度调查，确实是考虑基层的智慧。为提高农户满意度，大关县 2019 年验收之前开展扶贫扶志（智）宣讲。同时，工作初期部分干部工作不深不细、执行政策不力、优亲厚友难免，所以部分干部受到处分。当然大部分干部“白加黑”“5+2”的忘我工作，全县群众逐步理解了精准扶贫精准脱贫消除绝对贫困的意义。

山区产业发展的艰辛

我县山区面积占 99% 以上，多数行政村从河谷地区上升到高寒山区，海拔高差达 2000 米，人们常说“山高一丈、大不一样”“阴坡阳坡相差许多”，就是对大关气候的形象描述。立体气候导致我县境内生物多样性，也是云南“植物王国”的体现，但也给山区“一县一品、一村一业”规模化、组织化产业发展带来难度。

记得 2008 年至 2011 年全县在高山及二半山种植核桃，各级及相关部门引进新品种“云星一号”嫁接核桃，办样板、搞示范，可以说举全县之力。2012 年，我到吉利镇营底村火地村民小组地块查看，种植的新品种“云星一号”核桃春节抽出新枝，冬季冰冻死亡，树桩增粗树冠低矮，而二半山核桃树长势虽好，但挂果不佳。

同时在矮山河谷地区种植枇杷、樱桃、李子、脐橙、蔬菜等，虽然有一定产出，但数量有限、缺乏冷链物流、市场竞争力不强，外面商家到此买多，却没有货，说你们这里“什么都有、什么都没有”，不得不打道回府。2020 年，广东省中山帮扶建成泡沫箱厂、冷冻库房，加之交通条件大力改善，大关“乌蒙源生”生态产品正逐步走进市场。

2011 年，扶贫规划针对我县山高坡陡，产业扶贫按照县委、县政府确定的“两片三带”规划，两片即上高桥乡、悦乐镇、玉碗镇、翠华镇为南部，寿山镇、高桥镇、木杆镇、吉利镇和天星镇为北部；三带为干热河谷、二半山及高寒山区。

南部以养殖业为主，县政府安排项目资金主要扶持合作社、贫困户发展能繁母牛。县政协在上高桥红旗村每年评比“牛状元”，玉碗镇2014年利用整乡推进扶贫项目资金、上高桥乡打堡村利用整村推进扶贫项目资金，采用“村民共享、3户联保、滚动发展”模式，因为3户联保按序滚动，形成利益联结、相互监督、压实贫困户发展产业责任，扶贫项目得以顺利实施并不断发展壮大。2015年1月29日，中央电视台《新闻联播》以标题为《云南：点面结合，构建造血式扶贫新格局》进行宣传报道。通过扶持村级集体公司、合作社及农户，2020年建成年出栏300头以上的肉牛规模养殖场3个，50头以上能繁母牛养殖单元10个，基础母牛1.6万头。上高桥琦鑫公司生产的牛肉产品销往全国并出口国外。

北部片区以种竹为主，2013年县委、县政府安排扶贫办牵头发展笋用竹，按照“三带”区域发展竹产业思路，支持河谷地区的吉利镇种植毛竹3000多亩；二半山种植斑竹，高二半山种植方竹，高寒山区种植筇竹。方竹笋秋天采收，与春天采收的筇竹笋形成加工互补。西南林业大学20世纪90年代就派出专家挂钩帮扶我县，1993年全国竹类学家薛继如先生带领西南林业大学有关人员到我县进行竹类普查，董文渊教授在大关县研究筇竹20多年，西南林业大学是大关县发展竹产业的坚强后盾。全县拥有全球50%的筇竹资源，为打造“一县一业”筇竹产业奠定了基础。2017年，县委、县政府提出打造100万亩筇竹基地，出台相关扶持政策，支持新型经营主体、农户种植，号召“把山当田耕，把竹当菜种”，有力推动筇竹产业快速发展；2020年在木杆镇向阳村建设筇竹产业示范园区，大力扶持本土企业和加大招商引资力度，形成竹笋加工、竹炭加工、筇竹工艺品制作等项目建设，不断延伸竹产业链，努力打造“乌蒙源生·至尊筇竹”品牌，2018年大关县被授予“中国筇竹之乡”美称，2019年被列入云南省“一县一业”筇竹笋特色县。

我县发展竹产业不仅发挥保持水土的生态效益，为保护长江上游水清作贡献，而且为贫困农户找到稳定增收致富产业；竹产业实现三产融合，为富县创造一定条件；真正使大关成为绿水青山，在不远的将来就是金山银山。

2014 年，县扶贫办调整到边远的木杆镇漂坝村挂钩帮扶，扶贫项目资金支持漂坝村贫困户每人平均种植筇竹、方竹达 5 亩以上，通过建示范基地，加强管护，2019 年每人每年采笋收入增加 5000 元以上，有的农户年收入达 10 万余元，为实现稳定脱贫打下了坚实的基础。

生猪是农业传统产业，20 世纪 90 年代我县是云南省生猪基地县。1984 年，我到玉碗镇出水村进行农产量抽样调查，当年出水村共养殖生猪 3 头，政策规定“吃一半，交国家一半”，许多农户一年吃不上一餐肉，出水村是扶贫关注的重点。2004 年，玉碗镇利用出水村整村推进扶贫项目资金支持农户发展生猪，每户发放 1 头小猪，玉碗镇分管扶贫的领导是 2003 年从县扶贫办项目股长任上调到玉碗镇任纪委书记的李光明同志，他在车上用麻布口袋装好小猪，农户随机无偿领取，减少了仔猪大小不等重量不一的矛盾。通过政府政策资金多年扶持和农业产量不断提高，2016 年居住在当地的农户平均宰杀 2 头以上年猪。

我县“三元杂交”生猪品种走在全市前面，精准扶贫时期政府利用各种项目资金扶持农户养殖“二元母猪”，大部分农户发展壮大，但少部分农户因管理不善，反映母猪不下崽，为提高项目资金绩效，各行政村只有集中在村里办代养场。2017 年，县委、县政府相继引进重庆猪猪侠、双胞胎、正邦等公司，与村集体公司合作建设代养场，全面推进 100 万头生猪养殖基地建设，迈向“养殖企业化，加工园区化，种养一体化”闭合式、循环式、全链条发展之路。

金融扶贫全力支持贫困户发展产业

产业扶贫不得不谈扶贫小额信用贷款，我前后参与过三种模式。

1996 年，县政府成立小额信用贷款办，组织安排我兼任主任，与县经营管理站积极配合，学习借鉴“孟加拉”小额贷款模式，孟加拉小额信贷提出“贷穷不贷富、贷女不贷男”，在当时副县长陈元章领导下，利用农业银行贷款资金，在上高桥红旗村试点并取得圆满成功，后来在全县推开。2001 年农业银行撤销乡镇营业所，项目推进受到影响。

2011 年至 2013 年，省扶贫办安排农村互助资金 300 万元，支持农村组建互助资金合作社。方式是由相邻村民小组中有积极性的农户组建互助合作社，国家无偿扶持 30 万元至 50 万元，入社农户每户集资 2000 元，形成合作社贷款股金。合作社股东集体研究贷款对象及贷款金额，乡镇农经站代其管理资金，收回贷款本金及利息不断壮大合作社股金。当时人民银行挂钩帮扶寿山镇小河村，互助合作社管理运行经验供昭通其他县区学习借鉴。

2015 年至今与县信用联社合作，在县信用社开户存入小额信用贷款风险补偿金，有产业发展条件、守信誉和有发展产业积极性贫困户可贷款 5 万元以下，贷款期限 3 年以内，国家利用扶贫资金给予贴息，2016 年扶贫小额信贷资金 1800 多万元，2017 年、2018 年每年 1 亿元，2019 年达到 2 亿多元，至今贫困户使用小额信用贷款资金 3 亿多元，有力扶持贫困户根据家庭实际，发展生猪、黄牛、竹子、水果等特色产业。存入金融机构小额贷款风险金 3000 多万元，大关县贷款农户非常重视还款信用，未出现呆滞贷款，风险金一分未使用。

易地扶贫搬迁从“异”转“易”

异（易）地扶贫搬迁对大关而言是“搬不动山搬人”，长期居住在高寒、边远、一方水土养不活一方农户，只有实施易地扶贫搬迁，才能“挪穷窝、换穷业”。

我参与过三个阶段的易地扶贫搬迁，要说“异”有他的出处，1998年省政府鉴于昭通市开发较早、山高坡陡、人口多、可耕种土地少、土地承载过重；而思茅市、普洱市可利用土地资源多、人口及劳动力少、光能热能足且雨量充沛、两地对接能实现资源互补；为此、省扶贫办成立异地扶贫处，把跨地州异地扶贫搬迁纳入全省主要扶贫措施之一。

为实施好省政府异地扶贫搬迁工作，时任大关县委书记赵康带领有关部门前往西双版纳州和思茅市（今普洱市）考察，其实在1997年12月县政府安排县扶贫办、民政局及民宗局，带领我县高寒山区的苗族同胞前往思茅市、勐海县、江城县的相关茶山进行考察，并安排送出了两批高寒山区的100余农户，到西双版纳勐海县布朗山茶叶基地和思茅市小木岗茶山定居。

1998年6月，大关县异地扶贫搬迁工作拉开了序幕，县委、县政府安排我担任大关县异地扶贫驻思茅市办事处主任，吕宗荣任副主任、石顺普（已故）、谭付松一行4人到思茅市开展工作（后增加刘桂美同志）。

驻思茅市办事处主要负责倚象镇“101”安置稳定大关籍农户及配合龙生公司茶叶基地建设，至2005年成立白磨河村民委员会，18个村民小组，1430户4132人大关籍农户落户稳定安置在此。

“101”万亩茶叶基地建设是结合省政府跨地州异地扶贫项目实施的，“101”是一个林班号，开发之前是当地住户原始放牧的区域，海拔1400余米，不高的山上长满了杂草，沟堑里有小灌木，把大关县4000多人转移并稳定安居在此，是省、市、县及乡镇党委政府共同努力的结果。6月8日那天，转移农户途中因为下雨，当时的道路缺乏块石垫底，开车打滑犹如船行，运送的大客车因大雨停留在云盘山不能前行，前不着村后不靠店，驻思茅办事处与龙生公司千方百计熬上大米稀饭，基本填饱4辆客车上大人小孩的肚子，但行驶了3天2夜的客车里充满了复杂的味道及小孩的哭声，那时我们的工作人员流下心酸的泪水，也感动了当地朴实善良的驾驶员。第二天东方露白时，当地的6辆“212”吉普车用1天时间把农户送到4公里外的安置点。

异地搬迁转移是一个系统性工程，迁出地的宣传动员、组织车辆、安全运送，迁入地准备生活物资、分房安置、户籍迁移、劳务收益、产业发展等。迁徙几千人的工作量可想而知。转移时的安置房是9根木柱支撑54片石棉瓦，四面无遮拦，我们只有动员农户上山砍灌木围栏，蒙上一层塑料花胶布避光，思茅夏天雨水集中，屋内一层浮泥，无论是转移农户、支教老师还是办事处人员，屋内都只有穿上水鞋生活。为此，1999年省政府安排“101”开发区第一家实施安居工程，每户补助4500元资金，大关县安排技术人员对各村民小组进行统一规划，农户终于住进水泥空心砖房。现居住在“101”的农户是一栋栋砖混结构房，搬迁稳定农户逐步致富满意了，回流农户后悔了，我虽然离开“101”基地20年余年，但我心中记挂着他们，脑海里经常浮现着荒山变茶叶，木屋变砖房、贫穷到致富的经历及情景。

2008年我受邀到“101”基地参加苗族同胞在当地举办的第10个花山节活动，看到大多数农户门前停放着小轿车、摩托车，住进了安全住房，经常有农户打电话告诉我：“我们现在生活很好，吃穿不愁、生产生活环境比老家好得多，有时间抽空去看下。”

参加第二次易地扶贫搬迁，是从“异地”变为“易地”，是把环境较差生活困难农户搬迁到环境较好容易生活致富的地方，从2005年起我县得到省市扶贫办支持，每年安排实施1—2个易地扶贫搬迁安置点，发展较快的高桥镇新场、天星镇沿河、寿山镇益珠等安置点不断集中农户，形成现在的农村交易市场。

2015年，国家实施精准扶贫精准脱贫，易地扶贫搬迁是“五个脱贫一批”措施之一。我县严格按照上级要求的搬迁对象、建房面积等规定执行，2016 年 8 月，时任云南省委副书记钟勉、副省长张祖林率领相关县区参会领导到天星镇斜纹村屯上易地扶贫搬迁安置点观摩。五年来县内实施“易地扶贫搬迁三年行动计划”建设安置点 50 个，搬迁安置 3000 多户 1.5 万余人，靖安新区安置我县农户 5000 余户 2 万多人。

为使易地扶贫搬迁户记住乡愁，2016 年在天星镇斜纹村安置点保留一间农家土墙“四合院”，保留木杆传统“串架房”等。易地扶贫搬迁过程就如寿山镇益珠村松林村民小组农户，从散居“千脚落地”茅草房到当地集中安置砖瓦房，再到靖安新区高层楼房，真是“芝麻开花节节高”！

各级干部的帮扶情怀

1999 年，党中央、国务院派国家行政学院挂钩扶贫大关县至今，先后派遣 20 多位同志，我印象最深的是江东副书记，他在大关县扶贫期间撰写《关河心语》一书，字里行间透露他对大关干部及贫困农户的真情实感。我有幸参加 2013 年国家行政学院举办大关县干部培训班，即将退休的江东（挂职大关时任副书记）整天陪伴在大关学员身边，问寒问暖，关爱有加。孙枫（挂职副书记）虽然离开大关县多年，时任国家行政学院保卫处处长的他自费为我们学员购买水果，告诫我们北京气候干燥，要多吃点水果才好。赵广州是一位局级领导，下沉到木杆镇甘顶村任驻村帮扶第一书记一年，瘦小精干的身躯奔走在千家万户，为大关县的脱贫，为甘顶村的发展竭尽所能。

行政学院利用自身优势，采取扶贫先扶智，治穷先治愚。正如《关河心语》记叙的：“天高云低，大关的云遮住了蓝天，遮住了远山，也常常遮住了人们的眼界，它往往让人看不穿云雾，看不到外面的世界……”为了走出大关看大关，先后举办培训班21期，多次派老师到大关讲课，使大关县1500多名大关干部及相关人员得到教育提升。

一本《关河心语》代表的是各位挂职干部“献给大关巍巍的青山，献给大关悠悠的碧水，献给大关久远的红土地，献给那方土地上的25万人民”的一份深情。原市委副书记朱恩铸评语：“江东是一个普通的领导干部，读其文当知其人，如杨朔所言‘走进人群，他就消失了’。我坚信，他忘不了大关人民，大关也忘不了他。”这不仅是对江东副书记的评语，也是对国家行政学院挂钩帮扶的翁斌、刘刚、白文玉、李登峰、魏保军、孙枫、万代玺、石会臣、薛刚、赵广州、王华、孙林等22位帮扶干部的评语，也是对省、市、县挂钩帮扶所有干部的评价，他们的足迹踏遍了大关县的山水，他们的身影留在大关县29万名人民的心中。

西南林业大学1991年派出叶如欣教授到大关起，每年派出人员到大关县政府、部分乡镇挂职。2016年派出5人以上到天星镇安乐村驻村帮扶，推进养蜂、改造茶园、种植花椒等产业。安排学院规划院到大关县无偿进行林业发展规划，安排人员到田间地块培训果树、花椒、蜜蜂养殖等实用技术，有力推动全县农业产业发展。

省委老干局、煤化工集团、长城资产公司等竭尽全力帮扶。2017年广东省中山市协作帮扶大关县，在资金、人力上给予大力支持。我们不能忘记他们对大关县按时脱贫摘帽作出的重大贡献。

市委办公室、市广电局等部门，以及大关县101个单位挂钩到村，帮扶到户也尽其所能，投入资金、物力人力补齐贫困村出列、贫困户脱贫短板，每年300多人的驻村扶贫工作队奔走在田间地头、走遍千家万户，用脚步丈量村庄。我熟悉的玉碗镇人大主席王文贵、认识的纪委年轻职工王秋婷、大关移动公司的2名职工为大关县脱贫攻坚献出了宝贵而年轻的生命。

我虽然没有驻村帮扶，但2015年兼任过“挂帮包、转走访”联系办主任，知道驻村帮扶人员的艰辛、付出的情感和努力。

脱贫要禁得起历史检验

从2014年对贫困户进行建档立卡，2020年5月经云南省政府公示无异议后宣布大关县摘帽，贫困户实现“两不愁、三保障”及饮水安全目标脱贫，大关县绝对贫困人口降低到2%以下。

为禁得起历史考验，以人民满意为中心，2016年11月云南省扶贫办委托云南师范大学对大关县脱贫工作进行第三方评估，评估组严格按照《评估方案》，共计8天时间进村入户认真细致评估。2017年国家审计署昆明特派办派出5名工作人员，用时40多天，对大关县扶贫项目资金进行全面审计。2019年省委第一巡视组巡视大关县脱贫攻坚。2020年4月省级第三方评估考核组一行64人，用时5天时间进村入户抽查评估。7月昭通市县区交叉抽人组队，对建档立卡农户、边缘户进行全面普查。2020年11月下旬省脱贫攻坚绩效考评组到大关县开展工作。12月国家财政部、扶贫办委托第三方对大关县扶贫项目资金绩效评估。同月国家东西部扶贫协作考核到大关县进行访谈核查评估。

五年来国家、省市县评估、考核、审计等工作，促进大关县脱贫攻坚工作不断发现问题，不断整改完善。

习近平总书记指出：“脱贫摘帽不是终点，而是新生活、新奋斗的起点。”国家提出“两个100年”发展目标，大关县委、县政府提出“种竹养猪、采硅抽气、文旅康养”三产融合发展之路，随着乡村振兴战略、2035年现代化目标的实现，大关县的明天一定会更加美好。

（作者时任大关县人大社会建设委主任委员）

用脚步丈量村庄

——大关县1000余名驻村队员扶贫一线做先锋

硬化路到村，自来水到户，住进安居房，走上小康路。自脱贫攻坚以来，大关县发生了翻天覆地的变化，贫困山村旧貌换新颜。

“大关县脱贫攻坚取得显著成效，离不开驻村扶贫工作队的真情帮扶。”大关县委常委、组织部部长吴钊名给出评判。从2015年以来，大关县已累计选派了1000余名中央省市县四级相关单位干部组成82支工作队驻村扶贫，他们坚持扶真贫、真扶贫，用脚步丈量村庄，用汗水浇灌土地，为全县决战决胜脱贫攻坚打下了坚实的基础。

迈出步子，把脉问症开良方

“你家几口人？主要收入来源靠什么？计划发展什么？”初到天星镇安乐村的西南林业大学驻村博士团队专家每天行走数公里，逐户了解贫困户实际困难，详细记录每一户贫困户的致贫原因，为精准扶贫精准施策开出“良方”。短短一个月，8名队员走遍了全村所有村民小组，结合村情民意制定了安乐村产业发展规划。

要开展好驻村扶贫工作，首先要掌握村情民情。全县驻村队员坚持蹲村驻点，每月在村工作时间不少于20天。为收集驻村帮扶的第一手资料，驻村队员一户户走访，一个村民小组一个村民小组地召开群众会，广泛听取党员、干部和群众的意见，开展“村村清、户户清”行动，建立翔实的户档案、村档案。聚焦“两不愁、三保障”突出问题，摸清贫困户致贫原因、贫困村出列短板，直击“穷根”，找准“七寸”，“绘好”村级施工图，因地制宜制定村级发展规划。

沉下身子，凝心聚力解民困

翠华镇永康村光照时间长，昼夜温差大，山泉清冽纯净，水稻生长期长，无农药和工业污染，出产的“灯笼米”品质优良。但因市场上假冒“灯笼米”多，村民生产出的大米只能卖出每斤3.2元的价格，且大量滞销。县税务局驻永康村工作队队长殷自亮及时联系大关开投公司，按照“公司+驻村工作队+农民专业合作社+农户”的模式，由驻村工作队和村“两委”做好质量把控，以每斤3.5元的保护价收购“灯笼米”，依托某公司乡村振兴馆门店销售、网络配送等做好对外销售。2019年，永康村8000余公斤滞销大米很快销售一空，群众增收有了新渠道。

“群众的事就是我们的事。”这是大关县广大驻村工作队队员的驻村信条。公路硬化跑项目，找工作队；蔬菜外销无门路，找工作队；子女转学，找工作队；帮办代办，找工作队。在村干部和群众眼中，驻村队员是上级派来的国家干部，托他们办事，肯定能成。驻村队员也乐呵呵地答应着，背地里却“十八般武艺”全用个遍，只为办好群众委托的一件件“小事”，有心的驻村队员也把小事办成了“大事”。

云南省委老干部局驻石灰村第一书记、工作队队长李大鹏在下乡途中就遇到一件“小事”，一位尘肺病人家属请他帮忙在昆明买点药，得知药物要在昆明购买后，通过网上查阅相关资料了解到这个病的严重性。而进一步打听，前些年因为贫困，很多当地群众都进煤窑上班，硅肺病不仅在石灰村，在大关县也绝不是个例。通过各工作队的全面排查，全县有硅肺病人 271 人。硅肺病人对于每个家庭来说都是灭顶之灾，李大鹏决心把这件“小事”办好。他积极通过挂钩帮扶单位、网络等多种方式寻求帮助，协调召开大关县尘肺病患者救治帮扶工作座谈会，推动大关县印发《关于开展尘肺病患者集中救治工作的通知》，对全县尘肺病人进行普筛，将尘肺病人常用药纳入慢性病报销药物名单。最终，民政部中华慈善基金会定点帮扶大关县，输出病人到昆明治疗 104 人，解决救治资金 114.43 万元；捐资助学 98 人，19.6 万元；发放制氧机 46 台，折合人民币 13.8 万元。

2019 年，全县 300 余名驻村工作队队员为群众解决困难问题 14000 余件，代办服务事项 8500 余件。

打好底子，贫困山区展新颜

翠华镇兴隆村松林村民小组属典型的“一方水土养不活一方人”的贫困山区，该组贫困户仁刚自幼丧父，母亲改嫁，兄妹 3 人和 80 多岁的外公相依为命，生活极为困难。驻村第一书记李文波去仁刚家做搬迁动员工作，其外公说：“金窝银窝不如自己的狗窝，死也要留在这里。”镇村干部上门几次都没有效果。李文波没有气馁，反复“软磨硬泡”，讲政策、讲发展，讲环境，上门的次数多了，感情建立起来了，思想上也就通了。仁刚一家今年 3 月搬到昭阳区靖安新城，任刚在附近工地上务工，还谈了女朋友，妹妹也在昭通城里学美容，老家土地流转也有了收入。仁刚表示，能有今天的幸福生活，多亏了李队长。

大关县82支驻村工作队紧盯“六类地区”搬迁对象，紧扣“挪穷窝”“换穷业”，把好前期搬迁对象、中期搬迁点建设、后期搬迁入住和稳定增收关口，把易地扶贫搬迁真正办成惠民工程。全县建成县内易地扶贫搬迁安置点50个，搬迁3507户15107人，跨县区易地扶贫搬迁5289户22557人，实施农村危房改造15266户，累计拆除危房2.26万户，两牌贴挂5.27万户，全面清零农村危房存量，贫困群众住房不再难。

“两不愁、三保障”是脱贫出列的硬指标。大关县大力发展劳务输出产业和“竹、畜、茶、药、果、蔬”产业，驻村工作队队员主动当好劳务输出服务员、产业发展组织员，千方百计保障贫困群众增收致。近年来，大关县已转移就业贫困劳动力50023人，占比77%以上。累计投入产业扶贫资金5.27亿元，竹、茶、药、果、蔬、天麻、花椒等种植业规模达到82万亩，培育新型经营主体246个，实施“贫困户＋合作社”“合作社＋集体经济”两个捆绑发展，带贫收入达6867万元，产业带贫能力持续增强。

82支驻村工作队对标贫困村出列7条标准，深入推进基础设施“四大工程”，补齐出列短板，全县9个乡镇84个村社区全面通硬化路，通10千伏动力电，通网络宽带，47391户158576人饮水困难群众饮水质量得到提升，村民小组广播电视信号覆盖率已达100%，贫困村公共服务和活动场所实现全覆盖。

如今，漫步在大关县的村村落落，环境面貌焕然一新，步道连农家、民居一个色、垃圾集中收、美化进院落、污水不横流，已成为全县农村环境的新常态。走在乡间小路上，到处呈现出“乡村净美民风淳、人心思进奔小康”的蓬勃景象，一曲脱贫奔小康的凯歌正在乌蒙腹地奏响！

担当作为真扶贫　心系群众情满村

自 2014 年开展挂钩帮扶工作以来，县人大办公室 2014 年至 2015 年 3 月挂钩高桥镇新场村，2015 年 3 月至 10 月挂钩高桥镇新开村，2015 年 10 月回到新场村挂钩，2017 年 10 月又调整挂钩寿山镇柑子村。

夯基础　惠民生

新场村距高桥镇政府 12.5 公里，占地面积 14.81 平方公里，居住着汉、彝、苗三个民族，其中汉族 711 户 3097 人，苗族 60 户 310 人，彝族 1 户 5 人。

挂钩新场村时，由于新场村委会办公楼较为破旧，二楼板面已开裂，成为危房，不能正常办公。2015 年，县人大争取协调资金 50 万元，重建新场村委会办公楼。2016 年 4 月，投资 10000 余元，在新场村委会建厨房一间，购买厨房用具一套。6 月，为新场村委会购买一体机一台 3700 元；2017 年 6 月，争取资金 20 万元修建村垃圾填埋场一个。2015 年至 2017 年，每年为新场村解决 2 万元的工作经费。每年春节期间，组织干部到新场村走访看望困难群众 50 户，发放慰问金 10000 元，毛毯 50 床、棉被 50 床，衣服 100 余套。

县人大办公室在开展“挂包帮”“转走访”工作时，对贫困户 309 户 1420 人分期分批走访，解决群众所盼所急。

太华河是香椿沟、袁家坡、山阳坳、孙家丫口等五个村民小组 76 户群众进行外出活动必经的河流，受到太华河的阻隔，学生上学和群众赶集（新场、寿山）要绕 5 公里的山路。

2014 年，县人大办公室挂钩新场村后，积极向市人大反映请求帮助解决，市人大向市交通部门协调到项目资金 230 万元，于是香椿沟大桥建设项目于 2016 年立项，2017 年 3 月动工，2017 年年底完工。

毛坪村民小组是新场村最大的一个小组有 69 户群众，是新场村烤烟种植基地，群众到高桥镇、新场村上学和卖烤烟都要过太华河，这一段河面没有桥，过河都是靠冒出水面的石块蹚过河，涨水时把石块淹了就没法过河，给群众生产生活和学生上学造成极大的不便。2016 年，县人大协调交通局引进项目资金 46 万元，新建毛坪公路桥，连通毛坪村民小组与镇村主道。毛坪村民小组以前修的公路为土路，坡度有超 40 度的地段，多数车辆无法通过，2017 年，县人大协调争取“一事一议”项目资金 30 万元改造提升毛坪村组公路 2 公里，确保群众出行方便安全。

桂花沟、核桃坪、小垭口、田坝四个村民小组 72 户群众居住在新场村集镇太华河对面，原来的一座木板吊桥年久失修，曾经有学生因上学掉河里溺亡。为了解决学生上学及群众出行难，2016 年，县人大多方争取协调项目资金 28 余万元，修建桂花沟桥，大桥于 2017 年 3 月动工建设，6 月完工。

除了修通致富路，县人大办公室积极协调为村里架起“通信”桥。2014 年 5 月，与电力公司和城建部门协调，为新场村集镇安装路灯 25 盏，结束了新场集镇无路灯的历史。2017 年，协调资金 50 万元，安装移动基站一个解决了 15 个村民小组通信不畅通的问题。协调电力公司为明家梁子、花园和凉水沟三个村民小组安装了变压器，解决了 93 户群众用电难的问题。

调整到柑子村挂钩帮扶后，2018 年，争取“一事一议”项目资金 375 万元，硬化坪子至丝梨树公路 7.5 公里，受益群众 120 户；争取资金 122.4 万元，修建户间作业路 30.6 公里，覆盖 16 个村民小组，612 户 2350 人。2019 年，柑子村争取项目资金 945 万元，硬化何基至田坪公路 13.5 公里，后延伸到大坪子到龙洞湾村民小组新建 2 公里公路。使高山 6 个村民小组 155 户群众受益，告别了人背马驮的时代。

自 2014 年县人大机关驻村挂钩帮扶以来，积极争取项目和资金，共修建和硬化公路 25 公里，作业路 34.6 公里。人畜饮水提升改造工程 4 件，人饮水利灌溉工程建设一个。

兴产业　促增收

柑子村国土面积 18.6 平方公里，辖 26 个村民小组 858 户 3657 人，耕地面积 3915 亩，林地面积 10431 亩。通过动态管理，有贫困人口 363 户 1548 人，2019 年已脱贫 236 户 1090 人，拟脱贫 111 户 414 人，未脱贫 16 户 44 人。

柑子村是全县出了名的缺水村之一，一年有半年时间缺水，老百姓靠水窖在有水的时候储水或储雨水作为一年的生活用水。2018 年 4 月，县人大办公室争取安全饮水项目资金 96.23 万元，完成柑子村人畜饮水巩固提升工程 4 件，覆盖柑子园、丝梨树、兴隆、毛家坡等 11 个村民小组，通过人畜饮水巩固提升工程后解决了 467 户 1792 人缺水问题。

2019 年 4 月，柑子通过人畜饮水巩固提升工程后仍然存在季节性缺水，为彻底解决柑子村缺水问题，让群众饮上安全卫生的水，县人大主任贾正友同志积极奔走、上下协调争取到中西部协作项目资金 350 万元，启动飚水岩、木林堡小型水利饮水灌溉工程，灌饮水工程在 10 月建设完工，覆盖 14 个村民小组 556 户 2215 人，切实解决了柑子村季节性缺水问题。

县人大办在挂钩帮扶中，紧紧围绕“两不愁、三保障”，转变群众等、靠、要的思想观念。在新场村2016年3月，出资3200元，补助田坝、桂花沟两个村民小组19户农户20亩无筋豆种植。2017年5月，在明家梁子发展本地鸡2500只，共补助养殖户资金5000元。2017年7月，县人大办出资10000元，补助蜜蜂养殖户59户，共养殖蜜蜂377箱。

在柑子村，发展高产马铃薯1000亩。发展特色产业种植花椒3533亩、方竹1520亩。发展能繁母猪403头，牛77头，蜜蜂377箱。圆满实现了高山片区6个村民小组的搬迁任务，培训组织外出就业3000多人次，稳定群众收入，使柑子村贫困发生率降至1.19%，顺利实现脱贫出列。

“王炸”驻村队：他们苦　群众甜

2015年10月，大关县调整充实驻村帮扶队员，大关县政协派出了以陈新明为队长的红旗驻村帮扶队。2018年，脱贫攻坚进入啃“硬骨头”阶段，县政协加强驻村队力量，派出处级干部安玉宝，正科级干部李德军、周庆永、游国军，优秀青年申磊5名干部，同大学生村干部管继琴，组成红旗村驻村工作队，在红旗村开展驻村扶贫工作。在当时，以他们的级别和工作能力，相当于“王炸”级别的驻村工作队了。历届工作队结合优势，摸索出一条适合红旗村发展的扶贫之路。

驻村工作队严格按照“学想讲干　抓实党建”的工作思路和方法开展党建工作，围绕“三会一课”、主题党日活动等，每季度、每月结合阶段性工作和重大节日，确定学习教育活动主题，指导全体党员学好、学懂上级政策，发挥好组织群众、示范带头、监督管理、服务群众的党员先锋模范作用。全村党员发动起来了，党员带头做群众工作，驻村队的工作达到事半功倍的效果。

为了彻底改变群众“等、靠、要”的思想，驻村工作队通过创建“七好家庭”方案、“三反复”的工作方法，召开党员大会、小组长会议、群众会，邀请有影响力的老干部、乡贤人士、宣传团成员，采用群众听得懂的话语，开展扶志扶智宣讲。

抓实产业　千方百计提高群众收入

县政协领导班子高度重视挂钩点的产业发展，2014 年结合红旗村的草山优势，由县政协牵头，制定《红旗村种草养牛奖励实施方案》，通过以奖代补方式，对群众养殖 10 头以上能繁母牛的黄牛养殖户奖励 1 万元，鼓励群众规模化养殖，当年补助 19 户群众 19 万元，红旗村养牛从此走上良性发展轨道。2015 年为巩固黄牛养殖成效，在红旗村组织了首届“牛状元”比赛，兑现群众奖金 1.52 万元。2016 年协助红旗村创立“翠竹永发”村集体专业合作社，解决合作社养蜂资金 1 万元，通过政协持续用功扶持产业发展，红旗村群众积极响应，以黄牛养殖为主、其他高原特色产业为辅的发展局面基本形成，同时，大力发展乡村旅游，充分利用“小石林”得天独厚的自然资源优势，积极牵线搭桥，乡村休闲观光农业起步发展。

排忧解难　干群关系进一步密切

驻村工作队队员身驻村、心驻村、工作在村，认真听取群众诉求，及时引导帮助群众解决问题。在驻村工作队的协调下，争取交通部门支持，2017 年硬化到红旗村的公路，并发动群众美化亮化公路两边环境，2019 年开通县城经红旗村到上高桥乡集镇的城乡公交，方便了群众出行，人居环境达到质的飞跃。

想群众之想，急群众之急，克服困难，兴建红旗村学堂集中安置点，安置群众 85 户 410 人，其中建档立卡户 82 户 400 人，非建档立卡户 3 户 10 人。安置点除了房屋修建外，还完善了一系列公共服务设施，道路硬化、山洪沟治理、文化活动广场、文化活动室、公厕、垃圾池、绿化亮化等，让住房困难的群众有了舒心的小楼房。争取相关部门资金700多万元，历时三年，完成主管长达32公里的红旗村饮水工程，2019年12月全村群众用上卫生安全的山泉水，31个村民小组4300多人彻底告别世代饮水的困难。

上大湾村民小组的一名困难学生王昌耀，辍学在家，学校老师多次上门动员无果。驻村工作队第一书记、队长李德军上门动员，了解到他想上职中的愿望后，及时与昭通职业技术学校联系，让他顺利返校。到学校后，李队长经常电话沟通，王昌耀不但对学习很有兴趣，还担任了班级的劳动委员。他的母亲到村委会感谢李主任，说娃娃在学校各方面都不错，不是工作队帮助劝说，这娃娃一心想外出打工，心不会放在学习上。下沟村民小组的村民贾益雨，到东川打工时受了重伤，一个星期才醒过来，施工方不闻不问，驻村工作队了解到这一情况后，主动帮他联系法律援助的律师，还为其垫付了生活费、车费。经过驻村工作队的帮助，贾益雨18万元的医药费得到了解决，并且得到了10.08万元的生活补助。贾益雨说，如果不是驻村工作队的帮助，按照当时的状况，肯定一分钱都得不到，医药费也不会有着落。

帮扶工作“三认同” 扶贫工作见实效

通过政协几届驻村工作队的努力，红旗村发生了很大的变化，群众的满意度得到提升。

乡村振兴，生态宜居是关键。近几年来，虽然换了几届驻村工作队，但大家都坚持绿色发展理念，加快推进农村人居环境治理，乡村面貌焕然一新，人民群众的满意度和获得感大幅度提升。走进红旗村，无论是群众、“村两委”干部，还是退休干部、小学老师，都异口同声地说，红旗村人居环境的改善是最大的，老百姓也是最认可的，很感谢县委、县政府派驻了这样一支优秀的队伍，带领他们奔小康。

市脱贫攻坚督导员李春说，来红旗村的第一印象是被他们的团队精神感动，他们纪律作风非常严明，干部关系处理得很好。李春说，和驻村队员入户走访，老百姓都是主动打招呼、谈家常，交谈也很融洽，这种干群关系不是一天两天增长起来的。

村民们表示对政协派驻帮扶工作很满意，队员讲奉献、讲拼搏，有的工作队队员孩子病了都没有时间回家，经常白天黑夜的工作；他们做事比较实在，帮群众解决问题比较公正。有这样的一支队伍带队，红旗村一定能打赢脱贫攻坚战，如期脱贫出列，迎来小康社会美好明天。

水务局帮扶到位　甘河村容颜换新

自 2015 年开展挂钩帮扶工作以来，水务局挂钩帮扶高桥镇甘河村。从 2015 年 10 月至今，先后安排局机关 11 名干部驻村帮扶，并保证了工作经费。

甘河村共有 21 个村民小组，现有人口 814 户 3762 人；有建档立卡贫困户 417 户 1993 人。帮扶以来，驻村扶贫工作队、帮扶职工、村组干部不间断深入全村 21 个村民小组开展各项帮扶。

在产业选择和帮扶上，2014—2019 年共养殖能繁母牛黄牛 212 头，全村现有黄牛存栏达 523 头（建档立卡贫困户肉牛存栏 326 头）；2017—2019 养殖能繁母猪 300 头，现全村生猪养殖 2366 头；2017—2019 年养殖山羊 260 只，全村山羊存栏 620 只（建档立卡户山羊存栏 230 只）；2014—2019 年共实施种植方竹 4365 亩，覆盖卡户 338 户 1588 人；2016—2019 年沿河地带种植花椒 296 亩（目前已投产 100 亩），覆盖卡户 24 户 110 人，实现覆盖群众人均增收 2700 余元。2018 年种植良种马铃薯 250 亩覆盖建档立卡户 250 户 1125 人，2019 年利用 2018 年马铃薯扩繁滚动发展到 800 亩，覆盖卡户 336 户 1578 人；2014—2016 年种植核桃 5500 亩（挂果 2000 亩），覆盖卡户 382 户 1795 人，实现覆盖农户人均增收 1500 余元。

2016 年以来，甘河村共推荐发放小额贴息贷款 91 户 318 万元（覆盖建档立卡贫困户 91 户），扶持农户发展黄牛、生猪、山羊养殖及中药材种植，拓宽农户增收渠道。

2017 年 8 月，划拨资金 1 万元购买蜜蜂 11 箱用于甘河村发展蜜蜂产业；同年 9 月，出资 0.4 万元联系乌蒙华曦牧业合作购买 300 只乌骨鸡苗，采取“以奖代补”方式发放贫困户探索发展特色养殖。

多方争取发展壮大村集体经济。成立大关县百韵农业有限公司为甘河村成立集体经济组织，并与大关县启升种养农民专业合作社签订合作协议，利用县级划拨的集体经济发展资金 20 万元，入股养殖肉鸡和种植烤烟，实现集体经济创收 1.4 万元；实施 2019 年退耕还林 2564 亩，实现集体经济创收 3 万元；实施 2019 年退耕还草项目，实现集体经济创收 2 万元。

积极争取资金改造基础设施和积极开展民政救助。2018 年，由水务局驻村扶贫工作队牵头，投入资金 21.82 万元，为甘河村凉山、石门坎、印子村民小组实施饮水工程，共解决 105 户 486 人口安全饮水困难（建档立卡户 59 户 289 人）。2017 年，协调县交通运输局实施甘河村河湾至中寨堡、半坡至羊桥村组公路硬化项目，投入资金 452.7 万元，硬化村组公路 9.054 公里，于 2018 年 12 月完工投入使用。2018 年，协调县交通运输局实施甘河村街上至山岔沟村组毛路开挖项目，投入资金 60 余万元，新建村组公路 5.5 公里，于 2019 年 4 月完工并投入使用。2019 年，协调县交通运输局实施甘河村毛坡至肖家坪村组公路硬化项目，投入资金 187.5 万元，硬化村组公路 3.75 公里，于 2020 年 4 月完工并投入使用。

2017 年 12 月和 2018 年 12 月，两次共争取民政部门解决贫困群众救灾大米 15 吨（折合资金 9 万元）、救助金 17 万元，分发给全村 417 户建档立卡贫困户，有效解决了困难群众生产生活困难，困难群众生活质量进一步得到改善。

2020 年 4 月，帮助甘河村解决水源点枯竭，补充水源所需管材折合资金 2.6466 万元，解决了 5 个村民小组 119 户 504 人干旱季节饮用水水源供水不足问题。

县水务局帮扶职工在定期进行入户走访的同时，认真解决群众困难，从思想上和行动上紧紧围绕村出列、户脱贫等目标，积极深入挂包农户宣讲国家扶贫政策、认真开展“扶志（智）”宣讲工作；据不完全统计，挂包职工帮助群众协调办理人口落户、协调扶贫贷款办理、帮助群众整治人居环境、帮助困难群众家庭补齐生活用具短板等实事2000余件次，挂包职工自愿投入用于解决挂包农户实际困难和问题的经费人均达1000余元，多的达3000余元。2016年以来，县水务局积极在财力、物力上支持和保障驻村工作队、村“两委”开展脱贫攻坚工作，累计投入扶贫工作经费20.5万元，帮助驻村工作队和村“两委”解决在脱贫攻坚工作中的办公经费、宣传经费和办实事办好事经费保障问题；划拨扶志（智）宣传经费0.8万元，为村会议室制作安装LED电子显示屏一个，投入资金0.4万元。

2018年，岩口村民小组建档立卡贫困户蒋德万儿子蒋志诚经检查患尿毒症。蒋德万早年配偶离异独自抚养3个孩子读大学，还要赡养年迈的父亲，原本贫困的家庭又突遭“噩耗”。驻村第一书记代兵得知后，经过驻村工作队及县水务局帮扶干部职工的共同努力，为其争取到民政部门救助资金3000元，通过中国社会扶贫网募捐资金7618元。

易地搬迁是脱贫攻坚“挪穷窝断穷根”的重要举措，也是脱贫攻坚的硬骨头。通过入户精准识别，广泛宣传发动，逐户征求意愿，积极争取政策支持，共完成易地搬迁131户565人。其中，2017年12月，新建甘河村老街集中安置点，安置易迁群众36户167人，落实分散安置进城入镇4户16人（其中高桥集镇1户5人，大关县城3户11人）；2020年3月，实现新增易地搬迁建档立卡贫困户80户385人顺利搬迁入住靖安新区，同步搬迁11户49人正在同步搬迁中。

凝心聚力帮基层　情真意切扶真贫

县应急管理局是由县安监局在机构改革后成立的单位。自脱贫攻坚战打响以来，全局干部职工从 10 人发展到 27 人，同时也见证了挂钩扶贫村的飞速发展。

2014 年至 2015 年 9 月挂钩帮扶玉碗镇石灰村，2015 年 9 月至 2017 年 10 月挂钩帮扶高桥镇新开村，2017 年 10 月至今挂钩帮扶翠华镇田园村。

抓党建　促引领　强化基础设施建设

党建工作是脱贫攻坚工作中的重点工作，支部引领、党员带头是地方经济发展的主要模式。2016 年建党节，到新开村走访慰问困难党员 7 人，发放慰问金 1200 元。2017 年建党节慰问困难党员 15 人，发放慰问金共 3000 元。2018 年组织干部职工捐款 2600 元，用于挂钩村党建工作。2019 年 4 月，划拨 8000 元用于“三联六抓”“三评三讲”活动工作经费，2019 年 6 月，划拨 5000 元，用于田园村“七一”党建与扶贫扶志（智）文艺活动。

2014 年 2 月 20 日，县安监局组织干部职工捐款 2400 元，直接送到 12

户贫困户群众家中，帮助困难户解决生产、生活的特殊困难，同时为村委会解决办公经费 10000 元。

2016 年 1 月，县安监局到新开村开展春节走访、慰问了 12 户特困户，发放慰问金 3000 元。同年协调完成镇到村的主干道（巴新线）3 公里的水泥路硬化建设，20 余个自然村的群众受益，初步改善了新开村部分道路晴通雨阻的现状。2017 年，出资 5000 元协助发展挂钩村的蜜蜂养殖产业，并积极配合村“两委”和驻村工作队组织村民开展中华蜜蜂（简称中蜂）养殖技术培训，全面带动了群众发展产业的积极性。在发展产业的同时，同步划拨 20000 元，用于新开村修建巴坡寨长 21 米，宽 1.5 米，河中桥墩高 20 米的水泥平板桥，该桥建成后，3 个村民小组 162 户 800 多人受益。

在帮扶工作中，紧紧围绕“两不愁、三保障”要求，主动担当，扎实开展帮扶工作。2019 年为保障全县脱贫攻坚重点项目建设正常推进，按照县委、县政府的统一安排，积极采取措施开展了临时采石场的设置工作。组织多家部门进行联勘联审，初步审核通过 15 个临时采石场，有效确保砂石料正常供应，如期完成全县脱贫攻坚重点项目建设。2016 年，争取县财政“一事一议”项目，投资 30 余万元，新建虾蟆塘 4 公里的村级公路，并于 2017 年年底完工投入使用。2017 年，通过争取县脱贫攻坚指挥部对下转移支付下拨资金 5 万元，将罩子坪公路的过水路面改造成下埋涵管，上面打成混凝土路面来进行改造，确保村民雨季行车安全。

2017 年 9 月，为保证学校基础建材工作，安监局驻村工作队队长应太富于 2017 年 6 月出资 2000 元，解决了新开村完小路灯照明困难，极大方便了学生夜间出行与学习。2018—2019 年，应急管理局积极协调对接交通局、翠华镇完成大营、维子坡、正坝、麻园及周家营村民小组的公路硬化工作，同时将营盘、梨园、赶马路、红纱等村民小组硬化工程纳入 2020 年公路硬化验收工程，全面解决了人民群众出行难的问题。2019 年 6 月，协调完成麻园、朝口、大园子、大路村民小组的高效积水工程（灌溉）；同年 10 月，结合田园村村情，协调增加人畜饮项目，覆盖范围为大园子、朝口、大路、麻园及集中安置点，同步解决维子坡饮水维护工程。2020 年，划拨应急抗旱抢险资金 30 万元，用于田园村应急抗旱水池建设。

为激励准大学生及其家长在本村的示范引领作用，促进田园村教育更上新台阶，县应急管理局对考取二类本科以上的 7 名学生进行奖励，考取一类本科学生 1 人奖励 2000 元，二类本科学生 6 人奖励 1500 元 / 生，且属于建档立卡户的考生每生额外再奖励 500 元。同时将奖励政策持续到每一年。

以活动为载体，抓实党建与扶贫扶志（智）工作双推进。2019 年 3 月，协调县驻村工作队总队长经费 5000 元，局机关划拨 8000 元经费用于田园村 2019 年 1 季度“三讲三评”及“自强·诚信·感恩”教育活动，将党的扶贫政策和具体的扶贫措施有机结合，将扶贫干部的点滴关怀和群众深刻醒悟融为一体，体现出群众发挥积极性、转变观念，撸起袖子加油干的精神风貌。

产业增收　取“津”有道

产业发展增收是人民群众致富的主要途径之一，田园村的产业以种植花椒为主。自 2017 年以来，为发展好全村花椒产业，应急管理局先后协调并部分参与全村 56 座灌溉水池建设。在 2017 年年底，田园村开始引进重庆江津花椒种植技术。由于技术欠缺及传统观念影响，花椒苗生长及产量均未得到提高。2017—2018 年，驻村工作队在局机关的支持下，先后 2 次组织党员、干部、组长等前往重庆市江津区学习花椒种植技术，并引进专业技术老师到村开展花椒种植、施肥、剪枝、施药及烘干等技术培训，合计培训 310 人次。通过培训，独自创造出田园村每亩栽种 75—90 株（介于鲁甸龙头山与重庆江津每亩种植数之间）的栽种方法。

2020年春，部分花椒树出现落花落果的现象，这就意味着“摸着石头过河却崴了脚”，3月底至4月初，李学祥局长再次组织并参与村“两委”、工作队进行花椒考察、交流学习。考察组先后考察了天星镇安乐村、鲁甸县龙头山镇重庆江津的花椒种植、管护及烘烤设备，以“支部+合作社+公司+农户”的发展模式，为农户增收致富提供了种植和加工技术保障。

通过技术改进，田园村花椒长势喜人，2020年约有1/3的花椒树初挂果。6月10日，村主任陈和凯同技术员一起采收了一株用江津的方法进行过提质增效的花椒树，用来测量单产数据，2人一共采摘了1小时50分钟才结束，得到生花椒11.5斤。按照每斤8元、每亩80株来算，田园村花椒产业在丰产后将为田园村带来每年3500万元的收入。

上高桥乡新民村脱贫记

上高桥乡新民村全村共有 1175 户农户，其中建档立卡户 522 户。2015 年至 2020 年，农业农村局畜牧兽医中心累计派出驻村队员 6 批次 11 人。驻村扶贫工作队来到这里，因地制宜，广集民意后研究决定对新民村的帮扶措施以种草养畜为工作重点，实施小母牛、草原转型升级、青贮饲料等项目为主的帮扶项目。

小母牛项目加速点燃农民新希望。大关县自 2012 年启动代号为 1797 香港小母牛项目后，由“输血”转变为“造血”式扶贫。畜牧兽医中心向香港小母牛北京代表处汇报了大关县的扶贫困境和 1797 项目取得的成绩，经香港小母牛中心同意，于 2015 年启动了 1806 项目。

在两个项目中，新民村 664 户农户参与了小母牛的项目资金的传递，共争取资金 170 万余元。传递过程中，按照“每年一头母牛产生一头犊牛计算，每户农户至少增加两头犊牛”的基本要求，让养殖户有了养殖的“本钱”。借助于天然的草场优势，畜牧兽医中心把养牛专家请进来，对农户进行黄牛冻改、动物疾病防疫等方面养殖技术培训，针对当地达到出栏标准的育肥牛，新民村和大关县琦鑫农产品生产有限公司签订了销售合同，公司以每斤高于市场价 0.5 元的价格标准进行收购，解决了养殖户销售渠道，真正实现了“引进来，走出去”的养殖理念，新民村的养牛业已然成为广大养殖户致富奔小康的希望。

为解决养殖场圈舍等基础设施不足的矛盾，畜牧兽医中心编制上报了《大关县2017年草原畜牧业转型升级项目实施方案》，经省市批复立项后，设立办公室在县畜牧兽医中心，于2018年7月启动项目建设，负责项目实施日常业务工作，克服了诸多困难，完成了近2000亩的人工草场和500亩的天然草地改良及草地围栏建设。在项目建成中推行舍饲、半舍饲科学养畜措施，促使畜牧业可持续发展能力大幅度提高，解决了群众想要发展畜牧业而找不到优质牧草和适宜场地的困难。

自帮扶以来，畜牧兽医中心发挥专业优势，对青贮饲料的种植、加工、储存等进行把关。2018年以来，农业农村局整合涉农资金实施了3000亩的青贮玉米饲料种植，带动了全村400余户建档立卡户发展，平均每户种植利润增收1000元以上，养殖利润增加3000元以上，为集体公司和合作社创造了近10万元的利润，增加了近200个就业岗位，为新民村的脱贫攻坚、农民致富起到了很好的促进作用。

养殖户由原来购买一吨干稻草需要支出1600元的价格，变成“粮改饲”后一吨仅需600元，平均一头牛的饲养成本节约了1000元，这种方式不仅能让农民少干活、多挣钱，种植青贮玉米赚钱，提前收割，错开农忙时节，干活少了；同时合作社的减贫带富作用也发挥了，既安全高效，又省时省力。

因地制宜，多措并举。2017年，在主管单位的协调下，通过马铃薯品种改良等项目，协调各类资金50余万元用于发展产业。2018年，整合涉农资金100万元，建设了1000平方米的肉牛养殖场移交给新民村集体公司，公司租给了合作社运营，“领头雁”的作用明显发挥；协调县交通局，完成了14.5公里的村组道路硬化建设；由大关县国土局实施了2500亩的高标准农田建设；为发展壮大新民村富慧种植、养殖农民专业合作社，农业农村局经管站整合涉农资金10万元注入合作社。

2019年，在驻村工作队的帮扶下，组织部利用集体经济发展资金在新民村投资50万元的青贮饲料加工厂房落地建成；在政府的主导下四川军蒂集团云上广公司成功落户大关，在新民村流转土地2000亩进行青贮饲料种植加工和建设7200头的肉牛基地；为服务好引进公司，农业农村局组织实施了2500亩的高标准农田建设项目。

2020年，为把新民村的易迁后三块地盘活，畜牧兽医中心在政府的主导下，主动对接双胞胎集团，将1.8万头的后备母猪繁育基地引入；为了加快新民村的产业发展，农业农村局在2019年的基础上又组织实施了7500亩的高标准农田建设，形成了全村交通四通八达，机耕路纵横交错的局面。

通过5年的帮扶，2019年12月底，实现了500户建档立卡户脱贫，综合贫困发生率降至了1.78%，达到脱贫的目标。剩余22户80人也于2020年6月实现脱贫。

好钢用在刀刃上　真金用在扶贫上

2016 年至 2020 年 7 月，大关县财政局积极整合财政涉农资金，将涉农的真金白银变零敲碎打为统筹整合，变分散使用为集中投放，为全县脱贫攻坚装上强大驱动，取得了较好的成效。2016 年至 2019 年，全县累计投入财政扶贫资金 673486 万元。其中，到 2020 年 7 月止，全县统筹整合涉农资金用于全县脱贫攻坚达 196475.65 万元。见下表。

大关县 2016 年至 2020 年 7 月整合涉农资金整合资金总量

（单位：万元）

	中央资金	省级资金	市级资金	县清理上缴国库结转结余及配套资金
2016 年	6041			
2017 年	33102	5213	50	335
2018 年	32156	8521		466
2019 年	41368	18646	287	1843
2020 年（截至7月底）	37613.9	10584.75	9.00	240.00

整合涉农资金保障，有力助力全县脱贫攻坚战和产业发展及经济社会发展。2019年年底，全县实现了82个贫困村全部脱贫出列，25093户110343名贫困对象稳定脱贫，全县综合贫困发生率从46.4%下降到1.44%。2020年4月经贫困县摘帽省级第三方评估，达到贫困县退出标准。

县财政局自2015年9月进驻寿山镇中坪村以来，共组织职工入户走访70余批次，走访过程中，单位职工认真了解群众所需、群众所急，对老百姓提出的（加“合理”）需求均积极落实，诸如办理残疾证、协调医院转院、看望学生，等等。通过走访把关怀送到群众家中，把党的惠农富农政策送到群众手中。

县财政局挂钩帮扶以前，全村无1米入户硬化路、无1米村民小组硬化路、无1个村民小组文化活动场所，无1个固定的垃圾收集池。自帮扶工作开展以来，财政局干部职工深入中坪村每个角落，反复研究，认真规划，争取帮扶资金1600余万元，实施了入户路、院坝硬化、村民小组道路硬化、村民小组道路提质改造、美化家园、环境改造以及文化广场等建设项目。通过多年的帮扶，全村已实现入户路、院坝100%硬化，村民小组道路60%已硬化，其余村民小组道路100%提质改造。新建文化活动场所5个，新建垃圾收集池38个。

针对中坪村实际情况，财政局党组通过反复调研、仔细研究，鼓励传统绿色农业发展壮大，首先是在全村范围内实施退耕还林项目4567亩，投资70.4万元鼓励64户农户发展黄牛养殖，利用滚动发展模式发放种母羊500只，为养殖户发放种公羊64头，2015年以来财政局共计投资17.4万元新建圈舍1450平方米，鼓励老百姓发展生猪养殖，带动58户贫困户户均增收10000余元，投资14.5万元发展土鸡养殖1.86万只，让136户贫困户直接受益；投资2.275万元发展花椒种植17750株，覆盖农户105户；投资9.617万元种植刺老包3.18万株。为144户老百姓协调产业扶贫贷款668万元。目前全村已形成退耕还林产业为主，传统种养业为辅的产业格局，有效地解决了老百姓在产业发展中实现需求与长远利益之间的矛盾。

扶学生、重教育、看长远。财政局一直十分重视挂钩村的教育发展情况，并认真落实控辍保学责任，全村没有建档立卡贫困家庭义务教育阶段因贫辍学人员，适龄人员100%入学。就读小学共165户257人，初中90户172人，2015年年底中坪村“两后”在校生仅有6人，大多数学生因家庭贫困无法继续就读，财政局党组根据该实际情况发动干部职工成立针对中坪村“两后”生的“学生关爱基金”，为“两后”生继续教育及困难初中生提供一定的经济支持，鼓励更多学生走出大山继续深造，截至目前中坪村已有高中在校生18人、大中专在校生51人，大关一中与翠华镇中学发布的喜报中中坪村两名学生上榜，截至目前“学生关爱基金”共计筹集资金7.55万元资助95人次，并联络5名“两后”生到广东技术学校学习。

脱贫攻坚工作开展以来，局党组通过认真调研，听取驻村工作队、村“三委”、群众代表意见后，决定多措施提升中坪村人居环境，进一步巩固脱贫攻坚成果，提升老百姓幸福指数。

建，基础投入做保障。投资1.52万元购买水泥、砖等材料，动员村民投工投劳在15个村民小组人员聚居的41个区域全部建立垃圾池，为实现垃圾分类收集整理，改善人居环境提供基础设施保障。

拉，孩子带头转观念。单位职工与中坪村完小共同开展“小手”拉“大手”讲卫生活动，鼓励孩子们回家每天打扫一次家里及房前屋后卫生、给家人及周围邻居讲解一些健康卫生知识，每周开展一次校园周边卫生清理，引导孩子们对乱丢垃圾的行为进行劝诫。通过孩子们的一举一动、一言一行去影响周围村民。学校开展校园周边环境清理过程中，周边很多群众都自发加入河道垃圾捡拾、公路垃圾清理等工作中。

讲，“三讲三评”话成果。财政局驻村工作队在开展“三讲三评”工作中，驻村干部、村（组）干部讲帮扶工作政策时，把乡村卫生整治作为必讲内容。

比，激励机制赶帮超。每季度在全村开展卫生文明户评选活动，全村15个村民小组评选出3个卫生文明小组、15户卫生文明家庭，局机关对评选出来的每户卫生文明户发放300元现金奖励并张红榜公布。同时，每季度还评比出两户脏乱差家庭并进行批评教育，督促限期整改，屡教不改的在村级黑榜上公开。如今，中坪村道路、街道都干净了，村容村貌及老百姓的精气神相比以前有了质的飞跃。

四年助力　一朝梦圆

自2017年10月帮扶大坪村以来，县税务局强化组织领导、对标“两不愁、三保障”，瞄准突出问题和薄弱环节，注重项目扶贫、物资帮扶，真扶贫，扶真贫，一鼓作气、精锐出战，实现帮扶见实效。2020年5月大坪村如期脱贫出列。如今的大坪村，农民安居乐业，产业蓬勃发展，一派欣欣向荣的景象。

摆脱高寒恶劣环境，加速易地搬迁脱贫。2017年和2018年全村搬迁丁家山安置106户519人，覆盖贫困户85户413人；2019年搬迁悦乐星之乐安置54户216人；2019年本村搬迁昭阳区靖安新区105户489人，其中卡户48户225人，同步搬迁户57户264人。易地扶贫搬迁“三年行动计划”和新增易地搬迁全村共搬迁群众265户1224人。

危房改造工程解决了老百姓最现实、最直接的居住问题，实现了住房有保障脱贫有希望的目标。精准发力，啃下脱贫“硬骨头”。2014—2019年实施农村危房改造206户（加固23户、重建183户），其中，4类重点对象118户，非4类自建能力不足的86户，2018—2019年全村实施农危改75户，已全部竣工入住。

立足大坪特色资源，注重把发展产业作为脱贫攻坚根本之策，立足主导产业，为全村脱贫攻坚和经济发展再添新力。2016年发展方竹5000

亩，2017 年种植洋芋 250 亩，2018 年种植大蒜 212.12 亩、魔芋 27.24 亩，2016—2018 年退耕还林 2209.31 亩。2016 年养殖土鸡 15902 羽，2018 年养殖生猪 822 头、黄牛 47 头，2019 年养殖黄牛 11 头，2019 年按照大关县“一县一品”和打造“百里竹乡长廊”的要求，大坪村充分发挥土壤、气候等筇竹生长有利条件，高标准推进 2000 亩筇竹种植。全村 414 户贫困户 1906 人已 100% 实现“贫困户 + 合作社”“合作社 + 集体经济”两个捆绑发展，持续带动贫困户增收。

赠送办公设备。有效改善帮扶村办公环境，在办公经费紧缺的情况下，想办法向该村赠送办公桌椅 10 套、会议室条桌 20 条、座椅 40 把。并配齐图书 1000 余册，建立图书场所。

修通致富公路。引进资金 7 万元，助力修通大坪村委会至大寨子村民小组公路，为贫困山乡发展插上了腾飞的翅膀；为了打通西河与外界相通的“最后一公里”，多方协调沟通，投入近 10 万元修建西河便民桥。

不断激发提升贫困群众“要我脱贫”向“我要脱贫”自主脱贫的内生动力。特意结合单位文化优势，开展义写春联活动。2020 年 1 月 16 日上午，天气寒冷，但大坪村安置点却暖意融融，税务局党委书记、局长朱祥蓉带领局内 4 位书法爱好者挥毫创作春联。“拿到新写的春联，真是太高兴了，希望新的一年能够平平安安、一切顺利！”大火地搬迁安置点村民康喜元高兴地说。

我和驻村的三个年轻人

朱德华

因为驻村扶贫，我来到了下高桥车来村。也是因为驻村扶贫，我和李潼、李想、刘道欢三个小年轻人生活在了一起。

车来村这地名很有趣，“车来”的“车”不念“che”而念“ju（居）”，不论是念“che”还是念“ju（居）”，我知道真正有车进来也就是近10来年的事，敢说取这地名时，这儿连辆马车都见不到。车来全村所有的村民小组坐落在一条狭窄陡峭的小山沟两旁，开门见山，出门爬坡是这儿的最好写照。既是这样，带“坪”字的社名却不少，比如龙洞坪、吴家坪、钟家坪、火草坪、大坪子等。事实上，搜遍全村每一个角落，连一块足球场大的坪地都没有。

两年来，我和三个小年轻人就是朝夕相处在这个条件艰苦的小山沟里。我之所以称他们是“小年轻人”，是他们年龄还太小，和我还未就业的女儿年龄差不多。他们都是才考取岗位，刚到单位报到便被安排到了精准扶贫第一线。

别看这三个小年轻人都是愣头青，做起事来却是个顶个。

队长李潼，1米8的个头，能干，稳重，做事雷厉风行，风风火火。他刚大学毕业就于2018年8月考取了大关县委宣传部。刚在单位上班一个多月，就被作为扶贫驻村工作队队员派驻高桥车来村。驻村刚半年，因前任驻村工作队队长岗位有变动，组织上又任命他为驻村第一书记、工作队队长。说来也巧，李潼的父亲也是在上高桥红旗村任驻村第一书记、工作队队长，这可是精准扶贫战线上少有的“父子兵”。

精准扶贫工作千头万绪，任务重，责任大。刚开始，李潼为了能及时进入角色，他大量学习了有关精准扶贫的工作知识和相关政策要义，同时虚心向镇、村的基层老同志请教农村工作方法。因为不熟悉各村民小组的进村路线，他还用手机从卫星地图上下载了车来村的地形图，标注了村民小组的每家农户居住方位，入组时，打开手机，对着地图逐户走访，熟悉路线，熟悉村情。

我来到村上的那天晚上，李潼向我介绍起车来村的情况，头头是道，谈及驻村扶贫的规划，思路清晰。

第二天，李潼带我入组熟悉村情，每到一个村民小组，男的、女的大老远就喊着他的名字，亲热地邀请他去家里坐。见了村民，李潼要么“叔叔”，要么“孃孃”地打着招呼，就像真的是自己的亲戚一样。和村民坐在一起，他非常关心地询问着最近的生产生活情况，外出务工收入如何等。俨然是个老练的基层干部模样，根本没有半点城里独生子女特有的娇气。

为了更加有效地开展工作，李潼从城里的朋友处借了一辆摩托车放在村里，便于自己入户走访时使用。经常地，我们才起床，他早已骑着摩托去了自己挂钩的村民小组。有时，在村上刚刚坐下休息，突然接到村民一个需要帮助的电话，他又风尘仆仆地跳上摩托奔赴农户家中。

那次是为了追回上梁子村民小组的辍学学生李光毅，已经是傍晚时分了，李潼和原驻村老队员陈琪一道，驾车赶往10多公里外的木杆甘顶村，找到李光毅后，耐心细致地做思想工作，劝其返校继续上学。两人回到车来村委会时，已是晚上11点多钟。

村民吴文洲患有疾病，李潼无论是入户走访，还是途中碰见，他都关心着吴文洲的病情。

村容脏、乱、差的现象在车来村的部分村民小组比较突出，开展人居环境整治时，在青杠林、在牛棚或者其他村民小组，李潼总是以身作则，带头亲手帮助村民捡拾垃圾，打扫庭院。在他身上，全然没有城里孩子嫌脏怕臭的影子。

疫情防控最艰苦的日子，李潼在入户摸底排查途中因山路泥泞，不小心从摩托车上摔伤了腿，一个多星期里，一直跛着脚，坚持日夜带领着我们一起设点守卡。

2018 年，李潼通过联系成都电子科技大学，为车来村完小 59 名学生捐赠衣物、文具每人一套；2019 年又联系爱心人士，捐款 4000 元，用于奖励 5 名品学兼优的学生。

队员李想是个小姑娘，玉溪市澄江县人。2018 年考取大关县文化馆后，来到了边远偏僻的大关县，在单位上班不到一年，被抽调到县委宣传部，作为驻村工作队队员驻进了车来村。

这个自小生长在美丽的抚仙湖畔的小姑娘，性格开朗，爱好广泛，音乐、绘画等文艺活儿都能弄两手，古筝演奏更是拿手好戏。

来到车来村后，李想从没走过这样陡峭的山路，开初，都是在同事的搀扶下手脚并用地爬坡上坎的。一个小姑娘，从小生活在城市里，在父母身边，应该还是撒娇的年龄，突然进入这种生活艰苦的山区里，换了我，也不忍心让自己的子女受这般苦的。这不，李想的母亲有一次大老远从澄江来大关看望小李姑娘，和我们驻村工作队住在了车来村。这是一位慈祥、善良、温和的母亲，我们问她，您女儿在这样的穷山沟里工作，心里一定不忍吧？李想的母亲一直都是笑着，什么都没说。

驻村后，从没接触过农村的李想，没有农村工作经验，更谈不上工作方法，感到一片迷茫。加上玉溪澄江的口音与大关方言不同，这成了李想和村民们沟通的一大障碍，很多村民还用怀疑的眼神审视着这个来扶贫的黄毛丫头。于是，李想制作了 1000 张小卡片，把自己的照片、姓名、联系电话印制在上面，分发给村民，让村民有什么困难就拨打卡片上的电话。

葫芦埂村民小组的村民莫进楷的女儿有先天性心脏病，为了给孩子治病，夫妻俩四处筹钱，让这个本来就不富裕的家庭陷入了困境。莫进楷拿到李想的卡片后，抱着试一试的心理拨通了卡片上的电话。李想了解了情况后，立即协调有关部门，帮助莫进楷的女儿免费做了手术。通过这件事，村民们改变了对李想的看法，有什么心里话都喜欢向这个外地小姑娘倾诉。

走访中，李想总是认真地做好笔记，在她的工作日志里这样写着：莫进彪长期外出务工，电话里他说最近没接到活路，两个孩子由老人在老家带着，读书不太上心；莫进禄长期慢性病，做不了力气活，家里小女儿今年要考高中；潘银珍老人一个人在家，还带着孙子；莫由宣家两个老人房子周围的卫生特别不干净……这小姑娘，大学里学的专业怕是快忘了，倒把农村和农民点点滴滴的事儿记在了心上！

记得和李想第一次下队走访，路过村民刘仕强家门口，一只小黄狗“汪汪汪”地叫着蹿了出来，亲昵地蹦跳在李想的身旁，李想一边逗着小黄狗，一边用两手比画着对我说，我刚进村时，小狗才这么大，还咬我，现在已长这么大了，倒还和我亲热起来了。我没说什么，只是鼻子酸酸的！

后来，昭通日报社的记者采访了李想，见报后，这小姑娘觉得挺不好意思的，我倒觉得，这殊荣对她来说是受之无愧的。

刘道欢是村里的“大学生村干部”，和我是老乡，也是我们驻村工作队的一员，平时，谁都喜欢叫他“欢欢”。的确，刘道欢就像他的名字一样，乐观、阳光、向上，每天总是欢快活跃，喜笑颜开，见了谁，还没说话，先自“嘿嘿嘿”地笑了起来。

刘道欢业务精，做事认真，严谨，有一股子倔劲。加上从小在农村长大，养成了踏实肯干，吃苦耐劳的良好品格，不管再多再重的工作量，没见他叫过苦叫过累。刚到车来村当“大学生村干部”没多久，他把全村所有村民小组跑了个遍，对村里的情况了如指掌，村里的事儿样样拿得起放得下，是村“三委”的得力干将。

因为业务精，在精准扶贫工作中，信息录入、工作台账、档案制作等基本上都由刘道欢承担或把关。表格填写，信息录入时，刘道欢从来一丝不苟，容不得半点差错。我们填写的信息表格，在他的审核中很难有人顺利过关。一旦发现问题，他都会以认真负责的态度不客气地予以纠正。正是这样，在上年全县一户一档模拟审核中，刘道欢所制作的档案没有一点误差，成了大家参照的范本。

如今，车来村的村民们“两不愁、三保障”已全面实现，村里的基础设施不断完善，各项产业项目雏形已定，村容村貌大有改观。李潼、李想、刘道欢他们牢记初心，肩负使命，把自己的青春奉献在了精准扶贫大业，同时驻守边远贫困山区的这几年也让他们逐渐成长了起来。

（作者系大关县委宣传部干部）

“小”部门彰显扶贫“大”情怀

自全县开展扶贫攻坚工作以来，大关县文联按照县委、县政府对精准扶贫工作的总体部署和安排，紧紧围绕脱贫目标责任，积极争取扶贫资金解决挂钩村办公条件、疏通村组公路、修复危桥等，把有限的资金用在扶贫的刀刃上，努力为群众办实事好事。

努力为基层排忧解难

自2014年开展挂钩帮扶工作以来，县文联与县委宣传部一道，先后挂钩木杆镇细沙村，天星镇沿河村、南甸村、双河村，后又与进修学校一起挂钩吉利镇龙坪村。

从2016年3月至2017年10月，县文联只有主席和副主席两人，被安排挂钩天星双河村，为保证工作的正常开展，2016年，拨给双河村扶贫办公经费5000元，2017年，拨给村扶贫办公经费10000元。2016年5月，帮扶解决翠华镇田元村扶贫工作经费2000元。

2017年10月以来，县文联有职工3人，在人员紧缺的情况下，安排了一名驻村队员驻村。2019 年 4 月以后，一名副主席调其他单位，一名女职工请产假，单位就只有主要领导一人支撑起所有工作。在南甸村帮扶时，村会议室办公条件简陋，于是帮助购买了会议室电子显示屏一个。2019 年 9 月，拨款 5000 元帮助南甸沙坝小组贫困户丁永强家进行房屋渗水改造，年年底前他家顺利地搬入新居。

在挂钩吉利龙坪村时，2017 年和 2018 年帮助解决扶贫工作经费 12000 元。每年都按时划拨驻村工作经费，竭尽全力争取各单位支持，帮助修建文化广场。2019 年划拨工作经费 27000 元，用于寨子村民小组广场垮塌挡墙修复和龙坪村湾子村民小组、坪子村民小组文化建设，与挂钩单位筹集经费 12000 元为村上购买一体打印机。2020 年 6 月，解决龙坪村扶贫普查经费 6000 元，11 月，解决龙坪村爱国卫生运动工作经费 5000 元；2020 年 6 月、2020 年 9 月，划拨 8000 元用于解决南甸村公所顶楼渗漏水的问题，2020 年 9 月，帮助解决县妇联扶贫工作经费 9000 元、天星镇绿南村、翠华镇兴隆村扶贫工作经费各 5000 元。

脚下的泥泞变坦途铺就致富路

在挂钩帮扶工作中，大关县文联脚踏实地，认真走访，解困纾难，让泥泞的山道变成致富的坦途。2017 年 7 月 25 日，特大暴雨和山洪冲垮了南甸村组公路，该村村组公路陷于瘫痪数月之久，有近 7 公里公路严重塌方，文联争取资金 5.45 万元，疏通了村组公路，保证老百姓出行。2019 年 7 月，争取扶贫资金 25 万元，用于南甸瓦窑安置点进场公路滑坡治理，该工程已全面完成。早在 2011 年，文联副主席王孝林争取扶贫资金和“一事一议”资金 28 万元，修通了瓦房 4 公里村组公路，使南甸村村组公路全线得也全面贯通，后成为南甸瓦窑安置点的进场公路并得到硬化。2016 年，县文联主动与县扶贫办、县交通局争取和规划南甸村20余公里村组公路的延伸和硬化问题，并得到大力支持。2019年，涉及南甸瓦窑、黎平、杨柳、红砂等4组全长20余公里的硬化公路全部完成，至此，南甸有硬化公路达40余公里，极大地改善了山区群众的出行难问题。此外，为天星镇南甸村争取到乒乓桌2台、篮球架1副、音响两对及计算机、发电机各一台，分别安放于村委会、南甸小学和南甸瓦房、沙田村民小组。帮扶工作中，县文联遇事就帮助解决事情的热心，得到了群众认可。

2017年10月28日，因调整挂钩吉利龙坪村，文联主席王孝林第一次到龙坪村走访，途经横跨关河的龙坪大桥时，看到关河边靠213国道桥基已被洪水冲垮，桥面冲塌出一个大洞，旁边立有“此处危桥，禁止通行”标志牌，心急如焚。到村上了解情况后，王孝林通过图文形式紧急向县分管领导作了汇报，很快得到政府批复。大桥修复工作11月上旬动工，12月完工，总共投入资金38.5万元。

大关县黄葛“永安桥”的修复，更是提高了山区群众对扶贫工作的满意度。“永安桥”为市级重点文物保护单位，始建于1838年。2018年4月，王孝林到悦乐镇黄葛村走访，从永安桥经过时，发现桥基已垮塌，桥面桥墩已断裂。他深知此桥的文化价值和文物保护的重要性。回来后，以图文形式向县委、县政府主要领导及时作了汇报，县政府决定立项修复。2019年3月1日，在县委常委、县委办主任、宣传部长柳毅带领下，县水务局、县文联、设计方和施工方到场，宣布开工。该桥主体修复工程于2019年6月19日竣工，总投资150万余元。在当月的全市文旅工作会上，分管文物工作的负责人表示，大关县文联关心文旅工作和“永安桥”抢修工作，这在全市非常罕见，说明大关的文化气氛非常和谐。

党建引领实现志智双扶

2019 年 6 月，按县委组织部的安排，王孝林承担康富明故居升级改造文字设计工作。通过实地查看调研，回来加班工作一周，完成了老康墙面 55 幅手写学习墙的文字注释、模范党员、英雄楷模陈列室、“不忘初心，牢记使命”主题简介以及公路边巨石上“康富明故居”石刻设计。建夕县委班子成员党性教育如期在老康故居举行。

为了帮助贫困群众走出“等靠要”的思想，完成从“要我脱贫“到“我要脱贫”的思想转变，2019 年 3 月，大关县开展了扶志（智）宣讲工作，王孝林作为县扶志（智）宣讲工作领导组成员、天星宣讲组组长，分别撰写《铭记党恩跟党走　脱贫摘帽奔小康》《要做讲党性　能说会写的宣讲干部》通稿供全县使用，他分别到天星镇政府、南甸村、斜文村、沿河村、中心村、汤家坪，翠华镇金坪村、吉利镇龙坪村等地开展扶志宣讲，听众达 2000 余人次。在扶志（智）宣讲工作中，县文联还注重精神和资金双扶。听到县融媒体中心经费十分紧缺，为了搞好扶志宣传工作，划拨县融媒体中心扶志（智）宣传经费 8000 元，划拨天星沿河村扶贫经费 6000 元，划拨南甸村扶贫经费 5000 元，划拨中心村改厕经费 6000 元。

近几年，身为云南省作家协会会员、县文联主席的他，笔耕不辍，收获颇丰。2015 年，主编的散文集《关河记忆》由云南人民出版社出版，2019 年，主编的反映大关历史文化的专辑《文化昭通 · 大关卷》由云南人民出版社出版发行，2020 年，主编了反映全县脱贫攻坚扶志（智）宣讲工作的专辑《春风化雨》《昭通市扶贫攻坚大决战实录 · 大关卷》也即将出版发行，为保存、传播大关历史文化、乡土文化和大关扶贫攻坚工作提供了丰富的实录文献和智力支持，深受读者喜爱和好评。

自全县开展扶贫攻坚工作以来，大关县文联按照县委、县政府对精准扶贫工作的总体部署和安排，紧紧围绕脱贫目标责任，积极争取扶贫资金解决挂钩村办公条件、疏通村组公路、修复危桥等，把有限的资金用在扶贫的刀刃上，努力为群众办实事好事。

努力为基层排忧解难

自 2014 年开展挂钩帮扶工作以来，县文联与县委宣传部一道，先后挂钩木杆镇细沙村，天星镇沿河村、南甸村、双河村，后又与进修学校一起挂钩吉利镇龙坪村。

从 2016 年 3 月至 2017 年 10 月，县文联只有主席和副主席两人，被安排挂钩天星双河村，为保证工作的正常开展，2016 年，拨给双河村扶贫办公经费 5000 元，2017 年，拨给村扶贫办公经费 10000 元。2016 年 5 月，帮扶解决翠华镇田元村扶贫工作经费 2000 元。

2017 年 10 月以来，县文联有职工 3 人，在人员紧缺的情况下，安排了一名驻村队员驻村。2019 年 4 月以后，一名副主席调其他单位，一名女职工请产假，单位就只有主要领导一人支撑起所有工作。在南甸村帮扶时，村会议室办公条件简陋，于是帮助购买了会议室电子显示屏一个。2019 年 9 月，拨款 5000 元帮助南甸沙坝小组贫困户丁永强家进行房屋渗水改造，年底前他家顺利地搬入新居。

在挂钩吉利龙坪村时，2017 年和 2018 年帮助解决扶贫工作经费 12000 元。每年都按时划拨驻村工作经费，竭尽全力争取各单位支持，帮助修建文化广场。2019 年划拨工作经费 27000 元，用于寨子村民小组广场垮塌挡墙修复和龙坪村湾子村民小组、坪子村民小组文化建设，与挂钩单位筹集经费 12000 元为村上购买一体打印机。2020 年 6 月，解决龙坪村扶贫普查经费 6000 元，11 月，解决龙坪村爱国卫生运动工作经费 5000 元；2020 年 6 月、2020 年 9 月，划拨 8000 元用于解决南甸村公所顶楼渗漏水的问题，

2020年9月，帮助解决县妇联扶贫工作经费9000元、天星镇绿南村、翠华镇兴隆村扶贫工作经费各5000元。

脚下的泥泞变坦途铺就致富路

在挂钩帮扶工作中，大关县文联脚踏实地，认真走访，解困纾难，让泥泞的山道变成致富的坦途。2017年7月25日，特大暴雨和山洪冲垮了南甸村组公路，该村村组公路陷于瘫痪数月之久，有近7公里公路严重塌方，文联争取资金5.45万元，疏通了村组公路，保证老百姓出行。2019年7月，争取扶贫资金25万元，用于南甸瓦窑安置点进场公路滑坡治理，该工程已全面完成。早在2011年，文联副主席王孝林争取扶贫资金和“一事一议”资金28万元，修通了瓦房4公里村组公路，使南甸村村组公路全线得也全面贯通，后成为南甸瓦窑安置点的进场公路并得到硬化。2016年，县文联主动与县扶贫办、县交通局争取和规划南甸村20余公里村组公路的延伸和硬化问题，并得到大力支持。2019年，涉及南甸瓦窑、黎平、杨柳、红砂等4组全长20余公里的硬化公路全部完成，至此，南甸有硬化公路达40余公里，极大地改善了山区群众的出行难问题。此外，为天星镇南甸村争取到乒乓桌2台、篮球架1副、音响两对及计算机、发电机各一台，分别安放于村委会、南甸小学和南甸瓦房、沙田村民小组。帮扶工作中，县文联遇事就帮助解决事情的热心，得到了群众认可。

2017年10月28日，因调整挂钩吉利龙坪村，文联主席王孝林第一次到龙坪村走访，途经横跨关河的龙坪大桥时，看到关河边靠213国道桥基已被洪水冲垮，桥面冲塌出一个大洞，旁边立有“此处危桥，禁止通行”标志牌，心急如焚。到村上了解情况后，王孝林通过图文形式紧急向县分管领导作了汇报，很快得到政府批复。大桥修复工作11月上旬动工，12月完工，总共投入资金38.5万元。

大关县黄葛永安桥的修复，更是提高了山区群众对扶贫工作的满意度。永安桥为市级重点文物保护单位，始建于1838年。2018年4月，王孝林到悦乐镇黄葛村走访，从永安桥经过时，发现桥基已垮塌，桥面桥墩已断裂。他深知此桥的文化价值和文物保护的重要性。回来后，以图文形式向县委、县政府主要领导及时作了汇报，县政府决定立项修复。2019年3月1日，在县委常委、县委办主任、宣传部长柳毅带领下，县水务局、县文联、设计方和施工方到场，宣布开工。该桥主体修复工程于2019年6月19日竣工，总投资150万余元。在当月的全市文旅工作会上，分管文物工作的负责人表示，大关县文联关心文旅工作和永安桥抢修工作，这在全市非常罕见，说明大关的文化气氛非常和谐。

党建引领实现志智双扶

2019年6月，按县委组织部的安排，王孝林承担康富明故居升级改造文字设计工作。通过实地查看调研，回来加班工作一周，完成了老康墙面55幅手写学习墙的文字注释、模范党员、英雄楷模陈列室、“不忘初心，牢记使命”主题简介以及公路边巨石上“康富明故居”石刻设计。建党节前夕县委班子成员党性教育如期在老康故居举行。

为了帮助贫困群众走出“等靠要”的思想，完成从“要我脱贫“到“我要脱贫”的思想转变，2019年3月，大关县开展了扶志（智）宣讲工作，王孝林作为县扶志（智）宣讲工作领导组成员、天星宣讲组组长，分别撰写《铭记党恩跟党走　脱贫摘帽奔小康》《要做讲党性　能说会写的宣讲干部》通稿供全县使用，他分别到天星镇政府、南甸村、斜文村、沿河村、中心村、汤家坪，翠华镇金坪村、吉利镇龙坪村等地开展扶志宣讲，听众达

2000余人次。在扶志（智）宣讲工作中，县文联还注重精神和资金双扶。听到县融媒体中心经费十分紧缺，为了搞好扶志宣传工作，划拨县融媒体中心扶志（智）宣传经费8000元，划拨天星沿河村扶贫经费6000元，划拨南甸村扶贫经费5000元，划拨中心村改厕经费6000元。

近几年，身为云南省作家协会会员、县文联主席的他，笔耕不辍，收获颇丰。2015年，主编的散文集《关河记忆》由云南人民出版社出版；2019年，主编的反映大关历史文化的专辑《文化昭通·大关卷》由云南人民出版社出版发行；2020年，主编的反映全县脱贫攻坚扶志（智）宣讲工作的专辑《春风化雨》《昭通市扶贫攻坚大决战实录·大关卷》也即将出版发行，为保存、传播大关历史文化、乡土文化和大关扶贫攻坚工作提供了丰富的实录文献和智力支持，深受读者喜爱和好评。

大关媒体人的扶贫攻坚战场

奋战在大关扶贫攻坚战场的媒体人是一个很给力的群体，他们肩负着完成帮扶任务、记录扶贫故事、做好扶贫宣传的多重责任。在脱贫攻坚路上，他们携手干群建设美好幸福新家园共圆小康梦。

县融媒体中心于2019年3月13日挂牌成立，前身为大关县新闻中心。自开始参与扶贫工作以来，一直是由县委宣传部牵头，与文联一同参与。2015年5月，单位新农村建设点在天星镇南甸村；9月，扶贫攻坚挂钩联系点调整到天星镇双河村。2017年11月，挂钩帮扶点又调整到翠华镇翠屏村，并由县新闻中心单独开展挂钩帮扶至今。

在帮扶中以红色旗帜引领前进方向。驻村以来，单位充分利用各种节日、纪念日和支部主题党日与翠屏村联合组织了各类活动。帮助涂廷香、全和宽两户农村危房改造户建房，推动挂钩村危房改造清零进度；在纪念改革开放40周年和庆祝新中国成立70周年之际，通过党课、院坝会、入户走访等宣讲在中国共产党领导下新中国发生的天翻地覆变化。

从2019年下半年开始，结合翠屏村就在县城周边的优势，单位干部职工主动放弃周末休息时间，坚持进村入户，有针对性开展提升环境卫生整治等系列工作，齐心协力为脱帽出列尽职尽责。在走访帮扶中，结合县委、县政府发展茶产业的规划和要求，走绿色生态的路子。单位与镇村两级积极配合，规划土地、运送茶苗、栽种管养，改造老茶园。2018 年 1 月，邀请张道国、吕宗荣等多名高级农艺师，与派遣的技术人员一道，到挂钩扶贫点翠屏村的田间地头，从茶叶规划到栽培种植，再到其他农作物套种开展了培训；4 月 18 日，参与县总工会、县妇联和翠贡茶叶公司举办的大关县首届茶叶采摘技能竞赛，观摩、指导翠屏村茶农学习采茶技能技巧。通过实际行动真正做到聚力出力，授人以渔。

为了让农户的钱包鼓起来，积极与黄连河村联系合作，一起发展香菇种植。2018 年 11 月，汪家山香菇基地正式建成投入使用，翠屏村屏玉种养殖农民专业合作社与黄连河村联动种养殖农民专业合作社共同出资 176 万余元。建成初期，基地占地面积 30 余亩，共建有大棚 43 个，总投资 226 万元；2019 年，基地共生产菌棒 15 万棒，产香茹 15.1 万斤，销售鲜香菇 6 万斤，干香菇 9000 斤，年产值 82 万元，利润 25 万元，实现翠屏村与黄连河村 557 户贫困户分红 91417 元现金和 6510 斤鲜香菇；2020 年，基地生产菌棒 18 万棒，其中卖出 6 万棒，上架 6 万棒，完成接种 6 万棒。香菇基地建设投产以来，目前已用工 4000 余人次，带动就业 280 人次，发展致富带头人 3 人，已经成为翠屏村和黄连河村贫困户稳定增收的渠道之一。

2020 年 2 月 14 日，驻村第一书记、工作队队长李自洪驾驶着装有 1400 多斤新鲜蔬菜的皮卡车，从翠屏村肖家村民小组驶出，代表村民将爱心蔬菜赠送给忙碌上班的新闻部门、疾控中心和县城南部卡点的同志们。17 日，翠华镇翠屏村白果、接官、和平、烂田 4 个村民小组的村民们也积极行动，通过县红十字会向抗疫一线捐款 39090 元。

扎实做好脱贫攻坚宣传，传播党的方针政策。宣传县委政府的工作部署，采访乡镇部门积极作为，讲述普通百姓脱贫故事，采写发表了《农民工杨友平试种布朗李喜获丰收》《贾卫洪：天麻种植走上致富路》《三河自然村村民靠发展竹产业发家致富》《童家父子的红心猕猴桃等你来采摘》《贫困户皮国宽开荒种烟奔致富》《香菇托起致富梦》《大关“利和”枇杷熟了》《青杠村“三兄弟”的生态西瓜上市了》《干部带头“试水”小小辣椒助脱贫》《缪仕高的500亩砂仁大丰收》《陈顺强深山发展生态乌金猪养殖事业》《邓再春：致富有办法　天然湖泊养鱼100余亩》《陈选波——深山里的养蜂人》《安乐村养蜂带头人吴天明》《养蜂致富人尹富奎》《杨云贤：脱贫路上把蜂养　发家致富有希望》《返乡农民工林下养殖寻求致富路》《陈国友的养猪致富路》《养猪能手罗国文致富不忘乡邻》《脱贫路上父子兵　养牛走上致富路》《灯坪村民按时返还互助资金》《小竹笋成就大产业》《筇竹，托起昭通大关绿色产业发展希望》《“大关致臻”的电商扶贫之路》《我们搬到靖安新区真的挺好》以及致力于扶贫攻坚战的典型代表《董文渊：跨越二十六年的“科技扶贫”情怀》《大关县琦鑫公司建好党建示范点　当好行业领头人》《李文贤：甘为脱贫攻坚工作中的“老红牛”》《党员王兴春带领村民义务维修公路》《阳先梦：扎根农村献青春　忘我工作战病魔》《村干部胡天勇：轻伤不下火线　带病冲锋在扶贫一线》《党员罗石磊痴情扶贫永不悔》等作品。用镜头记录了时代的变迁，用文字记述着大关各项社会事业的发展，对外宣传推介了大关，树立了大关良好形象。

通过加强与中央电视台、中央人民广播电台、新华网、人民网、《云南日报》、云南电视台、云南网、《昭通日报》等媒体的沟通协调，展现了大关人民峭壁上谋发展，峡谷中求生存的开拓奋进精神。其中，2015年1月，中央电视台《新闻联播》报道了大关县上高桥乡黄牛养殖滚动扶贫的经验；2016年11月3日，中国国际广播电台国际在线县域经济频道抵达我县采访；11月26日、27日，中央电视台到我县采访“背篼图书馆”，2017年1月，中央电视台财经频道《文化十分》栏目深度报道了《大关背篼图书馆打通文化公共服务的“最后一公里”》；6月13日云南电视台《封面》栏目记者到海坝采访；9月20日省市媒体到我县采访党的十九大代表丁琪；11月6日丁琪接受《人民日报》采访；11月30日中央电视台走进上高桥乡拍摄报道；2018年5月2日新华社、《人民日报》聚焦最美基层干部丁琪；5月10日中央人民广播电台聚焦我县产业发展；9月13日央视《经济半小时》采访报道我县挖掘机驾驶培训……

脱贫攻坚任务艰巨而光荣，在2020年大关县事业单位脱贫攻坚个人嘉奖中，杨德强、张风波、陈绍金、徐峰、何桂花获得嘉奖。“撸起袖子加油干！”要实现大关人民的小康梦，大关媒体人将以更加昂扬的斗志尽心竭力投身建设美好新大关的滚滚洪流，谱写大关决战脱贫攻坚，决胜全面小康的新篇章。

公积金中心真帮实扶助力脱贫

2015年10月，大关县住房公积金管理中心（以下简称公积金中心）和县住建局一起负责天星镇打瓦村的脱贫攻坚任务，2017年11月，公积金中心扶贫点由天星打瓦调至玉碗镇老街村，协助县开投公司负责老街村脱贫工作。公积金中心先后派出赵道燕、李骥、赵庆坤为驻村工作队队员参与驻村扶贫工作。

根据玉碗镇党委、镇政府和老街村委安排，公积金中心具体负责老街村屋池片区青树子、湖广寨、营头、老屋基和田家丫口6组62户222人的帮扶任务。

公积金中心坚持以党建为统领，做到业务、脱贫“双推进”两不误。在挂钩其间经常到扶贫点走访困难群众，慰问老党员，紧紧把党建工作和脱贫攻坚相结合。公积金中心支部书记、主要负责人李斌充分发挥党员的模范带头作用，让全体党员利用周末到扶贫点宣讲国家脱贫政策，帮助独居老人、留守儿童收家理屋，打扫环境卫生，改善群众居住环境。同时，公积金中心根据县委组织部要求，出资7000元帮助老街村委打造党员活动室，购买办公用品，拨款30000元帮助老街村整治人居环境，提升人居环境质量。2019年，公积金中心拨款39000元，其中35000元帮助老街村独居老人、困难群众补齐生活短板，提高群众生活质量；4000元在春季前对老党员和困难群众进行慰问。

老街村山高坡陡，交通不便，没有厂矿，生产力低下，也没有支柱产业。挂钩后，聘请专业技术人员对其进行考察论证，结合山区地域特色，发展高原特色产业。为此，大关分中心积极协调各方关系，配合开投公司在老街村规划建设学生营养餐蔬菜供应基地；协助“村两委”开展茶叶、雪松、烤烟、魔芋等种植工作，覆盖贫困户200余户；积极帮助群众实现劳动力转移、发展产业、农产品供销等工作，实现群众脱贫增收；利用中秋、端午、儿童节等节日，对独居老人和留守儿童给予特别帮助，切实帮助困难群众解决实际困难。

2020年，为了顺利实现第三方验收和国家普查，公积金中心拨款44000元，用于扶贫点提升脱贫质量，确保公积金中心挂钩点以高质量实现脱贫。

大关县公积金中心在挂钩帮扶期间，积极开展各项扶贫工作，激发群众勤劳致富的内生动力，得到群众高度认可，公积金中心支部书记、主要负责人李斌2019年获云南省“三区三州”及其他贫困地区事业单位脱贫攻坚专项奖励，赵庆坤同志获2020年昭通市人社局新冠肺炎疫情防控专项奖励。

热血铸就大关绿色发展新乐章

云南省大关县木杆镇的崇山峻岭之间，生长着漫山遍野、郁郁葱葱、青翠欲滴的筇竹。竹林间总有位戴着眼镜、衣着朴素的“老者”穿梭其间，他就是“绿色奇迹的创造者”，把论文写在竹林里的“农民”教授，西南林业大学从事竹类研究和教学工作的森林培育学教授董文渊。

在他的带领下，县委、县政府把大关县筇竹产业作为主导产业来抓，规划建设竹产业基地 100 万亩，其中筇竹产业达到 67 万亩。目前，大关县筇竹产业综合产值已经实现 2.4 亿元，覆盖人口 14.6 万人，目标是未来产值要达到 67 亿元，真正建起大关的主导产业。

把论文写在竹林里

大关县是国家重点开发扶持县，自 20 世纪 90 年代以来，就成为西南林业大学的定点帮扶县。1993 年 7 月，董文渊被学校选派到大关县任科技副县长，分管林业和科技工作。上任之初，董文渊在对乡土植物资源的调研中发现筇竹突出的生态经济优势，可以有效帮助当地百姓脱贫致富，于是开始研究筇竹。

董文渊到来后，吃住在山上，渴了就喝山泉水，饿了就靠烤土豆充饥。种竹收益的木杆镇银吉村徐家湾村民小组村民田成信满怀深情地讲道：“我认识董老师是 2007 年国际竹藤组织项目改造的时候，他来就住我家，然后就往山上跑，不管是下雨还是晴天他一直都在山上。”

大关县的筇竹产业得到了快速发展，对于这片筇竹他有很多的探索发现。

26 年来，董文渊先后完成了中国—欧盟生物多样性保护项目（ECBP）“天然筇竹林生物多样性保护技术研究与示范基地建设”专题、国家林业公益性行业科研专项“珍稀濒危筇竹保护与退化竹林恢复技术研究”等 10 多个研究项目，取得了筇竹生物学生态学特性、生物多样性保护、良种选育与竹苗培育技术、天然林改造与人工林高效培育技术体系等一系列成果，填补了国内外研究空白，还为筇竹资源高效培育、可持续经营和产业化发展奠定了理论与实践基础。他研究的筇竹低质低效林改造技术在大关县得到推广应用，天然筇竹林竹笋产量从过去亩产不足 50 公斤，提高到了 450 公斤，实现亩产值 3000 元以上。

在董文渊教授研究成果引领下，目前，大关县新植筇竹 12 万亩，总面积达 32 万亩左右。

把研究成果无偿送给竹农

董文渊教授还结合科研项目推进实际，不断总结阶段性研究成果，他采用现场培训与会议培训相结合的方式，先后为大关县贫困乡村举办培训班 76 期，培训竹农 7000 余人次，充分发挥特色生物资源的协同减贫作用，积极拓展竹农精准脱贫途径，深化笋竹产品加工，全县 3.16 万人依托筇竹资源稳定脱贫，14.8 万人受益，为大关县“一县一品”筇竹产业发展和精准扶贫作出了重要贡献。

在木杆镇银吉村徐家湾科研示范基地、木杆镇正溪沟、高通坝、徐家湾、太阳坝以及高桥镇新开村郭家埂等地，无论刮风还是下雨，都可看见董文渊风雨无阻的身影，他毫无保留地向竹农提供育苗技术指导，并鼓励广大竹农要以“一县一品”筇竹产业发展为契机，加快科学化、规范化、规模化竹林培育步伐，以竹产业发展助推精准脱贫，实现产业兴旺的乡村振兴目标。

董文渊为当地群众不仅带来了筇竹的种植技术，更让竹农们树立了科学种管筇竹的新观念。以前只知道在采笋季节到原始筇竹林打笋赚钱的木杆镇漂坝村猴子坪村民小组村民曾利贵介绍，现在不仅把家里的 20 多亩耕地种上了筇竹，还把原有的几十亩自然竹林认真管护起来，实现了提质增效。曾利贵介绍，他家原有林子 50 多亩，往年没有好好管护和提质改造，只能采笋 5 吨左右，从提质改造高低效林后，估计收入是会翻倍的。

增加筇竹附加值拓展产业链

2017 年 11 月 25 日至 26 日，董文渊带领中式古典原竹家居创始人、浙江农林大学创意导师、杭州筠泽文化创意有限公司董事长所广敏到我县考察。在木杆镇筇竹科研基地，董文渊介绍了筇竹“宁为玉碎，不为瓦全”的生长特性，及筇竹从竹笋到竹材到竹具加工的广泛性，都是产值较高的产业，可以形成比较完整的产业链。所广敏认为，大关是迄今为止他看到的筇竹生长得最好的地方；在高桥镇斑竹林中，高桥镇斑竹的竹身高且挺拔，竹身直径长，竹身花斑特色美观，深深地吸引着来客；在天星镇方竹种植林中，所广敏表示，他今天在天星所见的方竹，质量在竹身的高度、竹壁的厚度和方形特征上，都是之前他的原材供应商所不具备的，这里的方竹用作原竹加工是非常适合的。

大关竹类的种植和竹产业的发展，是以筇竹为主，方竹为辅，其他竹类作为补充的结构进行的。2019 年，董文渊引进了浙江的竹业企业在大关注册，利用当地特有的材质，开发家具等高端产品，大大提高了筇竹附加值。

除了带领群众科学种竹外，董文渊还到国丰林产品实业有限公司调研，了解公司对经营理念、产品研发、竹笋市场前景等情况；还到鑫兴竹笋加工厂、银河竹笋种植加工专业合作社，听取了公司对加工、保鲜、储藏、销售等情况汇报。

董文渊在谈起多年的扶贫之路时，他说："我想在未来进一步打好绿色食品品牌，为大关的竹产业发展做好有机笋的培育和绿色食品基地建设，从技术上再做一些深入研究，为大关县'一县一品'的发展提供更强有力的科技支撑。为大关实现生态建设产业化、产业发展生态化，由小农经济向产业经济发展贡献自己的力量，这是我坚持和坚守 26 年的一个愿望。"

2019 年 1 月，董文渊荣获 2018 年度"全国科技助力精准扶贫"先进个人称号，于 2019 年 5 月获云南省脱贫攻坚"扶贫先进工作者"称号。

扎根乡野带领村民拔穷根

2016年2月，西南林业大学教师柏顺文主动请缨，到天星镇安乐村任第一书记、驻村扶贫工作队队长。他兢兢业业地完成了1年的驻村扶贫工作后，在安乐村群众的一再申请下，他又受学校安排，继续担任了1年的第一书记、驻村扶贫工作队队长。

柏顺文到来后，想群众所想，急群众所需，竭尽所能为群众办实事、办好事。他把学校安排给工作队的27万元经费，集中起来统筹使用，做到了花“小”钱办“大”事的功效，带动了安乐村的发展。

2016年4月，柏顺文在西南林业大学的支持下，购买了110箱蜜蜂，送给上鸦鹊沟、下鸦鹊沟和唐家湾3个村民小组的建档立卡贫困户养殖，带领群众走上了养蜂之路。他积极开展农村集体经济“合作股份”试点，把西南林业大学的扶贫资金转化为“合作股份”，建立了“大关县安乐农业综合服务中心”集体经济实体，以集体经济实体参股大关县安乐蜜蜂养殖农民专业合作社、仔猪繁殖基地合作社。

柏顺文深知，安乐村虽然有养蜂的历史，但大规模养蜂技术还不够成熟，管理还跟不上。为解决养蜂技术问题，他不辞辛劳带领蜂农到贵州省、彝良县去学习，邀请云南农业大学东方蜜蜂研究所所长和绍禹教授为安乐村蜂农进行了培训。为了便于蜜蜂养殖的管理，他牵头成立了专业合作社，专门负责蜜蜂养殖的发展。

2016年，加入合作社的建档立卡贫困户就有18户，养殖蜜蜂最多的有80多箱，养殖规模从110箱发展到了600箱，产蜂蜜3.5吨，年产值达70万元，蜂农高兴得合不拢嘴。

下鸦鹊沟村民小组村民李德宽介绍，他养的蜂有28群，对养蜂这个事业非常有信心，因为在柏书记他们的指导下，已经学会了分蜂、养蜂、育王。

天星镇安乐村的集体经济就在洛泽河边，即大关县安乐仔猪繁殖专业合作社。这个合作社之前是一家养猪场，几年前因遭受洪水灾害，养猪场就没有办了。柏顺文了解到这一情况后，向西南林业大学申请了资金，将原养猪场转型升级为安乐仔猪繁殖专业合作社，发展集体经济。合作社养殖的商品猪按低于市场价的10%出售给建档立卡贫困户，而种母猪则免费发放给贫困户喂养。合作社按照分散养殖的方法，仔猪由不同农户进行饲养，合作社派专业人员进行统一防疫、统一管理。同时，他还向西南林业大学申请筹建“农校对接”基地，为全校师生提供安全生态的猪肉供应。2017年，合作社养殖种猪80余头，出售商品猪500余头。

柏顺文在驻村扶贫中，非常重视教育的发展。安乐村迎青小学学校操场不平整，没有硬化，教学设施欠缺，师资力量不足。柏顺文向西南林业大学申请了20万元的教育教学提升项目资金，西南林业大学又向省扶贫办争取了120万元的扶贫资金，为学校建了3间标准教室，硬化了操场，把学校3名教师送到昆明进行了培训，提升学校的教育教学水平。他还邀请西南林业大学党委副书记刘沧山为安乐村党员上了《在脱贫攻坚中如何做合格党员》的专题党课。多次组织村民到外地或就近进行技术培训，提高群众的科技知识。

他组织召开了2016年考入大学的学生座谈会，对18名贫困大学生进行资助，每名学生资助500元。驻村扶贫工作队对18名贫困大学生进行一对一的帮扶，经常了解学生的思想动态，让学生完成学业。

2017年春节期间，他还组织工作队对全村特困户进行了慰问，每户发放了300元的慰问物资，向安乐村迎青小学、幸福小学的学生送去西南林业大学团委募赠的64套御寒羽绒服。

柏顺文说："精准扶贫，教育先行。作为一名高校的教师，我们深深地懂得，教育是阻断贫困代际传播的最有效的途径，也是最根本的途径，我们希望更多的小孩能够通过读书走出大山。"

安乐村是一个长期饮水困难村庄，在当地群众的带领下，柏顺文两次深入高山密林寻找水源，翻山越岭踏勘，设计最佳的建设方案，争取建设资金。还邀请县交通运输局对安乐村花地沟至桃子湾3公里长的公路进行规划设计，西南林业大学安排资金20万元，修建了4.5米宽的公路。

驻村以来，柏顺文带着队员走遍了安乐村32个村民小组的山山水水、村村寨寨。在安乐村红白喜事的现场、农家的火塘旁总能看到他和农户一起聊天，总能看到他和农户一起"守夜"，总能看到他自驾车辆在崎岖山路上前行，不管白天还是晚上，农户总能找到他。

当他离任时，102户农民集体按下红手印，向西南林业大学党委提交申请，挽留这个扶贫队长，希望他再驻村帮扶1年。但是，出于单位的整体考量，柏顺文并没能留下来，而他留下了一名共产党员、驻村工作队队长扎根山野、带领村民"拔穷根"的使命和担当。

医者仁心　情系大关用心扶贫

2019年8月的一天，一封非同寻常的信函放在了中山市焦兰生市长的办公桌上。这是一封来自云南省昭通市大关县一名普通群众发自肺腑的感谢信。信中深情赞扬了国家东西部扶贫政策给大关县人民带来的关爱和幸福，尤其是医疗帮扶工作给大关县人民群众解除了很多疾病带来的痛苦。同时，在信中对中山市派驻大关县支医专家、中山火炬开发区医院主任医师、大关县人民医院挂职副院长刘新建的医术和仁心给予了极大的肯定。

写信者的母亲是一名身患急性心肌梗死的病人，来大关县人民医院住院不久就出现了室颤，心跳已经停止，诊疗稍有迟误，死神就会来临。县医院没有救治这类疾病的经验，以往只能转诊到上级医院，山高路远，途中什么情况都有可能发生。危急之际，刘新建指导大关县人民医院内科的全体医护人员，及时对这位患者进行了多次除颤并静脉溶栓治疗。溶栓治疗很成功，堵塞的血管被开通了，患者心脏重新跳动起来，患者的生命得到了挽救。这不仅是大关县人民医院第一例急性心肌梗死溶栓的病人，也是大关县人民医院第一例急性心肌梗死溶栓成功的病人。

这只是刘新建在大关县人民医院日常工作中遇到的其中一个病例。中国西南部高原山区，受到地域环境的影响，多数县级医院的医疗技术条件有限，遇到稍微复杂的病例就不得不转诊到市医院，甚至辗转千里到省医院去治疗。很多病人，因此失去了早期治疗的机会，落下了残疾；有些病人，在转诊过程中，也许一条生命就此失去了。这次抢救经历给刘新建的感触很深，大山里的老百姓太需要我们了，大山里的医院太需要技术帮扶了。一定要把大家的急诊急救技术提升起来，一定要协助医院领导把重症医学科建立起来。从此，刘新建便暗下决心，一定要在支医工作期间尽最大努力帮助这里的人民。

刘新建医生从交班时一线医师使用专业术语的准确性、诊断的规范化和治疗的标准化等多方面深入浅出地向大家耐心讲解，一点一滴地改变着大家由于信息闭塞、经验不足造成的诊疗错误，逐渐灌输给他们现代医疗知识和正确的诊疗思维理念。

刘新建医生带领科室的医生对危重病人和新入院病人进行认真细致的检查和诊断。在偏远山区，一些患者，尤其是老年患者同时患有多种疾病，有些疾病会产生一些难闻的气味。还有一些老年人由于疾病的原因，或者由于卫生条件差，穿着脏乱，气味更加难闻。刘新建医生从来没有表现出任何的嫌弃，永远是耐心细致地查体和咨询病情，永远是对患者体贴入微的关怀。

大关县医院担负着全县近 30 万人口的医疗救治和保障任务。每天都要收治很多病人，同时也不乏许多重病人。刘新建告诉大家，只要有问题，不管白天还是晚上，抑或是半夜都可以找他咨询，他都会及时给予答复和指导。

刘新建医生在县医院帮扶一年来，内科医生的诊疗水平有了大幅度的提高，有很多脑出血和主动脉夹层的患者，都留在县医院得到了及时、正确的诊断和治疗。2019 年下半年，医院先后成立了胸痛中心和卒中中心，而且独立开展了心肌梗死和脑梗死的溶栓治疗。这些诊疗技术的开展，不仅消除了患者往上级医院转运过程中的风险，而且极大地减轻了患者的经济负担，实现了党和政府确立的多数疾病不出县的目标，也减少了因病致贫、因病返贫的家庭数量，同时也缓解了山区群众看病难的情况。

为了更好地将自己的经验和知识传授给年轻人，在县领导和院领导的支持下，成立了“东西部对口支援扶贫协作刘新建专家工作站”，共有6名医生成为进站学习的学员。刘新建医生为他们制订了详细的学习计划，以期在较短的时间内，让进站学习医师的诊疗水平有一个质的提高。

在大关县，刘新建耳闻目睹了山区群众缺医少药和因病返贫的境况，亲身感受到国家东西部扶贫计划的正确和伟大。刘新建到大关县人民医院支医帮扶的时间原计划只有一年，而他在大关县担负的帮扶工作很重，时间短暂，有那么多事情要做，分身乏术，不敢懈怠。

一年多来，刘新建的足迹踏遍了大关县的每一个乡镇和许多的小乡村。记得有一次，刘新建在天星镇义诊，那天来义诊的人特别多。他从早上8:30一直忙到下午4:30，中间只有半个小时的时间匆匆吃点饭，他一个人义诊的患者数就将近200人，其他科室同事的义诊都结束了，他的义诊台前还排着长长的队伍。在乡镇义诊虽说忙但也安全，可去村里的义诊路途却是充满了惊险。即便如此，刘新建仍然是一次次义无反顾地走进大山深处。因为，每次完成义诊返回的时候，看着群众感激和期待的目光，他便觉得，下乡的路途再苦再累都是值得的。

2018年12月，刘新建原定一年帮扶的时间已经结束了。此刻，大关县人民医院重症医学科也开始投入使用，重症医学科虽然开科了，但能否实现院领导的重托，真正为临床内外科室提供保驾护航，还是个未知数。从重症医学科最初的规划、功能设置到建设，这中间凝聚了他太多的努力和心血。可是科室的医生都比较年轻，刘新建的心中思绪万千，是走是留萦绕在脑海。斟酌良久，在和家人进行了沟通后，他毅然向组织上提出了希望延长帮扶时间的请求。

奉献青春铸实脱贫路

王文贵，男，汉族，出生于1980年4月，中共党员。2005年参加工作。2018年6月29日16时28分，王文贵同志在走访建档立卡贫困户及核查茶产业、烤烟产业回单位途中发生交通事故，伤势过重抢救无效，因公殉职。

王文贵在人民群众和同事心目中，都有很高的地位。

在老街村老百姓心目中，他是脱贫致富的引路人。水槽湾村民小组建档立卡贫困户李华堂一家4口，2015年以前，一直以种洋芋、苞谷为生，生活过得非常拮据。直到2015年，王文贵不辞辛劳，接连多次到他家做动员工作，才说服他把马卖了，买回来一头母牛来，开始养殖黄牛，第二年，王文贵又协调了6000元无息贷款，给他买了第二头牛，黄牛养殖越来越好。

2018年，老街村发展黄牛200头，种植刺老苞200亩，茶叶500亩、烤烟1100亩、珍珠李480亩、猕猴桃100亩，有284户870人成功脱贫。

与他工作过的同志深情地回忆说，他是一个“不顾家”的父亲。2016年1月，王文贵挂钩大关县老街村脱贫工作在整个脱贫攻坚期间，王文贵一直带领所挂村和分管部门的干部职工上山下山，进村入户。最初，他和妻子只是“周末夫妻”，随着工作的深入，他们经常几个月也无法见上一面，而他们的孩子刚刚才满1岁。妻子曾埋怨过他，但最终妻子选择在一个又一个周末电话中给予他支持和鼓励。

2016 年 11 月 10 日，正值玉碗镇整镇脱贫出列接受第三方评估，也是全镇脱贫攻坚工作最艰苦、最关键的时候，他们的第二个孩子降生了。当时，王文贵在高寒边远的蜘蛛湾片区下乡入户。作为丈夫和父亲，在家人最需要他的时候却无法陪在妻女身边。他满身泥泞赶回镇上时，天色已暗，连饭都来不及吃一口，只是向领导说了一句："我老婆今天生孩子了，我今晚想回去看看，明天一早再赶回来。"一转身，王文贵不禁潸然泪下。对于家庭，这个有着铮铮铁骨的汉子心中满怀内疚。

在群众心里他是一个踏实的好人。老街村水槽湾村民小组建档立卡贫困户李华堂听闻王文贵的噩耗后，伤心地讲道："王主席这个人确实是个好人，如果这次他不出事、不牺牲的话，在我们老街村任三年职，可能我们蜘蛛湾这个片区要不了多长时间就全部发展起来了。"

在扶贫工作者心中，他是模范榜样。玉碗镇综治办主任王忠坤说："实际工作中，他带着我们，是我们的榜样，也是我们的主心骨，不管什么工作他都干在我们前面，都是带着我们干，他首先是率先垂范。"

在大家心里他是扶贫路上的实干派。玉碗镇团委书记张宁怀念地讲到，扶贫工作以来，王文贵在自己所挂钩的老街村，组织镇村干部不断研判，经过多次研判工作，锁定了扶贫对象，制定了精准脱贫的措施，让群众的腰包真正地鼓了起来。

2018 年 7 月 1 日，中共大关县委追授王文贵同志为"优秀共产党员"。

祥云村的改变离不开他们

大关县住建局按照县委、县政府的安排，挂钩帮扶天星镇祥云村。全村辖 27 个村民小组、1047 户 3844 人，其中建档立卡贫困户 414 户 1679 人，非建档立卡贫困户 633 户 2165 人。2017 年 10 月 23 日，吴吉忠被任命为住建局驻天星镇祥云村驻村第一书记、工作队队长。通过广大干部的共同努力，2017 年年底整村脱贫出列，再通过 2018 年、2019 年两年的巩固提升，2020 年 4 月，顺利完成国家级第三方摘帽脱贫攻坚工作。

接任后，吴吉忠第一任务就是抓好驻村工作队队员的思想统一和工作责任落实，吴吉忠带头表态：一定和大家一同商量、一同努力做好扶贫工作，不完成任务决不出村。自己不搞特殊，接受大家监督。在吴吉忠和村"三委"及驻村队员的共同努力下，摸清掌握了当地发展的情况、厘清了发展思路，通过驻村两年的调查，编制了《祥云村脱贫出列实施方案》，2018 年至 2020 年工作奋斗目标。

祥云村长年日照多，气候适中，最适宜果木种植，经过驻村工作队和村"三委"的商定，并经过群众大会广泛讨论，种植有枇杷 2050 亩，花椒 1529 亩，大棚蔬菜 150 亩，为了产销对路，采取了"公司 + 414 户卡户"的合作方式，同时利用 2018 年贫困户扶持资金 192 万元、留转土地 30 亩，培育绿化苗木，实现了年利润 20 余万元，增加了集体经济，414 户卡户年终得到了分红。同时做好农村多余劳动力外出务工牵线搭桥工作，为贫困户找致富门路。祥云村共有劳动力2143人，外出务工1478人，每年实现务工收入1500万元，做到了务工1人脱贫1户的目标。2018年5月，为祥云村创办成立了“大关县双锦农业有限公司”，利用卡户产业发展资金132万元，建起了祥云村绿化苗圃基地。2019年9月11日，在吴吉忠及其他驻村队员的帮扶下，祥云村大关县双锦农业有限公司完成了绿化工程项目3个，项目投资金70万元，公司获利20万元。2020年2月至3月，完成了大关县复兴中学绿化工程1个，项目投资200万元，公司获利近50万元，为祥云村脱贫致富找到了新的门路。

2017年，祥云村实施农村危房改造52户；2018年实施危房改造21户；2019年实施危房改造3户。2018年，9个村民小组实施了人畜饮水的巩固提升，在环湖公路安装了路灯69盏，目前环湖公路已成为祥云村的一道亮丽的风景名片；争取省财政厅直拨队长经费2万元，单位下拨扶贫办公经费2万元，全部4万元统一拨到祥云村委会的账户上，做到资金统一分配，统一使用。通过广泛民主讨论，编制了《祥云村村规民约》《祥云村人居环境提升整治实施方案》《祥云村爱心公益超市实施方案》，开展“三讲三评，自强自信感恩教育活动”。选出村保洁员11人，村联络员2人，护林员31人，护路员38人，巡河员2人，共84人，负责规定的相关工作，并由村委会管理，定期检查考核，提升了村良好的社会风气，提高了人的居住质量。2019年，大关县住建局积极争取资金对16.5公里的道路实施了硬化，大大地解决了农民出行难的问题。

榜样的力量是无穷的。驻村队员艾正帅，在驻村工作中，除了完成分配的工作外，还帮助10户建档立卡户解决生产、生活中的难事，帮助谭开剑家从危房搬进新家；帮助谭开云家新建了一个50多立方米的蓄水池，解决了饮水难的大问题。村民王家亮家家庭比较困难，就帮助他找到公益岗位就业。何泽秀家用电不安全，主动帮助联系电工，清整了线路，安装了电表。

驻村队员毛治城有次下乡被狗咬，给谭开云家盖水池时盖板压伤了脚，大家都劝他回县上去治病，他坚持不去，一直在村上坚持工作。他善于调查研究，农田三组杨世银家人口 3 人，2017 年他家房屋就纳入危房改造，但就是一直不动工，通过他认真走访了解，杨世银才说出实情，不是不动工，是没有启动资金，毛治城找到了问题的关键，主动与修建方联系，由建方垫资动工，农民自己投劳折算工钱，这样国家的补助钱完全够了，最终杨世银家搬进了新家。

驻村队员雷波，有善于协调工作的特长，当他看见祥云村的办公桌脚都用石头来垫的时候，马上想到交通局驻高桥镇 213 公路指挥部要搬迁，很多办公用具都要处理，雷波与 213 指挥部多方联系，指挥部将计算机、打印机、办公桌、档案柜等价值 3 万余元的办公用品转赠给祥云村，为祥云村解决了办公困难的难题。

有好的队长就会带出好的队员。2019 年 5 月 8 日，吴吉忠肾结石突发，痛得周身大汗，腰直不起来，实在不行，他到县医院看了病后，拿着药就返回祥云村工作。2019 年 12 月 7 日，吴吉忠的母亲不幸遭遇车祸，他短暂地在医院陪护了几天，又忙着转回祥云村工作。吴吉忠的事感动了大家，他在工作中作出的成绩得到了各级部门的认可和肯定。

2019 年，中共大关县委、县人民政府授予住建局驻天星镇祥云村“优秀驻村扶贫工作队”光荣称号，中共大关县委，县人民政府 2018 年授予吴吉忠“驻村优秀第一书记、工作队队长”光荣称号；2019 年吴吉忠获昭通市人力资源和社会保障局“个人记功奖”；毛治城同志荣获县级驻村“优秀队员”光荣称号。

扶贫路上的铿锵“三人行”

中央党校（国家行政学院）自2015年2月挂钩帮扶甘顶村以来，用真情、扶真贫，用实际行动谱写了挂钩帮扶的真谛，给贫困的山村带来无限光明。

2015年2月以来，校院相继下派赵广周、张北发、李文滨3名脱贫攻坚驻村扶贫第一书记，在他们的大力帮助下，通过协调校院解决项目资金，夯基础、兴产业，为地方办实事、解难题而赢得了广大人民及村“两委”的一致好评。

第一任第一书记赵广周到达甘顶村后，通过协调校院解决资金为沙坪、梨坪、下坝3个村民小组修建户间连接路，让群众出行不再是一脚泥。

第二任第一书记张北发是一名退伍军人，他到达甘顶村后，积极担当，主动作为，给群众留下了深刻的印象。为了方便开展工作，张北发把自己的车辆从北京开到了甘顶村作为下乡的交通工具；在车辆去不了的地方，他就驾驶着摩托车前往。只要知道哪里有事需要下乡，他都主动请缨参与。由于山高坡陡，经常摔得一身泥，回到村委会大家都会相视而笑，在这样的工作环境里度过了差不多两年时间。

为了解决村民出行难题，协调校院解决资金100万元打通了新街到砂田的村组道路5.3公里，将原来必须从下坝绕行需要的时间从半小时缩短至10分钟。

每当夜幕降临，甘顶村213国道路段，两旁的路灯发出耀眼的光芒，这是张北发到达甘顶村后协调院校解决资金80万元而改造安装的照明工程。

张北发在走访中，了解到通木槽片区的河道经常会因洪水而造成严重的水土流失，积极协调院校解决资金50万元开展了该段河道的治理，有效解决了该河道的水土流失问题，也为河道下游的群众财产增加了一份保障。协调资金为沙坪、梨坪、下坝3个村民小组安装了人畜饮水管道，解决了3个村民小组300余人的饮水问题。

甘顶村作为木杆镇的门户，由于没有相应的垃圾处理设备，环境卫生很差。为了解决此项工作，张北发积极协调校院解决了15万元资金，在蓑衣湾修建了一个垃圾填埋场，并采购了一辆垃圾运输车。在村“两委”的大力协助下，通过村民大会的形式表决通过，采取每户每月10元的标准收取垃圾处理服务费，因张北发自己与程良林、村委委员顾兴参3人有驾驶证，而成为义务的垃圾运输员。

“千人竞采笋，万竹一路通。”这是第三任第一书记李文滨驻村扶贫期间，看到院校解决资金修建的扶贫产业路竣工投入使用时，欣喜地用诗句记录下当时的心情。

李文滨到达了甘顶村后，在走访中了解到甘顶村后山集体原始筇竹林3000多亩，村民们每年采笋季节都需要步行几个小时上山村去采笋，在认真听取和征求村“两委”班子成员的意见和建议后，多次实地查看，提出建设扶贫产业路的项目。通过校院挂大关县委常委、副县长孙林反馈到院校后，引起了各级领导高度重视，组织县、乡、村各级部门多次到实地调研。后由校（院）投资360万元于2019年6月破土动工，建设了全长4.378公里的扶贫产业路，2020年3月底建设完成，并投入使用。在新冠肺炎疫情肆虐的2020年，该路的建设发挥了“稳岗位、稳收入”的作用，还可连通甘顶村、丁木村、向阳村3个村1.46万亩筇竹林，带动3个村的集体经济及1569户6282人产业发展，具有较强的示范引领作用。在市、县、镇的大力支持下，与之相连的筇竹育苗基地等两条产业路2020年6月已建设完成，并投入使用。其他邻村与之相连的产业路正在规划实施中，甘顶村的笋竹产业呈现了规模化、集约化、可持续发展的良好势头。随后，由校（院）帮扶投资50万元建设的甘顶村拖木槽片区路灯照明后，有效解决了该片区村民夜间出行难题。

连续两年春节前夕，孙林到县水与第一书记代表单位到木杆镇甘顶村建档立卡贫困户、大病、特困、重残户等共39户农户开展新春送温暖活动，每年投入送温暖资金2万元。

同时，校院将帮扶村党支部阵地建设纳入帮扶计划，划拨专项扶贫党建经费3.9万元，用于推动党组织阵地建设，表彰先进党员以提升荣誉感，慰问困难党员以增强凝聚力，购置了桌椅、水壶、垃圾桶、笔记本等办公设施和用品，进一步改善村党总支和各党支部活动室的相关软硬件建设，凝聚了团队，提振了精神，党组织的战斗堡垒作用和党员的先锋模范作用进一步得到发挥。甘顶村党总支2019年、2020年连续两年被中共木杆镇党委授予“先进基层党组织”。

“夜晚亮起明灯，人居环境提升。一花独放非春，共同迈向振兴。”说起脱贫攻坚工作，第一书记李文滨显得特别自豪。

乌蒙山旮旯里的坚守

曾朝万，大关县农村信用合作社职工，2015年9月，被派驻到天星镇斜文村担任扶贫驻村第一书记、工作队队长时已满54岁。2017年11月，由于全县驻村扶贫工作调整，老曾被派到寿山镇益珠村开展扶贫工作，考虑到他年龄较大，便将他调整为工作队队员，虽然身份发生了变化，但老曾对扶贫工作的认真态度丝毫不含糊。

“当了第一书记，你才真正了解了农村的实情，深感农民的辛劳和自己脱贫攻坚工作的责任重大，百姓一日不脱贫，我就不离村。”在斜文村担任第一书记时，曾朝万这样坚定地说。

如何帮助困在大山旮旯里的群众脱贫？“必须识准贫困户，找到穷根子，对症下药。”2016年6月进驻后，老曾每天早出晚归，自带干粮走村串户。驻村后，老曾和村民日日相见，关系也亲近起来，贫困户家里大小事都愿意向工作队倾诉。

70岁的“五保”老人杨天秀，身体不好，独自一人住在狭小的土坯危房里，生活十分困难，无儿无女。老曾驻村后，时常去看望她，给她带些生活用品，告诉老人“以后呀我就是您的儿子，有困难就叫我”，并协调筹集资金为杨天秀老人修建了一间24平方米的安居房。

一年多来，老曾带领驻村队员为269户贫困户量身定制《脱贫规划方案》《民情日记》写得满满当当。

在斜文村扶贫时，他以打造坉上彝寨安置点为主，解决贫困群众住房难问题。把房屋建设与彝族特色和乡土文化有机结合，依山就势，就地取材，把安置点建设与李蓝起义、彝族风情、绿色生态等元素相融合，围绕“一场一馆一线一中心二室二区”打造彝族风情民居，原汁原味体现乡村淳朴风貌。同时做好水、电、路、网等相关配套基础设施规划，配套1个文化活动广场，为彝族民间传统文化传承与发展搭建平台，269户贫困户住上了安居房，斜文村易地搬迁模式也成为全省观摩示范点。

改善道路交通，解决出行困难问题。完成了斜文苦寨一寒棚岭至沿山2组4.5公里公路水泥硬化工程修建户间作业路建设10千米，完成农网改造工程，满足了村民用电需求，行政、卫生、文化场所建设圆满落成，全部投入使用。

针对斜文村农户贫困程度深，资金筹集难，产业发展慢的实际情况，他和当地干部一起，多方奔走、四处争取，请专家实地考察后确定投资小、见效快的烟草、林果特色产业，以及乡村生态旅游。发动贫困户种植900亩优质烤烟，种植粮食2000亩。请专家指导分别建成1000余亩黄檗、500亩晚熟樱桃、250亩珍珠李、50余亩构树种植基地，争取单位出资15750元购置蜜蜂15箱，帮助斜文村发展集体经济。

老曾还多方奔走，先后筹集11万余元资金，竭尽全力积极帮助斜文村解决贫困学生上学、重大疾病帮扶等一些特别困难的问题。

如今，斜文村变了模样。老曾的扶贫工作也得到县委、县政府的高度认可和肯定，授予“县级优秀驻村扶贫干部”称号。

2017年11月，老曾作为“改非”领导，本可退居二线安享清闲，可他扶贫的脚步没有停止，按照县委、县政府安排转战寿山益珠村，主动请缨，继续坚守在脱贫攻坚的战场上。益珠村村民彭安才说，为帮助益珠村脱贫，老曾他们积极争取资金养了77头牛，发展方竹3200亩，提质改造村组公路20公里，开展院坝和户间连接路建设，惠及14个村民小组。

胡祥春和陈毕高是村里的“五保”户，也是老曾的挂钩贫困户，两人都是接近 80 岁的老人。2017 年 11 月，老曾到益珠村之后，老人不避风雨的房屋时刻牵动着他的心，为解决老人的住房问题，老曾和队友们积极帮助申请农村危房改造资金，主动联系施工方，新建了 3 间房屋供老人居住，并不时到老人家中走访慰问，为他们送去衣物、粮油。

益珠村支书刘发云说，驻村工作队做了很多实事。比如，目前正在修建的党员活动室，与活动室建设资金一起送来的还有桌子 35 张、椅子 64 把，分别送往益珠村 4 个活动室；益珠村活动场所临河却没有护栏，为了安全，投资了 12000 元用于防护栏杆的修建；老曾还向信用联社争取了 25000 余元的脱贫攻坚工作经费及价值 6000 元的计算机及办公耗材……这一件件的小事，帮助解决的一个个困难，村民们都是看在眼中，记在心中。

为发展村集体经济，老曾付出了不少的心血，多次到山里、地里考察调研，考虑到益珠村长期以来一直以种植业为主的优势，以及益珠村林木茂盛、气候湿润的自然条件，在与村“三委”商讨后，决定将产业发展资金 27 万元用于丰岩社天麻基地种植天麻，90 户建档立卡贫困户按户均 3000 元计划，入股大关县旺发养殖农民专业合作社，采取“基地 + 合作社 + 公司 + 农户”的发展模式，由合作社统一经营、统一销售，产生利润之后，贫困户进行分红。

从斜文村到益珠村，条件虽艰苦，但老曾却从不曾后悔，他虽没有“横眉冷对千夫指”的豪情，却有“俯首甘为孺子牛”的默默坚守。

她开创了大关竹艺加工先河

大关县旭红种养殖农民专业合作社成立于 2018 年 2 月，成立之初主要以种植八月瓜和养殖蜜蜂为主。2019 年 4 月，就是这一个刚刚成立一年多的农民专业合作社，却开创了大关县竹工艺品加工小微企业的先河。

大关筇竹的用途分为两类，竹笋和竹材，竹笋用于食用，而竹材具有更广泛的运用。但在杭州所氏竹业公司进驻大关之前，竹材多为燃烧取暖的燃料。2017 年 11 月，杭州所氏竹业有限公司与县政府签署战略合作协议，成立大关所氏竹业有限公司，国内首款筇竹节杖及系列产品于 2018 年 6 月问世，并于同年 6 月 25 日在首届世界竹藤大会上代表中国馆竹茶空间展出。2018 年 7 月 18 日至 20 日召开的第二届中国（上海）国际竹产业博览会上，大关筇竹圆竹家具产品，在优质产品评选中获得了金奖，并成功入围参加“中国特色竹业之乡”的评选。2018 年 11 月 2 日，在浙江义乌召开的第十四届中国竹业学术大会上，大关被中国林学会正式授予“中国筇竹之乡”的称号，成为云南省第一个特色竹业之乡，大关的竹产业发展迎来了空前的高涨。

2019 年 4 月，合作社的法人变更为欧贤芹，她听说大关发展竹产业，漫山遍野的筇竹能制作精美的小工艺品，毅然放弃了自己经营了多年，而且在昭通各县有多个分店的灰指甲治疗店，转项投入竹工艺品加工小微企业。她利用自己的住房和门前的场地，自己投入资金盖厂房、购设备，带着当地的 9 户贫困户，在大关所氏竹业公司的技术支持下，利用当地丰富的竹资源，开发出了精美的筇竹杆毛笔、笔架，方竹做的打火机，花斑竹做的笔筒等小工艺品。这些精美的小工艺品在 2019 年 6 月 12 日至 18 日的昆明南亚博览会上，备受青睐。

开门便成功，更加增添了合作社发展的信心，他们决定扩大生产，进一步开发更多新的小工艺品，带领更多的贫困户脱贫致富。2019 年 12 月 3 日，又成立了云南曦之竹文化科技有限公司。合作社和公司法定代表人为同一人——欧贤芹，注册地址均为云南省昭通市大关县木杆镇银吉村。

2019 年年底，欧贤芹购进了 137 万元原材料，与昭阳区一个体工商户签订了 120 万元的竹签、竹筷订单，与深圳市海辉电子科技有限公司签订了 250 余万元的筇竹毛笔、毛笔架、博古架订单，与东莞市厚街飞骏五金家具经营部签订了筇竹小件家具的不定量订单。2020 年因为疫情影响，4 月开工以来，合作社从浙江、福建引进了先进的设备和专业的技术人才，以开发筇竹的家具为主，现已开发筇竹办公桌、办公椅、茶桌、筇竹小摆件近 30 个品种，深受消费者喜爱。为了满足订单需求，原有的 9 名工人增加到了 35 名，均来自附近漂坝、元亨、木杆、银吉几个村。下一步将扩大生产，以竹工艺品、竹编、竹家具为主，还将会吸收更多的劳动力就业。

示范引领　做山区教育的领航人

东西部扶贫协作工作开展以来，中山市不断拓宽人才交流领域，组织教育、医疗、农业等领域专家团队到我县开展支教、支医、支农等工作。李春雨就是其中的一位扶贫协作工作者。

李春雨是中山火炬开发区第一小学语文教师，他接到来大关扶贫的工作任务时，只用了 10 分钟和新婚妻子沟通就匆匆离开中山："在和我的妻子交流的时候她肯定是不愿意的，而且流着眼泪跟我讲房子正在装修，刚刚结婚才第 8 天，蜜月都没有过……"回忆起来时的情景，李春雨老师眼里噙满泪水，但是却很坚毅。

李春雨到达翠华镇中心校后，便迅速投入到工作中去，开始到各个学校听课"问诊"。

"知识渊博，专业基本功非常扎实。"这是当地老师对李春雨的第一印象。李老师立足翠华镇中心完小，听完全校 22 位语文教师的课，并对每一节课做一对一的点评指导，摆问题，提建议，说亮点，指不足，亲身示范，引领全校语文教师共同成长。

大关山区多雨雾，道路湿滑，路况凶险。海拔最高的草坪小学有 1760 米，比县城高近 600 米，要爬 4000 多个台阶才能上去，爬山要走一个多小时才能到达；最远的田元小学距离镇里最远，近 30 公里，而且路况复杂，常有滚石，开车都要一个多小时……就是在这样的条件下，李老师支教里程近 200 公里，走遍全镇 13 所小学，使 80 余位语文教师受益。

针对全镇的小学语文教学课程标准不清、课型特点不分，教学手段滞后的现状，李老师开展了全镇范围的语文教学培训，革新片区教研方式，亲自上示范课，开展系列讲座，进行名课解读，针对问题下狠药，抓实效。李老师面向全镇共执教展示课例 9 节，开设课标解读系列讲座 3 场，名课分析 4 场。在他的带领下，翠华镇的小学语文教学有了明显变化。在刚刚结束的片区教研中，李老师高兴地说："我现在很激动，低段语文教学的方向终于对了，我们的努力没有白费。我再也不担心了，就算我离开了，我们翠华的低段教学也有人引领了！"

李老师在翠华镇的教研指导工作搞得热火朝天，老师们纷纷点赞。2018 年 3 月 20 日，东西部对口支援扶贫协作"李春雨专家工作站"授牌仪式在翠华镇中心校举行。李老师以专家工作站为阵地，吸纳大关小学语文教学精英，组建工作站团队，围绕制约我县教育事业滞后的难题，狠抓教师专业技术培训，为大关教育发展传经送宝、提出对策，真正提升教师队伍的专业素养和技能水平。

为扩大影响，提升辐射范围，工作站受其他乡镇邀约，走出翠华镇，向全县其他乡镇挺进。至 2018 年 5 月，工作站已经开展"课例打磨研讨"活动 3 场，"亲子诵读"点评活动 1 场，赴悦乐、吉利、玉碗等镇交流示范 3 场。还收到木杆、天星等镇的邀约，走遍全县，继续发挥光和热。

能力诚可贵，真情价更高！李老师为高寒偏远学校的孩子募集来自邻舍公益、中山、东北、天津等地共 200 余件御寒衣物，裙子 56 套，学习用具 70 余套，为近 100 名学生送去衣物。除此之外，李老师还邀请广东省特级教师梁雪菊老师赴大关交流指导，为大关 50 位骨干教师争取赴中山交流学习。

行走在大山之间，挥洒引领教学的热忱，用精湛的专业技能和坚定负责的态度助力我县的小学语文教学发展，李老师践行着支教人的光辉使命，用真心换诚心，用能力赢尊重，用专业铸价值，用不凡之心书写超凡的支教人生！

驻村六年　刻骨铭心

朱仕洪

对于脱贫攻坚中的驻村扶贫，曾以为只是蜻蜓点水、走马观花般象征性地一带而过，现实却是一待六年多，回想起来，却是我今生最值得珍惜的经历，也是刻骨铭心、终生难忘。

那是2014年3月，随着脱贫攻坚战役在祖国广袤大地拉开了序幕。从农村走出来的我，主动向单位申请去挂钩村开展驻村扶贫工作，先后在寿山镇益珠村驻村三年，天星镇沿河村驻村一年，玉碗镇玉碗村驻村一年多；2019年6月再次被单位派到翠华镇翠屏村开展驻村扶贫工作。在驻村扶贫的2000多个日子里，总有许多记忆刻骨铭心。

在我印象中，最深刻的是2018年5月18日，我们单位5人去天星镇中心村白家坪村民小组走访，由于天下小雨，我们准备了雨衣和干粮、穿上了水胶鞋，乘车从中心村委会出发，沿着盘山公路一直向山顶蜿蜒前行，四驱越野车在那坑坑洼洼的泥土路上颠簸不已，我头不时随着车身抖动而碰到车顶上，上一次的疼痛没过而下一次碰撞又接踵而至，身体犹如坐碰碰车一般随车身而舞动着……崎岖不平的山路加上因一直下雨导致车辆不断打滑，行至王家坪与白家坪的交界处就再也无法前行了，乘车的同事只能下来从后面推车，希望助力车辆能够继续前行，尽管大家使出了吃奶的劲，可是车轮还是在原地打转，泥浆随车轮的转动向车后不断飞溅，像雨点一般打在推车同事们的身上、脸上、头发上，瞬间全部都变成了“泥娃娃”，大家相互看着对方，忍不住笑得前仰后合。无奈之下，最终只能步行前往，打着雨伞，冒着小雨，踏着稀泥一步一步向山顶爬去，朦胧之中，数把各种颜色的雨伞像盛开的蘑菇在山腰间时隐时现。经过两个多小时的跋涉，我们终于到达了目的地白家坪。

接下来的走访让我内心深深震撼，贫困程度深、贫困面大让我感觉到了扶贫工作的艰巨性，也产生了无限的荣誉感。我挂钩帮扶的 13 户村民全部是苗族，由于偏远落后，他们长期以来过着几乎与世隔绝的生活，除少数几个年轻人外出务工外，其余人很少与外界接触，且多数说的都是苗族语言，与之交流沟通都十分困难。由于居住分散，我在王组长的带路下，一会在山顶、一会在山腰、一会在山脚，13 户人家走访完花费了整整 4 个多小时。其现状是 13 户贫困户有 48 人，其中有 2 户残疾户，3 户居住茅草房，4 户有学生 8 人，外出务工 4 户 4 人，主要经济收入就是打竹笋和上山采中药材，贫困面大，贫困程度深的烙印在我印象中挥之不去。

在接下来的日子里，我紧紧围绕户脱贫“两不愁、三保障”的总体目标，我们三番五次走访。通过多次走访、向单位主要领导多次汇报，积极争取资金，争取项目覆盖，大力发展产业，努力改善基础设施。到 2020 年 4 月，先后完成了 3 户茅草房改造，张仁强、韩义洪、张建荣无自建能力的由政府进行了统建；张荣华、王兴银、张杰 3 户房屋进行了除险加固；张荣贵、王学美 2 户自己修建了新房；张建荣、韩成刚 2 户残疾户进行了低保全覆盖；4 户学生 8 人全部就学。除 2 户残疾户以外的 11 户外出务工就达 14 人，张仁强还养起了 30 多只羊，韩子元家环境卫生整得干干净净，13 户群众的生产生活都发生了翻天覆地的变化，各项指标已全部达到脱贫标准。回首那段难忘的时光，我的足迹踏遍全村各个角落、对每户情况如数家珍、和他们相处亲如一家人，而今他们已顺利脱贫让我感到特别自豪！

每次到寿山，我都想去我曾驻村的益珠村去转转，那里也有我难忘的驻村足迹。初到益珠村时，一到天黑，整个村落黑漆漆的一片，看不到一点生气；村里群众的垃圾几乎都沿河丢弃，每当天晴，苍蝇嗡嗡乱飞，尽管生活环境得到了改善，但生活质量却没有得到提高。为了改变他们的不良的生活习惯，2014 年，我积极向单位申请，为寿山镇益珠村争取文化广场项目资金 15 万元，修建了活动广场，配套了相关活动器材，解决了益珠集镇群众文化活动困难问题。并为益珠修建了垃圾集中处理场，购买了一个三轮车专门运输垃圾，实现了垃圾集中处理，改变了益珠集镇脏乱差的现象；安装了 10 盏路灯。而今每天晚饭后，村民们都聚焦广场跳广场舞，在健身器材上健身，丰富了群众的业余生活，思想得到了极大改观。小集镇的改善后，又申请镇党委政府批准，确定了每逢五、十赶集，自此，村民们有了集中赶集的地方，干干净净的小集镇改变了“晴天一身灰，雨天一身泥”的现状。

辛苦的付出，总会感觉到无尽的收获，驻村的 6 年多日子里，2000 多个难忘的片段收藏在内心深处。回首往事，感慨万千，衷心祝愿乡亲们的生活如车窗外隐约可见的枫叶越来越红，生活过得越来越美好。

（作者系县融媒体中心驻村人员）

苗族姑娘吴绍美返校记

何春波

第一次劝学

2018年秋季学期开学后，小学刚毕业的吴绍美没有去镇中接受义务教育，整个苗寨还有李银洪、李艳娜、王友琴、王明花、吴荣春等一共6人辍学在家，并且全都是我们帮扶的贫困户。吴绍美的帮扶干部为史志办干部周业巧。

吴绍美，2005年2月10日出生，2018年草坪小学毕业。她家5口人，父亲吴忠毅，37岁，好酒如命，一有机会便喝得酩酊大醉。母亲王兴花，38岁，一个勤劳本分的苗族妇女。哥哥吴绍军，18岁，在外务工。姐姐吴绍芬，17岁，在外务工。吴绍美家住苗寨的活动广场旁边。

1个多小时的步行，我们走到了她家。初到她家，吴绍美不在家，与他父亲吴忠毅谈吴绍美上学的事情时，一身酒味的吴忠毅操着一口不太流利的汉话找着各种借口，没有一个态度，我决定改天找她和她母亲再做思想工作。

几天后我和单位的周晓慧、周业巧、肖星再上苗寨继续劝辍学学生上学，在吴忠毅家，我第一次遇到了吴绍美本人。她很爱讲话，从她这里，了解到了她辍学的主要原因之一：原来是他爸爸收了天星一户人家5000元的提亲钱，想把吴绍美嫁了。

了解情况后，我们立刻找到吴忠毅，明确告诉他，如果现在把吴绍美嫁了，就是犯法，同时也普及相关的法律知识。感觉这次思想工作起了很好的效果，一是吴绍美本人还是愿意读书的，二是吴忠毅的思想开始松动。

精诚所至，金石为开。在多次动员下，苗寨辍学学生李银洪、李燕娜等相续同意上学，只有吴绍美家还在犹豫。2018 年 12 月 21 日，我和周晓慧、周业巧、肖星再上苗寨，到吴忠毅家动员吴绍美上学。我们又再次来做吴忠毅的工作，这次吴忠毅终于同意送吴绍美上学了，并很不好意思地告诉我们，之前一直不愿意送孩子上学，是因为他把吴绍美提亲的钱用完了，这次等吴绍美进学校后，他和妻子一起出门打工，找钱来把提亲的钱还了，再把亲事退了。

2018 年 12 月 23 日早上，我和单位职工肖星到黄连河景区接吴绍美，是她母亲送下山来的。这天很冷，看着吴绍美开心的笑容，我们的心情也很好，能成功劝回一个苗族学生接受义务教育，确实很有成就感。

其实，这天还有一件事值得一提。当天下午，我带着妻子和孩子又爬了一次苗寨，把我帮扶的李燕娜带下山来上学。走到黄连河景区团圆瀑的时候，天色已黑，我们借着手机电筒微弱的光，扛着李燕娜的行李走出景区，然后开车回城。我不敢安排李燕娜一个人住在宾馆，便让她住在了我家，妻子带她洗澡、吃饭。

第二天一早，我因为要参加一个会议，就安排周晓慧、肖星、周业巧把吴绍美和李燕娜送往镇中上学，并为她们购买了一些学习和生活用品，办好入学手续。当时感觉前期的付出，都是值得的。

一点波折

为给辍学学生上一个“双保险”，2019年6月14日，我和黄连河村监委主任陈克清把吴绍美、李艳娜、张永平、梁万鑫等辍学学生送到翠华镇中学参加补偿教育考试。世事无常，果然，2019年建党节刚过完，就接到到翠华镇返回来的消息，吴绍美有两个星期没到校上学了。于是7月3日，我来吴绍美家，因为她父母哥姐都出门打工了，只有她一人在家，她说，因肚子疼，父母都在外务工，再加上学习跟不上，就产生了不想上学的念头。好在她奶奶家就在公路对面，可以照顾她。在和她父母电话沟通后，同意叫吴绍美继续回学校读书。看到她吃的是方便面，我就以单位的名义给了她200元的慰问金。因为是星期五，就叮嘱她星期天准时回校上学，第二个星期，我从学校了解到吴绍美已经正常上课。

再度辍学

2019年秋季学期开学前，我带单位职工下乡走访时，得知吴绍美已经和父母一起外出务工。急忙打电话给吴忠毅，但吴忠毅电话处于停机状态，一直联系不上。就这样，吴绍美再度辍学了。9月23日，我从吴绍美的同学王妹那里找到吴绍美的微信号并加了好友，随后又找到了吴忠毅的新电话号码并取得联系，确认他们一家在广东韶关翁源县打工，父母伐木，吴绍美做饭。在做思想工作的时候，吴绍美告诉我，学习跟不上，体育课跑步肚子痛，不愿意回来上学。我也告诉他们读书的很多道理，好像他们也认可我说的这些道理，但就是不愿意回来读书。

几经“劝学”无效后，10月10日，按照翠华镇副镇长杨琼的要求，我把《责令送被监护人接受义务教育通知书》通过微信传给吴绍美，并叫她把内容告知父母。同时电话通知吴忠毅，要他按通知要求在10月18日之前送吴绍美回校读书。

10月17日，吴绍美从微信上告诉我，他父母为了她上学的事情又吵架了。我急忙打电话给吴忠毅了解情况。吴忠毅说吴绍美成绩不好，身体不好，不想读书了。吴绍美又不敢一个人出门，老板要年年底才发工钱……说了很多。我告诉吴忠毅现在吴绍美可以转学到职中读职初班，吃住都由政府负责，如果吴绍美不敢一个回来的话，我们单位派人来接。吴忠毅又推说他们待的地方不好找，不要我们去，又告诉我，他们家修房子时借的钱还没有还完，吴绍美的提亲钱也没有还完……最后，我答应他两件事：一是送吴绍美回来后，我们想办法解决他们的车旅费和吴绍美的生活费；二是协助他们家到信用社贷款。作为“交换条件”，他们11月底送吴绍美回来读书。

12月4日，吴绍美母女俩终于回到大关，打电话给我时，我正在开会。吴绍美说带的东西有点多，还有个大桶，公交车放不进去，想请我帮忙。我叫家人把车开到政务中心坝子里面等我。然后我“逃会”出来接吴绍美家。果然有一个大塑料桶，我家的车也装不下，就把天窗打开，把桶倒扣在车顶上，两人用手扶住。因为去苗寨的路正在修建，车上不去，我们就这样扶着大桶、开着窗、一路吹着寒风把吴绍美母女及下山来接他们的吴绍美的奶奶一起送到黄连河景区门口，他们从景区里往山上爬，1个小时左右就可以回到家了。

翌日上午，我和吴绍美家的帮扶责任人周业巧还有单位职工肖星将吴绍美送到镇中办理转学手续，随后和镇中老师一起，把吴绍美送到职中读职初班。

至此，苗族姑娘吴绍美“劝学”过程算是告一段落。

后来的事

几天后，吴忠毅回到大关，要我履行“承诺”。我帮他们到民政所申请了 3500 元的临时救助，其中 2000 元作为他们送学生回来的车旅费，另外 1500 元，作为吴绍美在校期间的其余开支。随后，又协助吴忠毅办理贫困户政府贴息贷款手续。没几天，接到吴忠毅的电话，说款已经贷到了，但只有 1 万元，还不够还他家的账。

吴绍美在职中上学期间，她的肚子老是疼，医院也没有医出个名堂来。

2020 年 4 月 18 日，第三方检查评估前，我带着史志办和人寿保险公司的干部职工，到苗寨开展人居环境整治提升工作，遇到了吴绍美。受疫情影响，外面工作不好找，吴绍美的姐姐也回来了。家里还有一个男孩子一直在玩手机，看得出来也是苗族。在交流中，男孩只说家是天星的，就不讲话了。我直接问吴绍美这男孩是哪里的，吴绍美沉默了一下，先说是她姐姐的朋友，随后又鼓起勇气有些害羞却略带自豪地说：“我直接告诉你了嘛，是我男朋友”！我愣了一下，苗寨的孩子还是习惯早婚早恋，甚至是生了孩子也不结婚。一时间，我竟无言以对，干脆组织他们到活动广场打扫卫生，做点公益事情。还好，这次吴绍美没有因恋爱再辍学。

2020 年 6 月 17 日中午，接到吴忠毅的电话，说吴绍美在大关县医院住院住了 10 多天了，医生要求转昭通医病。告诉我他们都不在家，是吴绍美的姐姐、奶奶和男朋友在照顾，又说昭通吃住都贵，没钱，他要回大关来。我一听，这几天受北京疫情反弹影响，我们正在防控，他们从外面回来不方便，更不想耽误他们找钱——没有收入，怎么脱贫啊。于是安慰吴忠毅，说有我们呢，你不用回来了，我们会去帮助吴绍美办理相关手续和解决困难的。吴忠毅表示同意。下午 3 时许，我带着史志办班子和周业巧、肖星一起到县医院看望吴绍美，吴绍美痛得已经站不起来了，走路都要人扶。他们告诉我吴绍美在县医院医了 10 多天了，没有找到病因，也没有医好，医院主动要求转院。我们送上 800 元的慰问金，安顿好他们的行李后，联系汽车直接送去市人民医院，吴绍美当天就住进医院。

6 月 18 日，驻村队的同志李敏碧帮吴绍美写了请假条，李兴国去职中找老师完善了请假手续。6 月 19 日，通过电话得知吴绍美病情已经稳定，诊断有胆囊炎，还有其他炎症，并且已经抽血送昆明检测，检测结果要几天后才能得到。几天后，检测结果出来了，显示没有其他问题，这时候吴绍美的疼痛已经得到缓解，于是出院回家休养。

7 月 2 日，吴忠毅电话里向我表达了谢意。这对黄连河村的苗族来说是很难得的事，似乎这里的人天生就与世无争。比如低保，给他们，他们也不会感谢，不给他们，他们也不会来村上找。所以很长的一段时间里，贫穷的苗寨基本没有人享受低保。当然，现在好多了，应该享受低保的基本上都享受了。

其实对我们帮扶单位和驻村队来说，我们需要的不是感谢，我们需要的是看到扶贫政策真正落到实处，需要的是更好地引导苗寨同胞“感党恩、听党话、跟党走”。

（作者时任大关县驻黄连河村工作队队长、第一书记）

第七编　东西部扶贫协作

风雨扶贫路　难忘中山情

自2016年东西部扶贫协作工作开展以来，广东省中山市火炬区按照党中央的统一部署，广东省中山市对口帮扶大关，紧扣双方签订的“1+8”帮扶协议，在组织领导、人才支援、资金支持、产业合作、劳务协作、携手奔小康行动等方面精准发力，为助力大关坚决打赢脱贫攻坚大决战贡献了力量。在云南省2019年度东西部扶贫协作成效评价中，大关县成为昭通市10个贫困县区中唯一被评价为“好”的县。

切实加强组织领导，形成强大工作合力

为全面推进扶贫协作，有效加快脱贫进程，东西部扶贫协作工作启动以来，中山市结对帮扶大关县，认真贯彻落实中央东西部扶贫协作工作会议精神，充分发挥各自优势和合作基础，聚焦脱贫攻坚，积极协调沟通，强化责任落实，全力推进扶贫协作向纵深发展。

迅速成立工作领导小组。为切实加强对东西部扶贫协作工作的领导，中山市、大关县均成立了东西部扶贫协作工作领导组。

中山市成立由市委书记赖泽华、市长危伟汉任组长，市委、市政府分管领导、广东省第六扶贫协作工作组组长任副组长，成员单位包括广东省第六扶贫协作工作组、市扶贫办、市财政局、市教体局，以及4个组团牵头镇区火炬开发区、石岐区、东区、小榄镇，领导小组办公室设在市扶贫办，负责日常工作事项。

大关县成立由县委书记、县长任组长，县委常委、挂职副县长唐国伟任专职副组长，相关县领导任副组长，县直相关部门主要负责人为成员的东西部扶贫协作工作领导组，下设办公室并抽调人员专职负责处理日常事务。

深入研究部署扶贫协作工作。一是两地多次召开扶贫协作工作专题研究会议。传达国务院关于东西部扶贫协作有关会议和文件精神，深入剖析扶贫协作工作中存在的问题，研究工作措施，部署扶贫协作具体工作。二是由中山市主要领导率队每年至少在大关县召开一次联席会议。加强沟通协调，形成中山大关两地联动、共同发力，推动落实各项工作措施的工作局面。

双向互动，人才交流深入推进

2016—2020年，中山到大关挂职党政干部4人（处级1人，科级3人），大关党政干部到中山挂职锻炼9人（全部为科级）；中山选派了专业技术人才106人到大关开展技术支援工作，建立专家工作站14个。大关县选派164人次到中山交流、跟岗学习；中山市火炬开发区第一小学、香晖园小学、南朗镇云衢中学等学校到我县开展对口帮扶交流活动，人才交流的深入推进，为大关县的脱贫攻坚培养了人才，提供了厚实的智力支持。

在教育工作上，为进一步提高全县中小学幼儿教师及管理人员的整体素质，提升学校办学质量和办学水平，2017年，中山火炬开发区派李春雨老师到大关县翠华镇挂职副校长支教一年；2018 年，中山市南朗镇云衢中学刘毛古老师到上高桥中学挂职副校长支教一年；2019 年 9 月，中山市民众镇中学邹杰峰到我县翠华镇中学挂职副校长支教一年；2019 年 10 月，中山市三角镇妇联主席伍洁儿到我县教体局挂职负责家庭教育一年。2019 年，大关县 17 名校长、副校长、教研员到中山市跟岗交流学习。中山名师走进大关，开展短期帮扶、支教，对大关进行送教和指导教研及课题培训。

在医疗工作上，中山市自 2016 年以来，共派出长期（一年）帮扶专家 7 人次，短期（1—3 月）帮扶专家 15 人次进驻大关开展支医工作，同时两地还开展了系列调研和学术交流活动。

2017 年 10 月 19 日至 2018 年 10 月 18 日，中山市中医院和中山火炬开发区医院选派了李绪松和刘新建两位专家到大关，挂职县人民医院副院长，负责对口帮扶骨科和心血管科。2018 年 10 月 18 日，增派中山市中医院简绍锋和中山市古镇人民医院曹强两位专家到县人民医院进行帮扶，挂职大关县人民医院副院长，负责对口帮扶骨科和麻醉科。

除派驻长期帮扶专家外，中山市还派出为期一个月帮扶专家 15 人次，深入县人民医院相关科室，通过“帮管理、传技术、带人才”的方式开展医疗技术服务和医疗管理等方面工作，进一步规范了相关操作流程。

东西部扶贫专家带领医院骨科医师开展了 20 余项新技术，在造福当地患者的同时对医院骨科的业务技术提升也起到极大的推动作用，有效填补了大关医学技术的空白。帮扶专家还积极参与并指导医院重点科室建设，目前，由广东专家帮助下建成重症监护室（ICU），现已通过验收，血液透析室、重症医学科已于 2018 年 11 月正式成立并投入使用。

为学习借鉴先进理念、提升诊疗能力和管理水平，除中山市为大关输送优秀帮扶专家外，从 2017 年起，全县医疗系统累计派出专业技术人员和管理岗位职工三批 43 人次到中山市学习交流。其中，2019 年大关县卫生系统到中山市调研对接 2 次 28 人次，县人民医院选派专业技术和管理人员 15 人次前往培训和交流学习。

在农业工作上，为进一步加强东西部扶贫协作，助力大关脱贫攻坚，中山市拓宽人才交流领域，2019年10月，中山火炬开发区的曾卫民、翠亨新区的马祖坤、南朗镇的程泽文、三角镇的黄光明、民众镇的梁桂华、阜沙镇的林沛棠6位农业专家来到大关，开展为期1个月的人才支援工作，对接大关县农业农村局畜牧兽医中心扶贫项目。

2020年9月，大关顺利通过国家脱贫普查验收，摘下贫困帽子。

固本强基，深化项目扶贫，帮扶资金落到实处

2016年以来，中山市累计投入大关县帮扶资金23164万元，其中，中山市财政专项资金16787万元，社会帮扶资金6377万元，捐赠物资价值2623万元，为助力大关坚决打赢脱贫攻坚大决战贡献了力量。

助力易迁断穷根。2016年年底，中山市援助资金1000万元建设木杆镇漂坝村三江口扶贫协作示范点，建设总投资3789万元，共涉及搬迁安置群众9个村民小组111户。其中，建档立卡贫困户73户，占安置农户的66%；苗族81户，占安置农户的73%。安置点串架房为统一规划设计，体现苗族民居风格。

据县东西部扶贫协作办公室工作人员介绍，木杆镇三江口扶贫协作示范点项目概算总投资3789万元，中山市援助资金1000万元，共涉及搬迁安置群众9个村民小组111户。其中，建档立卡贫困户73户，占安置农户的66%；苗族81户，占安置农户的73%。安置点串架房为统一规划设计，体现苗族民居风格。苗族同胞从原来的杈杈房、茅草房，搬到了现在宽敞、明亮、实用的串架房中，对于这份恩情，他们感激不尽，铭记于心。

改造危房保安居。2017年，中山投入500万元扶贫协作资金改造2个乡镇125户411人建档立卡贫困户D级危房，2018年全部竣工入住；2019年

投入1000万元实施农村危房改造惠及9个乡镇建档立卡贫困户415户1327人。据统计，中山市以及火炬开发区组团六镇区（火炬开发区、翠亨新区、南朗镇、民众镇、三角镇、阜沙镇）在农危改方面：2017—2019年，中山投入1500万元扶贫协作资金，改造9个乡镇540户1738名建档立卡贫困群众住房。

筑牢网底保健康。2017—2018年中山对口帮扶资金800万元用于32个标准化村卫生室建设，项目于2018年12月31日已全部竣工投入使用，惠及9个乡镇32个贫困村10.83万人。本次村卫生室项目建设之后，大关县村卫生室标准化建设已全部达标，有效解决了农村群众“看病难”问题，筑牢了健康扶贫村级网底。

捐资助学兴教育。三年来，中山市共扶持资金3839万元用于学校校舍建设和家庭经济特别困难在校学生资助。其中新建校舍11幢共7214平方米；加固改造26校校舍14772平方米；捐赠学生电话手表、体育用品、图书等设备价值293万元；2018年投入23.4万元资助特别困难在校生77名。在劳动力技能培训和转移就业方面，中山市共投入扶贫协作资金2135万元实施劳务协作双推进。中山对口帮扶大关年以来，实行跨区域劳务协作，建立了定向招聘、定向输出、定向服务的机制，通过专项资金支持开展订单式的劳动力技能培训，实现劳动力有组织化的转移就业和后续服务，有效促进贫困劳动力稳定就业、稳定增收、稳定脱贫。中山市共投入扶贫协作资金2135万元，共举办培训班226期，开展就业培训11536人次；举办专场招聘会67场次，帮助2030名贫困人口到东部、到广东省就业，帮助4386名贫困人口就近就业，帮助717名贫困人口到其他地区就业，帮助529名贫困学生到广东省就读职业学校。

积极推进产业合作。俗话说得好：“发展一个产业、带动一方经济、富裕一方百姓。”2016年以来，中山投入扶贫协作资金3603.47万元，用于大关县农产品冷链加工物流基地、种植业、养殖业、合作社与产业配套设施建设，上述项目全部建成后将惠及全县贫困人口26721户113700人，为贫困人口稳定脱贫提供有力的收入支撑。

在高桥镇甘河村绿丰生猪养殖农民专业合作社，仅 2018 年，中山市就投入 120 万元的协作资金，用于合作社配套设施建设，让合作社发生了翻天覆地的变化，改变了合作社以往养殖规模小、机械化程度低、带动群众少的局面。对于这笔资金的投入，合作社理事长杨昌禄有说不完的话和感激不了的情。

通过产业合作项目与脱贫攻坚紧密衔接，切实推进项目实施。2018 年至今通过东西部扶贫协作工作开展，共引进 10 个项目入驻我县，截至目前到位投资达 15516 万元。2019 年，中山、大关合作共建产业园——大关县高原特色农业加工聚集区 1 个，引导入园建设项目 3 个。援建扶贫车间 6 个，吸纳建档立卡贫困劳动力就业 279 人，采购或帮助销售我县特色农特产品 1754 余万元，带动贫困人口 5724 人增收。

汇聚社会力量，携手共奔小康。五年来，中山火炬开发区组团六镇区积极动员、组织各类企业和民间团体等社会帮扶力量，以携手奔小康为有效载体，汇聚各方力量，从基础设施建设、产业发展、医疗健康、教育扶贫、志愿服务、扶贫扶志（智）等方面助推大关县脱贫攻坚。一是签订中山火炬开发区组团六镇区与大关三个乡镇的结对帮扶协议；二是完成大关全县 48 个深度贫困村、5 个贫困村与中山火炬开发区组团六镇区的村居、企业签订结对协议，实现深度贫困村结对帮扶全覆盖；三是签订了两地学校结对协议 7 个，两地医院结对协议 3 个。中山市火炬开发区组团六镇区积极对标对表签订的帮扶协议，查漏补缺、真抓实干、深入调研，既完成好“规定动作”，如普遍加大两地党政干部对接工作的频次和力度，提高每个深度贫困村的年度帮扶资金标准；又结合各自实际积极开展“自选动作”，如聚焦“两不愁、三保障”精准实施民生小项目，创新开展残疾人帮扶和志愿服务等，各项工作取得了明显成效。2019 以来，火炬区组团六镇区企业和村走访贫困村 53 个；落实财政援助资金 1937 万元；社会帮扶资金 6397 万多元，捐赠物资价值 2623 万元。

创新实施民生“小短板”“小项目”工程。对口帮扶大关县的48个深度贫困村、5个贫困村的民生“小短板”“小项目”，共投入资金1000余万元，主要用于帮助解决人居住房改造、人居环境、村组公路维修、村内桥梁新建、排污沟建设、爱心超市、产业发展等。

幸遇大关　终生难忘

陈锦上

缘于身在云南扶贫挂职工作之便，我有幸接触到很多“粤滇”“沪滇”东西部扶贫协作挂职干部，真真切切地感受到这些同事都是有情怀的扶贫人。

三年前，我被广东省中山市委组织部选派到云南省昭通市大关县挂职，开启三年国家东西部扶贫协作工作模式。

昭通市有 11 个县区，未脱贫出列的县区就有 10 个。2016 年开始，国务院扶贫办安排广东省东莞市、中山市参与东西部扶贫协作对口帮扶昭通市，广东省派驻云南昭通的扶贫工作组便应运而生。从“全国脱贫看云南，云南脱贫看昭通，昭通脱贫看大关”的流行语中，可见大关县贫困程度之深。

初到大关

2017 年 10 月 18 日，中山市委组织部副部长周俊峰和开发区领导张容彬等带队来到大关县。我随队同行，并与前任扶贫干部做了交接。大关县委、县政府领导很器重我这位来自广东的挂职干部，安排我挂任县扶贫办党组成员、副主任的工作岗位。在会上还给了我发言机会，对我厚爱有加。

县扶贫办主任李光明同志召开党组会后，安排我分管东西部扶贫协作工作，让我先熟悉易地搬迁、精准识别、小额贷款等工作。我牢记自己的角色定位是要积极协助领导做好各项东西部扶贫协作工作。既围绕年度考核指标的“指挥棒”，又要做好各项协调工作，且突出中山特色。

大关县的脱贫攻坚任务特别重，感触最多的是县委、县政府领导统领全局能力强，干事创业劲头足。立足精准识别对象、精准施策、精准脱贫、巩固提高四个方面，大关县从县、乡镇、村组各级层层压实工作责任。各单位积极投入脱贫攻坚战中，工作任务重，工作状态如同打仗。各单位办公室经常灯火通明加班加点。作为军转干部出身的我，以能重返“战场”再次加入战斗行列为荣。那股豪迈之情油然而生，加班加点也感觉不到累。

大关县一年有一半时间是阴雨天，夏天凉爽舒适，冬天寒冷须有电热烤火。县城建在山坡上，街上或农村坡陡路滑易摔伤。相比生活节奏很快的粤港澳大湾区，大关是一个休闲的好地方。闲时在黄连河景区门口喝杯大关茶，吸一吸天然氧吧的空气，感觉很惬意；经常看到县城对面的笔架山云雾缭绕、美如仙境，令人心旷神怡。下乡走访时，时常见到“白云生处有人家”。

领导关怀

2018 年 4 月 17—19 日，中山火炬开发区组团六个镇区 37 人庞大的考察团来大关县对接东西部扶贫协作工作事宜，召开了两地扶贫协作联席会议，在大关县建设冷链物流基地，解决农特产品“走出去”瓶颈问题被提上议程。4 月 23 日，中山市委书记陈旭东带队到昭通对接，调研东西部扶贫协作；6 月 12 日，广东省委原常委、省纪委书记黄先耀受省委委托，来昭通专题调研东西部扶贫协作。其间他们都考察了大关县蔬菜基地，对大关发展蔬菜产业大加肯定。

2018 年 5 月 15 日，为应对日益繁重的东西部扶贫协作工作，大关县委书记陈刚批准成立县东西部扶贫协作办公室。抽调县政协办公室主任吴君杰任协作办主任，先后抽调了周荣鑫、张贤亮、熊英等人为协作办工作成员。

2018 年 5 月 30 日，中山市阜沙镇党委副书记唐国伟在中山市委常委、组织部部长陈小娟带领下到大关县报到，挂职县委常委、副县长，分管东西部扶贫协作工作，从此大关县东西部扶贫协作工作有了县级专职分管领导。唐国伟同志分管东西部扶贫协作工作之后，既要考虑各项协作工作的规范性，又要考虑实际成效，为此倾注了全部心血，使各项扶贫协作工作有序开展。付出终于有了回报，在大家的努力下，大关县在 2019 年云南省脱贫攻坚成效考核体系东西部扶贫协作考核中，排在全省前列。

中山市近年来经济发展下行压力大，根据国家和广东省的安排，要完成对口西藏、新疆、云南等东西部扶贫协作和省内多个贫困地区的帮扶。但中山市领导坚定“哪怕勒紧腰带，也要做好扶贫工作”的信念，可见其政治站位之高，大局意识之强。

东西部扶贫协作工作，在两地党委政府的重视和两地领导的统筹下，资金支持、人才交流、劳务协作、产业合作和消费扶贫、社会帮扶、结对帮扶（含深度贫困村、学校、医院结对）“携手奔小康”各方面工作顺利开展。中山市火炬开发区组团六镇区（火炬开发区、翠亨新区、南朗镇、三角镇、民众镇、阜沙镇）对大关县轰轰烈烈的脱贫攻坚战起到很好的助力作用，作出了巨大的贡献。

要问这几年我做了哪些工作，我只不过在平凡的岗位上做了平凡的工作，也就是在大关与中山之间搭了一座桥，利用中山大后方和相关人脉资源，为大关“所需”和中山“所能”做些协调沟通工作。

我在 2018 年、2019 年连续两年参加云南省脱贫攻坚成效考核之东西部扶贫协作考核工作。2018 年 12 月考核昆明市的寻甸县、东川区，2019 年 12 月考核大理州 11 个县。借考核之机，学习了上海市东西部扶贫协作工作中好的经验做法。

2020 年 4 月至 5 月，县委常委、副县长唐国伟安排我去上高桥乡东西部扶贫协作广东产业园驻园办公。我作为协作组组长，协调服务进驻企业，协调召开了一次园区建设调度会。

2020 年 6 月 4 日，中山市委书记赖泽华到昭通市对接东西部扶贫协作，考察了大关县玉碗生猪代养场和大关县农产品冷链物流基地。

合力协作

2020 年 7 月，作为投资方的中山市健康科技产业发展基地有限公司副总经理吴琰光，到大关县对农产品冷链加工物流基地进行验收，并委托交付大关县开发投资有限公司管理运营。大关县农产品冷链加工物流基地是一个集冷冻、冷藏、加工、包装、销售为一体的现代物流中心，拥有 900 立方米的农产品冷藏库、100 立方米的冷冻库、4000 平方米的分拣中心，以及一条日生产 1.4 万个泡沫箱的自动化生产线，可为大关县农产品提供专业化、规范化、高效率的冷链物流服务，同时可为昭通市乃至全省全国提供标准化的冷链配送服务。

在三年来的东西部扶贫协作中，人才交流是一项重要内容。中山市通过选派具有学科专长的李绪松、刘新建、简绍锋、曹强、赵相军、郑炜宏等长期支援医疗专家和多批次的短期帮扶专家，帮助大关县人民医院、中医院建设骨科、妇产科、儿科、重症监护等重点科室，提升了大关县整体医疗服务水平。在教育方面，支教一年以上的有李春雨、刘毛古、邹杰峰、伍洁儿等。他们在支教期间，助推当地教学教研工作，对大关教育大胆建言。还有多批次短期支医、支教、支农、经管等专业人才和短期考察交流人才到大关县帮扶。他们的奉献精神犹如一个个发光体，温暖着大关 29 万人民群众。而我作为长期驻扎在大关的挂职干部，要为帮扶期间的他们提供服务和支持。

在资金投入方面，东西部扶贫协作工作前两年注重易地搬迁点、农村危房改造、村级卫生室建设、社会帮扶和劳务协作等领域投入。后来更注重产业合作，2020年投入5000万元，建设位于木杆镇向阳村的筇竹产业园和位于上高桥乡的东西部扶贫协作广东产业园，已陆续有多家企业进驻园区，推动了产业发展，有利于保障农民稳定增收。这几年县委、县政府利用东西部扶贫协作资金，解决部分脱贫攻坚决战决胜的短板问题，如危校舍加固改造、部分学校综合楼建设、部分乡镇卫生院提质达标建设、大关县中医院新楼、供销社实施的19个合作社项目、农业农村局在多个乡镇实施的生猪代养场、小冷库等助农项目，48个结对深度贫困村解决脱贫攻坚补短板项目。

在动员广东中山市社会力量参与东西部扶贫协作方面，挂职干部和支援人才很给力，其中有：

中山市阜沙镇人民政府支持了6699台威力牌洗衣机，除了1470台作为全县各乡镇爱心超市积分兑奖奖品和全县寄宿制学校，其余赠送给靖安新区大关搬迁户（含随迁户）。

中山火炬开发区卫计局捐赠价值77万元的家庭医生健康一体机随访包16套（含售后服务）。

中山市浙江商会、中山市顶固集创家居股份有限公司、中山市青年企业家（团委）捐资600多万元，建设寿山镇中坪村完小综合楼、悦乐镇大坪村完小综合楼、上高桥乡中心完小综合楼。

狮子会中山办事处（公益机构）为大关上高桥乡新民村完小捐赠“狮爱水窖”及热水设施，为大寨村完小捐赠水窖；为木杆镇捐赠救护车以及开展关爱留守儿童行动等。

中山市邻舍社工服务中心“衣物银行”项目连续三年捐赠400多万元物资到大关，每次都派来志愿者与小学生互动开展“爱心超市”“防性侵”“爱护环境”、快乐游戏等活动。中山市爱兰基金捐赠33万元，慰问258户贫困残疾人家庭。中山市震霆家具有限公司捐赠价值35万元办公家具一批。

中山市火炬开发区商会捐赠价值15万元计算机，中山火炬开发区志愿服务团队捐赠校园广播设备一套，慰问8个结对帮扶村的残疾人家庭。

还有许许多多饱含幸福泪水的帮扶故事：大关人在中山市工作，勤劳致富改变家庭命运；大关学生去中山读书，进步很大；中山市多次举办音乐会，筹集爱心捐赠……

在大关县工作期间，我在中山、大关两地认识不少新朋友，结下深厚的感情，为自己能参与大关县史诗般的脱贫攻坚战感到荣幸。在这过程中，我学习到各级领导、朋友们为人处世的优良品质：做人，对待亲人同事要像春天般温暖；做事，就要像一颗螺丝钉，放在哪里就在哪里发挥作用，做一个能发光发热的人。

通过几年来的东西部扶贫协作，大关人民感受到了扶贫工作中的中山元素，感受到了中山人民的真帮实扶，深情厚谊。一转眼，我在大关县即将度过三个春夏秋冬，送走了一批又一批支教、支医、支农人才，见证了中山与大关两地亲情日益浓厚，看到了大关县的发展变化。我用心、用情做了点事，得到各级领导和同事的关心、支持和肯定，不少新朋变成老友。

相遇大关，助力脱贫，十分荣幸，倍觉珍惜！

（作者时任大关县扶贫办副主任）

山海相连搭桥梁　东西协作解民忧

悦乐镇共有6个深度贫困村为东西部扶贫协作帮扶村，自开展帮扶以来，广东中山市三角镇、民众镇认真贯彻落实党中央、国务院决策部署，不断增强责任意识，强化使命担当，发挥自身优势，紧盯悦乐镇脱贫攻坚中的重点难点问题，在产业开发、基础设施建设、住房保障、资金支持等方面，做了大量务实有效的工作，为改变我镇农村面貌、促进群众增收、增强发展后劲方面作出了巨大的贡献。

东西连　促增收　奔小康

太坪村是高山，深涧、坡地相互交错，土地肥沃的传统农业村。2018年以来，太坪村充分利用广东省中山市火炬开发区组团六镇区提供的携手奔小康帮扶资金，在村内发展烤烟种植，花椒种植。

2018年，太坪村以“党支部 + 村集体 + 合作社 + 农户”的模式开展了烤烟种植，吸纳符合条件的贫困户参与管护，帮助管护人员实现户均增收2000余元，也壮大了村集体经济收入。”太坪村党总支书记陈康洪说。“烤烟种植后，受益面涉及太坪村和塘房村，受益农户有 90 户 341 人，其中贫困户 42 户 151 人，通过流转土地，农户每年每亩地还有 300 元收入，让更多的贫困户参与进来，将扶贫资金的效益最大化。”陈康洪说，从烟苗移栽阶段一直到烤烟收购，太坪村都有工作人员对烟地进行全程管护，把好烤烟种植的每一关，保证有个好收成。

从翻土、育苗、起垄、覆膜、移栽烟苗、管护、摘叶、烘烤、初开秤收烟，4 月开始 9 月底结束，横跨三个季节，太坪村烤烟地总是一派热闹景象，付出无数人的汗水，承载无数人的希望。

除了烤烟种植，太坪村 210 亩花椒种植项目也得益于东西部扶贫协作资金的帮助，使得太坪村的产业迎来了前所未有的发展。“很感谢东西部协作的产业项目，村上发了 5 亩花椒苗给我家，花椒一种下去，我每天都要去看，浇水施肥，等到花椒挂果，一年最少也有 5000 元的收入，生活越过越好，才不算辜负了他们的期望。”麦子坪社花椒种植户孟银彬给花椒树修枝时这样说道。

东西部协作带来的产业发展，不仅是太坪村全力实现脱贫奔小康的殷切期望，更是齐心协力斩断穷根实现产业致富的坚定信心。

抓机遇　补短板　助脱贫

跨越千里，相扶相携，在东西部扶贫协作的背景下，大坪村抢抓东西部协作机遇，先后在大坪村实施点对点项目支撑，线对线对接延伸，实打实帮扶协作，有力地助推了大坪村脱贫攻坚进程。一是 2018 年利用东西部扶贫协作帮扶资金 29001 元，铺沙面石的村组公路 3 公里，解决了 3 个村民小组 90 多户群众出行难的问题，为脱贫攻坚提供了强有力的基础设施支撑。二是 2019 年利用东西部扶贫协作帮扶资金 10 万元，帮助解决 20 户建档立卡户住房短板及修缮加固问题，确保 20 户建档立卡户均住上舒适的安全房。三是充分利用 2018 年东西部扶贫协作项目资金 10999 元购买茶树苗，结合大坪村集体公司流转农户土地种植 33 亩茶树，为破解空壳村发展壮大集体经济难题，探索试点集体经济发展奠定了坚实的基础。

西河桥　连心桥　致富桥

大坪村西河片区的群众经常调侃：小小西河可惜过不了河。西河本是大坪的一条小河，可是每逢下雨涨水便成了阻挡群众出行的拦路虎，尤其是给当地的学生上学带来了极为不便。大坪村“两委”牢牢把握东西部扶贫协作帮扶契机，争取扶贫协作资金 3 万元，在西河上架起了一座人行桥，彻底解决了 5 个村民小组 800 多名群众的出行难问题，自此老百姓出行和学生上学从晴通雨阻变成畅通无阻，为表达对帮扶单位的感恩之情，当地群众都喜欢叫这座桥为连心桥。

如今悦乐镇的面貌改变，要归功于一座城，感恩一群人。中山市三角镇给予了悦乐镇无私的援助和大力的支持，帮助悦乐镇脱贫摘帽、奔向小康，对此，悦乐镇人民群众将永远铭记在心、感恩于怀。我们坚信，在中山市三角镇亲情帮扶下，悦乐的明天会更加美好！相知无远近，万里尚为邻。跨越千里，山海情深，以协作共画同心圆，以发展共筑小康梦！

引甘泉　解民忧　暖民心

“滴水贵如油，年年为水愁”，这是昔日大关县寿山镇柑子村农民群众生活的真实写照。如今，寿山镇柑子村飚水岩引水工程，不仅将涓涓清泉送到了群众家中，更把党和政府的温暖送到了柑子村老百姓的心头。

“柑子村有556户人家，之前他们只能靠天下雨时蓄一点水，水量不够水质也不好，别说灌溉用水，连饮用水都成大问题，他们只能种花生、土豆、玉米这些不需要大量浇水的耐旱作物。”中山市到大关县挂职帮扶的副县长唐国伟回忆说。中山的帮扶干部到来之后，唐国伟及时带领工作人员到柑子村调研，并积极协调东西部扶贫协作项目，多次带领中山帮扶干部现场勘探，和村里的干部从15公里以外的地方找到水源。通过多方努力，飚水岩引水项目立项成功，从水源点建10多公里的饮水管道到达村子，一年多后，柑子村家家户户都通了自来水。

几年前村上有些人家就盖上了宽敞亮堂的大房子，而且还买了全自动洗衣机和热水器。可是因为没有自来水，用洗衣机时，只能用桶拎水往里灌水，如今村里通了自来水，洗衣机、热水器能真正发挥作用了。

农村饮水安全工程解决了部分农村居民长期饮用“高氟水”“黄汤水”的历史，不仅消除了他们易患肠道传染病的隐忧，还大大提升了农民群众的生活质量。柑子村饮水安全工程与农民住房改造，沼气、太阳能等新型能源相结合，促进了庭院经济和家庭养殖业发展，整个人居环境条件得到了明显改善，村容村貌和老百姓的精神面貌焕然一新，被村里群众亲切地称为“致富水”“放心水”。

“现在群众都在积极响应厕所革命了。”柑子村总支书记周洪棋激动地说。“说起来不怕丢人，原来是想改厕，但遗憾的是没有水冲。现在好了，每家每户都有了充足的水，终于可以将旱厕改为水冲式卫生厕所了。”

东西部扶贫协作帮扶引水工程的建成共解决了全村 14 个村民小组及柑子小学共 556 户 2401 人的安全饮水问题。该工程新建输配水管网 47280 米，其中引水管网 8718 米，输水管网为 16062 米，配水管网为 7000 米，入户管网为 15500 米；新建水池 13 个 400 立方米；新建一体化自动净水设备 2 套。项目总投资 260.703 万元，资金来源全部为东西部扶贫协作帮扶资金。在项目建设过程中，东西部扶贫协作办经常到现场查看工程建设进程，检查项目材料，确保群众饮水安全、工程按时完工，扶贫项目真正落到实处，惠民利民。

现在的柑子村庄稼绿油油，老百姓的家里牲畜成群，家家户户水管里流淌着干净的山泉水，处处显现出乡村振兴的风韵。饮水思源，滴水之恩，当涌泉相报，每当柑子人民畅饮甘泉之时，都会情不自禁地由衷感恩广东省中山市的帮扶之情。

这一程，我的生命被点燃

伍洁儿

昭通——大山、大水、大峡谷！

大关——山好、水好、人更好！

有道是：青春须早为，岂能长少年！为了能帮助云南偏远山区一些有困难的家庭和留守儿童，2019 年 10 月 8 日，我主动请缨，在亲朋好友认为"脑子进水"的情况下，毅然奔赴云南、贵州、四川三省交界的昭通市大关县，开启了为期一年的脱贫攻坚和支教生涯。对我这个弱女子而言，这不仅是体力的挑战，毅力的挑战，更是我生命极限的挑战。回首一年，以梦为马，可以给自己一个评价：挑战成功，闯关成功！

倾心倾力帮扶。这一年，我的足迹几乎遍及大关县 8 镇 1 乡和村组，还有全县各中小学校和幼儿园。我曾深入到中山援建的各个扶贫企业，走访了大量的家庭和少数民族聚居地。我发动了三角镇的女企业家捐资 11 万元筹建了上高桥乡大寨小学的饮水工程，给孩子们送来了清洁的水源；我发动身边有爱心的朋友踊跃捐赠衣服、文具、玩具、生活用品等物资逾 10 万元；我资助了两户特困家庭，也带动一批热心人士对 10 个特别困难的家庭进行一对一的精准帮扶。在教育局挂职期间，我启动了"家庭教育和青少年心理健康教育"项目，组建"大关县家庭教育讲师团和家庭教育委员会"，对当地师资进行有效的培训，顺利地完成了"大关县百场心理健康教育进校园”活动，向数千名学生普及心理健康知识，鼓励孩子们积极面对困难和挫折，树立目标奋发图强。也曾帮助过一些心理问题的个案，让他们重新认识生命的意义，重拾生活信心。在我的呼吁和带动下，一些热心的社会志愿人士，无条件地来到大关，开展各种志愿服务和送温暖活动，为大关的脱贫奔小康贡献出一份“中山智慧”。

灵魂撼动灵魂。德国著名哲学家雅斯贝尔斯说：“教育的本质是一棵树摇动另一棵树，一朵云推动另一朵云，一个灵魂召唤另一个灵魂。我非常享受站在讲台上给孩子们上课的感觉，哪怕是有几次因为过于劳累而差点晕倒在讲台上，我只要一站上讲台，就似乎“神灵附体”，你看，台下是黑压压的小脑袋，他们期待的眼神投射到我身上的时候，我有种强烈被需要的特别感受。慢慢地，孩子木讷的脸上有了表情、空洞的眼神变得有光芒，我觉得孩子的生命被点亮了，我的生命也被点燃了，哪怕燃尽也在所不惜。

难忘大关味道。大关有着独特的“味道”，街道上到处洋溢着辣椒味、洋芋味、天麻味、苞谷酒味。到了9月，全城有清香四溢的丹桂香味，而比这个更浓郁的是大关的“人情味”。大关的人纯朴善良，人与人之间没有隔阂，心机少，真挚坦诚。在这里，每个笑容都无须怀疑，每个交往是那么纯粹。有一次，我下乡回来，满脚泥巴、又冷又饿，有一个小餐馆的老板以为我是来申请援助的困难妇女，老板非常仁慈，嘱咐我以后要是没饭吃就来他家的店里吃；我曾经因为急性肠胃炎上吐下泻至昏厥，被送到县医院，医生得知我们是从中山来支援大关的“亲人”，硬性为我支付医药费；还有，疫情期间曾经用背篓为我送肉送菜的同事，为我缝补衣服、装水电、为我解决生活烦恼的好姐妹；还有一些并不相熟而送给我李子、瓜菜、乌骨鸡等农副产品的大关乡亲……点滴温暖，铭记于心，毕生难忘！

藏龙卧虎在大关。大关可以感受到各种人文气息，有视野开阔、格局宏大、家国情怀、纵横千里、舞文弄墨的文化人；有铆足干劲，毅力非凡，肯学苦干，不达脱贫，誓不罢休的领导干部；有积极进取、刻苦研究、乐于创新的企业家；有事业有成、身家殷实、爱心满满的爱心人士；更有甚者拖家带口，带着太太和只有九个月大的儿子从广东中山开着大货车，拉着满满一车捐赠物品，不远千里来到大关的专业慈善家。凡此种种，让我惊叹，大关虽然地处偏僻，却人才济济，人才众多，是卧虎藏龙之地。

超越生命的力量。在大关我感受了繁花似锦的春天、清凉怡人的夏天、果实累累的秋天、白雪皑皑的冬天。我摘过樱桃、挖过松茸、采过李子、刨过天麻、收过橙子。曾经遇到过地震、山体滑坡、疾病、被困、饥饿。这一年，我人生的年轮上刻上了最深刻的一圈。于是乎，我学会了反思，静静地享受一个人独处的美好时光，觉察和反观自己的内在，尽管经常还是杂念纷飞、思绪万千，但偶尔内心涌现的平静和喜悦已是很大的进步。以前我从来不吃辣，一旦离开大关，却心心念念大关的饭菜。以前我异常怕冷，但在大关，我居然把冬天过得热火朝天。失眠是我一辈子最大的硬伤，不知道有多少个难眠之夜，我和这座并不是灯火通明的小山城一起熬过了。是什么力量让我从不可能变成可能？是精神的力量，还是信念的力量，还是超越生命的力量？

吾心安处亦故乡。大关的山山水水如国画《江山如此多娇》一样，气势恢宏，波澜壮阔，百看不厌。我还在想，对面云雾缭绕的笔架山顶，到底有没有住着神仙？大关，这个我曾经为它奋斗过、纠结过、哭过、笑过、也骄傲过的地方；大关，这个留下过我血汗和苦乐，承载过我梦想和执着的地方，是他乡也是故乡！我似乎跟这里已经融为一体，至少精神上无法分割，然后用并不纯正的大关话说——我是大关人。

一年扶贫路，一生真财富！踏过这一年，我的生命被点燃，此行值得！

（作者系中山支教教师）

第八编　组织保障

坚定扛起决战决胜脱贫攻坚新时代组工担当

吴钊名

2020年是决战决胜脱贫攻坚的收官之年，确保现行标准下的农村贫困人口全部脱贫，是一项重大而艰巨的政治任务，任重而道远、责巨而行艰，这是党中央的郑重承诺，必须如期完成。我在脱贫攻坚大关主战场，同28万大关人民勠力同心共谋发展，大关从贫到富的蜕变，我是见证者、更是参与者，作为组织部部长，强化抓党建促脱贫攻坚的体系思维、责任导向和攻坚作风，不断提升组织力，激发攻坚战斗力，为高质量打赢脱贫攻坚收官之战提供坚强保障。四年大关情，我就参与了四年脱贫攻坚工作，谈谈自己的一些体会和感悟。

一、全面加强和坚持党的建设，保持政治定力，确保党的执政能力和领导水平不断提升

脱贫攻坚，全面加强党的建设和组织领导是根本。要始终坚持教育引导广大共产党员自觉在思想上、政治上、行动上同党中央、省委、市委和县委保持高度一致，始终保持坚强政治定力和正确前进方向。

（一）提高政治站位，把思想和行动统一到党中央的各项重大决策部署上来。始终把党的政治建设摆在首位，把讲政治的要求贯穿于全面从严治党的全过程。讲政治最根本就是要讲党性，政治上讲忠诚、组织上讲服从、行动上讲纪律。贯彻落实习近平总书记关于脱贫攻坚的重要论述，把脱贫攻坚作为最大的政治任务，坚决扛起脱贫攻坚政治责任，全力以赴决战脱贫攻坚。我们作为党的干部，特别是领导干部，要坚持对党的理论真学、真思、真懂、真信，以正确的认识、正确的行动树牢“四个意识”、坚定“四个自信”、做到“两个维护”。落实到具体的工作中，就是要不折不扣打好打赢脱贫攻坚战，把抓党建同脱贫攻坚高质量融合起来，以脱贫攻坚成效更好检验党建工作抓得好不好，让初心、使命在脱贫攻坚一线得到最有效的践行。

（二）提升政治能力，全面锻造自身过硬政治素质和领导能力。领导干部要认真修养自己，才能严肃对待工作。坚定理想信念、增强执政本领、严守党纪国法，时时修其心、治其身，改造自己、提高自己、不断成长。保持头脑清醒，在原则问题、重大问题、大是大非上保持绝对的清醒，不退缩、敢担当，全面提升政治能力。领导干部负责一方工作，必须要做到观察分析形势、把握政治因素，筹划推动工作、落实政治要求，处理解决问题、防范政治风险。作为组织部部长，充分发挥好党组织政治引领和组织优势，把党员组织起来，把群众组织起来，打好攻坚战，抓实抓细三个组织化重点工作。

（三）涵养政治生态，不断筑牢从严治党政治根基。要解决党内政治生活随意化、形式化、平淡化、庸俗化的问题，要自觉尊崇党章、模范践行党章、忠诚捍卫党章，严格执行《新形势下党内政治生活若干准则》。担任组织部部长四年以来，我坚持树好选人用人风向标，坚持原则、树牢底线，坚持看政治忠诚、看政治定力、看政治担当、看政治能力、看政治自律的“五看”要求，大力选拔忠诚干净担当的好干部，特别是敢担当、善作为、踏实干事的干部；不用那些阳奉阴违、另搞一套的人，“身在曹营心在汉”、同党离心离德的人，畏首畏尾、患得患失、偷奸耍滑、做“骑墙派”和当“官油子”的人，以良好的政治文化和用人导向涵养风清气正的政治生态。

二、坚持用党的理论武装全党，系统把握领会，确保习近平新时代中国特色社会主义思想走深走实

脱贫攻坚，提升理论水平、把握精准要义，系统深入学习党的理论知识是基础。理论清醒才能政治清醒，思想坚定才能政治坚定。要结合主题教育、完善学习制度，把习近平新时代中国特色社会主义思想贯穿党员干部日常学习教育全过程。

（一）突出思想引领，推动学习党的创新理论往深里走、往心里走、往实里走。理论创新每前进一步，理论武装就要跟进一步，坚持用习近平新时代中国特色社会主义思想武装全党、教育干部、凝聚群众。全面贯彻新时代中国特色社会主义思想和基本方略，不断提高全党马克思主义理论水平。在新时代的征程上，弘扬理论联系实际的学风，紧密联系“两个一百年”奋斗目标，组织部门要聚焦主责主业，把严的要求贯穿领导班子和干部队伍建设全过程，自觉贯彻民主集中制原则，认真落实“三会一课”、民主生活会等组织生活制度，提高党内政治生活的质量和水平，推动学习贯彻往深里走、往心里走、往实里走，自觉做习近平总书记重要指示批示精神和中央、省委、市委和县委决策部署的坚定执行者、坚决落实者。

（二）学思用贯通，不断拓展“不忘初心，牢记使命”主题教育成果。把开展“不忘初心，牢记使命”主题教育作为重大政治任务，建立领导机构和巡回指导组，制定下发实施方案等系列文件，全县“一竿子”到底迅速部署启动。主题教育过程中，各级党组织结合市委提出的四个“敢不敢、善不善”和县委提出的“四个缺、四个不高”，坚持“学研查改”，落实一

次党课、一次谈话、一次测试、一次测评、一次推优、一条意见建议、一次发言和一件实事“八个一”措施，做到了工作有方案、学习有记录、调研有报告、党课有提纲、问题有清单、整改有台账、全程有档案、教育有效果，推动了主题教育走深走实。自2019年以来全县共开展理论中心组集中学习204场，举办读书班190期，专题研讨交流258场次，轮训支部书记855人次，讲党课437场次，撰写调研报告137篇，各级党组织和党员查找问题41935个，制定整改措施28964条，已整改问题26781个，长期整改2183个；开展谈心谈话8749次，4586名党员参加163场次知识测试，全覆盖测评乡镇部门班子，推优干部387名。

（三）建立学习制度，确保党员干部学习教育常态化。以组织系统“工作提标、落实提劲、效果提质”专项行动为契机，把集中学习研讨与个人自学统一起来，坚持“线上”学与“线下”学两结合，确保干部学习教育“不脱节”。全面落实“第一议题”学习制度，党委（党组）会议、理论中心组学习、支部大会等党内重要会议“第一议题”学习习近平总书记重要论述、重要指示批示精神等内容；组织系统要建立每周一个学习主题、每月学习一本好书、每季度一次组工讲坛、每半年一次知识测试“四个一”学习机制，确保学习常态化。

三、从严抓实党的组织体系建设，坚持大抓基层，为大关决战决胜脱贫攻坚提供坚强有力保证

脱贫攻坚，下大力气抓好基层党组织、执政骨干和人才队伍建设，从严从实是要领。要充分发挥各级党委（党组）、各领域基层党组织的政治功能和组织功能，把广大党员、干部和各方面人才组织起来，形成夺取新时代中国特色社会主义新胜利而团结奋斗的强大力量。

（一）突出政治功能，确保基层党组织全面进步全面过硬。组织系统自上而下围绕脱贫攻坚这一中心工作谋划组织工作，加强分类指导，严格党员教育管理，严格把牢村（社区）干部选用关，完成全县752名村（社区）干部任职资格联审，对曾受过刑事处罚的12人和存在涉黑涉恶问题的1人清理补齐。全面落实村级保障机制，规范落实村组干部待遇，建立健全村干部结构性岗位补贴长效机制。持续推进党支部规范化建设，共完成853个党支部规范化建设达标创建，累计实现达标率94.7%。大力整顿软弱涣散党组织，按照“一村一策”拟定整顿清单，落实挂点、包村、驻村、结对措施。广泛开展党员培训，累计举办“万名党员进党校”培训班178期，培训普通党员9941人次，实现普通党员培训全覆盖。充分发挥示范引领作用，2019年以来，创建省级规范化建设示范党支部2个，市级规范化建设示范党支部7个。着力推进党建引领脱贫攻坚，不断提高产业扶贫、就业扶贫、易地搬迁“三个组织化”程度。

（二）用好管严干部，着力抓好执政骨干队伍建设。树立“实在、实干、实绩”用人导向，选优派强驻村队员，推行县级领导联系乡镇、挂包单位向一线下沉、乡镇力量向一线坚守、驻村工作队队员向一线驻扎。2019年，共选派驻村扶贫工作队82支驻村队员354名，在脱贫攻坚一线涌现出王秋婷、王文贵等先进典型。重心下移，一线培养储备干部。树牢一线选拔任用干部鲜明导向，坚持干部选拔任用向基层倾斜，把脱贫攻坚一线作为锻炼培养选拔干部的主战场。结合机构改革工作，综合考虑各乡镇脱贫摘帽目标任务、规划项目、重点工作推进等需要，将县直部门中熟悉农村、会抓产业、善于组织发动群众的10名优秀干部选配到乡镇任职。健全后备干部储备体系，根据全县干部队伍实际，集中对年轻后备干部进行推荐选拔，将选调生、大学生村干部纳入后备干部管理，建立年轻后备干部库，切实做到年轻干部一线培养、后备干部一线储备。强化干部“八小时外”监督，实现干部监督管理常态化。

（三）突出政治引领，多渠道培养发展需要的各类人才。紧紧围绕“人才强县”战略，做好人才的政治引领和政治吸纳，不断壮大人才队伍、激发人才活力。以产业发展为导向，依托东西部扶贫协作人才交流，互派党政干部、专业人才100余人次，并在卫健和教育系统分别建立东西部对口支援扶贫协作专家工作站，助力医疗、教育扶贫。深入实施农村致富带头人培养工程和县级农林专家服务团挂钩联系服务基层工作。2019年大关县入选“鲲鹏计划”培养者1人，“凤凰计划”培养者1人，推选培养基层对口人才10名，县级“名家、名师、名医”累计培养15名，建立了两个省级专家工作站和两个市级专家工作站（其中一个于今年7月申报成功），成立了5个县级农林专家服务团挂钩联系服务基层，并建立农林示范基地，培养了一批我县农村实用性技术人才。做好“云岭银发”专家助力大关脱贫攻坚和乡村振兴工作，明确领导联系和团队跟学，做好选派到大关的11名老专家后勤服务保障工作，各条战线的老专家充分发挥智力优势，补齐大关教育、医疗、农业产业发展等方面的短板。

事业发展务必只争朝夕，拼搏奋斗即是不负韶华。让我们更加紧密地团结在以习近平同志为核心的党中央周围，在省委、市委和县委的坚强领导下，加压奋进、真抓实干，咬定目标不放松，一以贯之抓落实。建强队伍、集聚人才，充分发挥好党组织战斗堡垒作用，决胜全面小康，全力推动美丽宜居新大关建设迈出更加坚实的步伐！

（作者时任大关县委常委、组织部长）

党建引领　凝聚起决战决胜脱贫攻坚的蓬勃力量

根深才能叶茂，本固才能枝荣。自脱贫攻坚战打响以来，大关县坚持党建引领，把组织资源整合为扶贫资源、把组织优势转化为发展优势、把组织合力转化为攻坚动力。917 个党组织，9033 名党员，凝聚起决战决胜脱贫攻坚的蓬勃力量！全县贫困发生率从 2014 年的 49.5% 降至 1.44%。

凝心聚魂壮实筋骨，用习近平新时代中国特色社会主义新思想武装全党，不断增强党的思想引领力，提振脱贫攻坚精气神。

“欲事立，须是心立”。始终坚持思想建党、理论强党，用党的创新理论武装头脑。

——2014 年 2 月 18 日全面启动党的群众路线教育实践活动。县四套班子带头，全县各级各部门坚持“照镜子、正衣冠、洗洗澡、治治病”的总要求，以为民务实清廉为主题，以反对“四风”、服务群众为重点，紧扣“三个环节”，高起点谋划、高标准推进，扎实开展党的群众路线教育实践活动。县四套班子和 28 名处级党员干部，全县 9 个乡镇党政领导班子、48 个县直部门领导班子和 558 名科级党员干部，1145 个基层党组织和 8877 名党员全员参加教育实践活动。做到了规定动作不走样、自选动作有特色，切实改进了工作作风，达到了预期目的。

——2015 年 1 月 19 日召开“三严三实”专题教育动员会议。36 名处级干部和447名科级干部全部参加专题教育。县委常委班子组织5次集中学习，县人大、政府、政协班子已组织集中学习16次，9个乡镇、53个县直部门已组织集中学习180余次，四级书记讲党课120余场次。36名处级干部共深入开展调研72次，解决困难问题48个。县级党员干部深入基层调研108人次，走访群众473人次，征求到意见建议117条。突出区域特色，按照修缮、保护、传承、利用“四位一体”思路，投入420余万元建好用活康富明故居、出水堰、烈士陵园三个教育基地，组织党员干部到三个教育基地开展党性教育，对照身边典型、历史先贤、革命先烈和“三严三实”和“忠诚干净担当”要求，对标定位查找差距，全力以赴抓实专题教育。

——2016年开展“两学一做”学习教育。进一步强化思想发动，教育广大党员充分认识推进“两学一做”学习教育常态化制度化的重大意义，以尊崇党章、遵守党规为基本要求，以“两学一做”为基本内容，严格落实好“五项制度”，党员政治生日。开展党章党规进党校、进课堂、进媒体“三进”活动、脱贫攻坚知识“随堂考”、党章党规业务知识能力测试，认真总结“两学一做”学习融入日常、抓在经常的经验做法，集中精力抓好“三会一课”制度落细落小，确保全县“两学一做”学习教育有序有效常态化制度化开展。

——2019年抓实“不忘初心，牢记使命”主题教育。县委始终把主题教育作为当前政治建设和政治学习第一要务，围绕存在问题，结合中心工作，县委班子带头，全体党员参与，指导组巡回指导，确保“学研查改”四项重点任务不走样。通过开展理论中心组集中学习204场，举办读书班190期，专题研讨交流258场次，支部书记轮训855人次，讲党课437场次，确保理论学习有收获。确定29个调研课题，撰写调研报告137篇，确保调查研究有成果。县四套班子检视查找问题317个，县处级党员干部检视查找问题1405个；各党组织检视查找问题7484个，党员干部检视问题34451个，确保检视问题有深度。建立问题清单4873份，制定整改措施28964条，已整改问题26781个，正在整改2183个，确保整改落实有效果。围绕市委提出的四个

“敢不敢善不善”，结合大关县干部队伍作风中存在的“四缺四不高”问题进行思想作风反思，通过处级干部和科级干部开展“2 个一”（一次党课、一次谈话），乡镇和部门开展“3 个一”（一次测试、一次测评、一次推优），普通党员和干部职工开展“3 个一”（一条意见建议、一次发言和一件实事）。开展谈心谈话 8749 次，4586 名党员参加 163 场次知识测试，全覆盖测评乡镇部门班子，推优干部 387 名，确保主题教育取得实效，形成长效机制。

压紧压实主体责任，以高度的政治自觉强化责任担当，层层传导压力，层层作出示范，为决战决胜脱贫攻坚铺就坚实地基。

一级做给一级看，一级带着一级干。始终坚持层层压紧、上下互动，从细处入手，向实处着力，一环紧着一环拧，一锤接着一锤敲。

县委班子带头履行抓基层党建的主体责任，把基层党建工作抓在手上，落实在行动上，坚持党委主要领导带头，以上率下，全力压实工作责任。一是完善机制。落实基层党建工作责任考核评价机制和基层党建工作责任追究“两项制度”，形成倒逼问效机制。通过领导班子和领导干部年度考核、党建工作专项考核、党组织书记抓基层党建工作述职评议考核等措施，加强对各类责任主体履行基层党建工作责任情况的考核，把考核结果作为领导班子及其成员工作实绩评定的重要内容，作为领导干部选拔任用、培养教育和评先评优的重要依据，形成述职述党建、评议评党建、考核考党建、选拔任用看党建的导向。二是建立清单。每年年初，根据省、市、县委确定年度党建目标任务及县委、县政府中心工作，确定当年的重点工作和任务，明确分季度完成任务的时间表、责任人和有关要求，抓好重点工作落实，形成任务清单。指导督促各级党组织书记对照年度工作计划，拟定本级党组织书记抓党建责任清单，将季度督查党建清单落实情况、书记抓党建述职评议情况、重点工作落实情况有机结合，作为评先评优、提拔任用、考核奖惩的重要依据，形成责任清单。对照任务清单和责任清单，以问题为导向，成立督察小组，采取走访调研、随机抽查、专项督查等方式，深入乡镇、村（社区）和县直机关党支部开展交叉检查，通过问题的梳理，层层明确责任和整改时限，推动工作落实。三是压实责任。党委（党组）每年定期研究党建工作不少于4次，向上级党组织报告抓基层党建工作情况不少于1次。乡镇党委每年要向党代表大会报告抓基层党建工作情况。县委书记每年到基层督促检查党建工作不少于4次，每年直接牵头抓基层党建重点工作不少于2项。乡镇党委书记每年到村（社区）督促检查党建工作不少于6次。党委（党组）班子成员切实履行抓基层党建工作“一岗双责”，定期听取挂钩乡镇、分管领域、部门和单位党建工作汇报，深入基层调研和督促检查，帮助解决问题。党务工作者回归主业，专职专责，负责抓好基层党建日常工作、重点任务，落实具体责任。坚持有职必履、有责必尽、失责必究、追责必严，对抓基层党建失职失责的各党组织及其书记和班子成员、党务工作者等责任主体，严格按照《全市基层党建问责办法（试行）》相关规定进行问责。对失职失责应当给予纪律处分的，依照《中国共产党纪律处分条例》追究纪律责任。

强基固本筑牢堡垒，以提升组织力为重点，统筹推进各领域基层党组织建设全面进步全面过硬，提升引领脱贫攻坚的战斗力。

从“基层党建推进年”到“基层党建提升年”到“基层党建巩固年”再到“基层党建创新提质年”，始终坚持统筹推进基层党建工作，旨在不断夯实决战决胜脱贫攻坚的组织基础。

——分类施策，统筹推进。始终以突出政治功能、强化政治引领为主线，把抓好党支部规范化建设作为组织体系建设的基本内容、作为管党治党的基本任务、作为检验基层党建工作成效的基本标准。聚焦“五个基本”，按照达标、示范、品牌“三个层级”，采取“三个一批”（培训提高一批、指导提升一批、实战训练一批），做到“三个规范”（规范档案盒、规范档案目录、规范上墙制度），健全“五项制度”（领导联系制度、责任落实制度、达标销号制度、督促检查制度、总结报告制度），列出达标创建时间进度清单，一项一项规范、一条一条整改、一个一个抓实，使每个支部建有标尺、抓有方向、评有依据，着力把全县党支部建设成团结群众的核心、教育党员的学校、攻坚克难的堡垒。截至2019年年底，共完成853个党支部规范化建设达标创建，累计实现达标率94.7%，其中被命名为省级达标创建“示范点”党支部2个，被命名为市级达标创建“示范点”党支部7个。

在农村。健全落实农村基层党建“双整百千”四级联创机制，将党建网格化推进乡村治理作为县委书记特色项目，整合部门资源，建立一张网、一手抓、一盘棋、一起干、一体化“五个一”党建网格化管理机制，建立县级领导挂村—乡镇领导包村—村（社区）干部包片—村民小组长和党支部书记包组—支部党员包户的五级联动网格机制，推进村（社区）基层治理体系。以支部党员为基点，划分3357个网格，2787名县乡村组四级干部全覆盖挂联网格。

在城市。深入推进在职党员到社区报到为群众服务，开展城市基层党建示范引领行动，推进城市党建深入开展共驻、共建、共商、共治、共享活动，以及枢纽型社区建设。结合大关实际，构建“三线一中心”的网络辐射图，按照部门所在地，制定“报到日程表”，解决扎堆报到问题，提醒部门按时开展共建活动，着力构建区域统筹、条块协同、上下联动、共建共享的城市基层党建新格局。

在机关。围绕“五强五带头”全面启动“模范机关”创建，开展“三亮三比”活动，依托云岭先锋App，加大机关党建“灯下黑”问题整治力度，从严推动落实领导干部讲党课、双重组织生活制度；抓好“双联系一共建双推进”制度落实，牢固树立“业务工作的难点就是党建工作的重点”的理念，扎实推进党建工作与业务工作融合发展。落实机关党委（党组）党建领导责任，实现113个机关党支部书记均由单位党员主要负责人担任。

在“两新”组织。深入开展“两新”组织覆盖提升“回头看”工作、实施“规范化工程”和“示范工程”，推进“百日攻坚”行动，着力抓好组织生活、队伍建设、基础保障、基础台账规范化建设。截至2019年，全县符合组建条件的非公企业组织和社会组织共150个，已组建党组织的组织共107个，“两新”组织中共组建党组织52个，党组织覆盖率分别为70.5%

和73.68%。选派党建指导员19名，指导非公企业和社会组织共43家，实现党的组织和党的工作全覆盖。

在中小学校。贯彻落实习近平总书记在学校思想政治理论课教师座谈会重要讲话精神，在全县中小学校中实施“党建＋思政课＋师德师风”建设，持续推进“乌蒙红烛·育人先锋”主题活动，提高广大教师的思想政治素质和职业道德素质，规范教师职业行为，塑造良好的教师形象。

在公立医院。以中办印发《关于加强公立医院党的建设工作的意见》为准绳，以办人民满意的卫生健康事业为目标，以脱贫攻坚健康扶贫为重点，扎实推进公立医院党建工作。救治19名尿毒症患者，开展白内障患者手术3次，手术治疗233人次。组织专家医生进行儿童先心病筛查工作两次，发现先心病患者116例，建议行手术治疗患儿51例，手术治疗17人。

——整合资源，加大投入。始终坚持重心下移、资源下沉，加大投入力度，切实保证农村基层党组织办事有经费、干部有动力、服务有阵地。

人才充实到一线。坚持注重实绩、倾向一线的原则，把脱贫攻坚一线作为培养锻炼选拔干部的主战场，把干部派到脱贫攻坚第一线，将一线工作经历作为干部选拔任用的重要参考，进一步激发调动脱贫攻坚一线干部的积极性和主动性。截至2019年，提拔的76名干部中有63名是脱贫攻坚一线岗位干部，占提拔干部总数的82.89%。注重分类别了解识别储备一批优秀干部，注重统筹选拔年轻干部、女干部、少数民族干部和非中共党员干部，以进一步增强班子整体功能与合力，提高议事决策科学化水平。尽锐出战选优派强驻村队员，开展选派工作“回头看”，累计更换驻村队员108人。先后对邮政大关公司、云广网大关公司等24家单位进行通报批评、约谈。坚持抽能人硬人在脱贫攻坚一线，对政治素养，能力较弱，身体较差的一律予以更换。2019年，共选派驻村扶贫工作队82支驻村队员350名，党员211名，占60.2%。

资源整合到一线。2016年全县84个村（社区）中发展集体经济的仅有28个，收入3万元以上的有5个。2017年以来主要采取县级统筹、乡镇负责、村级实施，以“党支部 + 集体公司 + 专业合作社 + ”发展模式，重点以竹、茶、药、蔬、畜等特色产业为主导，通过“破壳”“消薄”“强村”措施，着力破解集体经济发展瓶颈。在县财政极为困难的时候，整合扶贫项目资金 2692 余万元，按照每个村不低于 30 万元的标准划拨资金。在 84 个村（社区）全部成立集体公司，组建农民专业合作社 455 个。实现贫困村全覆盖，每个贫困村安排资金 30 万元以上，每个贫困村有 1 项以上产业发展项目，贫困农户至少参与 1 个以上增收项目。82 个贫困村收益在 3 万元以下的 0 个，收益 3 万—5 万元（含）的 41 个，5 万—10 万元（含）的 27 个，10 万—40 万元的 14 个。

政策保障到一线。落实好村干部“基本报酬 + 绩效补贴 + 村级集体经济创收奖励”结构性岗位补贴长效机制，村（社区）党组织书记“一肩挑”每月基本报酬 2160 元，党组织书记与村委会主任分设的每月 1800 元，绩效补贴每人每月平均 850 元，村民小组长、党支部书记月务工补贴 400 元，一肩挑的 600 元，相对于 2017 年前增加了 2 倍，让村组干部干事创业“有奔头”。落实村（社区）、村（居）民小组工作经费每年 3 万元（6 万元）、1000 元。通过财政出资一点、党费补助一点、挂钩单位帮扶一点、项目整合一点、社会募集一点的方式，投入资金 3123.02 万元，全面推进村民小组活动场所建设（新建 238 个，修缮和改扩建 63 个），实现村民小组活动场所全覆盖。

——围绕重点，精心谋划。“四步走”（支部领着群众走，土地拉着红利走，搬迁跟着产业走，产业带着就业走）推进易地扶贫搬迁组织化。印发《关于做好在易地搬迁安置点上建立党组织的通知》文件，实现县内 50 个易迁点全覆盖建立党组织，划拨易迁点党建经费 92 万元，在靖安易迁点成立大关县靖安安置区工作站临时党支部，充分发挥基层党组织领导核心和示范引领作用。初步实现了“山上有基地、山下有工厂、山外有电商”的规划布局，易迁户也实现了“在山上获得土地红利、在山下获得就业收入”。“三个全覆盖”提升产业组织化程度。全面落实良种良法、高度组织化和集约化、基层党组织主导的农民专业合作社“三个全覆盖”，持续推进“两个捆绑”（“双绑”），着力提升产业组织化程度，创新发展机制。规范提升167个农民专业合作社，全部建档立卡贫困户26125户113491人已100%“绑定”入141个合作社，119个合作社“绑定”89个公司，实现利益联系“绑定”发展，持续带动贫困户增收。累计流转土地22170亩，资产资金入股2616.32万元，分红1034万元，吸收贫困群众务工3836户，务工收入748万元。“四个一”推进劳动力就业组织化。通过“开好一个座谈会、开展一次就业宣传、做实一期培训、组织好一轮转移就业”的“四个一”活动，以“千名党员作表率、千名干部入村组、千场培训连万家”为主题，进一步做好建档立卡劳动力培训和就业服务工作，实现精准培训、精准就业，有效破解农村劳动力大量外出务工无法全面组织培训、转移就业的组织化率不高等问题。依托昆明、中山、浙江3个劳务工作站，成立2个临时党支部，做好流动党员和外出务工人员服务管理。

——聚焦难点，逐个击破。严格村（社区）干部进入退出机制，深化村（社区）干部任职资格联审机制，完成752名村（社区）干部任职资格联审，对曾受过刑事处罚的12人和存在涉黑涉恶问题的1人清理补齐。开展村“两委”换届工作“回头看”，补齐配强村（社区）干部237人（含委员）。持续整顿软弱涣散基层党组织，2016年以来，共计完成339个软弱涣散基层党组织整顿工作，不断增强基层党组织战斗堡垒作用；每年组织实施村（社区）党组织书记分析研判工作，盯实人选实绩，做好调研成果转化工作，细化人才信息库，加强对后备力量的培养与观察，聚焦后备力量与回引对象特点、平时工作表现进行分析，提前做好岗位匹配。持续深入发现农村优秀人才，建立挂包县级领导干部和乡镇党委班子成员“一对一”结对帮带机制，不断提高新任村（社区）党组织书记履职尽责能力素质，落实巩固提升措施，不断深化农村“领头雁”培养工程成果，确保后备力量“愿干事、会干事、能干事”。

强化监督执纪问责　全力护航脱贫攻坚

脱贫攻坚工作启动以来，大关县纪委监委始终深入学习贯彻习近平总书记关于脱贫攻坚重要讲话精神，根据党中央和省、市、县委脱贫攻坚工作决策部署，坚定政治站位，充分发挥监督保障执行、促进完善发展作用，着力强化脱贫攻坚监督执纪问责，深入开展扶贫领域腐败和作风问题专项治理，集中整治群众反映强烈的突出问题，以精准监督助推精准扶贫，保障精准脱贫，切实增强人民群众的获得感、幸福感，为决战决胜脱贫攻坚提供坚强的纪律保障。

一、聚焦职能职责，层层压实脱贫攻坚政治责任

（一）建立健全监督体系。对标精准脱贫攻坚战略，坚持把脱贫攻坚监督执纪问责作为纪检监察工作的重中之重，成立监督检查领导小组及其办公室，建立由县纪委书记、监委主任亲自抓，分管副书记、副主任具体负责，党风政风监督室牵头组织协调，派出纪检监察组和乡镇纪委抓落实的监督检查体系。实行县纪委副书记、监委副主任挂片，常委、委员包乡，

纪检监察室分片负责制度，紧紧围绕政策落实、责任落实、工作落实，精心制定监督检查方案，每月对行业扶贫部门和乡镇脱贫攻坚工作开展1次专项抽查，每季度开展综合督查，确保全县脱贫攻坚工作有力有效推进。并抽调2名干部常驻县脱贫攻坚指挥部，协助指挥部有针对、分阶段、有计划地开展日常监督检查工作。

（二）压紧压实责任链条。制定出台《大关县层层压实责任提高履职效能办法》《大关县脱贫攻坚责任追究办法（试行）》等制度，厘清脱贫攻坚各行业主责部门、各挂联单位和乡镇的监督责任，县纪委监委履行监督的再监督职能，领导小组突出统筹协调、结果运用，党风政风监督室注重问题排查、督促整改，派驻机构负责部门履职尽责监督、深化运用“四种形态”咬耳扯袖，纪检室开展线索初核、严肃纪律规矩。各乡镇纪委负责到村到户扶贫项目安排、资金管理、政策落实、工作推进、干部作风等监督。并坚持“谁主管谁负责”和“一岗双责”，按照职责细化工作、分解任务、明确措施，突出一级抓一级、层层抓落实，确保脱贫攻坚责任落实不虚化、压力传导不递减。

（三）抓紧抓实监督检查。紧紧围绕脱贫攻坚政策落实、工作落实和责任落实，盯紧重大项目、重点工作、重要事项发挥监督的再监督职能。印发《大关县脱贫攻坚工作督查方案》，聚焦扶贫项目申报、审批、实施和资金分配、发放等关键环节，督促职能部门落实监管职责，做到全流程监管。组建9个督导组，每个组负责一个乡镇，采取专项检查、综合督查、明察暗访等方式，2016年以来累计对9个乡镇和17家责任单位开展监督检查56次，发现问题437个已全部整改落实。推进监督检查经常性、常态化开展，综合运用联动协作、分析研判、直查直办、通报曝光等制度，构建内外联通的监督格局。

（四）落细落实结果运用。坚持扶贫工作日常监督、检查、督查与年度考核相结合，将脱贫攻坚工作纳入党风廉政建设和年度综合考核内容，作为干部评先评优、选拔任用的重要依据。2016年以来，累计向乡镇和行业扶贫部门发出《纪检检查建议书》和《监察建议书》42 份，对履行脱贫攻坚工作不到位，未如期完成工作任务的 12 个单位主要领导进行集中约谈，严肃处理不担当、不尽责扶贫干部 15 人，及时向有关部门提出调整建议，以过硬的作风确保全县党员干部尽锐出战。

二、坚持问题导向，全力处置扶贫领域问题线索

（一）畅通信访举报“收”线索。借助县电视台、微信公众号、纪检监察官网等平台公开举报方式，畅通群众来信、来电、来访、网络、电话“五位一体”信访监督举报网络，确保群众反映问题畅通无阻。注重加强与信访局、扶贫办、审计局、民政局等部门的横向联系、信息互通，建立部门监督检查发现问题线索移送制度，拓宽线索来源渠道，编织无死角式监督网，2016 年以来收到部门移送信访举报 18 件，累计接待群众来访 1000 余人次，梳理出问题线索 453 件（含重复件 138 件）。

（二）发挥群众监督“找”线索。认真开展大走访、大排查，广泛召开群众会，大力宣传扶贫政策，主动营造宣传声势，面对面向群众了解扶贫政策落实、干部作风转变等情况，有序引导群众发挥监督作用，着力解决扶贫政策落实中虚报冒领、优亲厚友、有失公正等突出问题。同时，积极发挥五级联动监督平台作用。截至 2020 年 10 月，共录入群众反映扶贫领域诉求 4064 件，已办结 4058 件，办结率 99.85%。

（三）全力以赴“核”线索。县纪委常委会议每月专题研究一次脱贫攻坚的问题线索处置，对群众反映强烈、多次、多头举报的信访问题和问题线索，符合“三个时间节点”“三类重点人”，以及对党的十八大以来不收敛不收手，严重阻碍党的理论和路线方针政策贯彻执行、严重损害党的执政根基，成为全面从严治党障碍的腐败问题，由县纪委监委挂片包乡领导

牵头负责，实行直查快办；对乡镇和部门处理问题线索重视不够、久拖不决、避重就轻等，进行提级办理，2016 年以来共提级办理问题线索 40 条，确保了办理质量。同时，加大扶贫领域问题线索处置，2016 年来累计处置 204 件，办结 202 件，移送司法机关 9 人，党纪政务处分 49 人。如查处了悦乐镇大坪村 8 名村干部套取低保金和危房改造补助资金近 10 万元，上高桥乡红旗村村干部利用职务便利虚报套取农危改补助金 3.94 万元等案件。

三、突出专项治理，有效解决不正之风和腐败等问题

（一）深入开展扶贫领域作风和腐败问题专项治理。制定《大关县扶贫领域作风和腐败问题专项治理方案》，紧紧围绕党中央和省、市、县委关于精准扶贫、精准脱贫的重大决策部署，强化各乡镇和行业主责部门履职尽责监督检查，及时发现在政策落地、项目审批、资金安排、责任落实和工作作风等方面存在的不正之风和腐败问题。组织财政、审计、发展改革委、扶贫等部门召开领导组联席会议，对 2016 年以来扶贫领域信访举报和问题线索进行全面梳理和排查，集中排查出问题线索 24 件，及时交办督办，并组建 4 个工作组集中进行查处，做到件件有着落、无贻误。

（二）深挖细查纠“四风”问题。坚决贯彻落实中央八项规定精神和省委、市委相关要求，紧盯“四风”顽疾和隐形变异问题，坚持抓早抓小、防微杜渐，紧盯重要时间节点，管住重要环节，看住“关键少数”。集中开展纪律作风监督检查，持续开展定制赠送高档酒茶和其他特殊定制品、领导干部利用名贵特产类特殊资源牟取私利问题专项整治。2016 年以来，累计组建 139 个工作组开展春节、端午、中秋、国庆等节假日明察暗访，发现问题 227 个，已全部整改落实，对 43 人予以批评教育、谈话提醒，通报县内扶贫领域腐败的典型案例 23 批 72 人 23 个单位。

（三）全力推进扫黑除恶专项斗争。加大全县扶贫领域暨扫黑除恶监督执纪问责工作力度，组建领导组，制定工作方案，定期不定期研判形势和部署工作任务，推动专项斗争扎实有效开展。对中央扫黑除恶第20督导组督导云南省第一阶段边督边改和下一轮下沉督导反馈问题，认真对标对表问题清单，强化措施落实，反馈的48个共性已整改或持续整改；反馈的2个个性问题已全部整改销号。严格落实“两个一律”和“一案三查”等制度，将办理涉黑涉恶腐败及“保护伞”问题线索和违纪违法案件，与“打虎”“拍蝇”紧密结合，与净化政治生态紧密结合。2018年以来，打掉恶势力犯罪团伙3个，抓获涉案人员27人，开展“一案三查”处置涉恶“保护伞”问题线索21件，已办结21件，处理30人次。

四、深化政治巡察，强化整改做实“后半篇”文章

（一）深入开展县级专项政治巡察。2019年2—4月，紧紧围绕实现“两不愁、三保障”和精准扶贫、精准脱贫，组建9个巡察工作组，深入基层一线对全县9个乡镇及行业扶贫部门和扫黑除恶工作职能部门开展专项巡察，坚持找问题、补短板、促攻坚，配合全县“清零”行动，从脱贫攻坚责任落实、政策落实、工作落实和扫黑除恶专项斗争中精准发现问题、有效解决问题，共发现问题591个，已全面反馈整改。2020年9月，成立9个巡察组，对9个乡镇45个村（社区）“巡村看乡”开展专项巡察，目前巡察组正在深入深入村、组、户实地查看情况。

（二）强化政治巡察整改跟踪督查。建立巡视巡察整改报告制度，各乡镇和责任部门每10日书面报告一次整改情况；组建9个整改监督组，每个组负责一个乡镇，每月集中开展一次专项监督检查，对标巡视巡察反馈问题，逐项督促整改；建立通报曝光制度，对9个乡镇和部门巡视巡察整

改进度和工作情况每月进行排名，将排名和巡视巡察整改中的突出问题在每月脱贫攻坚调度会上通报曝光，相互激励推进整改。

（三）创新线索处置机制。将 4 个纪检监督检查室、14 个派驻纪检监察组和 4 个巡察组整合成 10 个工作组，对巡视巡察移交问题线索全面进行清理核实，在规定时间内完成了处置。中央第十二巡视组交办信访举报 4 件已全部办结；省委第一巡视组移交交办信访举报 90 件，其中作为问题线索 42 件（含重复件 6 件）经初核了结 35 件，1 件正在立案审查中，48 件（含重复件 8 件）业务范围外信访举报转有关职能部门办理，已全部反馈办理情况。

（四）严格整改责任追责。紧盯巡视巡察整改主体责任和监督责任落实，严肃查处数字整改、虚假整改和形式主义等突出问题，对巡视巡察整改每月排名倒数的乡镇和部门主要负责人及时进行提醒谈话。因整改不实 1 名领导干部受到诫勉谈话问责、1 人受到严重警告处分。针对反馈问题和工作薄弱环节，举一反三、查漏补缺，建章立制，巩固整改成果，确保了巡视巡察整改工作高标准高质量完成。

大关县纪检监察机关扎实开展脱贫攻坚监督执纪问责，确保了脱贫攻坚政策执行到位，工作推动有力有效。2020 年 5 月 16 日，省人民政府发布了批准全省 31 个县、市、区退出贫困县的通知，大关县顺利通过第三方实地评估检查，获省级批准退出贫困县，完成全县脱贫摘帽目标任务。

四小时回应制解决慢作为不作为

2019 年以来，吉利镇纪委新建“吉利镇纪检清风群”作为开展工作的 QQ 群，群成员为镇纪委群体成员和各村（社区）支书、主任、副支书、监委主任以及负责纪检监察工作的业务人员。镇纪委明确要求，在纪委工作群发出的文件、工作要求和工作提醒之类的，各村（社区）至少得有一个同志在发出来之后 4 小时之内明确表示收悉，并将相关信息立即转发到村（社区）工作群，及时按要求抓好落实。4 小时之内不见回应的村（社区），总支书记除了向镇纪委说明情况外，党风廉政建设工作考核还会被扣分甚至启动问责。“四小时回应制”刚开始实施的时候，镇纪委发出消息快有 4 小时了，有的村仍无人回应，镇纪委的同志就会及时打电话提醒。这样过了几次之后，各村（社区）就逐渐养成了不用提醒的自觉。镇纪委还会在之后的督查检查中，对作出回应后相关消息或者文件转发和落实的情况，进行跟踪督查问效。

制度实施以来，吉利镇纪委共发出 100 余个工作要求类的消息，均得到了各村（社区）的有效落实，之前以脱贫攻坚为重点的各项工作，村级反应慢、落实不及时、效果不理想，甚至视而不见等相关站所办（中心）电话提醒或者催办的情况，得到了明显转变，有效促成了“慢作为、不作为”问题的解决，村级落实工作立说立行的习惯正在养成。

三重点三结合转变纪律作风

“你的帮扶责任人是谁，这段时间有没有来看过你？”“你享受了哪些扶贫政策？”“危房改造补助款都拿到了吗？”这是自开展脱贫攻坚政策落实情况抽查工作以来，吉利镇纪委每月不打招呼随机抽查入村督查时问得最多的几句话。以脱贫攻坚政策落实、责任落实和工作落实为重点，综合督查与专项检查相结合，督查各村（社区）各站所办（中心）与督查各驻村扶贫工作队相结合，到村检查与入户核查相结合，紧盯工作推动迟缓、上报材料不积极、统筹不力的站所办（中心）和村，开展督查检查，并定期或不定期进行通报。半年来，对驻村工作队工作情况抽查12次、对80余户贫困户开展脱贫攻坚政策落实抽查，并及时向被抽查检查对象反馈意见，限期整改，跟踪问效。共开展脱贫攻坚综合督查和农村危房改造、易地扶贫搬迁、帮扶责任人责任落实、新冠肺炎疫情防控等专项检查6次，为镇党委政府顺利开展以脱贫攻坚为主的各项工作提供了风清气正的环境和坚强有力的纪律保障。

变接访为下访畅通诉求渠道

一是强化入户走访、上门接访工作。吉利镇纪委发现在问题线索受理和处置方面，工作大多是被动的，绝大多数的问题线索都是上级督办、转办、转送件。2018年共核实办理信访件8件，立案3起，仅1件属于自办件。于是镇纪委扭转被动接受、坐等问题线索上门的局面，主动出击、积极而为，以问题为导向，多到农户家中走访，看他们的眼色，听他们讲评身边的干部，琢磨他们不对劲的语气语调，分析他们的话中之话，发现问题、分析问题、解决问题。在走访中，既能开展问题线索举报平台宣传活动，向广大干部群众宣传电话、微信等信访举报方式，引导人民群众积极发挥监督作用，经常走动又能形成强有力的震慑。

二是要畅通信访渠道，形成监督合力。吉利镇纪委监察室管好用好脱贫攻坚监督执纪问责、纪检监察机关畅通群众诉求渠道两个五级联动网络平台，发挥信访主渠道作用，广泛收集问题线索，并且注意确保问题线索不失管、不失控、不流失。每次进村入户开展工作，只要时机适宜、对象恰当、场合适当，纪委工作人员都不会忘记说这么一席话："老乡，发现问题不要总想着往县里、市里、省上和北京跑，村民小组的问题跟村上的同志反映就行了，请他们录入五级联动平台，中纪委都可以看到你反映的问题，我们是必须在规定的时间内按要求跟你处理的；村干部的问题，你们可以悄悄地跟我们镇纪委反映，我们会保密的，如果我们解决不了、不解决或者解决的结果让你不满意，甚至觉得我们镇纪委都有问题，再去县里、市里、省上和北京反映也不迟。况且镇村的很多问题，最终都还是会转给我们处理，又何必冤枉花车旅费，又何必耽搁工程？"2019 年，吉利镇脱贫攻坚监督执纪问责五级联动监督平台，共解决群众诉求 165 件，已办结 165 件，办结率 100%，满意率达 99.39%，越级反映问题的现象也明显减少了。

决战决胜脱贫攻坚，是当前最重要的政治任务，也是一份沉甸甸的责任。下一步将强化扶贫领域监督执纪问责，依托"三重点三结合四小时回应制"，着力解决慢作为不作为、转变纪律作风，深化日常监督、深化专项监督、深化追责问责，切实保障吉利镇今年脱贫攻坚工作完美收官。

大事记

2014年

【大关县被国家纳入乌蒙山特殊连片贫困地区和云南省确定的73个贫困县之一】根据2014年5月27日昭扶办字〔2014〕31号《关于下达扶贫对象建档立卡规模控制数的通知》，大关县上高桥、玉碗、寿山、高桥、吉利、天星等6个乡镇为贫困乡镇。贫困村63个（识别后增加到68个），贫困人口105170人，计划脱贫年度为2019年，通过2020年巩固提升与全国一道同步进入小康社会。

【全面开展农村扶贫对象建档立卡工作】深入贯彻落实《中共中央办公厅、国务院办公厅关于创新机制扎实推进农村扶贫开发工作的意见》，经县政府同意，2014年6月召开了全县扶贫开发工作业务培训和扶贫对象建档立卡工作启动会议，制作工作手册85本，全面启动了扶贫对象建档立卡工作，对全县10.517万人，63个行政村，6个乡镇进行全面识别，截至2014年年底，全县共识别出6个贫困乡镇，68个贫困村，1369个贫困村民小组，11356户43386人贫困危房户，2336户8628人易地扶贫搬迁户，28059户105170人建档立卡贫困户，减贫3071户14562人，就识别出的贫困乡镇、村、户进行信息录入，为之后我县全面实施精准扶贫奠定坚实基础。

【争取整村推进项目】争取行政村整村推进项目 7 个，总投资 3341.75 万元。其中财政资金 700 万元，部门整合 1602 万元，自筹 1039.75 万元。项目涉及基础设施建设、产业开发、社会公益三大类，项目覆盖 7 个村，98 个村民小组，12577 人，其中贫困人口 4211 人。

【推进百千万帮扶工程】2014 年国家行政学院、省级 5 家单位和市级 8 家单位向我县协调引进项目 51 个，规划投资 2729 万元，单位直接投入 316.7 万元，捐物折资 61.7 万元，协调引进资金 2292.5 万元，修缮了学校 2 所、卫生室 3 所、公路 52 千米，解决了 4312 人饮水困难，实施环境整治 24 件；发展养殖大牲畜 56 头，种植经济林果 2000 亩；开展科技培训 90 期 3929 人次，劳务输出 2969 人，资助学生 279 人。县级 132 个单位把帮扶点经济社会发展纳入议事日程，在资金、人力投入上统一研究、统一安排。

【全面实施 2012 年大关县连片特殊困难地区综合扶贫开发示范项目】该项目于 2013 年批复，财政投资 1000 万元，整合部门资金 5847 万元，群众投劳折资 973 万元，安排在悦乐镇、翠华镇等 8 个行政村，覆盖 185 个村民小组 7284 户 31264 人，项目涉及基础设施建设、产业发展、民生改善、公共服务、生态环境、能力建设 6 大类 37 个分项。

【以玉碗镇整乡推进项目为平台，加快推进整体脱贫步伐】2014 年积极向上争取玉碗镇整乡推进扶贫开发项目，包括产业发展、基础设施、安居工程、素质提高、社会事业、生态环境保护与建设 6 大类 27 个项目，概算总投资 14715.95 万元，其中申请财政专项扶贫资金 2000 万元、整合部门资金 11468.2 万元、业主投入 190 万元、群众自筹 1057.75 万元。两年完成项目建设，其中 2014 年完成项目投资 8149.85 万元，其中财政投资 1000 万元；2015 年计划完成投资 6566.1 万元，其中财政投资 1000 万元。

【小额信贷扶贫】完成 2013 年贷款指标 3500 万元，覆盖 9 个乡镇 65 个行政村 629 户，扶持种植业 630.59 万元、养殖业 2699.4 万元、加工业 170 万元。争取到小额信贷指标 6000 万元、财政贴息资金 300 万元、扶贫小额贷款风险补偿试点县补助资金 400 万元。

2015 年

【全面摸清贫困家底】按照中央、省、市农村贫困人口识别的要求，如期完成了9个乡镇、贫困村识别，识别并建档立卡贫困农户22296户8.6892万人，建立了贫困户数据库，实行动态管理，2015年减贫2785户12883人。

【实施整村推进项目】2015年实施行政村整村推进项目4个，总投资2181.21万元。其中财政资金400万元，部门整合821.43万元，自筹959.78万元。项目涉及基础设施建设、产业开发两大类，项目覆盖4个村，90个村民小组14332人，其中贫困人口7195人。

【建立扶贫攻坚"挂包帮"长效机制，扎实开展"转走访"工作】制定《大关县县级领导扶贫攻坚包村帮户方案》《县级部门（机关）企事业单位和中央、省、市驻大关单位扶贫攻坚包村帮扶方案》《关于建立扶贫攻坚"挂包帮"长效机制扎实开展"转走访"工作的通知》《中共大关县委组织部关于选派扶贫工作队及驻村扶贫工作队的通知》，选派576名"挂包帮""转走访"扶贫工作队、171名驻村扶贫工作队。据不完全统计，累计有处级领导111人次，驻村159天，科级及以下干部1951人次，驻村2040天；挂钩部门和干部职工直接投入帮扶资金138万元，其中直接投资79.08万元，捐献衣物被褥学习用品等折资59.05万元；引进资金872.73万元，受益贫困人口达20837人，帮扶困难学生292人。

【全面完成建档立卡"回头看"工作】2015年11月6日，召开大关县扶贫攻坚建档立卡"回头看"工作会议，传达省、市关于建档立卡"回头看"会议精神，安排部署全县建档立卡"回头看"工作任务。及时制定下发《大关县扶贫开发领导组关于农村扶贫对象建档立卡"回头看"实施方案的通知》，明确工作任务、时间节点等要求。各乡镇从11月7日起，先后召开建档立卡"回头看"工作会议，传达省、市、县精神，并做相关业务培训。截至11月16日，全县9个乡镇共派出818名工作人员开展建档立卡"回头看”工作，完成24150户贫困户的回头看工作，核实出列5855户，新增纳入4169户，并通过1715个村民小组村民民主评议及公示，79个行政村村民代表民主评议及公示。11月20日，9个乡镇完成“三榜公示”工作。

【立愚公之志　举全县之力打好扶贫攻坚战】3月19日，县委、县政府召开农业农村暨扶贫开发工作会议。要求要立愚公之志久久为功，举全县之力攻坚克难，以更大的决心、创新的思路、完善的举措，切实打好新一轮扶贫攻坚战。要抓住国家“一带一路”倡议和乌蒙山区域扶贫开发战略积极争取项目和资金，实施好到2020年扶贫开发攻坚规划，确保2015年完成建档立卡贫困人口1.5万人的脱贫任务，力争从2015年起用6年时间，每2年一轮，通过3轮的集中力量扶持，基本消除我县的绝对贫困现象。

【成立扶贫基金会　县领导带头捐款】2015年10月16日，在全国第2个扶贫日即将来临之际，大关县成立扶贫基金会，开展“扶贫日”活动暨扶贫基金现场募捐活动，县四套班子领导带头募捐，全县社会各界积极响应。本次现场募捐活动共收到捐款341.92万元。

2016年

【强化体制机制建设，形成“大扶贫办”工作格局】2016年是启动“十三五”扶贫规划的开局之年，大关县按照中央、省、市扶贫开发工作的总体部署，整合扶贫攻坚力量，强化体制机制建设，成立以县委、县政府主要领导为指挥长的脱贫攻坚指挥部，实现联席办、扶贫办、产业办集中办公，形成“大扶贫办”工作格局。由县处级领导担任挂帮乡镇脱贫攻坚督导组组长，每月督促检查指导一次脱贫攻坚工作，压实工作责任；县委常委会、政府常务会每月听取脱贫攻坚工作汇报，研究解决脱贫攻坚工作中的困难和问题。实行脱贫攻坚“每周报告、每月通报、季度约谈、半年小结和年度考核”制度和信息报送制度。紧扣脱贫摘帽时间节点，围绕“两不愁、三保障”、对照云南省、昭通市贫困退出标准，编制《大关县“十三五”脱贫攻坚规划》《贫困乡镇贫困村精准扶贫规划》，编制《大关县“十三五”易地扶贫规划》《大关县易地扶贫三年行动计划》，配套完善安置点规划设计，《财政专项扶贫项目实施方案》。通过易地扶贫搬迁、农村危房改造、产业扶贫、挂钩帮扶等措施，贫困地区交通、住房、水利等基础设施条件切实改善，实现玉碗镇、15个贫困村、1.5万名贫困人口如期脱贫出列。

【建档立卡贫困人口动态管理】根据国务院扶贫办统一部署，从2月起，组织各级挂钩单位、乡镇等扶贫人员进行访谈问卷表录入工作，同时将驻村工作队队员信息录入省扶贫办扶贫信息管理系统。下发《大关县扶贫开发领导组关于开展建档立卡“回头看”指导督查工作的通知》（大扶发〔2016〕6号）、《大关县扶贫对象精准情况跟踪审计工作方案》（大政办发〔2016〕49号）等5个通知。2016年建档立卡“回头看”工作历时一个月，举办建档立卡业务培训27次，培训工作人员1255人次，安排县、乡、村干部和驻村扶贫工作队队员957人次深入全县80个行政村（社区）1706个村民小组，召开1700场次公开评议会，对25399农户进行评定，保留原建档立卡贫困户16969户64027人，剔除不精准贫困对象2308户9180人，纳入2555户9010人，核准录入扶贫大数据信息平台贫困农户19273户73026人并实施动态管理。

【易地扶贫搬迁】制定出台《大关县人民政府关于易地扶贫搬迁实施的意见》（大政发〔2016〕1号），根据搬迁对象、安置方式、家庭人口，制定差异化补助政策，实行“干部上山、群众下山”工作方法，按照“高搬矮、远搬近、寒搬暖、散搬聚、危搬安、差搬好”和“近城镇、近村委会、近学校、近卫生室、近乡村公路干线”六搬五近的搬迁安置方式，宣传、动员2016年易地扶贫搬迁2815户，其中建档立卡1849户6976人，建设安置点30个。完成建房1500户，水、电、路等公共设施建设有序推进，累计完成投资2.03亿元。

【行政村整村推进】实施行政村整村推进项目33个，项目总投资7938.065万元，其中财政扶贫资金2580万元，部门整合资金4136.71万元，群众自筹资金1221.355万元。项目涉及基础设施建设、产业开发、社会公益三大类，项目覆盖33个行政村，124个村民小组，24713人，其中贫困人口11088人。2016年，完成建设项目9个，其余项目已接近建设末期阶段，累计完成投资2232万元。

【整乡推进】吉利镇、寿山镇整乡推进项目2016年1月启动实施，计划2018年1月完成项目建设。规划吉利镇整乡推进精准脱贫项目总投资20278.616万元，其中基础设施项目11063.564万元，产业发展项目1176.49万元，人居环境5763.87万元，素质提高43万元，社会事业247.4万元，生态环境保护与建设1714.292万元，组织建设270万元，规划投入财政扶贫专项资金2000万元，整合部门资金12717.052万元，群众自筹和投劳折资5561.564万元。规划寿山镇整乡推进精准脱贫项目总投资15207.72万元，其中基础设施项目8624.43万元，产业发展项目1312.39万元，安居工程2023.40万元，素质提高53.2万元，社会事业2117.30万元，生态环境保护与建设1050.00万元，组织建设27万元，规划投入财政扶贫专项资金2000万元，整合部门资金11970.62万元，群众自筹和投劳折资1237.10万元。

截至2016年12月，吉利镇整乡推进项目累计完成投资9449万元，其中财政专项扶贫资金完成773.97万元；部门整合资金6855万元；群众筹资投劳资金1820.04万元。寿山镇整乡推进项目累计完成投资3961.31万元，其中财政扶贫资金580.4万元，部门整合3327.4万元，群众筹资投劳资金53.51万元。

【产业扶贫】启动产业扶贫项目17个，总投资1406.77万元，其中财政扶贫资金774.77万元，群众自筹资金632万元。规划养殖能繁母牛603头，山羊1015只，能繁母猪593头，生态鸡4.4849万只，枇杷、珍珠李、方竹等经济林果0.49万亩，直接受益贫困群众5418人。完成项目建设14个，累计完成投资1158万元。

【雨露计划】2016年财政专项扶贫资金中安排实施雨露计划资金88万元，规划受益贫困学生586人。补助对象为全县农村建档立卡贫困家庭中在本地和异地接受高等职业教育和中等职业教育的在校学生（高等职业教育包括全日制普通大专、高职院校、技师学院；中等职业教育包括全日制普通中专、职业高中、技工院校等），每人每年补助1500元，其中2015年秋季学期补助700元/人，2016年春季学期补助800元/人，分学期发放。2016年补助达到条件的贫困家庭学生508人，发放补助资金76.2万元。

【小额信贷扶贫】2016年，发放小额贷款1868.4万元，覆盖9个乡镇，47个行政村，受益农户598户，其中，种植业发放贷款127.2万元，种植粮食作物50亩，种植经济作物668亩，种植经济林果78亩；养殖业发放贷款1716万元，大牲畜10461头，家禽5000只；其他项目发放贷款25.2万元。

【陈宝生到大关调研精准扶贫】4月6—7日，中共十八届中央委员、原国家行政学院党委书记、副院长陈宝生，党委委员、副院长、扶贫领导小组组长陈立到学院定点扶贫的大关县，就如何做好精准扶贫、推进精准脱贫开展调研。在深入调研的基础上，陈宝生指出：大关县的脱贫攻坚战，要以"两不愁、三保障"为总要求，解决好六个问题，即"一顶帽子"（脱贫摘帽）、"一件衣服"（不愁穿）、"一碗饭"（不愁吃）、"一本书"（孩子有学上）、"一张卡"（就医养老保障）、"一间房"（住房安全），发挥好全县干部群众的主体作用、驻村帮扶队伍的"敢死队"作用、国家行政学院及各级干部培训的"工具包"作用，齐心协力打赢脱贫攻坚战。

【建立干部"大走访"工作长效机制】对建档立卡贫困户、已脱贫出列户、易地搬迁户、部分非贫困户，以及"回头看"中群众反映强烈的村、组、户开展"大走访"，县处级领导每月不重复走访10—20户，每月至少主持召开一次镇村干部会议；乡镇党委书记、乡镇长、副书记和人大主席每月不重复走访20—30户，每月至少主持召开一次村组干部会议；各乡镇挂村干部每季度至少主持召开一次自然村或村民小组群众大会；明确"大走访"五大任务，即发动群众、引导群众、宣讲政策、督促工作、解决问题。各级领导干部在走访中面对面与群众商议集体经济发展、产业发展、基础设施建设，发现问题及时反馈给相关部门和乡镇办理，重大问题提请县委常委会议、县政府常务会议专题研究解决。领导干部走访后将入户记录、走访照片、问题清单、会议记录经本人签字后，于每月 25 日交县“挂包帮”“转走访”联席会议督察组存入“一人一档”。

【钟勉、张祖林带队到大关县观摩】8 月 24 日，时任省委副书记钟勉、副省长张祖林率队，到大关县上高桥乡琦鑫黄牛养殖专业合作社、天星镇斜文村坉上易地扶贫搬迁安置点观摩产业帮扶脱贫和易地扶贫搬迁。钟勉要求：要进一步深入研究、完善机制，帮助企业做强做大，促进一、二、三产融合发展，带动贫困农户脱贫致富。要求易地扶贫搬迁工作一定要继续深入，尤其要因地制宜，针对不同的群体，采取不同的政策措施。对举家在外务工、生活，拥有一定经济能力且具备成为城镇居民条件的易地扶贫搬迁户，要多思考多做工作，该进城的进城，该集中到集镇的到集镇。

【贫困退出省级第三方评估】11 月 2 日至 13 日，云师大第三方评估组一行 16 人进驻大关，对大关县 2016 年度贫困退出工作进行评估。工作组用了 8 天时间分 8 个组抽查了 5 个乡镇 8 个贫困村 410 户预脱贫户，用了 1 天时间对得分低于 85 分的 56 户分 8 个组进行了复核，经现场核实低于 85 分的绝大部分属于入户进行收入调查时没有如实报告收入信息，省第三方评估反馈大关县最后得分低于 85 分的为 13 户，所占比例为 3.17%。玉碗镇和 8 个贫困村均达到退出标准。

2017 年

【建档立卡贫困人口动态管理】按照中央、省、市要求找出真正的贫困村、贫困户，了解贫困状况，分析致贫原因，摸清帮扶需求，为扶贫开发对象精准提供科学依据，2017 年 5 月以来，组织各级精准识别摸底调查培训 99 场、培训干部 3280 人次，组建贫困对象动态管理工作队 81 支 1490 人，深入 9 个乡（镇）81 个行政村（社区），走访核查农户 62540 户 253755 人，采集、核查、比对、录入到村信息 84 条，到户信息 28346 条。至 2017 年 8 月底动态调整最终锁定我县建档立卡贫困户 16635 户 67152 人。组建 12 个模拟评估工作组，按照“实事求是，保证质量”的要求，开展模拟评估，精准锁定 2017 年脱贫对象 4148 户 17856 人。年终完成脱贫出列 6 个村，分别是翠华镇金坪村，天星镇祥云村，吉利镇吉利村、小寨村、鱼田村、尾甲村，完成贫困户退出 4148 户 17856 贫困人口。

【易地扶贫搬迁】围绕“两不愁、三保障”目标，突出易地扶贫搬迁、产业发展、精准就业三个重点，攻克控辍保学、高寒边远山区少数民族脱贫两个难点，规划“易地扶贫搬迁三年行动计划”，统计上报应搬尽搬 9664 户 40534 人，其中，应搬尽搬建档立卡贫困户 6754 户 29267 人（含大关县三年行动计划 3001 户 13000 人），应搬尽搬非建档立卡贫困户 2910 户 11267 人（含已经启动实施的同步搬迁对象 407 户 1756 人）。全面完成 2016 年 20 个集中安置点扫尾工作，启动 2017 年 14 个集中安置点建设，完成基础设施进度投资 1.5 亿元，安居房竣工 334 户 1441 人、入住 88 户 363 人；组建 200 支工作队，扎实开展应搬尽搬对象摸底调查，初步锁定搬迁对象 25654 人；完成 C、D 级农村危房改造 3700 户。

【产业扶贫】对照村出列 10 条标准和户脱贫 6 条标准，科学编制完成 81 个村级扶贫实施方案，结合县、乡短板项目，形成了县级项目库和乡级路线图。整合资金 1.26 亿元，培育和引进了乌撒牧业、华曦牧业、益康百草、贵州白鸟河等 7 家农业龙头企业，采取“企业 + 合作社 + 基地 + 农户”的模式，发展养殖大户 972 户，发展笋用竹 6 万亩、茶叶 1.45 万亩、中药材 1.84 万亩、蔬菜 3 万亩、经济林果 6.74 万亩，发展能繁母牛 0.29 万头、能繁母猪 0.6 万头，养殖蜜蜂 0.76 万箱，为贫困户培育了持续稳定的增收产业。

【驻村工作】2017 年，大关县调整前有中央、省、市、县挂钩帮扶单位106家（中央级1家，省级4家，市级10家，县级91家），调整后，市级挂钩帮扶单位调整为3家，共有挂钩帮扶单位99家。共帮扶我县9个乡镇68个贫困村。派出蹲点挂职干部246名，其中处级干部8名，有驻村扶贫队员245名，全县各级挂钩帮扶干部3332名共结对28144户贫困户。每个乡镇明确1名分管领导，1名专职人员管理驻村工作队队员。11月，将县级驻村队员中的公务员工资转到乡镇，进一步强化乡镇管理。

【雨露计划】针对全国农村建档立卡贫困家庭中有子女接受中、高等职业教育的贫困家庭，提供雨露计划帮扶。2016年秋季至2017年春季学期共投入财政扶贫资金228.9万元实施雨露计划，其中，2017年切块资金200万元，上年结转资金28.9万元。资助685名贫困学生，每生每年补助2000元，共计补助137万元，剩余91.9万元资金结转到下年实施。2017年秋季学期第一批雨露计划资助贫困学生为869人，按照每生每年3000元的补助标准，划拨雨露计划补助资金130.35万元。

【小额信贷】2017年小额信贷数为7000万元，实际完成扶贫到户贷款量10760万元，扶贫到户贴息1373.6022万元，受益农户0.2395万户。

【东西部扶贫协作】一是三江口扶贫开发示范点建设。项目总投资3392.83万元，其中中山援助1000万元，安置186户，集中安置110户（建档立卡户77户），分散安置76户均为建档立卡户，于4月份启动建设。二是2017年扶贫协作项目资金共1000万元，500万元用于全县20个卫生室建设；另外500万元用于解决建档立卡贫困户（D级危房户）的建房补助，采取与原来规划的易地扶贫搬迁安置点集中连片进行建设，共规划建设安居房125户。三是2017年2月9—13日，举办了转移就业专场招聘活动，28个企业提供5000余个岗位，900余人与用工单位初步达成意向协议，在广东稳定务工人数达4159人。中山市委党校副校长高科、广东省第五扶贫协作工作组项目组组长谭志勇、中山火炬开发区管委会主任招鸿等领导先后到我县考察调研，助力大关脱贫攻坚。

【国家行政学院帮扶】2017年，国家行政学院先后选派2名干部到我县挂职县委常委、副县长，1名驻村第一书记驻村帮扶。年初，为大关干部无偿开设网络在线学习平台。2017年，举办“汤沟西部人才彩烛工程”教师培训活动，送教下基层活动，累计培训教师65名；开展科级以上干部、后备干部、大学生干部、选调生培训180人；开展应急免费培训20人。3月、11月，党委委员、副院长陈立，十八届中央委员、党委副书记、常务副院长马建堂，信息技术部副主任夏红，人事局局长王新堂，先后到我县调研，指导脱贫攻坚工作。共投入181.8万元，其中100万用于修建甘顶街上至托木槽公路；向甘顶村群众捐赠价值71.8万元电视219台、计算机100台；向学生捐赠学习用具折资0.5万元，为甘顶村完小赠送一批图书、计算机；看望慰问贫困户10户每户2000元，资助贫困学生2.5万元。同时协调多方力量开展帮扶工作。协调阿里巴巴与大关签署战略合作协议，协调腾讯公司到大关调研“互联网+为村项目”，协调“伊利方舟”儿童安全教师指导我县儿童安全教育工作。11月21日至23日，国家行政学院机关服务中心医务室组织西苑医院、宣武中医院、解放军306医院的主治医师组成的健康扶贫医疗队赴大关，为群众进行健康知识讲座和义诊。

2018年

【建档立卡贫困人口动态管理】按照中央、省、市要求，进一步做好精准识别工作，印发了《大关县贫困对象动态管理办法》，建立了网格化管理机制，实行一月一动态研判机制。研究制定了《大关县精准扶贫数据比对专项工作方案》，成立了数据中心，建立了部门联动会商机制和“1+N”扶贫数据比对机制。2018年，县级组织召开县级调度会4次、乡级调度会99次。县级组织各级培训班11期次4420人次，乡镇级组织各级培训72期6480人次。截至2019年1月1日，大关县建档立卡贫困人口总计26721户

113700人，其中已脱贫17605户77334人，未脱贫人口9116户36366人，贫困发生率为13.45%。2018年8月至2019年3月底，经县乡两级反复研判，初步确定拟新识别66户265人，拟返贫4户14人，拟整户剔除290户1350人，拟个人清退17人；2019年1月至3月自然增加1117户1336人，自然减少973户1051人，拟脱贫1283户5650人。经核查，2018年年底8个贫困村出列，分别是翠华镇龙洞社区，悦乐镇四合社区、里底村，寿山镇麻柳湾社区，木杆镇振兴社区、木杆村，吉利镇关河社区，天星镇朝阳社区，贫困对象退出3742人15875人。

【易地扶贫搬迁】紧扣"挪穷窝"与"换穷业"并举，抓牢"应搬尽搬、进城入镇、建新拆旧"三个重点，与村级施工图、乡级路线图有机结合，同步配套安置点产业发展计划，全县易地扶贫搬迁工作稳步推进。2018年建设13个安置点共搬迁856户3729人，其中贫困户826户3614人（集中安置798户3480人、分散安置28户134人）、同步搬迁30户115人，旧房拆除150户，占17.5%。截至2019年3月底，13个安置点已搬迁入住9个，其余4个安置点2019年4月底全部搬迁入住。新增应搬尽搬对象5318户22633人，其中建档立卡贫困户3778户16592人、同步搬迁户1540户6041人，全部纳入昭阳区靖安片区安置。

【项目库建设】紧扣"两不愁、三保障"和户脱贫、村出列、县摘帽"6 10 5"的标准，紧密结合"村村清、户户清"专项行动，采取"自上而下的统筹和自下而上的精准"的工作方法，建立健全了项目库。县级项目库总概算投资56.23亿元，规划项目125个，涵盖了易地搬迁、危房改造、产业扶贫、就业扶贫、教育扶贫、健康扶贫、生态扶贫、基础设施、兜底保障、巩固提升"十大重点工程"，覆盖了全县9个乡镇82个贫困村11.37万名贫困人口，实现了建档立卡贫困户扶贫项目全覆盖。其中I类计划投资21.32亿元，占总概算投资37.9%；Ⅱ类有计划投资34.91亿元，占总概算投资62.1%。按资金投入年度分，2018年投入16.58亿元，占29.5%，2019年投入30.35亿元，占54%；2020年投入9.3亿元，占16.5%。

【扶贫热线开通】深入贯彻习近平总书记“阳光扶贫、廉洁扶贫”工作要求，2018 年 1 月开通了“扶贫热线”，以畅通群众诉求渠道、全面掌握群众反映最真实、最困难、最强烈的问题、着力解决群众遇到的困难为目的，本着着力促进脱贫攻坚为己任，及时发现扶贫领域问题，切实加以解决。截至 2019 年 3 月底，共收到群众来电来访 139 件，共办结信访件 108 件，办结率为 78%，31 件正在调查核实处理。

【雨露计划】对全县农村建档立卡贫困家庭中有子女接受中、高等职业教育的贫困家庭，提供雨露计划帮扶，补助标准为每生每年 3000 元。2018 年春季学期资助学生 1524 人，筹集资金 534.7787 万元，拨付资金 228.6 万元（当年安排资金 420.9287 万元，结转资金 113.85 万元）；2018 年秋季学期资助学生 2396 人，筹集资金 306.1787 万元，拨付资金 359.4 万元（当年剩余资金 306.1787 万元，差余 53.2213 万元资金由 2019 年安排资金补上）。

【小额信贷】大关县 2018 年年初计划发放扶贫小额贷款 7000 万元，实际完成发放 10969 万元，覆盖建档立卡贫困户 2425 户 11492 人，发放贴息资金 674.59 万元。通过小额信贷项目扶持，2018 年完成经济作物种植 82000 亩，其中，竹类 45200 亩，花椒 12900 亩，黄檗 14100 亩，核桃 5000 亩，砂仁 2000 亩等；牲畜养殖 43920 头，其中，猪 29800 头，牛 8920 头，羊 5200 只；家禽 115600 只，养蜂 3250 桶。

【东西部扶贫协作】2018 年，中山市级财政支援大关扶贫协作资金共 3027 万元，300 万元用于全县 12 个贫困村卫生室建设；800 万元用于全县 16 所学校 8531 平方米危校舍维修加固；600 万元用于全县种养殖产业 8 个专业合作社配套设施建设；1175 万元用于劳动力技能培训和转移就业；150 万元用于农业产业配套设施建设；2 万元用于残疾人就业技能培训。中山市健康科技产业基地发展有限公司投资 1500 万元建设大关县农产品冷链加工物流基地。全年共开展 38 期东西部扶贫协作贫困人口转移就业技能培训和农村实用技术培训，3420 人次贫困人口接受了培训，帮助 1490 名贫困人口实现就业，帮助 93 名贫困残疾人实现脱贫。全年共组织发动 211 名“两后生”到中山市职业学校就读，其中建档立卡贫困户家庭学生152名。完成全县48个深度贫困村与中山火炬开发区组团六镇区的村（居）委会、企业签订结对协议，给予每个结对村4万—50万元的帮扶资金，实现深度贫困村结对帮扶全覆盖；签订了两地学校结对协议2个，两地医院结对协议2个。2018年，中山火炬开发区组团六镇区向大关县提供携手奔小康资金物资合计共1876.7万元（其中资金1277.8万元，捐物折价598.9万元）。

【国务院副总理胡春华到大关调研】2018年6月15日，中共中央政治局委员、国务院副总理胡春华同志到大关县悦乐镇政府、卫生院、悦乐镇沙坪村、大坪村调研。胡春华要求，一是精准脱贫要紧扣脱贫标准，绝对不要抬高标准，也不要降低标准；二是在易地扶贫搬迁安置方式上要进城入镇、搬到工业园区、搬到靖安，杜绝农村搬农村，搬迁安置点要配套就业、教育、医疗等措施，实现搬迁稳定脱贫；三是在建档立卡信息系统方面，要精准识别贫困对象，准确摸清贫困户住房、生产、人口、收入、帮扶责任人等基本信息，建立信息档案，为精准扶贫精准脱贫打牢基础；四是靖安片区在住房规划时要结合搬迁人口合理设计户型和控制面积，预留空间，要通过易地搬迁安置节约土地指标，将指标转化为资金用于脱贫攻坚；五是驻村工作队要跟村党组织、村委会形成合力，把扶贫开发工作与乡村振兴有机衔接起来，实施乡村振兴不要等，与脱贫攻坚同步推进、相互结合；六是要加强农村生态环境建设。

【农工党中央民主监督调研】11月19日，农工党中央分三组分别到翠华镇兴隆村易地搬迁安置点和上高桥乡新民村；吉利镇鱼田村、悦乐镇沙坪村；县脱贫攻坚指挥部、上高桥乡，通过实地调研和查看档案资料等方式开展脱贫攻坚民主督查调研工作。

【四名扶贫干部牺牲在扶贫一线】2016年5月5日，大关移动公司员工邓鑫荣、解虹、驾驶员李昊，在寿山镇中坪村陆坪小组勘察选址途中，车辆翻下80余米坡地，邓鑫荣、李昊不幸因公殉职。2018年6月29日，大关县玉碗镇人大主席王文贵在前往老街村核查扶贫茶产业及烤烟长势，返程途中发生交通事故，不幸遇难，年仅38岁。2018年11月19日，大关县纪委监委派驻天星镇打瓦村驻村扶贫工作队队员王秋婷扶贫途中发生交通事故，因公殉职，年仅26岁。

2019年

【建档立卡贫困人口动态管理】印发《关于做好2019年度扶贫对象动态管理和贫困退出工作的通知》文件，就动态管理工作内容、工作要求、完成时限等做了详尽的说明和规定，确保2019年动态管理工作圆满完成。2019年，全县共计剔除316户1478人，个人清退38人，新识别113户474人，整户补录18户83人，家庭成员补录29人，返贫23户88人，服刑回退1户1人，自然减少3620人，自然增加4840人，完成53个贫困村出列，8054户33509人脱贫。同时，加强边缘户和脱贫监测户研判，共计研判、录入边缘户2314户9551人，标注脱贫监测户1336户6021人，占2013年建档立卡数的14.85%。

【易地扶贫搬迁】紧盯"六类地区"搬迁对象，紧扣"挪穷窝"与"换穷业"并举，抓牢"应搬尽搬、进城入镇、建新拆旧"三个重点，与村级施工图、乡级路线图有机结合，同步配套安置点产业发展计划。一是三年行动计划全面完工。累计完成投资18.07亿元，全面完成易地搬迁"三年行动计划"任务，建成县内集中安置点50个，3503户15107人已乔迁新居（其中建档立卡贫困2989户13000人），累计拆除旧房3282户，复垦复绿442.65亩。二是新增易地搬迁有序入住。通过多轮精准识别，精准锁定新增易地搬迁对象5289户22557人，其中贫困户3779户16592人。靖安新区已于12月18日启动第一批搬迁入住工作。

【项目库建设】全力"画好"村级施工图，"绘好"乡级路线图，"建好”县级项目库，做到有的放矢、精准滴灌，确保精准施策、精准帮扶、精准落实、取得实效。我县项目库规划项目 1046 个、概算总投资 36.87 亿元，其中 2018 年 420 个 10.24 亿元、2019 年 452 个 14.61 亿元、2020 年 174 个 12.02 亿元。覆盖全县 9 个乡镇 82 个贫困村，实现建档立卡贫困户受益全覆盖。已累计完成建设投资 31.3 亿元，占规划总投资的 84.9%。2018 年、2019 年、2020 年分别完成投资 10.24 亿元、14.12 亿元、6.94 亿元。

【信访工作】2019 年全年收到上级部门反馈、群众现场、来电等方式信访件 87 件，办结 83 件，办结率为 95.4%，4 件正在调查核实处理。

【雨露计划】按照应补尽补的原则，对全县农村建档立卡贫困家庭中有子女接受中、高等职业教育的贫困家庭，提供雨露计划帮扶，2019 年春季学期资助学生 2542 人，补助标准为每生每年 3000 元，拨付资金 381.3 万元；2019 年秋季学期资助学生 3555 人，补助标准为每生每年 3000 元，拨付资金 533.25 万元。

【小额信贷】大关县 2019 年发放贷款 5331 笔 24775.1 万元，其中县农信社发放贷款 4763 笔 22500.1 万元；县农行发放贷款 468 笔 2275 万元；新增扶贫小额信贷风险补偿金 1400 万元。通过小额信贷项目扶持，2019 年用于种植业使用贷款资金 12283 万元，其中种竹 3721.6 万元；种黄檗 378 万元；种花椒 3611.1 万元；种核桃 646 万元；种枇杷 273.8 万元；种李子 288.7 万元；种猕猴桃 5 万元；种茶 503.7 万元；种天麻 442.5 万元；种白芨 201 万元；种砂仁 25 万元；种重楼 174 万元；种大棚蔬菜 286 万元等。用于养殖业使用贷款资金 12492.1 万元，主要是养牛 6870.8 万元；养猪 3767 万元；养羊 692 万元；养鸡 623 万元；养蜜蜂 168.3 万元；养鱼 158 万元。

【省委第一巡视组巡视大关县脱贫攻坚】十届省委第七轮巡视派出省委第一巡视组于 2019 年 4 月 10 日进驻大关县，对大关县开展为期 2 个月的巡视。巡视期间，突出脱贫攻坚这个监督重点，紧紧围绕“四个落实”开展监督检查，即：党中央脱贫攻坚方针政策落实情况，党委落实脱贫攻坚主体责任情况，纪委监委落实监督责任和有关部门落实监管责任情况，以及脱贫攻坚过程中各类监督检查发现问题整改落实情况。2019 年 4 月 10 日，省委第一巡视组组长高龙同志在省委第一巡视组专项巡视大关县工作动员会上就巡视工作的主要任务、方式方法和有关要求作了动员讲话，县委书记陈刚同志作了表态发言。要求各级党委（党组）要认真学习贯彻讲话精神，自觉把思想和行动统一到讲话精神上来，按照巡视组的要求，积极主动支持配合巡视工作，全力推进脱贫攻坚补短板、找问题、提精神、造环境四项重点工作，以巡视为契机，坚决打赢脱贫攻坚战。

【中央党校（国家行政学院）及国家开发银行调研大关脱贫攻坚工作】2019 年 6 月 4 日至 5 日，中央党校（国家行政学院）分管日常工作的副校长何毅亭、中央党校（国家行政学院）副校长甄占民、国家开发银行副行长周清玉一行到我县调研脱贫攻坚工作。调研组先后到木杆镇甘顶村、县电商服务中心、昭阳区靖安易地扶贫搬迁安置点，通过实地查看、听取汇报，了解了我县产业发展、基础设施建设、电子商务平台运营、易地扶贫搬迁安置等情况。何毅亭强调，打赢脱贫攻坚战是以习近平同志为核心的党中央作出的重大决策，也是全面建成小康社会必须打好打赢的一场硬仗，目前攻坚战已进入决胜的关键点，各方面都要投入更多的精力、采取更强的措施，打好打赢脱贫攻坚战。

【国开行到大关调研脱贫攻坚工作】2019 年 9 月 6 日国开行扶贫事业部区域开发局局长肖志明，国开行云南分行行长洪正华一行赴我县调研脱贫攻坚工作。在座谈会上，在听取我县脱贫攻坚工作汇报后，国开行表示，国开行云南分行将充分发挥自身综合融资优势，在双方现有良好合作基础上，构建更加长期稳定深入的合作关系，继续加大对我县“美丽县城”建设、扶贫车间、“一县一业”特色竹产业发展、公共基础设施建设、旅游开发等领域的合作力度，为大关经济社会发展提供更多、更好的金融服务。

【副省长、省公安厅厅长任军号到我县调研脱贫攻坚工作】2019 年 3 月 11 日、9 月 22 日，副省长、省公安厅厅长任军号到我县调研脱贫攻坚工作。任军号强调，要坚定信心，进一步鼓足敢战必胜的勇气和斗志，把握时间节点，做好最后冲刺，以优异成绩脱贫摘帽。要正视问题和不足，找准脱贫攻坚的短板、弱项，组织好易地扶贫搬迁，重点聚焦，找准突破口，着力打造大关产业品牌。要集中力量，坚决打赢打好脱贫攻坚战，坚定决战决胜的信心，全员集结擂响决战攻坚“冲锋号”，层层压实责任；要聚焦脱贫攻坚工作中的重点难点，集中优势力量挂图作战，不折不扣落实扶贫政策。要切实扛起脱贫攻坚的政治责任，构建更加严密的组织体系，最大限度争取政策和资金支持，调动群众内生动力，构建全县干部攻坚脱贫、各类资源聚焦脱贫、社会力量共同脱贫、贫困群众自主脱贫的大格局。各级领导干部要切实转变工作作风，心系百姓、担当重任、铁律作战，确保如期完成脱贫攻坚任务。

2020 年

【2019 年贫困县退出专项评估检查】2020 年 4 月 19 日，省级第三方评估考核组一行 64 人到达大关县，召开大关县贫困县退出专项评估检查对接会。第三方评估调查组于 4 月 20—23 日开展了入户调查，重点调查贫困退出“三率一度”，脱贫攻坚工作部署情况、重大政策措施落实情况；基础设施、公共服务设施的改善；后续帮扶计划以及巩固提升工作的安排。同步开展云南省 2019 年脱贫攻坚工作成效考核。重点是：“三落实”（落实责任、落实政策、落实工作），“三精准（精准识别、精准帮扶、精准退出）”“两不愁、三保障”三个方面的内容。第三方评估调查组共抽查了 9 个乡镇 24 个村，累计入户 1575 户（贫困户 831 户占 52.8%、非贫困户 744 户占 47.2%），实地调查 1412 户、电话调查 144 户、靖安走访调查 19 户。

【正式退出贫困县序列】大关县共有贫困村（社区）82 个，占全县行政村（社区）总数的 97.6%，其中深度贫困村（社区）48 个，占全县行政村

（社区）总数的57.1%。有建档立卡贫困户26057户114136人，贫困发生率为46.4%。截至2019年年底，全县贫困村出列82个，出列率达100%，累计减贫25093户110343人，未脱贫对象999户3541人，贫困发生率降至1.44%，经过县级申请、市级审核、省级核查和第三方实地评估检查、公示等程序，达到贫困县退出标准，符合贫困县退出条件，于2020年5月16日经省政府正式批准退出贫困县序列。

【深入实施百日总攻行动】2020年上半年，认真对照省、市百日总攻工作要求，按照“户户达标、村村提升、全县清零”工作目标，明确了就业扶贫、产业扶贫、“三保障”和饮水安全、易迁后续扶持等9项重点工作，研究印发了《关于切实做好重点农户帮扶措施的紧急通知》，再次细化了未脱贫户、脱贫监测户和非贫困边缘户3类重点人员帮扶措施，严格落实1户1方案工作要求，全面盘清贫困家庭务工、公益岗位、低保、就学、就医等情况，分析研判短板弱项，对应制定帮扶措施，截至6月底，全县未脱贫对象999户3541人已全部达到脱贫标准，无返贫、新增现象。

【配合做好脱贫攻坚普查登记工作】按照中央、省、市关于脱贫攻坚普查登记工作的要求，由镇雄、绥江、巧家3县抽调人员组成的派驻普查工作组一行303人于2020年7月19日到达大关县，7月20日至8月10日对全县9个乡镇81个行政村26092户建档立卡户开展脱贫攻坚普查，主要涉及建档立卡户基本情况、“两不愁、三保障”实现情况、主要收入来源、获得帮扶和参与脱贫攻坚项目情况，以及县和行政村基本公共服务情况等。截至8月20日，全县行政村普查登记上报81个，上报率100%。建档立卡户普查登记上报26092户，上报率100%，其中，正常面访23663户、占比90.69%、排全市第7名，代答156户、占比0.6%、排全市第1名，电话询问2397户、占比9.19%、排全市第7名；失联4户5人、排名全市第7名，整户自然减少28户、占比0.11%，未出现拒绝签字和拒绝普查的现象，这两项指标均为全市第一位。全县户表、村表、县表相继通过县、市、省3级验收，验收率均达到100%。

【接受五年脱贫攻坚成效省级考核】2020 年 11 月 26—29 日，省级脱贫攻坚成效考核组第三小组一行 11 人对大关县 2016 年至 2020 年的脱贫攻坚成效进行考核，考核组到玉碗镇出水村、悦乐镇里底村、寿山镇寿山村、高桥镇甘河村、木杆镇银吉村、天星镇毛坝村开展实地考核，入户调查了 140 户农户，对发改局、教体局、民政局、财政局、人社局、农业农村局、林草局、卫健局、扶贫办、县驻村扶贫领导小组办公室等 11 家单位负责人进行了访谈。

【接受国家财政专项扶贫资金绩效评价考核】2020 年 11 月 30 日至 12 月 5 日，国家绩效评价工作组一行 2 人到大关县开展财政专项扶贫资金绩效评价考核，考核组抽取了 2016 年至 2020 年产业类、基础设施建设类、到户到人补助类 15 个项目进行实地详细评价考核。访谈了分管项目的乡镇干部 2 人、村干部和驻村第一书记 6 人，项目受益建档立卡贫困户 45 人。

【接受国家东西部扶贫协作成效考核】2020 年 12 月 13—15 日，国家东西部扶贫协作成效考核组一行 8 人对大关县东西部扶贫协作成效进行考核，考核组到寿山镇实地考核了柑子村飚水岩引水、益珠村卫生室、中坪村人居环境改善、创标实业公司电杆厂、谨鑫食品配送公司等 5 个项目，到翠华镇黄家坳实地考核了大关县农产品冷链物流基地项目，到木杆镇实地考核了百富种养殖农民专业合作社、漂坝村林区小学、漂坝村三江口东西部协作易地搬迁示范点、旭红养殖农民专业合作社、徐家湾筇竹科研基地、大关县筇竹产业示范园等项目，到天星镇实地考核了镇卫生院、沿河村幼儿园项目。

（县扶贫办）

本卷后记

消除贫困，实现小康，一直是人民群众的殷切期盼。

群众的渴望越急迫，党的关怀就越深切。习近平总书记视察昭通时作出重要指示："要以更加明确的目标、更加有力的举措、更加有效的行动抓好脱贫攻坚，确保扶到点上、根上，让贫困群众真正得到实惠。"大关县委、县政府迎难而上、谋定而动，确立了到2019年贫困县摘帽、贫困村出列、贫困人口脱贫的目标。

大关县委、县政府要求全县干部群众，更加紧密地团结在以习近平同志为核心的党中央周围，高举习近平新时代中国特色社会主义思想伟大旗帜，以坚如磐石的信心、舍我其谁的担当、抓铁有痕的作风，坚决打赢脱贫攻坚大决战。各挂钩扶贫单位全体干部职工在对全县人民郑重承诺，坚决打赢脱贫攻坚战，确保挂钩扶贫村如期脱贫出列！

大关县以脱贫攻坚统揽全局，构建脱贫攻坚作战体系，狠抓责任压实、党建引领、扶贫扶志"三个全覆盖"；突出易地搬迁、产业发展、精准就业"三个重点"；攻克控辍保学、高寒边远山区群众脱贫"两个难点"；抓实基础设施、公共服务、对口帮扶"三项工作"。一切工作围绕"脱贫摘帽"开展，举全县之力、集各方之智，打响了一场与时间赛跑的攻坚战。

人民群众对美好生活的向往就是我们的奋斗目标。县四套班子领导、82

支驻村扶贫工作队、3300多名结对帮扶干部职工，走村串寨、进村入户，察民情、听民声、解民忧，用自己的“辛苦指数”换取贫困群众的“幸福指数”，用青春年华诠释全心全意为人民服务的根本宗旨。王秋婷、王文贵、邓鑫荣、李昊4位同志为脱贫攻坚献出了宝贵生命，用忠诚担当书写了脱贫攻坚战的壮丽史诗。

脱贫攻坚是一场不能输的战役。大关县结合实际、精准施策，积极构建多方联动的大扶贫格局，把精准扶贫扶到老百姓的心坎上，深入开展“十大清零行动”，着力在“补短板”“强弱项”“破瓶颈”上下功夫，定向“喷灌”、定点“滴灌”，确保扶贫资源真正向贫困村倾斜、向贫困户聚集。

如今的大关，基础设施和公共服务得到改善，产业不断进步，关河大地焕发勃勃生机。昔日贫瘠的小村庄，变成了一个个“望得见山、看得见水、记得住乡愁”的美丽乡村，到处是“住上好房子、过上好日子、养成好习惯、形成好风气”的喜人景象。

摘掉贫困帽子、迈开小康步子，已经成为大关各族人民矢志不渝的目标和追求。迈入小康社会，大关县委、县政府将继续以抓铁有痕的狠劲、滴水穿石的韧劲，严格落实中央摘帽不摘责任、摘帽不摘政策、摘帽不摘帮扶、摘帽不摘监管的要求，巩固脱贫成果防止返贫，确保全县人民同步迈入小康社会，以坚定的信心、坚实的步伐，实施乡村振兴战略，向着社会主义现代化目标奋勇前进！

“文章合为时而著，歌诗合为事而作。”脱贫攻坚是当下最大的民生工程、安民工程、富民工程。为记录我县脱贫攻坚大决战的成绩和经验，宣传脱贫攻坚一线特别是驻村扶贫干部的忠诚、担当与奉献精神，2020年6月，大关县委、县政府决定编辑出版《昭通市脱贫攻坚大决战·大关卷》。通过编撰此书，我们希望记录和彰显大关县各级党员和干部职工带领山区群众与贫困抗争、不惧艰险、不怕牺牲、无私奉献的中国脊梁精神；记录和彰显广大党员干部不忘初心，牢记使命，尽锐出战，精准施策，脱贫攻坚取得的举世瞩目的成就，为全面建成小康社会奠定了坚实基础，开创了全面实施乡村振兴战略的新局面；实施乡村振兴战略，是党的十九大作出的重大决策部署，是决胜全面建成小康社会、全面建设社会主义现代化国家的重大历史任务，是新时代做好“三农”工作的总抓手。乡村振兴是攻坚战也是持久战，全县各级党委政府和广大干部群众要增强紧迫感、责任感和使命感，奋力做好乡村振兴这篇大文章，进一步增强人民群众的获得感、幸福感和安全感，不断实现人民群众对美好生活的向往和期盼。

多少扶贫往事，仿佛就在昨天！编辑此书，记录扶贫攻坚大决战历史，意义重大而深远。大关县委、县政府领导高度重视，各挂钩帮扶部门大力支持，各单位和部门精心组织认真撰稿，从而保证了稿件质量和如期报送并按期出版，在此一并表示衷心感激和真诚谢意！

由于时间紧任务重，加之编辑力量和水平有限，不免有许多纰漏和不足，还望谅解和批评指正。

王孝林　2021 年 5 月于大关

《昭通市脱贫攻坚大决战实录》后记

经过半年的筹划，历时一年的编撰，《昭通市脱贫攻坚大决战实录》〔全套书共19卷，其中市级8卷、县（市、区）11卷〕终于在党的百年华诞之际与广大读者见面了。这既是政协昭通市第四届委员会文史工作的成果展示，又是对我市脱贫攻坚工作客观真实的记录，更是用真实的故事展示历史资料的大胆尝试。

反贫困是世界性难题，也是现代国家面临的迫切任务。党的十八大以来，以习近平同志为核心的党中央把扶贫开发摆到治国理政的重要位置，提升到事关全面建成小康社会、实现第一个百年奋斗目标的新高度，纳入“五位一体”总体布局和“四个全面”战略布局进行决策部署，加大扶贫投入，创新扶贫方式，出台系列重大政策措施，扶贫开发取得巨大成就。

昭通作为全国、全省脱贫攻坚的主战场，是最难啃的“硬骨头”。2015年习近平总书记首次离京考察就到昭通，对昭通脱贫攻坚工作提出了“三个更加”的重要指示要求。昭通全市上下牢记习近平总书记的殷切嘱托，坚持把脱贫攻坚作为全市工作的主题主线，坚持“双统领”“双保障”“双推进”，践行“133”工作思路，汇聚中央和省定点单位、东西部扶贫协作、社会扶贫和各族干部群众磅礴力量，在昭通脱贫攻坚主战场上打响了一场史无前例的脱贫攻坚大决战，长期困扰昭通发展的主要“瓶颈”得以突破，实现根本性跨越，全市185.07万贫困人口全部脱贫、1235个贫困村全部出列、10个贫困县（区）全部摘帽，昭通大地发生了翻天覆地的变化，困扰昭通千百年的绝对贫困得到历史性解决。

为充分发挥政协文史资料“存史、资政、团结、育人”功能，客观、真实地记录昭通市在脱贫攻坚中各项建设和群众生活发生的变化，记述各级干部群众在脱贫攻坚工作中可歌可泣的感人故事，市政协党组拟组织相关部门、专家对2015—2020年我市开展脱贫攻坚的重大事件、典型故事进行搜集整理，编撰《昭通市脱贫攻坚大决战实录》丛书。

在市政协成联远主席亲自关心和指导下，编委会拟订了编撰工作的初步方案和《昭通市脱贫攻坚大决战实录》的整体框架，并于2019年8月7日向市委报送了关于编撰《昭通市脱贫攻坚大决战实录》的请示，市委杨亚林书记批示“此项工作很有意义，同意组织编写，请联远主席牵头负责”。按照市委的批示，市政协党组迅速行动，成联远主席亲自安排、统一部署，及时组织专家拟出了《昭通市脱贫攻坚大决战实录》编撰任务分解方案，经反复讨论、多次修改后，于2020年3月30日上报市委，市委杨亚林书记批示“同意所报方案，客观精准务实地做好工作”。

2020年4月14日，市政协组织召开了《昭通市脱贫攻坚大决战实录》专题会议，市委副书记朱家伟出席会议并作动员讲话，编撰工作在全市正式启动，会议统一了认识、明确了要求。为进一步细化任务、落实责任，编委会于2020年4月23日印发了《昭通市脱贫攻坚大决战实录》编撰任务分解方案的通知，加强对市级单位和县区市编撰工作的指导。随后，市政协副主席陶仁带领专家对11个县（市、区）的编撰工作进行了调研、培训、指导、督促，推动各县（市、区）编撰工作有效开展。针对全市编撰工作存在的问题，编委会经反复研究，统一思想，召开了由40多个市级部门参加的征求意见协商座谈会，在此基础上，进一步完善了编撰任务细化量化分解方案，印发到各县市区加强指导，并于2020年7月16日召开了《昭通市脱贫攻坚大决战实录》编撰工作推进暨培训会议，推进编撰进度，提升编撰水平。

为把《昭通市脱贫攻坚大决战实录》打造成“建党一百周年特别献礼工程”“昭通脱贫攻坚工作特别纪念”，市政协抢抓时间，及时出台系列配套文件，明确了市政协机关各委室联系各单位、部门及市政协委员，专门负责催稿工作，2020 年 10 月底稿件收集基本结束。为使编辑审稿工作有序推进，落到实处，市政协从昭通学院和市委党史研究室聘请专家对编辑工作进行审稿（其中，昭通学院教授唐靖负责市级篇章《综合卷》和《巧家卷》，市政协原经农委主任王华国负责市级篇章《产业就业扶贫卷》和《鲁甸卷》，昭通学院教授傅奠基负责市级篇章《基础设施建设卷》和《盐津卷》《大关卷》，昭通学院教授陈玥负责市级篇章《易地搬迁扶贫卷》和《永善卷》，昭通学院教授王琼负责《民生扶贫卷》和《镇雄卷》，昭通学院教授任继敏负责市级篇章《挂钩帮扶及社会扶贫卷》和《水富卷》，昭通学院教授周玲负责市级篇章《扶贫协作卷》和《彝良卷》《威信卷》，市委党史研究室副主任翟昭明负责市级篇章《组织保障卷》和《昭阳卷》《绥江卷》）。2020 年 11 月 18 日，市政协陶仁副主席主持召开《昭通市脱贫攻坚大决战实录》统稿工作会，统一了丛书形式和内容、结构和逻辑框架。

在市政协党组的坚强领导下，在各位编撰专家、市直各单位、市政协机关各委室、各县市区政协以及编撰办公室成员的大力支持和共同努力下，经夏历冬，数易其稿，2021 年 3 月初，《昭通市脱贫攻坚大决战实录》样书基本成型。2021 年 3 月 17 日，市政协副主席陶仁主持召开《昭通市脱贫攻坚大决战实录》样稿讨论会，进一步推动《昭通市脱贫攻坚大决战实录》编辑出版工作。

首先，本丛书的编撰出版得益于各级领导的正确领导，特别是市委杨亚林书记、市政府郭大进市长、市委朱家伟副书记的指导和支持。其次，本丛书的编撰出版得益于市政协党组的坚强领导，特别是成联远主席亲自指挥，亲自督战，亲自修订纲要，并亲自撰写总序和文章。第三，本丛书的编撰出版得益于全市 200 余家单位和部门的积极参与，全市领导干部，基层工作人员，脱贫攻坚督导员、驻村工作队员，政协委员，他们不仅是脱贫攻坚一线指战员，同时还撰写亲身经历脱贫攻坚工作的真实故事。据统计，全市共有 1700 余人参与《昭通市脱贫攻坚大决战实录》撰稿工作中，收到初稿 2526 篇。应该说，本丛书的编撰工作是我市脱贫攻坚工作的有机组成部分，同样也凝聚着全市干部群众的智慧和心血，是集体智慧的结晶。最后，特别要提的是昭通学院对本丛书编撰工作的支持和帮助。昭通学院党委大力支持《昭通市脱贫攻坚大决战实录》的编撰工作，在师资紧缺的情况下，委派出周玲、傅萁基、唐靖、陈玥、任继敏、王琼等六位教授参与编撰工作中，为编撰工作注入了智慧和力量。

在编撰《昭通市脱贫攻坚大决战实录》时，编撰专家精心筛选、整理、提炼，力求将那些散落于基层的珍珠捡拾起来，洗尽铅华，还原本真，形成真实的历史故事。这套书注重文史资料“亲历、亲见、亲闻”原则，以第一人称行文，部分新闻通讯、消息类稿件，在公开媒体上发表过，体现新闻的真实性，也作为资料收录，补充《昭通市脱贫攻坚大决战实录》内容。编者旨在通过真实、感人的故事让脱贫攻坚工作在时代的聚光灯下接受检阅，给过往和经历者以心灵的依稀穿越，获取一种灵魂的战栗和反思。同时，给不曾经历，甚至不曾听闻过的后人以另一种历史的演绎，告诉他们当年自己的祖先那段荡气回肠、可歌可泣的脱贫史。

虽说《昭通市脱贫攻坚大决战实录》丛书已呈现在读者面前，但由于编撰时间紧迫、人手不够、水平有限，不免存在内容欠全面、认知不到位、归类难把握等问题和瑕疵，恳请各位方家在阅读过程中批评指正，不吝赐教，我们定当虚心接受意见建议，进一步加以修改完善，以遗后人，真正达到“存史、资政、团结、育人”之目的。

编委会办公室